나의 첫 블렌더

19개의 실전 예제를 따라하며 배우는

Benjamin

도쿄에 거주하며, 1975년 출생이다. 디자인 회사에서 디자이너를 거쳐, 2003년에 프리랜서로 독립했다. 포스터, 팸플릿 등의 다양한 종이 매체 디자인 이외에 웹 사이트 디자인, 일러스트 제작 등도 하고 있다. 최근에는 3DCG를 활용해 그래픽, 웹 디자인을 하고 있다.

나의 첫 블렌더

19개의 실전 예제를 따라하며 배우는

지은이 Benjamin

펴낸이 박찬규   엮은이 윤가희   디자인 북누리   표지디자인 Arowa & Arowana

펴낸곳 위키북스   전화 031-955-3658, 3659   팩스 031-955-3660

주소 경기도 파주시 문발로 115, 311호 (파주출판도시, 세종출판벤처타운)

가격 35,000   페이지 520   책규격 188 x 258mm

1쇄 발행 2021년 10월 13일
2쇄 발행 2022년 03월 10일
3쇄 발행 2022년 09월 30일
4쇄 발행 2024년 09월 25일
ISBN 979-11-5839-274-1 (13000)

등록번호 제406-2006-000036호   등록일자 2006년 05월 19일
홈페이지 wikibook.co.kr   전자우편 wikibook@wikibook.co.kr

Blender 2.8 3DCG SUPER TECHNIQUE by Benjamin

Copyright © 2020 Benjamin

All rights reserved.

First published in Japan by Sotechsha Co., Ltd., Tokyo

This Korean language edition is published by arrangement with Sotechsha Co., Ltd.,

Tokyo in care of Tuttle-Mori Agency, Inc., Tokyo through Botong Agency, Seoul.

이 책의 한국어판 번역권은 Botong Agency를 통한 저작권자와의 독점 계약으로 위키아카데미가 소유합니다.

신저작권법에 의해 한국 내에서 보호를 받는 저작물이므로 무단 전재와 복제를 금합니다.

이 책의 내용에 대한 추가 지원과 문의는 위키북스 출판사 홈페이지 wikibook.co.kr이나

이메일 wikibook@wikibook.co.kr을 이용해 주세요.

나의 첫 블렌더

19개의 실전 예제를 따라하며 배우는

Benjamin 지음

윤인성 옮김

위키북스

머리말

이 책은 모델링부터 애니메이션, 영상 편집까지 할 수 있는 오픈소스 통합 3DCG 소프트웨어인 "블렌더(Blender)"를 기반으로 3DCG를 제작하는 일련의 과정을 설명하는 가이드 북입니다.

이 책은 주로 버전 2.93을 사용해 설명합니다. 블렌더는 오픈소스 소프트웨어라서 세계의 여러 프로그래머들이 매일 개선 사항을 추가하고 있습니다. 일반적인 소프트웨어에서는 생각할 수 없는 속도로 업데이트가 빠르게 이루어지며, 계속해서 새로운 기능이 추가됩니다. 따라서 버전에 따라서 인터페이스와 조작 방법이 달라질 수 있습니다.

초보자 또는 조작에 익숙하지 않은 분은 이 책에서 사용하는 버전에 맞춰서 블렌더를 설치하고, 이를 활용해서 내용을 진행하는 것을 추천합니다.

3DCG는 영화와 게임 등의 다양한 영역에서 활용되고 있지만, 대부분의 3DCG 소프트웨어는 가격이 비싸서 개인이 구입해 사용하기 어렵습니다. 하지만 블렌더는 오픈소스 소프트웨어이므로 무료로 사용할 수 있습니다. 전문가를 목표로 하는 학생, 취미로 3DCG 제작에 도전해보고 싶은 분들 모두 부담 없이 사용할 수 있습니다.

오픈소스 소프트웨어라고 기능이 부족하지 않으며, 상용 하이엔드 등급의 소프트웨어와 어깨를 나란히 할 수 있을 정도로 다양한 기능이 있습니다. 해외의 여러 게임 개발사와 애니메이션 제작 회사에서도 블렌더를 지지하고 있습니다.

블렌더에는 정말 다양한 기능들이 있어서, 블렌더 하나만 있으면 전문가 수준의 작품을 제작할 수 있습니다. 하지만 기능이 많은 만큼 학습해야 하는 양도 굉장히 많습니다. 형태를 만드는 모델링뿐만 아니라, 이미지를 붙이는 텍스처 맵핑, 조명과 카메라 구도 등의 다양한 설정이 필요한 렌더링 등 초보자에게는 어려운 내용입니다. 따라서 이 책에서는 3DCG 제작 공부를 시작하는 초보자를 위해 필요한 것을 만드는 데 필요한 블렌더의 필수 기능을 설명합니다. 갑자기 한 번에 멋진 작품을 만드는 것이 아니라, 비교적 단순한 형태를 만드는 모델링부터 기본적인 애니메이션 제작까지 차근차근 흐름을 느끼면서 공부하기 바랍니다. 여러분이 무언가를 만드는 것에 대한 의욕과 열정이 있다면 블렌더는 반드시 그 의욕과 열정을 이룰 수 있게 도와줄 것입니다.

이 책에서 사용하는 블렌더 파일, 텍스처 이미지 등은 위키북스 홈페이지에서 제공합니다. 책을 읽으면서 함께 참고하면 좋을 것입니다.

이 책이 블렌더를 사용한 3DCG 제작에 도전하는 첫 발걸음이 될 수 있으면 좋겠습니다. 한 사람이라도 많은 분들에게 도움이 되면 좋겠습니다.

Benjamin

이 책을 읽는 방법

이 책은 블렌더 초보자를 대상으로 합니다.

실제로 예제를 만들어 보면서 블렌더를 조작하는 방법과 테크닉을 배울 수 있습니다.

주의사항

블렌더는 버전 업데이트 주기가 굉장히 빨라서 이 책에서 설명하는 기능들도 계속해서 개선됩니다. 최신 버전에서는 기능의 이름과 설명 방법이 다를 수 있으며, 기능 자체가 없어졌을 수도 있습니다. 미리 양해 부탁드립니다.

블렌더 한국어 버전

초보자에게는 영어 버전보다 한국어 버전이 더 적합하다고 생각해서 한국어 버전을 사용해 내용을 설명합니다. 다만 블렌더는 한국어로 100% 번역되어 있지 않습니다. 그래서 일부 메뉴는 영어로 나옵니다. 또한 버전이 업데이트되면서 한국어로 되어 있던 내용이 다시 영어로 바뀌기도 합니다. 마찬가지로 양해 부탁드립니다.

키보드 단축키

이 책의 키보드 단축키는 윈도우를 기준으로 합니다. macOS를 사용할 경우 키 조작을 다음과 같이 변경해서 진행해 주세요. 또한 마우스는 마우스 휠이 있고, 휠을 클릭할 수 있는 형태의 마우스를 사용해야 합니다. 단축키와 관련된 자세한 내용은 "자주 사용하는 단축키"(503페이지)를 참고해주세요.

Windows – macOS

Ctrl 키 → control 키(파일 저장과 애플리케이션 종료 등의 일부 기능은 command 키를 사용합니다)

Alt 키 → options 키

샘플 데이터에 대해서

아래 주소에서 이 책에서 사용하는 블렌더 파일과 텍스처 파일 등의 압축 파일(ZIP 형식)을 내려받을 수 있습니다. 책과 함께 사용해주세요.

- **홈페이지:** https://wikibook.co.kr/blender/
- **예제파일:** https://github.com/wikibook/blender
- **압축 비밀번호:** 29blend3DCG

블렌더에 대해서

오픈소스 소프트웨어로 개발, 무료 배포되고 있는 블렌더의 저작권은 Blender Foundation(http://www.blender.org/)이 소유하고 있습니다. 블렌더와 관련된 최신 정보와 다운로드 등은 해당 페이지를 참고해주세요.

소프트웨어 사용, 복제, 개선, 재배포는 GNU General Public License(GPL)의 범위 내에서만 허가됩니다. GPL은 GNU Operating System(http://www.gnu.org/)을 참고해주세요.

01

블렌더
기초 지식

이번 장에서는 통합 3DCG 소프트웨어인 블렌더(Blender)의 주요 기능을 살펴봅니다. 추가로 블렌더를 사용하기 위한 가장 기초적인 조작 방법 등을 살펴보겠습니다.

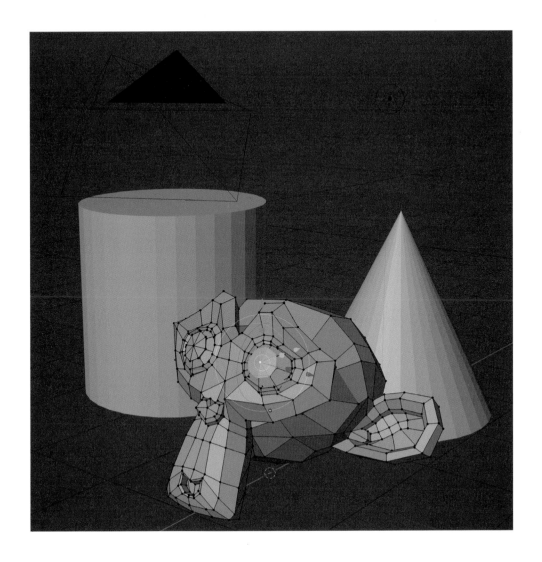

1.1 블렌더의 개요

네덜란드에서 개발된 블렌더는 유료로 판매되고 있는 다양한 기능이 있는 3DCG 소프트웨어들과 어깨를 나란히 하는 3DCG 소프트웨어입니다. 추가로 오픈소스이므로 무료로 사용할 수 있습니다.

오픈소스 & 멀티플랫폼

블렌더(Blender)는 모델링, 렌더링 등의 기본적인 기능 이외에도 애니메이션, 컴포지트, 시뮬레이션 기능 등을 탑재하고 있어 유료로 판매되고 있는 하이엔드 클래스 제품과 견줄 만한 고기능의 3DCG 소프트웨어입니다. 윈도우, macOS, 리눅스에서 모두 작동하므로 대부분의 컴퓨터에서 사용할 수 있습니다.

추가로 GPL 기반의 오픈소스 소프트웨어로 개발, 배포되고 있으므로 무료로 사용할 수 있으며, 상업적, 비상업적 이용과 관계없이 자유롭게 사용할 수 있습니다.

또한 오픈소스 소프트웨어이므로 전세계 수많은 프로그래머들이 매일 성능과 기능을 개선하고 있습니다. 따라서 일반적인 소프트웨어와 비교할 수 없을 정도로 업데이트가 빠르고, 버전이 하나 오를 때마다 다양한 기능이 추가됩니다.

블렌더로 할 수 있는 것

통합 3DCG 소프트웨어 **블렌더**는 오픈소스 소프트웨어입니다. "무료로 모든 기능을 사용할 수 있을까?"라는 의문을 가질 수도 있지만, 모든 기능이 무료로 제공됩니다.

이번 절에서는 수많은 기능 중에서 대표적인 기능을 소개하겠습니다.

모델링(Modeling)

화면 내부에 있는 가상의 3D 공간에서 모델(물체)의 형태를 만드는 작업을 **모델링**이라고 부릅니다.

모델링은 크게 **폴리곤**이라고 부르는 삼각형 면 또는 사각형 면을 조합해 형태를 만드는 **폴리곤 모델링**, 공업 제품의 설계 등에 사용되는 **스플라인 곡선**을 사용하는 **스플라인 모델링**으로 구분할 수 있습니다. 일반적으로 폴리곤 모델링이 많이 사용됩니다. 블렌더는 두 가지 방식을 모두 제공합니다.

이 책에서는 쉽게 모델링 할 수 있는 폴리곤 모델링을 중심으로 설명합니다.

매테리얼(Material)

모델에 색상, 광택 등의 **표면 재질**(매테리얼[1])을 설정할 수 있습니다. 표면 재질에서 빛이 나게 해서 광원의 역할도 하게 만들 수 있으며, 투명도, 반사, 굴절 등을 조절해 보석과 같은 재질을 표현할 수도 있습니다.

---

1 엮은이: Material의 올바른 표기법은 머티리얼이지만, 블렌더 한글판에서 매테리얼로 쓰고 있어서 혼선을 주지 않기 위해 이 책에서도 매테리얼로 표기했습니다.

블렌더는 사실적인 인간의 피부, 대리석과 같은 반투명한 물체를 표현하는 **SSS**(Subsurface scattering, 서브서피스 스캐터링) 기능도 제공합니다.

텍스처 맵핑(Texture mapping)

매테리얼만으로 표현할 수 없는 문양 등은 그림과 같은 이미지를 텍스처로 모델에 붙여서 디테일을 만들어 나갑니다. 단순한 큐브, 구체는 물론이고 사람과 같은 복잡한 형태도 모두 평면에 전개한 뒤에 텍스처를 투영할 수 있습니다. 이를 **UV 맵핑**이라고 부르며, 텍스처 투영 방식에서 가장 널리 사용되는 방식입니다.

또한 텍스처는 문양으로 이미지를 넣을 뿐만 아니라, 모델링으로 만들기 힘든 미세한 굴곡 등을 표현할 때도 사용합니다. 추가로 광택의 유무 등도 모두 텍스처로 미세하게 조정할 수 있습니다.

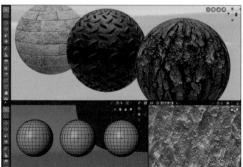

렌더링(Rendering)

가상의 3D 공간에서 만든 모델을 촬영하듯 사진을 찍어서 이미지로 내보내는 것을 **렌더링**이라고 부릅니다. 일반적으로 렌더링이 최종 공정으로서, 작품의 질을 결정하는 중요한 작업입니다.

실제 촬영처럼 카메라 앵글, 화각, 배경 처리 등의 세부적인 설정을 합니다. 블렌더는 작품의 분위기와 느낌을 만들 수 있게 라이팅 등의 다양한 기능을 제공합니다.

추가로 깊이 있는 장면을 재현할 수 있게 하는 피사계 심도 등의 설정과 빛이 들어오는 것과 같은 블룸 이펙트 등 다양한 연출과 효과를 추가할 수 있습니다.

애니메이션(Animation)

이동하고 회전하는 애니메이션이 적용된 동영상을 결과물로 내보낼 수 있습니다. 이동하고 회전하는 애니메이션, 선을 따라 움직이는 애니메이션, 시간에 따라서 색이 변하는 애니메이션 등 다양한 애니메이션을 만들 수 있습니다. 또한 빠르게 움직이는 물체의 잔상을 표현하는 모션 블러 등의 효과를 넣을 수도 있습니다.

캐릭터에 골격과 표정 등을 설정하고, 이를 활용해 춤을 추거나 달리는 등의 복잡한 애니메이션도 만들 수 있습니다.

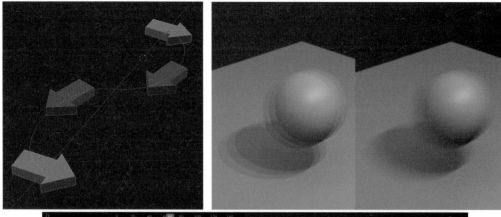

시뮬레이션(Simulation)

상업적으로 판매되는 하이엔드 3DCG 소프트웨어처럼 실제 과학적인 역학이 적용된 유체, 바람, 연기, 중력, 마찰 등의 **물리 시뮬레이션**을 할 수 있습니다. 물체의 밀도 등을 설정해 매우 사실적인 액체와 천 등을 표현할 수 있습니다.

기본적으로 제공되는 다양한 프리셋을 활용하면 간단하게 시뮬레이션을 만들 수 있습니다.

스컬프트(Sculpt)

스컬프트는 모델링 방법의 하나로, 점토로 물체를 만드는 것처럼 굴곡을 만들어나가는 방식입니다. 인간 등의 유기적인 형태를 만들 때 적합합니다. 펜 태블릿을 사용하면 더욱 직관적으로 작업할 수 있습니다.

스컬프트는 구체 등의 기본적인 모양에서부터 인간과 같은 복잡한 형태를 만들지만, 일반적인 모델링 방법으로 베이스를 만들고, 이를 기반으로 세부적인 디테일을 만들기도 합니다.

블렌더는 다양한 종류의 브러시를 제공하며, 직접 브러시를 만들어서 사용할 수도 있습니다.

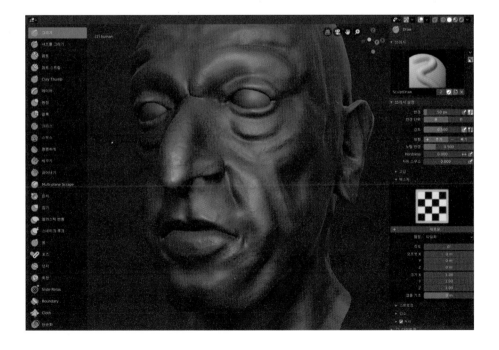

파티클(Particle)

파티클은 "무언가가 발생하는 곳"을 나타내는 단어로, 설정한 오브젝트에서 대량의 입자를 발생시킬 수 있는 기능입니다. 입자의 형태를 변경해 군중을 표현하거나, 입자를 연속적으로 발생시켜서 머리카락을 표현하기도 합니다.

블렌더는 파티클로 만든 머리카락을 빗으로 정리하거나, 가위로 잘라서 헤어 스타일링을 하는 기능도 기본적으로 제공합니다.

블렌더는 이외에도 실사 사진과 동영상과 3DCG를 결합하는 기능, 파이썬 API를 활용한 사용자 정의 기능 등 오픈소스 소프트웨어라고 생각하기 힘든 여러 기능을 제공합니다.

1.2 블렌더 설치하기

그럼 컴퓨터에서 실제로 블렌더를 사용할 수 있게 블렌더를 설치하고 기본적인 환경 설정을 해봅시다.

블렌더 시작하기

블렌더 2.93은 윈도우 7/8/10, macOS v10.12 이후, 리눅스 등에서 사용할 수 있습니다.

블렌더 내려받기

블렌더를 내려받으려면 일단 다음 URL의 공식 웹 사이트에 들어갑니다. 홈페이지에 있는 [Download Blender 2.93.0] 버튼을 클릭해 최신 버전의 블렌더를 내려받아 주세요. 이 책의 번역 시점과 사이트의 디자인에 따라 다운로드 방법이 미세하게 다를 수도 있습니다.[2]

* https://www.blender.org/

---

2   옮긴이: 이 책의 예제는 2022년 2월을 기준으로 최신 버전인 3.0.1 버전에서도 동작합니다. 다만 일부 운영체제에서는 최신 버전의 실행 문제 보고가 꽤 있습니다. 버그로 인해서 제대로 실행되지 않는 등 문제가 있을 때는 이전 버전(2.93, 2.83 등)을 내려받아 사용해주세요. 이전 버전의 파일은 https://download.blender.org/release/에서 받을 수 있습니다.

클릭합니다

최저 사양	
CPU	64비트 듀얼코어 2GHz CPU(SSE2 지원)
메모리	4GB 램
디스플레이	1280x768 디스플레이
그래픽카드	1GB의 램을 갖고, OpenGL 3.3을 지원하는 그래픽 카드

권장 사양	
CPU	64비트 듀얼코어 2GHz CPU(SSE2 지원)
메모리	4GB 램
디스플레이	1280x768 디스플레이
그래픽카드	1GB의 램을 갖고, OpenGL 3.3을 지원하는 그래픽 카드

Zip 버전은 압축만 해제하면 바로 사용할 수 있습니다. 삭제하고 싶을 때는 압축을 해제했던 폴더만 지우면 됩니다. Installer 버전은 일반적인 소프트웨어처럼 사용합니다. Zip 버전과 Installer 버전 중에서 원하는 것을 선택해주세요.

이 책의 내용은 2.93 버전을 기준으로 설명합니다. 이전 버전을 다운로드 하고 싶은 경우에는 다음 URL에서 내려받으세요.

- http://download.blender.org/release/

블렌더 설치

01 이 책에서는 윈도우 버전으로 설명합니다.

내려받은 윈도우 버전 32bit 전용 또는 64bit 전용 파일을 더블 클릭해 인스톨러를 실행합니다. 표시되는 창의 지시에 따라서 설치를 진행합니다.

❓ 주의

인스톨러를 실행할 때 "사용자 계정 제어" 창이 표시될 수 있습니다. "예"를 클릭해 진행해주세요.

02 라이선스 사용 규약에 동의하는 경우 [I accept the terms in the License Agreement]에 체크해 활성화하고, [Next] 버튼을 클릭해 다음으로 진행합니다.

03 블렌더를 설치할 경로를 확인하고, [Next] 버튼을 클릭해 다음으로 진행합니다. 설치 경로를 변경하고 싶을 때는 [Browse] 버튼을 클릭하고 설정합니다.

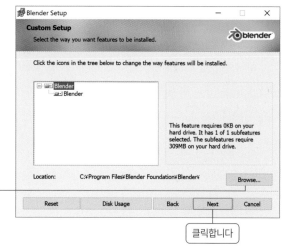

04 [Install] 버튼을 클릭해 설치를 시작합니다. 지정한 경로에 블렌더가 설치되며, 약간의 시간이 걸립니다.

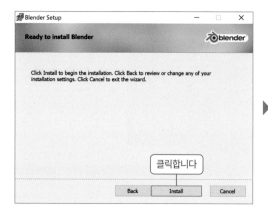

05 [Finish] 버튼을 클릭해 인스톨러를 종료합니다.

클릭합니다

06 바탕화면에 추가된 바로 가기 아이콘을 더블 클릭하거나, 시작 메뉴에서 [Blender]를 선택해 블렌더를 실행합니다.

07 화면 내부의 다른 곳을 클릭하면 스플래시 화면이 닫힙니다.

이것을 스플래시 화면이라고 부릅니다.

선택하면 블렌더가 실행됩니다.

환경설정

한국어 설정

01 블렌더의 인터페이스는 기본적으로 영어로 표기되지만, 한국어로 바꿀 수 있습니다. 이 책에서도 한국어 인터페이스로 설명을 진행합니다. 인터페이스의 언어를 변경하려면 일단 [Edit]에서 [Preferences]를 선택해 Blender Preferences 대화 상자를 엽니다.

선택합니다

02 대화상자 왼쪽에 있는 [Interface]를 클릭하고, [Translation]에 체크해 활성화합니다.

03 [Languages] 메뉴에서 [Korean(한국 언어)]를 선택합니다.

04 [도움말(Tooltips)]과 [인터페이스(Interface)]에 체크해 활성화하면 도움말과 인터페이스가 한국어로 표시됩니다. 추가로 이러한 설정 내용은 자동으로 저장됩니다.

[새로운 데이터(New Data)]를 활성화하면 새로 만든 오브젝트의 이름이 한국어로 표시됩니다.

다만 이러한 파일을 영어 버전에서 열면 문자가 깨질 수도 있으므로 주의하기 바랍니다.

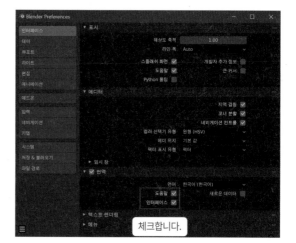

숫자 패드(텐키)가 없는 경우

시점 변경 단축키는 굉장히 자주 사용됩니다. 하지만 시점 변경 단축키는 모두 키보드 오른쪽의 숫자 패드 (텐키)에 할당되어 있습니다.

만약 숫자 패드가 없는 키보드를 사용하고 있다면 키보드 위쪽에 있는 숫자키 1 ~ 0 을 시점 변경 단축키로 사용하게 만들 수 있습니다.

상단 메뉴의 [편집]에서 [환경 설정...]을 선택해 블렌더 환경 설정 대화 상자를 띄웁니다. 이어서 [입력]을 마우스 왼쪽 버튼으로 클릭하고, 키보드의 [넘버패드를 에뮬레이트]에 체크해 활성화합니다.

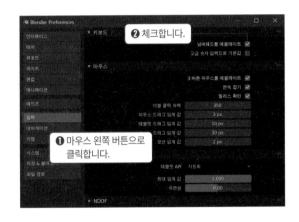

이렇게 하면 숫자 패드가 아닌 키보드 위에 있는 숫자키 1 ~ 0 으로도 시점을 변경할 수 있게 됩니다.

1.3 블렌더의 기본 조작

블렌더는 굉장히 방대한 기능을 제공합니다. 그리고 기본 화면에 나오는 정보의 양이 많아서 두렵게 느껴질 수도 있습니다. 하지만 각 화면의 역할을 이해하면서 기본적인 조작 방법을 배우면 절대 어렵지 않습니다.

인터페이스의 이름과 역할

블렌더를 실행했을 때 표시되는 화면에 대해서 설명하겠습니다.

┌─ 상단 메뉴
파일 저장, 외부 파일 가져오기, 렌더링 실행 등과 같은 기본적인 메뉴가 제공됩니다.

워크스페이스 변경 ─
위에 있는 각 탭을 마우스 왼쪽 버튼으로 클릭해 모델링, 애니메이션, 렌더링 등에 최적화된 화면 레이아웃(워크스페이스)으로 변경할 수 있습니다.

아웃라이너 ─
씬에 배치된 모든 오브젝트가 목록으로 표시됩니다.

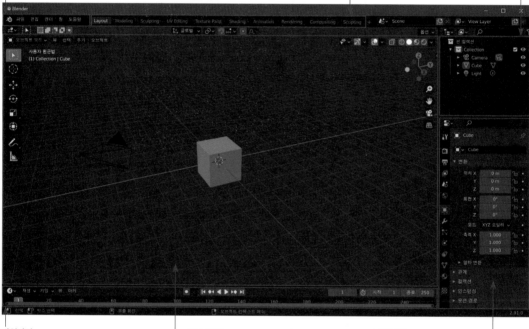

타임라인
애니메이션 재생과 재생 시간 제어 등 애니메이션을 제작할 때 사용합니다.

└─ 3D 뷰포트
모델링, 씬 구축 등 3DCG 제작에서 주로 사용하는 영역입니다.

프로퍼티 ─
다양한 프로퍼티(속성)가 표시됩니다. 왼쪽에 있는 아이콘을 클릭하면 표시 항목이 변경됩니다.

📄 **팁** 씬(Scene)이란?

3D 뷰포트에 표시되는 가상의 3D 공간에는 모델 이외에 카메라와 라이트(조명)도 배치할 수 있으며, 이러한 공간을 "씬"이라고 부릅니다. 블렌더는 하나의 파일에 여러 씬을 만들 수 있어서 다양한 상황을 일괄적으로 관리할 수 있습니다.

상단 메뉴

파일 메뉴

새로운 파일을 만들거나, 기존의 파일을 열거나, 파일을 저장하거나, 외부 파일을 읽어 들일 때 사용합니다.

블렌더를 종료하는 항목도 **파일** 메뉴에 있습니다.

편집 메뉴

조작을 취소하거나, 다시 실행하거나, 환경 설정을 합니다.

렌더 메뉴

이미지, 애니메이션 렌더링 실행, 렌더링 결과 표시 모드 변경 등을 합니다.

창 메뉴

새로운 윈도우 표시(한 파일을 여러 화면에서 열 때 사용), 전체 화면 변경, 워크스페이스 변경 등을 합니다.

도움말 메뉴

매뉴얼을 보거나, 블렌더 공식 사이트로 이동할 때 사용합니다.

씬, 뷰 레이어 변경하기

씬, 뷰 레이어의 추가, 제거, 변경 등을 합니다
(씬, 뷰 레이어와 관련된 내용은 303페이지에서
다룹니다).

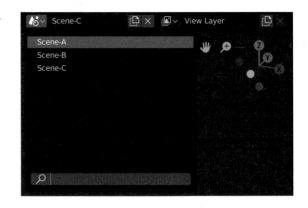

아웃라이너

아웃라이너에는 씬에 배치된 모든 오브젝트가 트
리 형태의 목록으로 나옵니다.

눈 모양의 아이콘을 마우스 왼쪽 버튼으로 클릭하
면 표시/숨김을 전환할 수 있습니다. 모델링을 할
때 다른 오브젝트가 방해되는 경우에는 숨김 상태
로 전환하고 모델링하는 것이 편리합니다.

오른쪽 위에 있는 ▽⌄를 마우스 왼쪽 버튼으로 클릭하면 [**제한 토글**(Restriction Toggles)] 항목을 추
가할 수 있습니다. 아이콘을 마우스 왼쪽 버튼으로 클릭해 활성화(파란색)하면 아웃라이너 위에 표시되며,
여러 가지 추가적인 제어를 할 수 있게 됩니다.

주로 사용하는 [**제한 토글**]은 ▶인 "**선택 가능/불가능**", ◉인 "**렌더링할 때 표시/숨김**"입니다. "**선택 불가
능**" 상태로 만들면 잘못 조작하는 등의 실수를 막을 수 있습니다.

"**렌더링할 때 숨김**" 상태로 만들면 테스트 렌더링 등을 할 때 불필요한 오브젝트를 렌더링하지 않음으로써
렌더링 시간을 단축할 수 있습니다.

프로퍼티

렌더링 설정, 선택하고 있는 오브젝트의 매테리얼과 텍스처 설정 등 다양한 프로퍼티(속성)를 확인하고 변경할 수 있습니다.

왼쪽에 있는 아이콘을 마우스 왼쪽 버튼으로 클릭하면 항목을 변경할 수 있습니다. **3D 뷰포트**와 마찬가지로 굉장히 자주 사용하는 에디터입니다.

에디터 유형 변경

각 에디터의 왼쪽 위에는 에디터 유형 변경 메뉴가 배치돼 있으며, 이를 클릭하면 에디터 유형을 변경할 수 있습니다.

사용자 정의 인터페이스

탑바(Topbar)에 있는 탭을 보면 기본적으로 모델링, 스컬프팅, UV 에디팅 등에 최적화된 워크스페이스가 제공됩니다. 만약 이러한 워크스페이스처럼 자신이 원하는 형태의 인터페이스가 따로 있다면 원하는 형태로 변경해 사용할 수 있습니다.

크기 변경

각 에디터의 경계에 마우스 포인터를 가져가면 포인터가 ⟺로 변합니다.

이 상태에서 마우스 왼쪽 버튼을 위/아래 또는 왼쪽/오른쪽으로 드래그하면 크기를 변경할 수 있습니다.

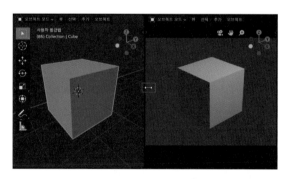

크기 변경 등으로 인해서 배치되는 항목이 숨겨져 보이지 않는 경우 마우스 포인터를 숨겨진 헤더에 맞추고, 마우스 휠을 돌려서 숨겨진 항목이 보이게 만들 수 있습니다.

분할

각 에디터의 모서리에 마우스를 가져가면 포인터가 ✛로 변합니다. 이 상태에서 마우스 포인터를 위/아래 또는 왼쪽/오른쪽 방향으로 드래그하면 화면이 분할됩니다.

새로 표시된 에디터의 헤더에 있는 에디터 유형 변경 메뉴로 다른 에디터로 변경할 수 있습니다.

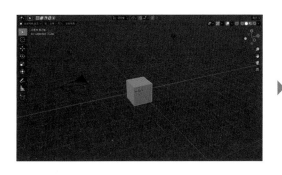 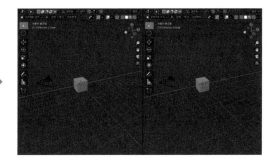

결합

각 에디터의 모서리에 마우스를 가져가면 포인터가 ✛로 변합니다.

이 상태에서 결합하고 싶은 에디터 방향으로 드래그하면 화살표가 표시되며, 에디터를 결합할 수 있습니다(결합되는 쪽의 에디터가 사라집니다).

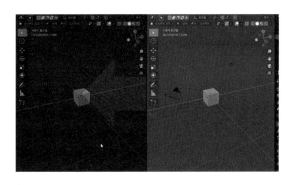

확대 표시

확대 표시하고 싶은 에디터의 헤더에 있는 [뷰]에서 [영역] → [최대화 영역을 토글](Ctrl + Space 키)를 선택하면 확대 표시됩니다.

다시 [최대화 영역을 토글]을 선택하면 확대 표시가 해제됩니다.

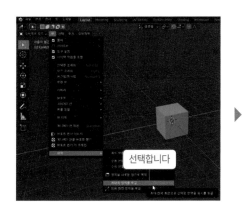 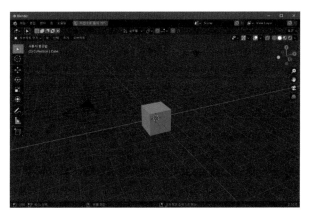

3D 뷰포트 쿼드 뷰

3D 뷰포트 헤더에 있는 [뷰]에서 [영역] → [쿼드 뷰를 토글](Ctrl + Alt + Q 키)을 선택하면 화면이 4개로 분할되며, 앞쪽 정사법(왼쪽 아래), 오른쪽 정사법(오른쪽 아래), 위쪽 정사법(왼쪽 위), 사용자 원근법(오른쪽 위)[3]이 표시됩니다. 다시 [쿼드 뷰를 토글]을 선택하면 화면 분할이 해제됩니다.

앞쪽 정사법, 오른쪽 정사법, 위쪽 정사법은 시점이 고정되며, 줌인과 줌아웃만 가능합니다. 사용자 원근법은 원하는 시점으로 변경할 수 있습니다.

참고로 사분할 화면에서 [**최대화 영역을 토글**]을 누르더라도 특정 화면이 확대되거나 하지는 않습니다.

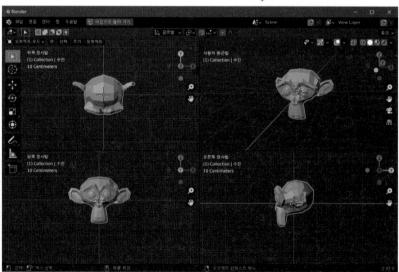

---

3   엮은이: 앞쪽 정사법, 오른쪽 정사법, 위쪽 정사법, 사용자 원근법은 프론트 뷰(Front View), 라이트 뷰(Right View), 탑 뷰(Top View), 퍼스펙티브 뷰(Perspective View)라고 부르기도 합니다.

사용자 정의 인터페이스 저장

사용자 정의 인터페이스를 저장해 이후에도 사용하고 싶은 경우에는 [파일]에서 [기본값] → [스타트업 파일을 저장]을 선택합니다.

테마 변경

상단 메뉴의 [편집]에서 [환경 설정...]을 선택해서 **블렌더 환경 설정** 대화 상자를 띄웁니다. 이어서 왼쪽에 있는 [테마]를 마우스 왼쪽 버튼으로 클릭합니다.

프리셋으로 [Blender Dark](기본값)와 [Blender Light]가 제공되며, 풀 다운 메뉴를 클릭해 변경할 수 있습니다. 또한 각각의 항목별로도 색을 설정할 수 있습니다. 설정한 내용은 자동으로 저장됩니다.

Blender Light

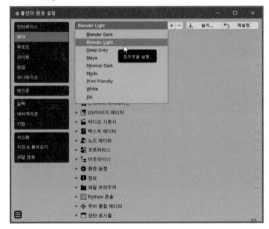

버튼 등의 색을 개별적으로 변경할 수 있습니다.

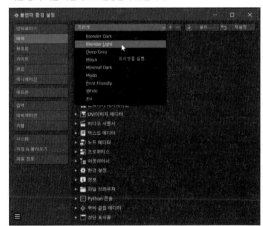

3D 뷰포트 내부의 조작

모델링, 씬 구축 등 3DCG 제작의 작업 영역이 되는 **3D 뷰포트**에는 기본적으로 카메라, 라이트, 큐브 오브젝트 "**Cube**"가 배치돼 있습니다.

또한 처음에는 큐브가 주황색 선으로 감싸져 있는데, 이는 큐브가 선택돼 있다는 의미입니다. 또한 오리진(원점)에는 3D 커서가 배치돼 있습니다.

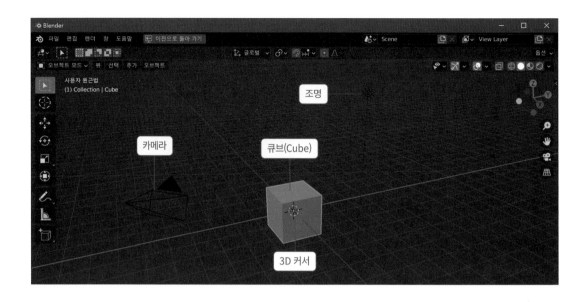

뷰포트 변경(시점 변경)

뷰포트 변경

3D **뷰포트** 헤더에 있는 [뷰] → [뷰포트]에서 [앞쪽], [오른쪽] 등을 선택하면 뷰포트를 변경할 수 있습니다.

[**카메라**]를 선택하면 카메라에서 보는 시점으로 변경됩니다. 따라서 [**카메라**]를 선택하려면 씬 내부에 카메라가 배치돼 있어야 합니다.

시점 이동

마우스 가운데 버튼을 드래그해서 시점을 회전하거나, 마우스 휠을 돌려서 줌인/줌아웃합니다.

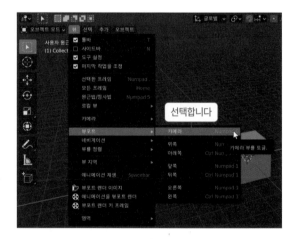

또한 Shift 키를 누른 채로 마우스 가운데 버튼을 드래그하면 시점을 평행이동 할 수 있습니다.

원근법과 정사법 변경

3D 뷰포트 헤더에 있는 [**뷰**] 에서 [**원근법/정사법**](숫자 패드 5)을 선택하면 원근법 또는 정사법으로 변경할 수 있습니다.

원근법(Perspective)은 크기가 같은 물체라도 멀면 작게, 가까우면 크게 보이는 투영법으로, 우리가 일반적으로 익숙한 육안으로 보는 것과 같은 투사법입니다.

정사법(Orthographic)은 거리와 상관 없이 크기가 같다면 같은 크기로 보이는 투사법입니다. 따라서 여러 오브젝트의 크기를 비교할 때 등에

활용합니다. 뷰포트를 [앞쪽], [오른쪽] 등으로 변경하면 자동으로 정사법이 적용됩니다.

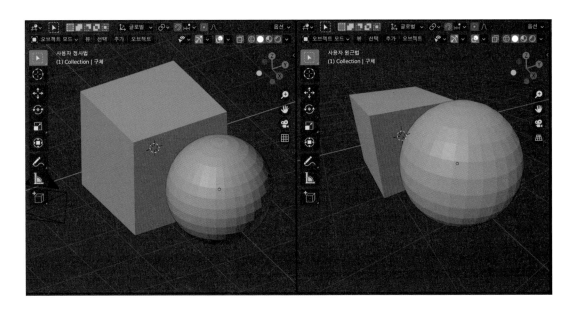

내비게이터로 시점 변경하기

3D 뷰포트의 왼쪽 위에 있는 내비게이터로도 시점을 변경할 수 있습니다.

좌표축 끝에 있는 [X], [Y], [Z] 그리고 반대편의 빨간색, 초록색, 파란색 원을 각각 마우스 왼쪽 버튼으로 클릭하면 각 방향으로 시점을 변경할 수 있습니다.

추가로 좌표축에 마우스 포인터를 맞추고, 마우스 왼쪽 버튼으로 드래그하면 시점을 회전할 수도 있습니다.

●를 마우스 왼쪽 버튼으로 클릭하면 카메라 시점으로 변경할 수 있습니다. ●를 마우스 왼쪽 버튼을 누르고 위 아래로 드래그하면 줌인/줌아웃 할 수 있고, 마우스 왼쪽 버튼으로 클릭하면 시점을 평행이동 할 수 있습니다.

●를 마우스 왼쪽 버튼으로 클릭하면 원근법과 정사법을 변경할 수 있습니다.

시점 변경 단축키

특정 시점으로 변경하는 것과 시점을 이동하는 것은 모두 단축키가 할당돼 있습니다.

기본적으로 단축키를 사용하는 것이 작업이 편리하므로 단축키를 사용하는 방법을 추천합니다.

단축키	조작 내용
1	앞쪽에서 본 시점(Front 뷰)으로 변경합니다.
3	오른쪽에서 본 시점(Right 뷰)으로 변경합니다.
7	위쪽에서 본 시점(Top 뷰)으로 변경합니다.
Ctrl + 1	뒤쪽에서 본 시점(Back 뷰)으로 변경합니다.
Ctrl + 3	왼쪽에서 본 시점(Left 뷰)으로 변경합니다.
Ctrl + 7	아래쪽에서 본 시점(Bottom 뷰)으로 변경합니다.
2	시점을 아래쪽으로 15° 회전합니다.
4	시점을 왼쪽으로 15° 회전합니다.
6	시점을 오른쪽으로 15° 회전합니다.
8	시점을 위쪽으로 15° 회전합니다.
Ctrl + 2	시점을 아래쪽으로 평행이동합니다.
Ctrl + 4	시점을 왼쪽으로 평행이동합니다.
Ctrl + 6	시점을 오른쪽으로 평행이동합니다.
Ctrl + 8	시점을 위쪽으로 평행이동합니다.
0	카메라 시점(Camera 뷰)으로 변경합니다.
.	선택하고 있는 오브젝트로 시점을 이동합니다.
5	원근법과 정사법을 변경합니다.

❷ 주의

시점 변경 단축키는 내용이 많아서 책의 부록 "주요 단축키 정리"(503페이지)에 따로 넣지 않았습니다. 시점 변경 단축키는 이 페이지를 참고해주세요.

툴바와 사이드바

3D 뷰포트 왼쪽에는 **툴바**, 오른쪽에는 **사이드바**가 있습니다. 둘 다 편리한 기능을 갖추고 있으며 에디터 유형과 모드에 따라 툴바와 사이드바의 내용이 자동으로 변경됩니다.

3D 뷰포트 헤더에 있는 [뷰]에서 [**툴바**](T 키)와 [**사이드바**](N 키)를 선택해 각각을 표시하거나 숨길 수 있습니다.

툴바의 오른쪽 끝, **사이드바**의 왼쪽 끝을 마우스 왼쪽 버튼으로 드래그하면 표시 영역을 확대하거나 축소할 수 있습니다.

오브젝트 선택

오브젝트에 마우스 포인터를 가져간 다음 마우스 왼쪽 버튼으로 클릭하면 오브젝트를 선택할 수 있습니다. Shift 키를 누른 채로 마우스 왼쪽 버튼으로 클릭하면 여러 오브젝트를 동시에 선택할 수 있습니다. 선택 상태인 오브젝트는 주황색으로 감싸져 표시됩니다. 여러 개를 선택한 경우 연한 주황색으로 감싸진 오브젝트가 마지막으로 선택된 오브젝트입니다. 추가로 아웃라이너에서도 같은 방법으로 오브젝트를 선택할 수 있습니다.

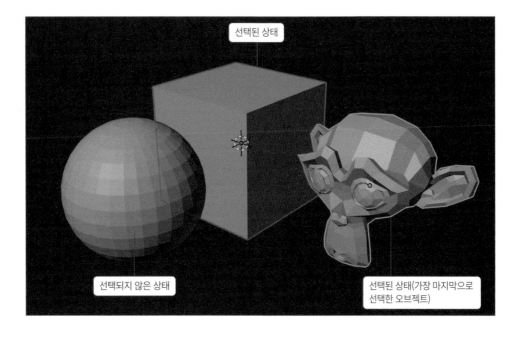

선택된 상태

선택되지 않은 상태

선택된 상태(가장 마지막으로 선택한 오브젝트)

모든 오브젝트 선택/해제

3D 뷰포트 헤더에 있는 [**선택**]에서 [**모두(All)**](A 키)를 선택하면 씬에 배치된 모든 오브젝트가 선택됩니다.

모든 선택을 해제할 때는 **3D 뷰포트** 헤더에 있는 [**선택**]에서 [**없음 (None)**](Alt + A 키)을 선택합니다. 또는 A 키를 빠르게 2번 누르거나, 씬에서 아무것도 없는 부분을 마우스 왼쪽 버튼으로 클릭해 모든 선택을 해제할 수 있습니다.

반전

3D 뷰포트 헤더에 있는 [**선택**]에서 [**반전(Invert)**](Ctrl + I 키)을 선택하면 선택 상태가 반전됩니다. 이때 반전이란 원래 선택돼 있던 부분은 선택이 해제되고, 선택되지 않았던 부분이 선택되는 것을 의미합니다.

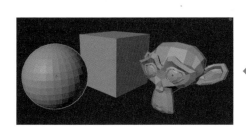
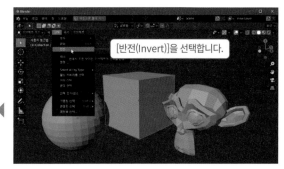

[반전(Invert)]을 선택합니다.

박스 선택

3D 뷰포트 헤더에 있는 [**선택**]에서 [**박스 선택**](B 키)을 선택하면 마우스 포인터가 십자 모양으로 변합니다. 이 상태에서 마우스 포인터를 마우스 왼쪽 버튼으로 드래그하면 사각형으로 감싸진 부분이 선택됩니다.

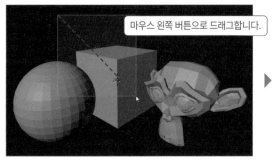
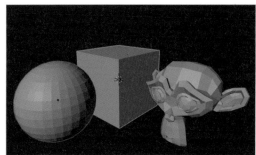

마우스 왼쪽 버튼으로 드래그합니다.

원형 선택

3D 뷰포트 헤더에 있는 [**선택**]에서 [**원형 선택**](C
키)을 선택하면 마우스 포인터가 흰색 원으로 변합니
다. 이 상태에서 마우스 포인터를 마우스 왼쪽 버튼으
로 드래그하면 칠한 영역 내부의 오브젝트들이 선택
됩니다.

선택 범위의 흰색 원은 마우스 휠을 돌려서 크기를 변
경할 수 있습니다.

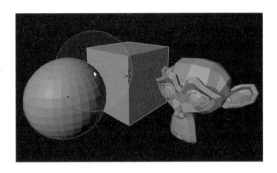

툴바를 사용해 선택하기

툴바의 윗부분에는 선택 도구가 있습니다.

가장 위에 있는 도구에 마우스 포인터를 가져간 다음 마우스
왼쪽 버튼을 길게 누르면 선택 방식을 변경할 수 있습니다. 또
는 선택 도구가 활성화 돼 있을 때 W 키를 눌러서 선택 방식
을 변경할 수도 있습니다.

선택 도구 이외의 도구가 활성화되어 있을 때 W 키를 누르면
선택 도구가 활성화됩니다.

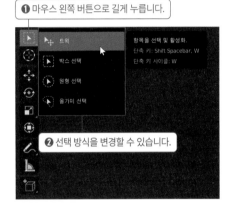

[**트윈**] 도구는 마우스 포인터를 오브젝트 등에 맞추고, 마우스 왼쪽 버튼을 클릭해 오브젝트를 선택합니다. 또한 드래그해서 이
동할 수도 있습니다.

[**올가미 선택**] 도구는 마우스 왼쪽 버튼으로 드래그해서 감싼 부분을 선택합니다.

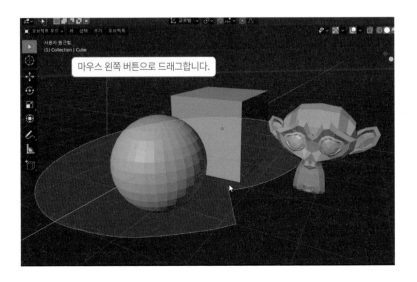

오브젝트 기즈모

오브젝트 기즈모는 좌표축에 따라서 빨간색, 초록색, 파란색 선이 표시되며, 오브젝트 등을 이동, 회전, 크기 변경할 때 사용합니다. 오브젝트를 선택한 상태에서 툴바에서 원하는 항목을 활성화하거나, **3D 뷰포트** 헤더의 오른쪽 위에 있는 메뉴에서 [오브젝트 기즈모(Object Gizmos)] 항목에 체크해 활성화하면 표시됩니다.

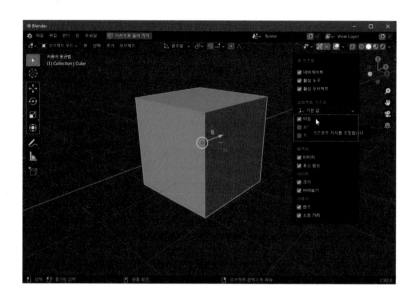

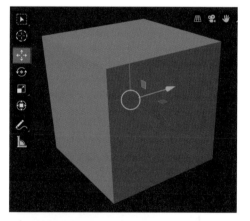

를 활성화하면 기즈모로 이동할 수 있습니다. 빨간색, 파란색, 초록색 화살표를 마우스 왼쪽 버튼으로 드래그하면 각 축의 방향으로 제한한 상태로 이동할 수 있습니다.

또한 중앙의 흰색 원을 마우스 왼쪽 버튼으로 드래그하면 축 방향의 제한 없이 이동할 수 있습니다.

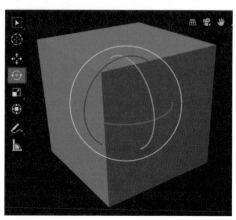

를 활성화하면 기즈모로 회전할 수 있습니다. 빨간색, 파란색, 초록색 원을 마우스 왼쪽 버튼으로 드래그하면 각 축의 방향으로 제한한 상태로 회전할 수 있습니다.

또한 바깥의 흰색 원을 마우스 왼쪽 버튼으로 드래그하면 현재 시점을 기준으로 회전할 수 있습니다.

를 활성화하면 기즈모로 확대/축소할 수 있습니다. 빨간색, 파란색, 초록색 사각형을 마우스 왼쪽 버튼으로 드래그하면 각 축의 방향으로 제한한 상태로 확대/축소할 수 있습니다.

또한 흰색 원을 마우스 왼쪽 버튼으로 드래그하면 비율을 유지한 상태로 확대/축소할 수 있습니다.

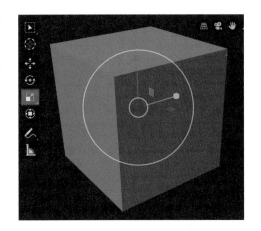

를 활성화하면 하나의 기즈모로 이동, 회전, 확대/축소할 수 있습니다.

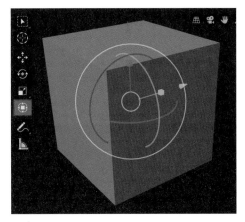

글로벌 좌표와 로컬 좌표

블렌더는 기본적으로 글로벌 좌표가 설정돼 있어서 왼쪽/오른쪽을 X축, 앞/뒤를 Y축, 위/아래를 Z축으로 나타냅니다.

글로벌 좌표는 씬이라는 3D 공간을 기준으로 하는 좌표이므로 씬 내부의 모든 오브젝트가 공통으로 갖는 좌표입니다. 반대로 로컬 좌표는 오브젝트별로 오브젝트 자신을 기준으로 하는 좌표입니다. 따라서 오브젝트를 회전하면 로컬 좌표도 함께 변화합니다.

이러한 좌표 시스템의 변경은 **3D 뷰포트** 헤더에 있는 **[변환 오리엔테이션]** 메뉴에서 합니다.

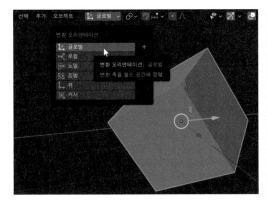
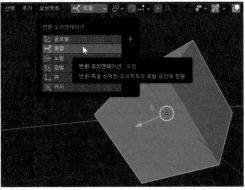

3D 커서

3D 커서는 오브젝트를 만들 때의 기준점이 됩니다. 추가로 설정에 따라 오브젝트의 회전, 확대/축소의 기준점이 되기도 합니다.

위치를 변경할 경우 **3D 뷰포트** 왼쪽에 있는 **툴바**(T 키)의 ▦를 마우스 왼쪽 버튼으로 클릭해 활성화한 상태에서 이동하고 싶은 위치를 마우스 왼쪽 버튼으로 클릭합니다.

추가로 **3D 뷰포트**의 오른쪽에 있는 **사이드바**(N 키)에서 **뷰** 탭을 마우스 왼쪽 버튼으로 클릭한 다음 **3D 커서** 패널에서 각 좌표축 별로 숫자를 입력해 위치를 지정할 수도 있습니다(숫자를 변경하는 방법과 관련된 내용은 35페이지를 참고해주세요).

3D 뷰포트 헤더에 있는 [**피벗 포인트를 변환**] 메뉴에서 [**3D 커서**]를 선택하면 오브젝트의 회전과 확대/축소 기준점이 3D 커서로 변경됩니다.

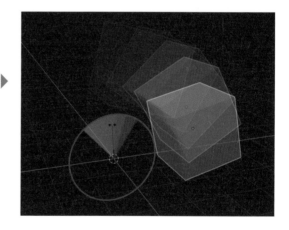

3D 뷰포트 헤더에 있는 [**오브젝트**]에서 [**스냅**] → [**선택을 커서에 스냅**(Selection to Cursor)]을 선택하면 선택하고 있는 오브젝트를 3D 커서의 위치로 이동할 수 있습니다.

[**커서를 선택에 스냅**(Cursor to Selected)]을 선택하면 반대로 3D 커서를 선택하고 있는 오브젝트의 위치로 이동합니다.

[**커서를 월드 오리진에 스냅**(Cursor to World Origin)]을 선택하면 3D 커서를 씬의 오리진(원점)으로 이동합니다.

오브젝트 유형별로 표시 상태 변경하기

3D 뷰포트 헤더에 있는 [**오브젝트 유형 가시성**(Object Types Visibility)]
메뉴로 오브젝트 별로 표시 상태를 변경할 수 있습니다. 변경할 수 있는 상태
는 표시/숨김, 선택 가능/불가능(잠금)입니다.

◉를 마우스 왼쪽 버튼으로 클릭하면 표시/숨김, ▼를 마우스 왼쪽 버튼으로
클릭하면 선택 가능/불가능을 변경할 수 있습니다.

기즈모 표시 변경

3D 뷰포트 헤더에 있는 를 마우스 왼쪽 버튼으로 클릭해 비활성화하면 **3D 뷰포트**에 표시되던 기즈모가
보이지 않게 됩니다. 다시 클릭하면 활성화 할 수 있습니다.

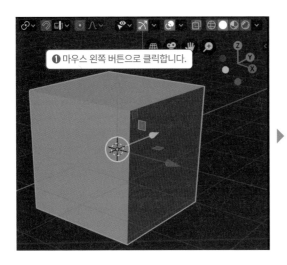

❶ 마우스 왼쪽 버튼으로 클릭합니다.

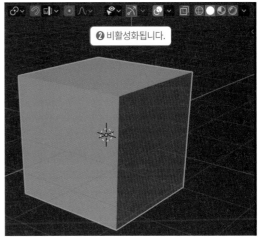

❷ 비활성화됩니다.

오른쪽에 있는 메뉴는 내비게이터와 오브젝트 기즈모 등을 개별적으로
표시하거나 숨길 수 있게 해주는 메뉴입니다.

오버레이 표시 변경하기

3D 뷰포트 헤더에 있는 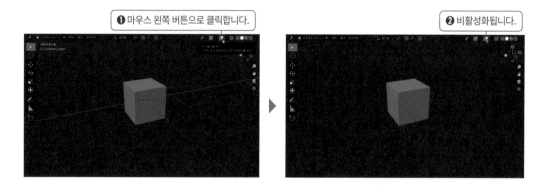를 마우스 왼쪽 버튼으로 클릭해 비활성화하면 **3D 뷰포트**에 표시된 그리드와
3D 커서 등이 숨겨집니다. 다시 클릭하면 활성화해서 보이게 만들 수 있습니다.

❶ 마우스 왼쪽 버튼으로 클릭합니다.

❷ 비활성화됩니다.

오른쪽에 있는 메뉴는 그리드와 3D 커서 등을 개별적으로 표시하거나
숨길 수 있게 해주는 메뉴입니다.

셰이딩 변경하기

3D 뷰포트에 배치된 메쉬(74페이지 참고) 오브젝트는 기본적으로 **솔리드** 모드로 표시됩니다. 솔리드 모드는 표면이 보이며, 그림자를 발생시키는 셰이딩입니다.

3D 뷰포트 헤더에 있는 [**셰이딩**] 변경 버튼을 클릭하면 셰이딩을 변경할 수 있습니다. 기본적으로 [**솔리드**]를 포함해서 4가지 종류의 모드가 제공됩니다.

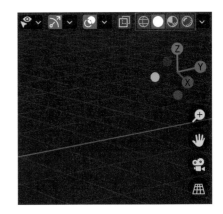

와이어프레임

페이스(면)는 표시되지 않고, 오브젝트의 에지만 표시됩니다.

X-Ray(34페이지 참고)가 기본적으로 활성화되어 있어서 뒤쪽 에지도 표시됩니다.

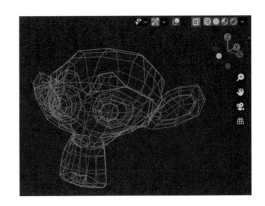

솔리드

오브젝트의 표면이 보이며, 그림자를 발생시키는 셰이딩입니다.

프리셋으로 여러 종류의 **매트캡**(MatCap: Material Capture, 478페이지 참고)이 제공됩니다. 오른쪽의 풀 다운 메뉴에서 [**매트캡**]을 마우스 왼쪽 버튼으로 클릭하고, 표시되는 여러 썸네일 중에서 원하는 매트캡을 선택해 매트캡을 변경할 수 있습니다. 매트캡은 제작하고 있는 모델에 쉽게 적용할 수 있으며, 굴곡을 쉽게 인식할 수 있다는 장점이 있습니다. 따라서 모델링을 할 때는 솔리드 모드로 진행하는 것이 일반적입니다.

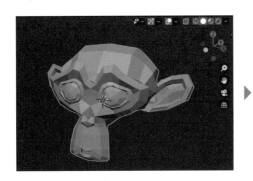

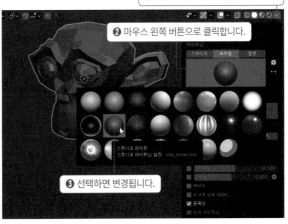

❶ 마우스 왼쪽 버튼으로 클릭합니다.

❷ 마우스 왼쪽 버튼으로 클릭합니다.

❸ 선택하면 변경됩니다.

매테리얼 미리보기

따로 라이팅을 설정하지 않아도 가상 환경에서 제작하고 있는 모델의 모습을 확인할 수 있게 해줍니다.

프리셋으로 여러 종류의 라이팅 환경이 제공됩니다. 오른쪽에 있는 풀 다운 메뉴에서 썸네일을 마우스 왼쪽 버튼으로 클릭하면 라이팅 환경을 변경할 수 있습니다.

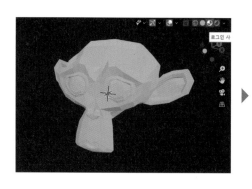
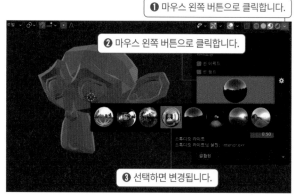

렌더

실시간으로 렌더링 결과를 확인할 수 있습니다.

편집하는 동안에도 렌더링과 같은 결과를 볼 수 있으므로 굉장히 편리하지만, PC의 성능에 따라서 동작이 느릴 수 있습니다.

렌더링과 같은 환경에서 표시되므로 미리 라이팅 설정 등을 해야 합니다.

X-Ray 표시 변경

세이딩이 **와이어 프레임** 또는 **솔리드**일 때는 X-Ray 표시를 사용할 수 있습니다. **3D 뷰포트** 헤더에서 [**세이딩**] 변경 버튼 왼쪽에 있는 ▣를 마우스 왼쪽 버튼으로 클릭하면 활성화 할 수 있습니다.

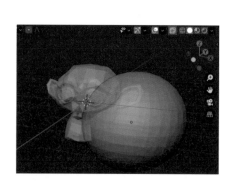

X-Ray가 활성화되면 뒤쪽에 가려져서 보이지 않는 버텍스, 에지, 페이스, 다른 오브젝트가 투과되어 보이며, 마우스 왼쪽 버튼으로 클릭해 선택할 수도 있습니다.

❓ **주의**

버텍스, 에지, 페이스를 선택하려면 에디트 모드(78페이지)로 변경해야 합니다.

프로퍼티의 수치 변경

프로퍼티에는 숫자를 입력해서 값을 설정하는 경우가 많습니다.

값을 변경하는 방법은 여러 가지가 있습니다. 화면의 모습을 보면서 변경하고 싶은 경우, 미세하게 조정하고 싶은 경우 등 상황에 맞는 방법을 사용하면 좋습니다.

클릭으로 숫자 변경하기

숫자에 마우스 포인터를 가져가면 왼쪽과 오른쪽에 화살표 모양의 아이콘이 표시됩니다. 왼쪽에 있는 화살표를 마우스 왼쪽 버튼으로 클릭하면 숫자가 감소하고, 오른쪽에 있는 화살표를 마우스 왼쪽 버튼으로 클릭하면 숫자가 커집니다.

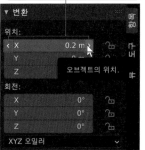

마우스 왼쪽 버튼으로 클릭합니다.

드래그로 숫자 변경하기

숫자가 적혀 있는 상자 안에 마우스 포인터를 가져가면 포인터가 ⇔로 변합니다. 이 상태에서 마우스 왼쪽 버튼을 누르면서 왼쪽/오른쪽으로 드래그하면 숫자를 변경할 수 있습니다.

좌표축 X, Y, Z처럼 여러 값이 함께 있는 경우 처음에 마우스 왼쪽 버튼을 누르면서 위/아래로 드래그하면 여러 속성을 한꺼번에 선택할 수 있습니다. 이 상태에서 왼쪽/오른쪽으로 드래그하면 한꺼번에 숫자를 변경할 수 있습니다. 비율을 유지한 상태로 크기 등을 변경할 때 유용하게 사용할 수 있습니다.

마우스 왼쪽 버튼을 누르면서 드래그하면 숫자를 변경할 수 있습니다.

처음에 마우스 왼쪽 버튼을 누르면서 위/아래로 드래그하면 여러 속성을 한꺼번에 선택할 수 있습니다.

직접 숫자를 입력해 변경하기

숫자를 마우스 왼쪽 버튼으로 클릭해 선택한 상태에서 직접 값을 입력할 수도 있습니다.

일반적인 소프트웨어와 마찬가지로 Ctrl + C 키로 복사, Ctrl + V 키로 붙여넣기 할 수 있습니다.

참고로 블렌더는 값을 따로 선택하지 않아도 마우스 포인터를 숫자에 올린 상태로 곧바로 복사, 붙여넣기 할 수 있습니다.

마우스 왼쪽 버튼으로 클릭해 선택합니다.

오브젝트 편집

추가

3D 뷰포트 헤더에 있는 **[추가]**에서 배치하고 싶은 오브젝트를 선택
하면 씬에 오브젝트가 추가됩니다(오브젝트의 종류는 41, 75페이
지를 참고해주세요).

추가한 오브젝트는 3D 커서 위치에 배치됩니다. 일반적으로 **3D 헤더**
에 있는 **[오브젝트]**에서 **[스냅]** → **[Cursor to World Origin]**을
선택해 오브젝트를 배치하기 전에 3D 커서를 원점으로 이동합니다.

삭제

오브젝트를 삭제할 때는 삭제할 오브젝트를 마우스 왼쪽
버튼으로 클릭하고, **3D 뷰포트** 헤더에 있는 **[오브젝트]**
에서 **[삭제]**를 선택합니다.

단축키 X 키를 누르는 경우 삭제 확인 메시지가 출력됩
니다. 메시지가 나오면 마우스 왼쪽 버튼으로 **[삭제]**를
클릭하거나 Enter 키를 눌러 제거를 실행합니다.

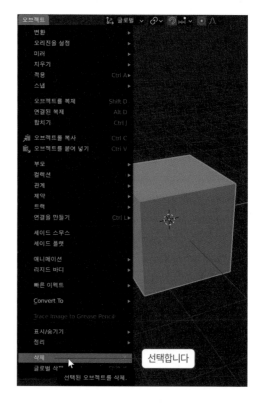

이동, 회전, 축적(확대/축소)

이동, 회전, 축적(확대/축소)은 기즈모로도 할 수 있으
며, 메뉴 선택과 단축키로도 할 수 있습니다[4].

---

4 옮긴이: 일반적으로 블렌더는 단축키로 이동, 회전, 확대/축소를 하는 편입니다. 이동, 회전, 축적(확대/축소)을 영어로 하면 Grab, Rotate, Scale이라고 해
   서 각각 단축키가 G, R, S입니다.

❶ 이동

이동하고 싶은 오브젝트를 마우스 왼쪽 버튼으로 클릭해 선택하고, **3D 뷰포트** 헤더에 있는 [**오브젝트**]에서 [**변환**] → [**이동**](G 키)을 선택하면 마우스 포인터를 따라서 오브젝트가 이동합니다. 마우스 왼쪽 버튼으로 클릭해 실행하고, 마우스 오른쪽 버튼으로 클릭해 취소할 수 있습니다.

❷ 회전

이동하고 싶은 오브젝트를 마우스 왼쪽 버튼으로 클릭해 선택하고, **3D 뷰포트** 헤더에 있는 [**오브젝트**]에서 [**변환**] → [**회전**](R 키)을 선택하면 마우스 포인터를 따라서 오브젝트가 회전합니다. 마우스 왼쪽 버튼으로 클릭해 실행하고, 마우스 오른쪽 버튼으로 클릭해 취소할 수 있습니다.

❸ 축적(확대/축소)

이동하고 싶은 오브젝트를 마우스 왼쪽 버튼으로 클릭해 선택하고, **3D 뷰포트** 헤더에 있는 [**오브젝트**]에서 [**변환**] → [**축적**](S 키)을 선택하면 마우스 포인터를 따라서 오브젝트가 확대/축소됩니다. 마우스 왼쪽 버튼으로 클릭해 실행하고, 마우스 오른쪽 버튼으로 클릭해 취소할 수 있습니다.

제한하고 편집하기

이동, 회전, 확대/축소 조작을 할 때 X , Y , Z 키를 누르면 축을 제한할 수 있습니다.

또한 Ctrl 키를 누르면서 조작하면 특정 단위로 제한을 걸고 이동, 회전, 확대/축소할 수 있습니다. **3D 뷰포트**의 헤더를 보면 어떤 조작을 하는지, 어떤 축에 제한을 걸었는지 등을 확인할 수 있습니다.

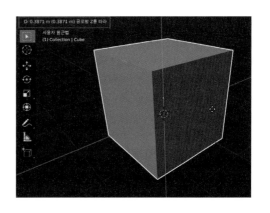

Shift 키를 누르면서 조작하면 변화량을 줄여서 미세하게 조정할 수 있습니다.

숫자 입력으로 편집하기

3D 뷰포트 헤더에 있는 [**뷰**]에서 [**사이드바**](N 키)를 선택하고, 사이드뷰의 [**항목**] 탭을 마우스 왼쪽 버튼으로 클릭하면 **변환** 패널이 나옵니다.

이 패널에는 현재 선택하고 있는 오브젝트의 배치 위치(위치), 각도(회전), 확대율(축적), 노멀 등이 표시됩니다. 숫자를 입력해 글로벌 좌표를 기준으로 이동, 회전, 확대/축소 등을 할 수 있습니다.

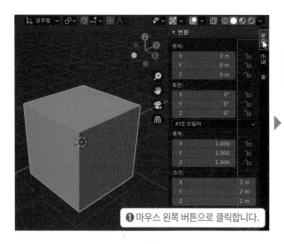

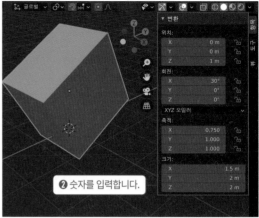

❶ 마우스 왼쪽 버튼으로 클릭합니다.

❷ 숫자를 입력합니다.

오브젝트 이름 변경하기

프로퍼티 왼쪽에 있는 ■를 마우스 왼쪽 버튼으로 클릭하면 윗부분에 오브젝트의 이름이 표시됩니다. 오브젝트의 이름을 마우스 왼쪽 버튼으로 클릭하면 입력 양식에 입력을 통해 오브젝트의 이름을 변경할 수 있습니다.

또한 아웃라이너에서 이름을 변경할 오브젝트를 마우스 오른쪽 버튼으로 클릭하고, 표시되는 메뉴에서 **[ID 데이터]** → **[이름을 변경]**을 선택하거나, 오브젝트 이름을 마우스 왼쪽 버튼으로 더블 클릭하면 마찬가지로 이름을 변경할 수 있습니다.

❷ 오브젝트의 이름이 표시됩니다.

❶ 마우스 왼쪽 버튼으로 클릭합니다.

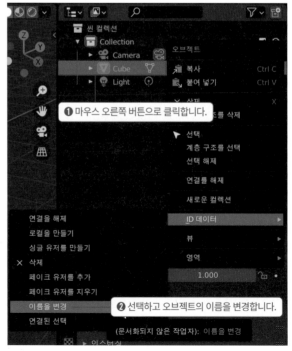

❶ 마우스 오른쪽 버튼으로 클릭합니다.

❷ 선택하고 오브젝트의 이름을 변경합니다.

표시/숨기기

앞서 아웃라이너에서 오브젝트를 표시하거나 숨기는 방법을 배웠습니다. 이 조작은 메뉴 또는 단축키를 사용해도 할 수 있습니다.

원하는 오브젝트를 마우스 왼쪽 버튼으로 클릭해 선택하고, **3D 뷰포트** 헤더에 있는 [**오브젝트**]에서 [**표시/숨기기**] → [**선택된 항목을 숨기기**](H 키)를 선택하면 숨겨집니다.

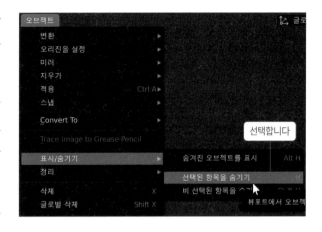

다시 표시하고 싶은 경우 [**숨겨진 오브젝트를 표시**](Alt + H 키)를 선택합니다.

복제

블렌더는 어떤 오브젝트를 복제하는 방법으로 [**오브젝트를 복제**]와 [**연결된 복제**]라는 2가지 방법을 제공합니다.

오브젝트를 복제

복제하고 싶은 오브젝트를 마우스 왼쪽 버튼으로 클릭해 선택하고, **3D 뷰포트** 헤더에 있는 [**오브젝트**]에서 [**오브젝트를 복제**](Shift + D 키)를 선택하면 마우스 포인터를 따라서 복제된 오브젝트가 따라다닙니다. 마우스 왼쪽 버튼으로 클릭하면 위치를 결정할 수 있습니다. 마우스 오른쪽 버튼으로 클릭하면 원본 오브젝트 위치에 복제할 수 있습니다. 같은 위치에 복제되다 보니 완전히 중첩돼서 복제됐는지 알기 힘든 경우가 있으므로 주의하기 바랍니다.

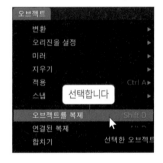

연결된 복제

일반적으로 사용하는 [**오브젝트를 복제**]와 다르게 **3D 뷰포트** 헤더에 있는 [**오브젝트**]에서 [**연결된 복제**](Alt + D 키)를 선택하면 복제된 오브젝트와 원본 오브젝트가 연결(링크)됩니다. 이 경우 에디트 모드(82페이지 참고) 등에서 둘 중 하나의 형태를 변경하면 다른 하나의 형태도 함께 변합니다.

오브젝트 모드에서의 이동, 회전, 크기 변경 등은 개별적으로 할 수 있습니다.

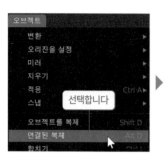

이런 연결은 프로퍼티 왼쪽에 있는 ▼를 마우스 왼쪽 버튼으로 클릭하면 표시되는 이름(메쉬 이름)의 오른쪽에서 확인할 수 있습니다. 여기에 표시되는 숫자는 연결된 오브젝트의 수를 나타냅니다.

이 숫자를 마우스 왼쪽 버튼으로 클릭하면 연결을 해제할 수 있으며[5], 두 객체가 완전히 다른 객체로 바뀌므로 개별적으로 오브젝트를 편집할 수 있게 됩니다.

연결 만들기

연결된 오브젝트를 Shift 키를 누른 채로 마우스 왼쪽 버튼으로 클릭해 모두 선택하고, **3D 뷰포트** 헤더에 있는 [**오브젝트**]에서 [**연결을 만들기**](Ctrl + L 키) → [**오브젝트 데이터**]를 선택하면 여러 개의 오브젝트가 연결됩니다.

다른 형태의 오브젝트를 연결하는 경우 모든 오브젝트가 마지막에 선택한 오브젝트의 형태로 변합니다.

---

5 옮긴이: 오브젝트 모드에서 연결을 해제할 수 있습니다(에디트 모드에서는 안 됩니다).

합치기

결합하고 싶은 오브젝트를 Shift 키를 누른 채로 마우스 왼쪽 버튼으로 클릭해 모두 선택하고, **3D 뷰포트** 헤더에 있는 [**오브젝트**]에서 [**합치기**] (Ctrl + J 키)를 선택하면 하나의 오브젝트로 결합됩니다(다시 분리하는 것과 관련된 내용은 86페이지를 참고해주세요).

📄 팁   오브젝트 결합

오브젝트 결합은 마지막에 선택한 오브젝트가 중심이 됩니다. 오브젝트의 이름, 설정, 모디파이어(115페이지 참고) 등이 모두 마지막에 선택한 오브젝트와 동일하게 설정됩니다. 따라서 다른 오브젝트에 설정돼 있던 이름, 설정, 모디파이어는 삭제되므로 주의해주세요.

프리미티브 오브젝트

블렌더에는 프리미티브 오브젝트(기본적인 오브젝트)로 큐브, 구체, 실린더 등의 다양한 오브젝트들이 제공됩니다. 이러한 오브젝트를 기반으로 차근차근 모델링을 진행하게 됩니다.

프리미티브 오브젝트를 배치하려면 오브젝트 모드의 **3D 뷰포트** 헤더에 있는 [**추가**](Shift + A 키)에서 [**메쉬**]를 선택하고, 표시되는 것 중에 원하는 것을 선택합니다.

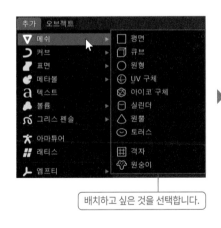

배치하고 싶은 것을 선택합니다.

프리미티브 오브젝트를 씬에 추가하면, **3D 뷰포트** 왼쪽 아래에 패널이 표시됩니다. 삼각형 아이콘을 마우스 왼쪽 버튼으로 클릭해 패널을 여닫을 수 있습니다. 이 패널에서는 추가한 오브젝트의 크기, 면 분할 수 등을 변경합니다.

이 패널은 오브젝트를 추가한 직후에만 사
용할 수 있습니다. 오브젝트 이동, 선택 해
제 등의 다른 조작을 하면 패널이 사라집
니다.

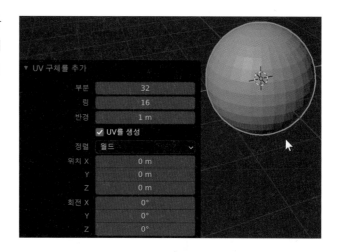

단축키

블렌더는 대부분의 기능에 단축키가 할당돼
있습니다. 이러한 단축키는 메뉴 항목의 오른
쪽에 적혀 있습니다.

자주 사용하는 항목의 단축키를 기억해두면
작업이 훨씬 원활하고 편리해집니다.

이 책의 마지막 부분(503페이지)에 자주 사
용하는 단축키 목록을 정리했으므로 참고하
기 바랍니다.

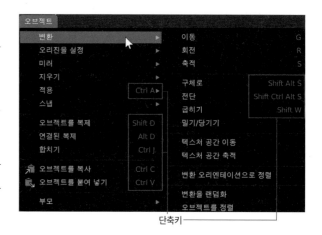

단축키

파이 메뉴

마우스 포인터를 **3D 뷰포트**에 가져간 다음 특정 키를 누르면 원형 메뉴가 표시됩니다.

원하는 항목에 마우스 포인트를 가져간 다음 마우스 왼쪽 버튼으로 클릭하면 선택할 수 있어서 빠르게 조작
할 수 있습니다. 마우스 오른쪽 버튼으로 클릭하면 취소할 수 있습니다.

Z 키	셰이딩
，키	오리엔테이션
．키	피벗 포인트
＼ 키[6]	뷰
Shift + S 키	스냅
Shift + O 키	비례 편집 감소

---

6 옮긴이: 일반적인 한국어 키보드에서 숫자키(1〜0)의 왼쪽에 있는 키입니다.

파일 저장

파일을 저장하고 싶을 때는 상단 메뉴의 [파일]에서 [저장](Ctrl + S 키)을 선택합니다. 이외에도 [다른 이름으로 저장](Ctrl + Shift + S 키)과 [사본으로 저장](Ctrl + Alt + S 키) 등이 있습니다.

처음 파일을 저장할 때는 [블렌더 파일 보기] 대화 상자가 나옵니다. 저장 경로와 파일 이름을 지정하고, [블렌더 파일 저장]을 마우스 왼쪽 버튼으로 클릭하면 저장할 수 있습니다.

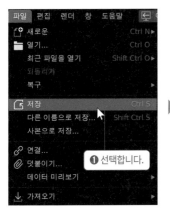 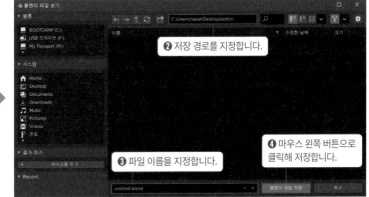

백업 파일

블렌더는 저장한 .blend 파일과 같은 위치에 .blend1, .blend2와 같은 형식의 백업 파일을 자동으로 만듭니다. 이러한 백업 파일을 사용하려면 확장자 끝에 있는 숫자를 지워서 .blend 파일로 변경하고 사용하면 됩니다.

> 📄 팁 · [다른 이름으로 저장]과 [사본으로 저장]의 차이점
>
> [다른 이름으로 저장]과 [사본으로 저장]은 저장 후에 어떤 파일이 열린 상태가 되는지에 차이가 있습니다. 예를 들어 "A"라는 이름의 파일을 편집하고, [다른 이름으로 저장]으로 "B"라는 이름을 붙이면 저장 후에 이름이 "B"인 파일이 열린 상태가 됩니다. 반면 [사본으로 저장]으로 저장하면 저장 후에 이름이 "A"인 파일이 열린 상태가 됩니다.

덧붙이기 / 연결

다른 블렌더 파일에서 오브젝트 등의 데이터를 현재 파일로 읽어 들이고 싶을 때는 상단 메뉴의 [파일]에서 [덧붙이기]를 선택합니다.

[블렌더 파일 보기] 대화 상자가 나오면 원하는 파일 또는 항목을 선택하고, [덧붙이기]를 마우스 왼쪽 버튼으로 클릭합니다. 오브젝트뿐만 아니라 매테리얼의 정보 등도 읽어 들일 수 있습니다.

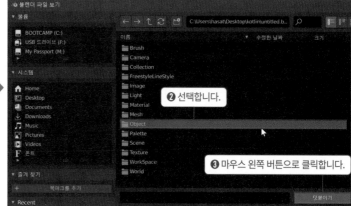

상단 메뉴의 [**파일**]에서 [**연결**]을 선택해 데이터를 읽어 들이면 원본 데이터와 링크한 상태가 되므로 원본 데이터를 편집하면 읽어 들인 데이터도 함께 편집됩니다.

링크로 읽어 들인 데이터는 편집할 수 없습니다.

가져오기 / 내보내기

다른 3DCG 소프트웨어에서 만든 .obj처럼 .blend 이외에 다른 형식의 파일을 읽어 들일 경우 상단 메뉴의 [**파일**] → [**가져오기**]에서 원하는 파일 형식을 선택합니다.

[블렌더 파일 보기] 대화 상자가 나오면 읽어 들일 파일을 선택하고, [**~를 가져오기**]를 마우스 왼쪽 버튼으로 클릭해 파일을 읽어 들입니다.

반대로 블렌더로 만들어진 데이터를 다른 3DCG 소프트웨어에서 사용하는 경우에는 상단 메뉴의 [**파일**] → [**내보내기**]에서 원하는 파일 형식을 선택합니다.

[블렌더 파일 보기] 대화 상자가 나오면 저장 경로와 파일 이름을 지정하고, [**~를 내보내기**]를 마우스 왼쪽 버튼으로 클릭해 파일을 내보냅니다.

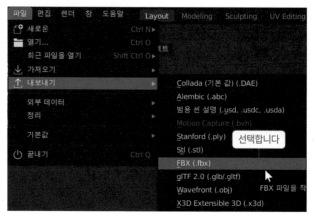

1.4 시점 변경 연습

3DCG 제작에서 오브젝트의 위치와 형태를 파악하려면 반드시 시점 변경이 필요합니다. 시점 변경을 원하는 대로 할 수 있게 시점 변경을 연습해봅시다.

시점 회전의 기준점 이해하기

▶SECTION1-4-1.blend

이후에 살펴볼 **모델링**을 원활하게 할 수 있게 실제로 블렌더 파일을 열고 시점 변경을 해보겠습니다.

큐브 오브젝트가 배치된 블렌더 파일 "SECTION1-4-1.blend"를 준비했습니다. 이 파일을 열면 2개로 분할된 **3D 뷰포트**가 보일 것입니다. 크게 차이가 없어 보이는 2개의 **3D 뷰포트**이지만, 마우스 가운데 버튼으로 드래그해 시점을 회전해보면 차이가 있습니다.

2개의 3D 뷰포트

시점 회전은 **3D 뷰포트** 화면을 기준으로 이뤄집니다.

2개의 **3D 뷰포트**는 기준점이 되는 화면의 중심 위치가 다르므로 시점을 회전했을 때 다른 형태로 동작합니다.

2D 작업과 다르게 3D 작업은 상하좌우 뿐만 아니라 깊이도 관련이 있습니다. 한 방향만으로는 형태를 파악하기 어려울 수 있으므로 반드시 여러 방향에서 형태를 확인해야 합니다.

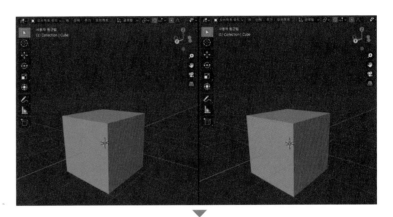

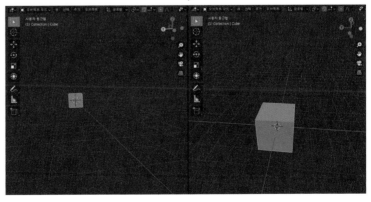

2개의 **3D 뷰포트**를 모두 **3D 뷰포트** 헤더에 있는 [**뷰**]에서 [**뷰포트**] → [**오른쪽**](숫자 패드 ③)을 선택해 오른쪽 뷰로 변경합니다.

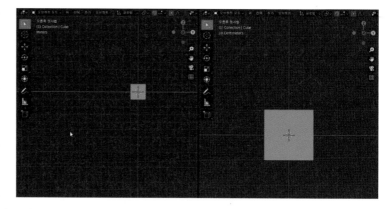

오른쪽에 있는 **3D 뷰포트**는 큐브 오브젝트가 중심에 표시되지만, 왼쪽에 있는 **3D 뷰포트**는 큐브가 오른쪽에 치우쳐 있는 것을 확인할 수 있습니다.

오른쪽의 **3D 뷰포트**와 마찬가지로 왼쪽에 있는 **3D 뷰포트**도 큐브 오브젝트가 화면의 중심에 오게 조정해 봅시다.

큐브 오브젝트를 마우스 왼쪽 버튼으로 클릭해 선택하고, **3D 뷰포트** 헤더에 있는 [**뷰**]에서 [**뷰를 정렬**] → [**활성에 뷰 잠금**]을 선택합니다. 이렇게 하면 선택했던 오브젝트가 화면의 중심에 표시됩니다[7].

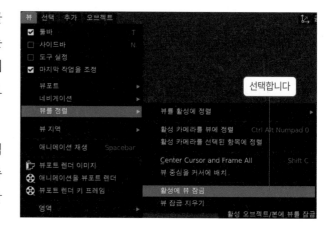

기준점이 되는 화면의 중심에 큐브 오브젝트가 표시되므로 시점을 회전했을 때, 왼쪽 **3D 뷰포트**와 오른쪽 **3D 뷰포트**가 거의 같은 움직임으로 동작하게 됩니다.

모델링 상황을 가정하고 시점 변경 연습하기

📄 SECTION1-4-2.blend

이번 절에서는 캐릭터가 배치돼 있는 블렌더 파일 "SECTION1-4-2.blend"를 준비했습니다. 이전 절에서는 오브젝트 하나를 중심으로 하는 시점 변경을 알아봤으므로, 이번에는 오브젝트의 특정 부분을 기준으로 시점을 변경하는 연습을 해봅시다.

모델링을 할 때는 어떤 캐릭터의 특정 한 부위(손, 발 등)를 확대해 보면서 편집합니다. 시점 변경이 원하는 대로 되지 않는다면 편집 작업이 굉장히 힘듭니다.

---

7   옮긴이: 조금 더 정확히 표현하자면 회전의 중심이 된다는 것이 정확한 표현입니다. [활성에 잠금]을 선택하고, 화면을 돌려보면 큐브 오브젝트는 위치가 고정되는 것을 볼 수 있습니다.

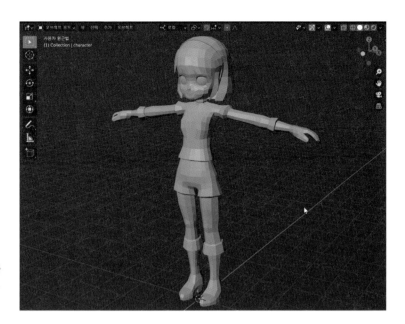

❓ 주의

책에서는 메뉴 선택으로 조작을 설명하지만, 실제로는 대부분 단축키를 사용해 작업합니다. 되도록 단축키를 사용해 작업을 진행하는 것을 추천합니다.

앞쪽 뷰로 조정하기

이번 절에서는 손을 모델링한다고 가정하고 손을 중심으로 시점을 변경해봅시다.

손을 모델링하려면 손을 3D 뷰포트의 중심에 오게 해야 할 것입니다.

3D 뷰포트 헤더에 있는 [뷰]에서 [뷰포트] → [앞쪽](숫자 패드 1)을 선택해 프론트 뷰로 변경합니다.

Shift 키를 누른 채로 마우스 가운데 버튼을 드래그해 왼손이 **3D 뷰포트**의 중심에 올 수 있게 평행이동합니다. 또한 마우스 휠을 돌려 줌인해서 손이 확대되게 표시해봅시다.

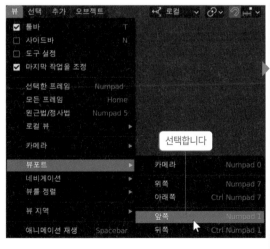

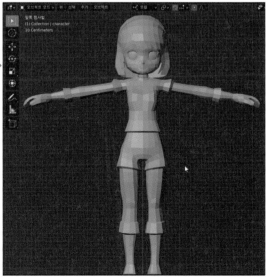

오른쪽 뷰로 조정하기

3D 뷰포트 헤더에 있는 [뷰]에서 [뷰포트] → [오른쪽](숫자 패드 3)을 선택해 오른쪽 뷰로 변경합니다.

마찬가지로 왼쪽 손을 3D 뷰포트의 중심에 배치해봅시다. Shift 키를 누른 채로 마우스 가운데 버튼을 드래그해 평행이동합니다.

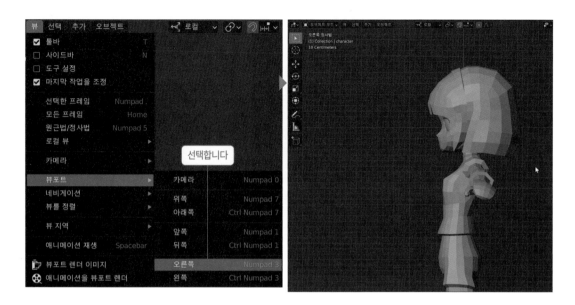

특정 부위 살펴보기

마우스 가운데 버튼을 드래그해 시점을 회전하면서 왼손을 중심으로 살펴보세요.

여러 각도에서 특정 부위의 형태를 확인하면 형태를 더 잘 이해하고 편집 작업을 원활하게 할 수 있습니다.

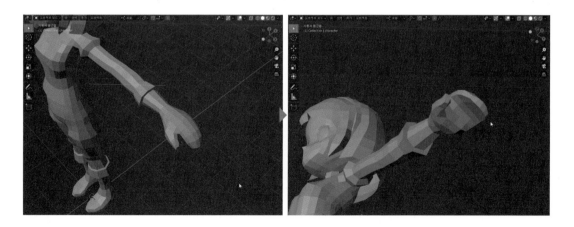

왼손뿐만 아니라, 오른손, 다리, 얼굴 등의 부위도 시점을 변경하면서 살펴보기 바랍니다. 모델링 등의 3D 제작을 본격적으로 하기 전에 지금까지 살펴봤던 시점 변경을 익숙하게 할 수 있을 때까지 연습하기 바랍니다.

1.5 간단하게, 블렌더 첫 입문

3DCG 제작의 흐름을 대충이라도 살펴볼 수 있게 간단한 모델을 만들어봅시다. 이번 절에서는 다음 그림과 같은 "인형 로봇"을 만들면서 모델링부터 렌더링까지의 흐름을 간단하게 살펴보겠습니다.

모델링

몸통 만들기

01 기본적으로 배치된 큐브는 머리로 사용할 것입니다. 이를 복제한 다음 아래쪽으로 이동해서 몸통을 만들겠습니다.

큐브를 마우스 왼쪽 버튼으로 클릭해 선택합니다. **3D 뷰포트** 헤더에 있는 **[오브젝트]**에서 **[오브젝트를 복제]**(Shift+D 키)를 선택하면 마우스 포인터를 따라서 오브젝트가 복제됩니다. Z 키를 눌러 위아래 방향으로 제한을 걸고, 아래로 이동한 다음 마우스 왼쪽 버튼으로 클릭해 복제한 오브젝트의 위치를 결정합니다.

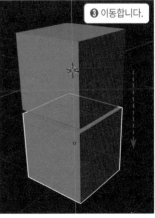

02 복제한 큐브를 선택한 상태에서 툴바의 ▣를 마우스 왼쪽 버튼으로 클릭하면 확대/축소 기즈모가 표시됩니다. Y축(초록색) 선 끝의 사각형을 마우스 왼쪽 버튼으로 드래그해 앞뒤로 축소합니다.

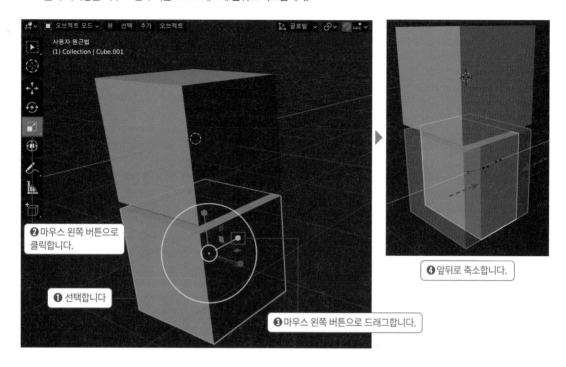

03 머리 부분으로 사용할 큐브는 현재 단계에서 필요 없으므로 숨기겠습니다.

머리 부분으로 사용할 큐브를 선택하고, **3D 뷰포트** 헤더에 있는 **[오브젝트]**에서 **[표시/숨기기]** → **[선택된 항목을 숨기기]**(H 키)를 선택합니다.

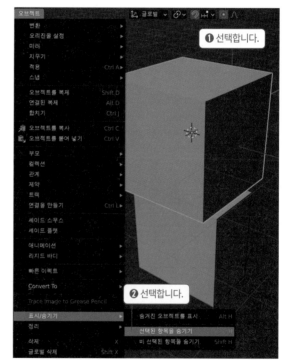

19개의 실전 예제를 따라하며 배우는 **나의 첫 블렌더**

04 팔을 만들기 위해 새로운 오브젝트를 추가합니다.

3D **뷰포트**의 헤더에 있는 [**추가**](Shift＋A 키)에서 [**메쉬**] → [**큐브**]를 선택합니다.

05 이어서 축적 기즈모를 선택하고, 흰색 원을 마우스 왼쪽 버튼으로 드래그해 팔 두께에 맞게 축소합니다. 이렇게 흰색 원을 드래그하면 비율을 유지한 상태로 크기를 변경할 수 있습니다.

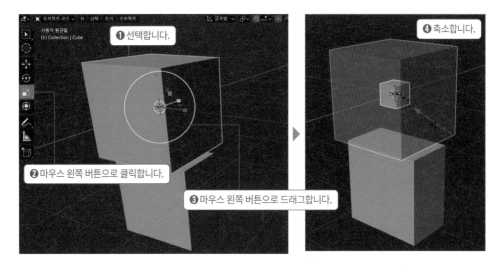

06 Z축(파란색)의 선 끝에 있는 큐브를 마우스 왼쪽 버튼으로 드래그해 팔 길이에 맞게 위아래 방향으로 확대합니다.

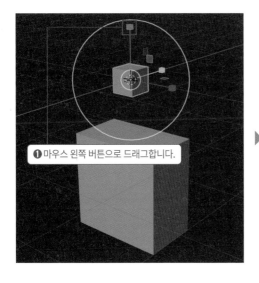
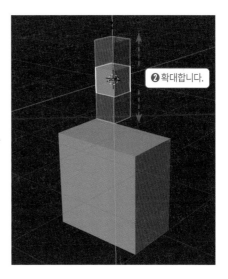

07 팔 위치에 맞게 이동하기 전에 시점을 변경하겠습니다. **3D 뷰포트** 헤더에 있는 **[뷰]**에서 **[뷰포트]** → **[앞쪽]**(숫자 패드 1)을 선택해 프론트 뷰로 변경할 수 있습니다.

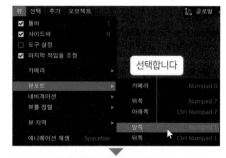

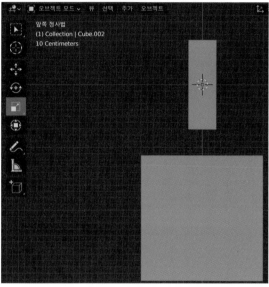

08 팔로 만들 큐브를 선택한 상태에서 툴바의 █를 마우스 왼쪽 버튼으로 클릭하면 이동 기즈모가 표시됩니다. 흰색 원을 마우스 왼쪽 버튼으로 드래그하면 이동합니다. 팔을 적당한 위치에 배치해주세요.

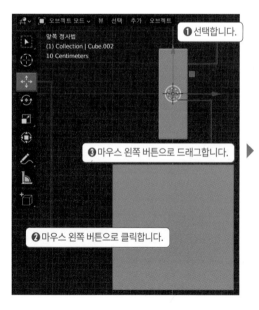

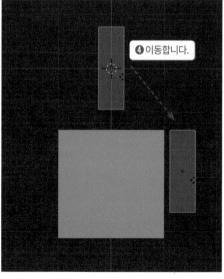

09 마찬가지 방법으로 큐브를 추가한 다음 변형, 이동해서 왼쪽 다리를 만듭니다.

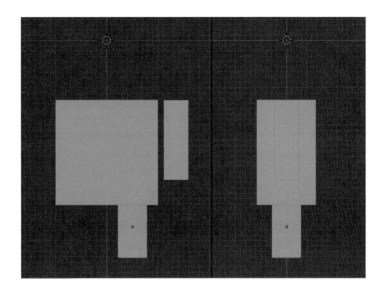

10 왼쪽 팔과 다리를 복제해서 오른쪽 팔과 다리를 만들겠습니다. Shift 키를 누른 채로 마우스 왼쪽 버튼으로 클릭해 왼쪽 팔과 왼쪽 다리 오브젝트를 모두 선택합니다.

3D 뷰포트의 헤더에 있는 **[오브젝트]**에서 **[오브젝트를 복제]**(Shift + D 키)를 선택합니다.

이어서 X 키를 눌러서 X축 방향으로만 이동하게 만들고 이동한 뒤, 마우스 왼쪽 버튼으로 클릭해 위치를 결정합니다.

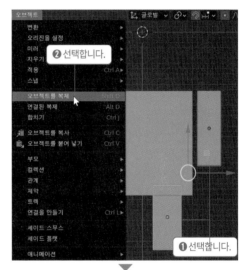

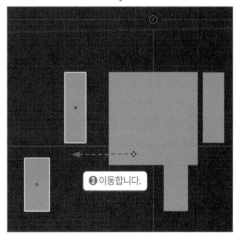

⑪ **3D 뷰포트** 헤더에 있는 **[오브젝트]**에서 **[미러]** → **[X Global]**을 선택해 복제한 오브젝트를 반전합니다.

⑫ 이동 기즈모의 X축(빨간색) 화살표를 마우스 왼쪽 버튼으로 드래그해 위치를 조정합니다.

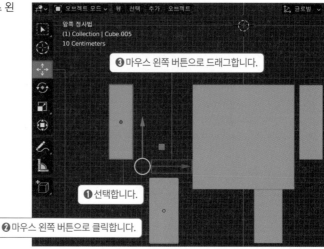

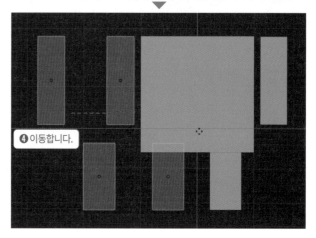

머리 부분 만들기

⑴ 숨겼던 머리 부분으로 사용할 큐브를 표시하겠습니다.

　 3D 뷰포트 헤더에 있는 **[오브젝트]**에서 **[표시/숨기기]** → **[숨겨진 오브젝트를 표시]**(Alt +H 키)를 선택하면 숨겨져 있던 큐브가 표시됩니다.

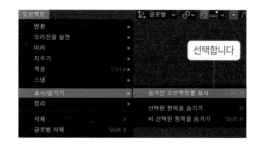

02 눈을 만들 수 있게 새로운 오브젝트를 추가하겠습니다.

3D 뷰포트 헤더에 있는 **[추가]**(Shift+A 키)에서 **[메쉬]** →
[UV 구체]를 선택합니다.

03 머리 부분 오브젝트와 중첩돼 보여서 편집하기 어려우므로 오브
젝트 표시 방식(뷰포트 셰이딩)을 변경합시다.

3D 뷰포트 헤더에 있는 ◙를 마우스 왼쪽 버튼으로 클릭해 **[와
이어프레임]**으로 변경합니다.

마우스 왼쪽 버튼으로 클릭합니다.

04 이번에 추가한 오브젝트는 기즈모를 사용하
지 않고 편집하겠습니다.

오브젝트를 추가한 직후에 **3D 뷰포트** 왼쪽
아래에 패널이 나옵니다. 삼각형 아이콘을 마
우스 왼쪽 버튼으로 클릭하면 **UV 구체를 추
가** 패널이 열립니다. 여기에서 구체를 편집합
니다.

이 패널은 오브젝트를 추가한 직후에만 표시
됩니다. 오브젝트 이동, 선택 해제 등의 다른
조작을 하면 패널이 사라집니다.

❓ 주의

만약 패널이 없어졌다면 추가한 구체를 제거
(X 키)하고, 다시 구체를 추가해주세요.

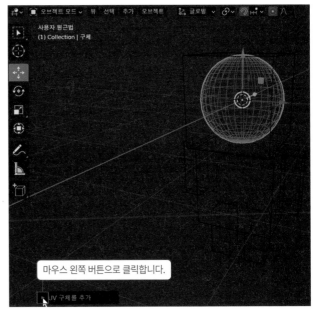

마우스 왼쪽 버튼으로 클릭합니다.

05 **[부분]** 값을 마우스 왼쪽 버튼으로 클릭하고, "12"라고 입력하면 구체의 세로 방향 분할 수가 변합니다.

추가로 **[링]** 값을 "8"로 입력하면 구체의 가로 방향 분할 수가 변합니다.

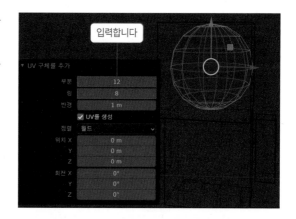

06 **[반경]** 값을 "0.4m"로 입력해 구체의 크기를 변경합니다.

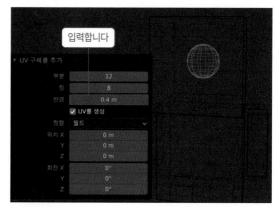

07 **[위치: X]** 값을 "0.45m", **[위치: Y]** 값을 "-0.8m"로 입력해 위치를 조정하고, **[회전: X]** 값을 "90°"로 입력해 구체를 회전합니다.

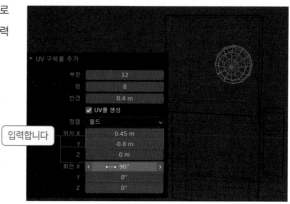

08 마찬가지 방법으로 구체를 추가해 오른쪽 눈을 만듭니다. 오른쪽 눈은 [**위치 : X**] 값을 "-0.45m"로 설정합니다.

이외의 값은 왼쪽 눈과 같게 설정합니다.

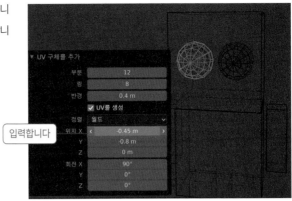

입력합니다

09 머리 부분에 도넛 형태의 장식을 추가합니다.

3D 뷰포트 헤더에 있는 [**추가**](Shift + A 키)에서 [**메쉬**] → [**토러스**]를 선택합니다.

선택합니다

10 **3D 뷰포트** 왼쪽 아래에 표시되는 **토러스를 추가** 패널에서 오브젝트를 편집하겠습니다. [**위치 : Z**] 값을 "1.4m", [**회전 : X**] 값을 "90°", [**메이저 부분**] 값을 "12", [**마이너 부분**] 값을 "8", [**메이저 반경**] 값을 "0.4m", [**마이너 반경**] 값을 "0.1m"로 변경합니다.

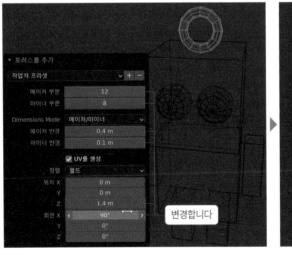

변경합니다

01　각 오브젝트에 색과 질감을 설정합니다. 상단 메뉴 오른쪽에 있는 워크스페이스 변경 탭에서 **[Shading]**을 마우스 왼쪽 버튼
　　　으로 클릭하면 매테리얼 편집에 적합한 화면 레이아웃(워크스페이스)으로 변합니다.

02　머리 오브젝트를 선택합니다. 프로퍼티 왼쪽에 있는 ▣를 마우스 왼쪽 버튼으로 클릭하면 선택하고 있는 오브젝트의 매테리얼
　　　정보가 표시됩니다. 머리 부분은 초기에 있던 오브젝트를 사용해서 만들었으므로 이미 매테리얼이 설정된 상태입니다.

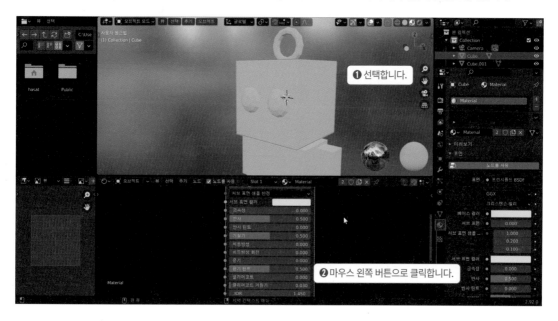

03 **표면** 패널에서 [**베이스 컬러**]의 컬러 팔레트를 마우스 왼쪽 버튼으로 클릭하면 컬러 피커가 표시됩니다. 원하는 색을 선택하면 객체에 색을 설정할 수 있습니다.

컬러 피커의 오른쪽에 있는 흰색과 검은색 그라데이션으로 밝기를 설정할 수도 있습니다.

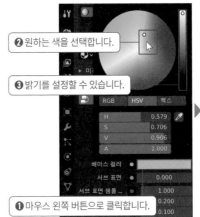
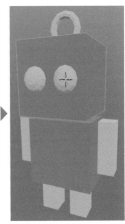

04 머리 오브젝트의 색을 변경하면 몸통 오브젝트에도 색이 설정됩니다. 또한 몸통 오브젝트의 색을 변경하면 머리 오브젝트의 색이 설정됩니다. 이는 몸통 오브젝트가 머리 오브젝트를 복제해 만들었기 때문입니다.

몸통 오브젝트를 선택합니다. 프로퍼티 위쪽에서 매테리얼 이름 오른쪽에 있는 숫자 "2"를 마우스 왼쪽 버튼으로 클릭하면 머리 오브젝트와의 링크가 해제됩니다. 링크를 해제하면 다른 [**베이스 컬러**]를 적용해 색을 적용할 수 있습니다.

05 왼쪽 팔 오브젝트를 선택합니다. 왼쪽 팔은 추가로 추가한 오브젝트이므로 매테리얼이 설정돼 있지 않습니다. 따라서 매테리얼을 새로 만들어보겠습니다.

[**새로운**]을 마우스 왼쪽 버튼으로 클릭하면 매테리얼이 새로 만들어집니다. 마찬가지로 [**베이스 컬러**]로 색을 설정합니다.

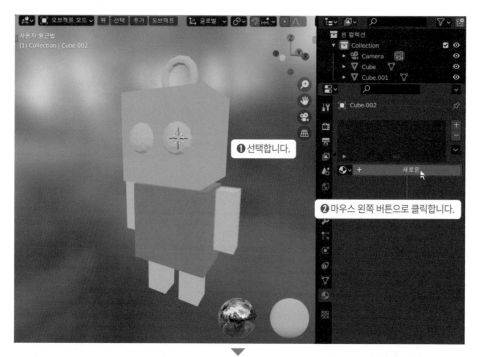

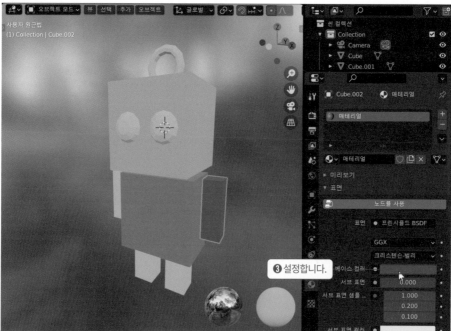

19개의 실전 예제를 따라하며 배우는 **나의 첫 블렌더**

06 오른쪽 팔 오브젝트를 선택합니다. 오른쪽 팔 오브젝트도 매테리얼이 설정돼 있지 않습니다. 이번에는 왼쪽 팔 오브젝트에 적용했던 매테리얼을 설정해보겠습니다.

프로퍼티의 를 마우스 왼쪽 버튼으로 클릭하면 지금까지 만들었던 매테리얼이 표시됩니다. 왼쪽 팔 오브젝트에 설정한 매테리얼을 선택합니다.

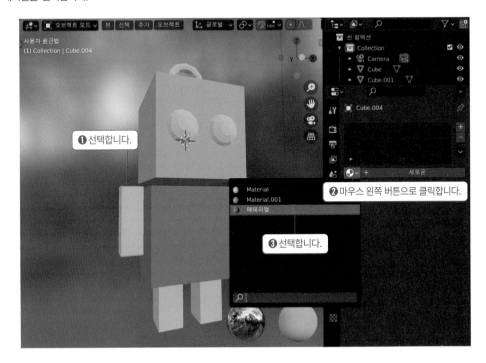

07 마찬가지로 다리 오브젝트도 왼쪽 팔 객체에 설정한 매테리얼과 같은 매테리얼로 설정합니다.

❓ 주의

여러 오브젝트를 선택한 다음 매테리얼을 한 번에 설정해도 모든 오브젝트에 매테리얼이 설정되지 않습니다. 왼쪽 다리와 오른쪽 다리를 하나씩 선택해 설정해주세요.

08 왼쪽 눈 오브젝트를 선택하고, 프로퍼티의 **[새로운]**을 마우스 왼쪽 버튼으로 클릭해 새로운 매테리얼을 만듭니다. 지금까지와 마찬가지로 **[베이스 컬러]**로 색을 설정합니다.

이번에는 추가로 광택을 설정하겠습니다. **표면** 패널에서 **[반사]**로 광택을 설정할 수 있습니다. 디폴트로 "0.500"가 설정돼 있으므로 값을 "1.000"으로 변경해 광택을 강하게 만듭니다.

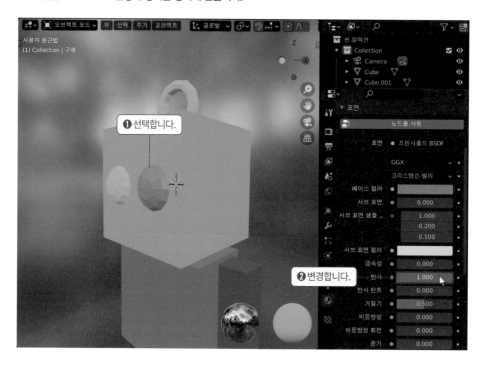

09 **[거칠기]**를 조정하겠습니다. **[거칠기]**는 이름 그대로 표면의 거칠기를 조정할 때 사용하는 속성입니다. 디폴트로 "0.500"가 설정돼 있으므로 값을 "0.000"으로 변경해 아주 매끄러운 표면으로 만듭니다.

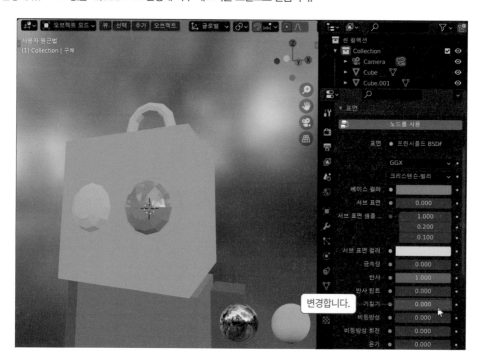

10 오른쪽 눈을 선택하고, 프로퍼티의 를 클릭해 왼쪽 눈 오브젝트에 설정한 것과 같은 매테리얼을 적용합니다.

11 머리 위의 도너츠 형태의 객체를 선택하고, 프로퍼티의 **[새로운]**을 마우스 왼쪽 버튼으로 클릭해 매테리얼을 새로 만듭니다. 이번에는 금속과 같은 표면으로 설정하겠습니다.

표면 패널의 **[금속성]**으로 금속 느낌을 낼 수 있습니다.

디폴트로 "0.000"이 설정돼 있으므로 값을 "1.000"으로 변경해 금속 질감을 강하게 합니다.

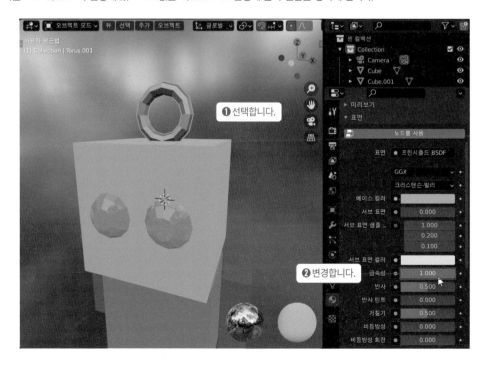

12 **[거칠기]** 값을 "0.200"로 변경해 거칠기를 줄여 광택 있는 표면이 되게 합니다.

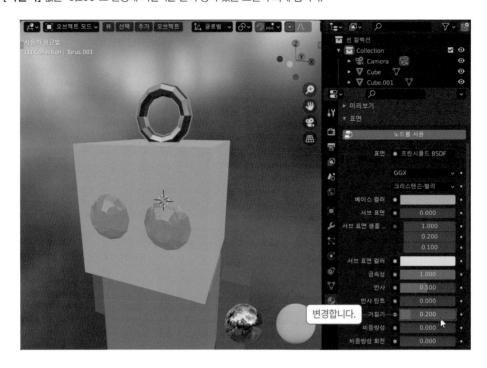

13 **3D 뷰포트** 헤더에 있는 **[오브젝트]**에서 **[셰이드 스무스]**를 선택하면 표면이 매끄럽게 표시돼 금속의 느낌을 더 잘 표현할 수 있습니다.

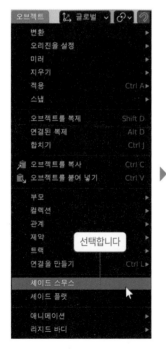

카메라 앵글 설정

01 카메라 앵글을 설정하기 전에 렌즈의 화각을 설정하겠습니다. 상단 메뉴 오른쪽에 있는 워크스페이스 변경 탭에서 **[Layout]** 을 마우스 왼쪽 버튼으로 클릭해 화면의 레이아웃을 변경합니다.

02 기본적으로 배치된 카메라를 선택하고, 프로퍼티의 🎥를 마우스 왼쪽 버튼으로 클릭하면 **렌즈** 패널이 표시됩니다. 이 패널에 있는 **[초점의 길이]**를 변경하면 렌즈의 화각을 변경할 수 있습니다.

실제 카메라와 마찬가지로 값이 크면 망원이 되고, 작으면 광각이 됩니다. 이번 예제에서는 "35mm"로 설정하겠습니다.

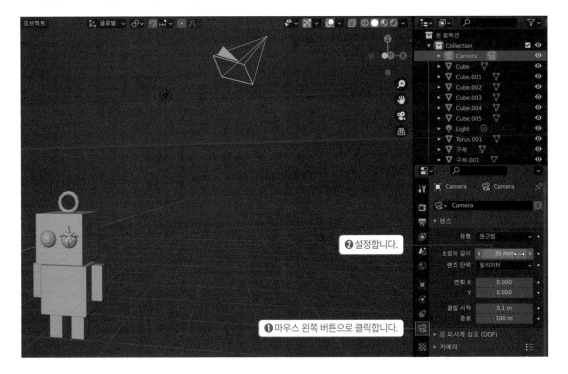

03 카메라 앵글은 카메라를 직접 이동하거나 회전해서 설정할 수도 있지만, 이번 예제에서는 **카메라를 뷰에 잠금** 기능을 사용해 카메라 앵글을 설정하겠습니다. **3D 뷰포트** 헤더에 있는 **[뷰]**에서 **[뷰포트]** → **[카메라]**(숫자 패드 0)를 선택해 카메라 뷰포트로 변경합니다.

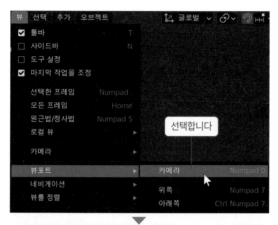

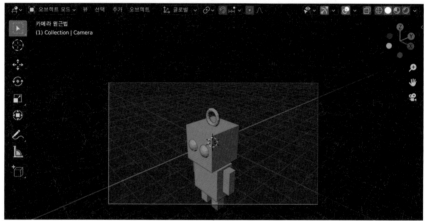

04 **3D 뷰포트** 헤더에 있는 **[뷰]**에서 **[사이드바]**(N 키)를 선택하고, 사이드뷰의 **[뷰]** 탭을 마우스 왼쪽 버튼으로 클릭하면 **뷰** 패널이 나옵니다.

여기에서 **[뷰 잠금]**－**[잠금]**－**[Camera to View]**에 체크해 활성화합니다.

05 [Camera to View]를 활성화하면 일반적인 시점 변경과 같은 조작으로 카메라 앵글을 설정할 수 있습니다. 마우스 가운데 버튼을 드래그해 시점을 회전하거나, 마우스 휠을 돌려서 줌인/줌아웃하거나, Shift 키 + 마우스 가운데 버튼 드래그로 시점을 평행이동할 수 있습니다.

앵글을 모두 설정했다면 [Camera to View]의 체크를 해제해 비활성화합니다.

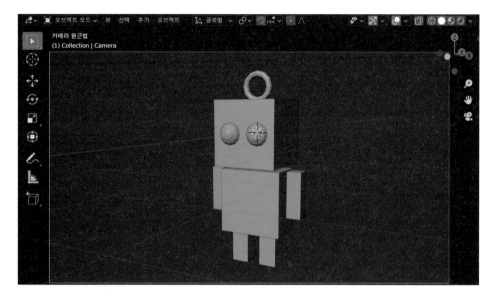

라이팅 설정

01 씬의 광원이 되는 라이트의 위치를 조정해 인간형 로봇을 비추게 만들겠습니다.

일단 라이트 효과가 3D 뷰포트에 반영될 수 있게 셰이딩을 변경합니다.

3D 뷰포트 헤더에 있는 ⬤를 마우스 왼쪽 버튼으로 클릭하고, 셰이딩을 **[렌더 미리보기]**로 변경합니다.

02 기본적으로 배치된 라이트를 선택하고, 툴바의 ⊕를 마우스 왼쪽 버튼으로 클릭하면 이동 기즈모가 표시됩니다.

❶ 선택합니다.

❷ 마우스 왼쪽 버튼으로 클릭합니다.

03 기즈모를 조작해 인형 로봇이 밝게 비추어지게 전방 왼쪽 대각선 위로 이동합니다.

[**사이드바**](N 키)의 **항목** 탭을 마우스 왼쪽 버튼으로 클릭하면 **변환** 패널이 나오며, 위치를 확인할 수 있습니다. 이번 예제에서는 [**위치 : X**]를 "3m", [**위치 : Y**]를 "−3m", [**위치 : Z**]를 "2m"로 설정했습니다.

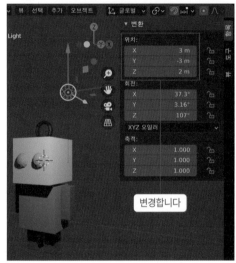

변경합니다

04 머리 위에 있는 장식을 보면 금속 질감이 크게 나지 않으므로 반사를 위한 텍스처를 설정하겠습니다.

프로퍼티 왼쪽에 있는 ▦를 마우스 왼쪽 버튼으로 클릭해 **표면** 패널을 표시합니다. [**컬러**]의 오른쪽에 있는 ⊙를 마우스 왼쪽 버튼으로 클릭하고, [**환경 텍스처**]를 선택합니다.

❶ 마우스 왼쪽 버튼으로 클릭합니다.

❷ 마우스 왼쪽 버튼으로 클릭합니다.

❸ 선택합니다.

05 **표면** 패널의 [**열기**]를 마우스 왼쪽 버튼으로 클릭하면 [블렌더 파일 보기] 대화 상자가 나옵니다. 샘플 데이터의
"spaceship.hdr"을 지정합니다. 지정한 이미지가 배경으로 읽어 들여져서 머리 위에 있는 장식의 표면이 거울처럼 반사되어
금속 질감이 더욱 강조됩니다.

렌더링

📄 SECTION1-5-3.blend (카메라와 라이팅 설정까지 완료한 샘플 파일)

01 지금까지 만든 씬을 이미지로 출력할 수 있게 렌더링합니다.

일단 출력 이미지를 설정합니다. 프로퍼티 왼쪽에 있는 🖼를 마우스 왼쪽 버튼으로 클릭하면 **크기** 패널이 나옵니다. [**해상도 X**]와 [**Y**]에 이미지의 크기를 설정합니다. 이번 예제는 기본 설정을 그대로 두겠습니다.

❓ 주의

해상도를 변경하면 카메라의 앵글을 다시 설정해야 할 수도 있습니다.

02 **출력** 패널의 [**파일 형식**]으로 이미지 저장 형식을 설정합니다. 이번 예제는 기본 설정인 "**PNG**"를 그대로 두고 진행하겠습니다.

03 배경에 표시되는 환경 텍스처는 불필요하므로 프로퍼티 왼쪽에 있는 ⬛를 마우스 왼쪽 버튼으로 클릭해 **필름** 패널을 표시하고, [**투명**]에 체크해 배경을 투명하게 설정합니다.

❓ 주의
[투명]을 활성화하려면 파일 형식이 PNG처럼 알파 채널을 지원하는 형식이어야 합니다.

❓ 주의
[투명]을 활성화하기 전에 배경의 환경 텍스처 표시를 확인하려면 3D 뷰포트 헤더에 있는 ⬤를 마우스 왼쪽 버튼으로 클릭해 셰이딩을 [렌더 미리보기]로 변경합니다.

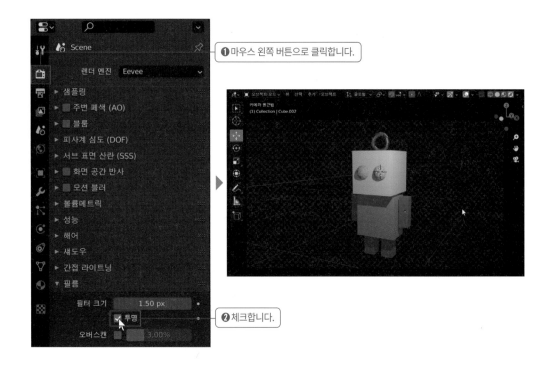

❶ 마우스 왼쪽 버튼으로 클릭합니다.

❷ 체크합니다.

04 프로퍼티 왼쪽에 있는 ■를 마우스 왼쪽 버튼으로 클릭하고, 위에 있는 **렌더 엔진** 메뉴에서 렌더 엔진을 변경합니다.

블렌더는 "Eevee", "Workbench", "Cycles"라는 3가지 종류의 렌더 엔진을 제공합니다. 이번 예제에서는 기본 설정인 "Eevee"를 그대로 사용하겠습니다.

05 렌더링을 실행합니다. 상단 메뉴의 [렌더]에서 [이미지를 렌더](F12 키)를 선택해 렌더링을 실행하면 별도의 화면에 렌더링 결과가 표시됩니다.

06 별도의 화면(블렌더 렌더)의 헤더에 있는 [이미지]에서 [저장](Alt + S 키)을 선택합니다.

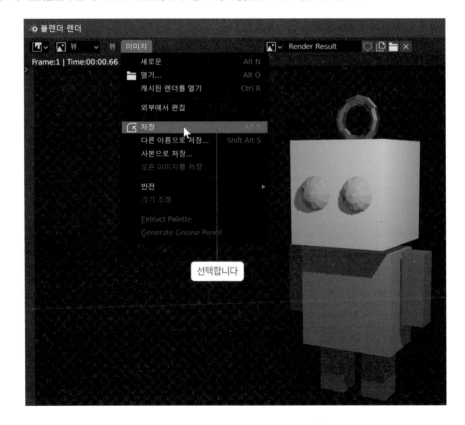

07 블렌더 파일 보기 대화상자가 나오면 저장 위치와 파일 이름을 지정하고, 오른쪽 아래의 **[다른 이미지로 저장]**을 마우스 왼쪽 버튼으로 클릭합니다.

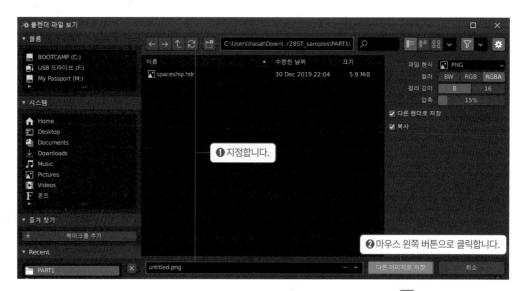

간단하게 3DCG 제작 공정을 살펴봤습니다.

이번 절에서는 초보자도 쉽게 따라할 수 있게 최소한의 기능만을 소개했습니다.

물론 블렌더는 지금까지 살펴본 기능 이외에도 다양한 기능을 제공합니다. 일단 작품을 완성하는 즐거움을 느껴보고, 지금부터는 차근차근 블렌더가 제공하는 다양한 기능과 테크닉을 살펴보도록 합시다.

02

모델링

모델링은 다른 공정과 비교해서 기억해야 할 기능이 매우 많습니다. 이번 장에서는 모델링을 쉽게 익힐 수 있게 기본적인 조작 방법부터 다양한 기능을 차례대로 소개합니다. 여러 가지 형태를 실제로 모델링해보면서 모델링을 알아봅시다.

2.1 모델링 기초 지식

모델링은 물체의 형태를 만드는 작업으로, 3DCG 제작을 진행할 때의 가장 첫 단계입니다. 블렌더에는 다양한 모델링 기능이 탑재돼 있습니다. 이번 절에서는 이러한 다양한 기능의 기본적인 조작 방법을 살펴보겠습니다.

에디트 모드

오브젝트 모드와 에디트 모드 변경하기

블렌더의 3DCG 제작은 기본적으로 오브젝트 모드와 에디트 모드라는 2개의 모드를 사용하며, 두 모드를 빈번하게 변경하게 됩니다.

오브젝트 모드와 에디트 모드를 변경하려면 일단 편집할 오브젝트를 마우스 왼쪽 버튼으로 클릭합니다. 오브젝트가 선택된 상태에서 **3D 뷰포트** 헤더에 있는 모드 변경 메뉴에서 **[에디트 모드]**를 선택하거나, 마우스 포인터를 **3D 뷰포트**에 가져간 다음 Tab 키를 누르면 에디트 모드로 변경됩니다.

다시 Tab 키를 누르면 오브젝트 모드로 돌아올 수 있습니다. 형태를 편집할 수 없는 카메라와 라이트 오브젝트는 편집 모드로 변경할 수 없습니다.

또한 Shift 키 + 마우스 왼쪽 버튼으로 클릭해 여러 오브젝트를 선택한 상태에서 에디트 모드로 변경하면 여러 오브젝트를 동시에 편집할 수 있습니다.

오브젝트 모드

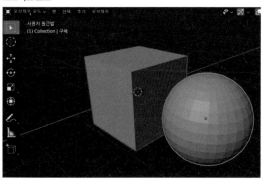

에디트 모드

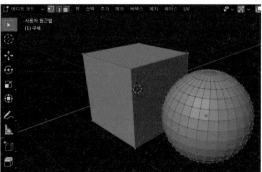

오브젝트 모드와 에디트 모드의 차이

오브젝트 모드에서는 카메라와 라이트를 포함해 씬 내부에 배치된 모든 오브젝트의 위치, 각도, 크기 등의 속성을 조정할 수 있습니다. 오브젝트 모드에서는 오브젝트를 하나의 덩어리로만 다룰 수 있으므로 하나의 페이스(면)를 이동하거나 회전하거나 확대/축소할 수 없습니다.

반면 에디트 모드에서는 특정 오브젝트의 버텍스, 에지, 페이스를 개별적으로 다룰 수 있으므로 객체의 모양을 자유롭게 편집할 수 있습니다.

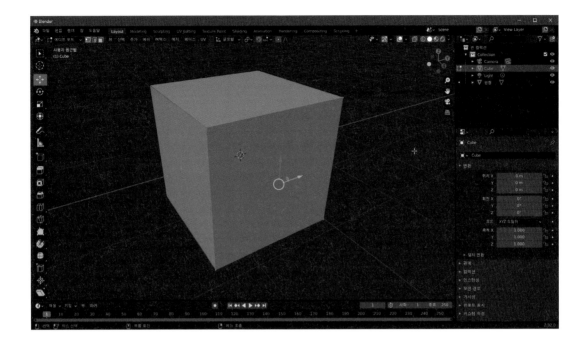

오브젝트의 종류

블렌더에는 모델링에 사용할 수 있는 객체로 [메쉬], [커브], [표면], [메타볼], [텍스트]가 있습니다. 모델링할 것의 형태와 용도에 따라 구분해서 사용합니다.

이 책은 일반적으로 가장 많이 사용되는 메쉬(다각형 메쉬)를 중심으로 설명합니다.

오브젝트를 배치하려면 오브젝트 모드의 **3D 뷰포트** 헤더에 있는 [**추가**]에서 원하는 오브젝트를 선택하거나, Shift + A 키를 누르면 나오는 메뉴에서 배치하고 싶은 오브젝트를 선택합니다.

에디트 모드에서 추가할 수 있는 오브젝트는 선택
하고 있는 오브젝트와 같은 종류뿐입니다. 예를
들어서 메쉬의 경우 메쉬만 추가할 수 있으며, 커
브와 메타볼 등은 추가할 수 없습니다. 다른 경우
도 마찬가지입니다.

참고로 에디트 모드에서 메시를 추가할 경우 새로
운 오브젝트로 만들어지지 않고, 기존 오브젝트
내부에 메시가 추가됩니다.

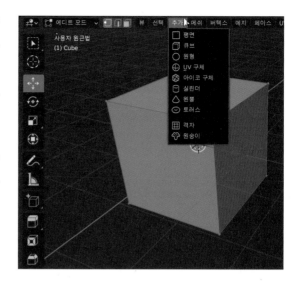

메쉬

버텍스(점), 에지(변), 페이스(면)라는 3개의 요
소로 구성되는 메쉬는 다루기 쉽고, 일반적인 모
델링에 가장 많이 사용되는 오브젝트입니다.

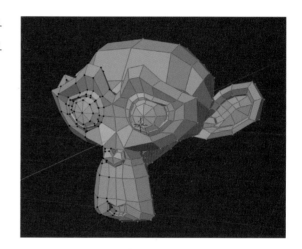

커브

곡면이 매끄럽고 정확한 형태를 만들 수 있어서
산업 용품 모델링에 많이 사용됩니다.

커브에는 베지어와 넙스 커브라는 두 가지 종류가
있으며, 각각 제어 방법이 다릅니다.

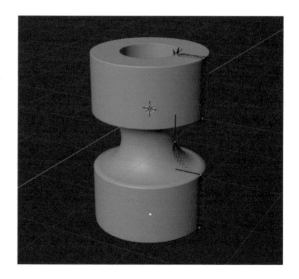

표면

커브 오브젝트의 넙스 커브를 기반으로 만들어지는 페이스를 갖는 오브젝트입니다.

적은 용량의 데이터로 깨끗한 곡면을 처리할 수 있습니다.

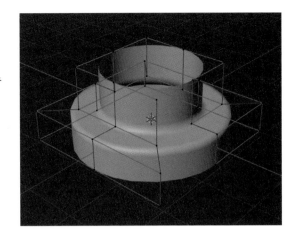

메타볼

인접한 오브젝트와 서로 끌어당기면서 융합합니다. 융합된 부분이 매끄럽게 만들어지므로 액체를 표현할 때 많이 사용됩니다.

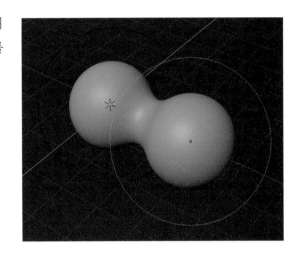

텍스트

입력한 문자를 기반으로 글꼴 변경, 두께 변경, 베벨 처리[8] 등을 할 수 있는 오브젝트입니다.

---

8 옮긴이: 테두리 부분을 깎아내는 것을 베벨(bevel)이라고 부릅니다.

메쉬 선택

선택 모드

오브젝트 모드에서는 오브젝트별로 선택되지만, 에디트 모드에서는 버텍스, 에지, 페이스와 같은 부분적인 선택을 할 수 있습니다.

3D 뷰포트의 헤더에 있는 **[선택 모드 변경]** 버튼을 마우스 왼쪽 버튼으로 클릭하면 (왼쪽부터) 버텍스, 에지, 페이스 선택 모드를 변경할 수 있습니다.

또한 Shift + 마우스 왼쪽 버튼으로 클릭하면 여러 개를 선택할 수 있습니다.

버텍스 선택 모드

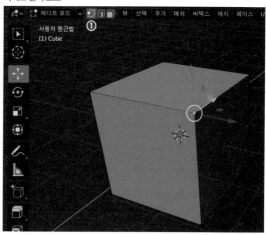

에지 선택 모드

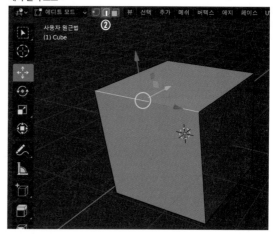

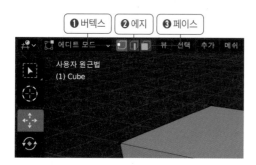

페이스 선택 모드

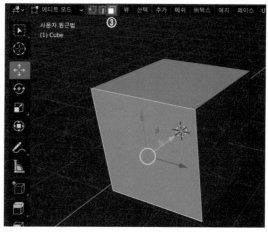

[선택 모드 변경] 버튼을 Shift 키 + 마우스 왼쪽 버튼으로 클릭해 여러 개 선택하면 모든 요소를 동시에 선택할 수도 있습니다.

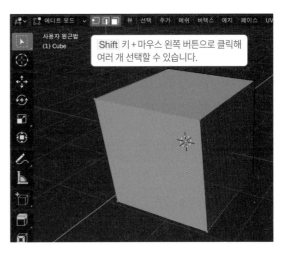

[X-Ray를 토글]을 활성화하거나, 뷰포트 셰이딩을 [와이어프레임]으로 변경하면 뒤에 감춰진 버텍스 등이 출력되어 선택할 수 있게 됩니다.

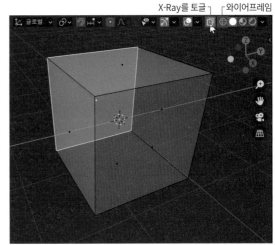

전체 선택과 선택 해제

3D 뷰포트의 헤더에 있는 [선택]에서 [모두](A 키)를 선택하면 모든 메쉬가 선택됩니다.

선택을 전부 해제하고 싶은 경우에는 3D 뷰포트의 헤더에 있는 [선택]에서 [없음](Alt + A 키)을 선택합니다. 또는 A 키를 빠르게 2번 누르거나, 3D 뷰포트에서 아무것도 없는 부분을 마우스 왼쪽 버튼으로 클릭해도 선택을 전부 해제할 수 있습니다.

반전

3D 뷰포트의 헤더에 있는 **[선택]**에서 **[반전]**(Ctrl + I 키)을 선택하면 선택 상태를 반전할 수 있습니다. 반전은 선택된 부분은 선택을 해제하고, 선택돼 있지 않던 부분을 선택하는 것을 의미합니다.

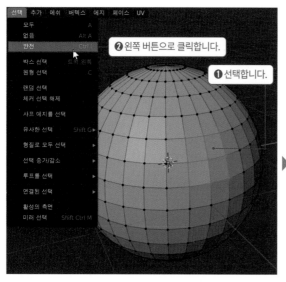
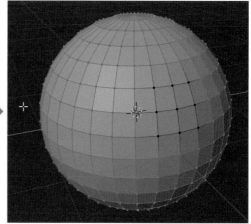

박스 선택

3D 뷰포트의 헤더에 있는 **[선택]**에서 **[박스 선택]**(B 키)을 선택하면 마우스 포인터가 십자 형태로 변합니다. 이 상태에서 마우스 왼쪽 버튼으로 드래그하면 박스로 감싸서 원하는 부분을 선택할 수 있습니다.

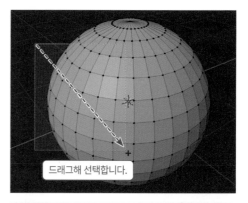

드래그해 선택합니다.

원형 선택

3D 뷰포트의 헤더에 있는 **[선택]**에서 **[원형 선택]**(C 키)을 선택하면 마우스 포인터가 흰색 원 형태로 변합니다.

이 상태에서 마우스 왼쪽 버튼을 드래그하면 흰색 원에 걸쳐지는 부분을 선택할 수 있습니다[9]. 선택 범위를 나타내는 흰색 원은 마우스 휠을 돌려서 크기를 변경할 수 있습니다.

마우스 오른쪽 버튼으로 클릭하면 원형 선택을 종료할 수 있습니다.

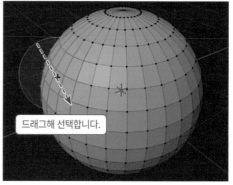

드래그해 선택합니다.

연결된 메쉬 선택

메쉬의 아무 부분이나 선택한 상태에서 **3D 뷰포트** 헤더에 있는 **[선택]**에서 **[연결된 선택]** → **[연결됨]**(Ctrl + L 키)을 선택하면 연결된 메쉬만 선택됩니다. 메쉬가 중첩돼 있는 경우 원하는 메쉬를 선택할 때 편리하게 사용할 수 있는 기능입니다.

또한 마우스 포인터를 가져간 다음 L 키를 누르면 같은 조작이 이뤄집니다.

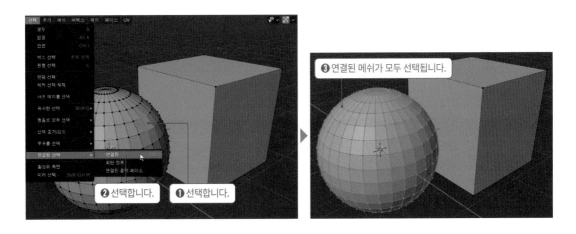

루프 형태로 선택

연결된 메쉬에서 2개 이상의 버텍스 또는 1개의 에지를 선택한 상태로 **3D 뷰포트** 헤더에 있는 **[선택]**에서 **[루프를 선택]** → **[에지 루프]**를 선택하면 가로 방향 또는 세로 방향으로 선택됩니다.

또한 Alt 키를 누르면서 마우스 왼쪽 버튼으로 클릭해도 가로 방향 또는 세로 방향으로 선택됩니다.

Shift + Alt 키를 누르면서 마우스 왼쪽 버튼으로 클릭하면 여러 루프를 동시에 선택할 수 있습니다.

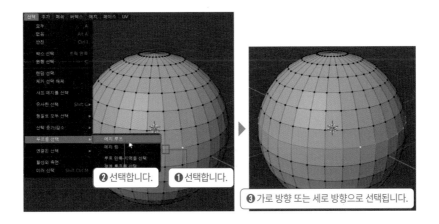

메쉬 편집

이동, 회전, 확대/축소

메쉬의 이동, 회전, 확대/축소는 오브젝트 편집과 같은 방법으로 합니다.

툴바의 ⊞(이동), ⊙(회전), ⊞축적(확대/축소)을 각각 마우스 왼쪽 버튼으로 클릭해 활성화하면 각각의 조작을 할 수 있는 기즈모가 출력됩니다. ⊞를 활성화하면 하나의 기즈모만으로 세 가지 조작을 모두 할 수 있습니다.

추가로 **3D 뷰포트**의 헤더에 있는 [**메쉬**] → [**변환**]에서 [**이동**](G 키), [**회전**](R 키), [**축적**](S 키)으로 마찬가지의 조작을 할 수 있습니다.

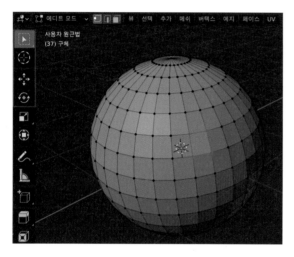
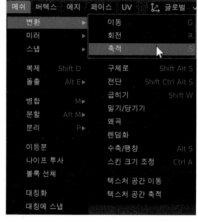

📄 팁 　오브젝트 모드에서의 편집과 에디트 모드에서의 편집의 차이

오브젝트 모드에서 변형 등의 편집을 했다면 편집한 정보가 기록되므로 원래대로 되돌릴 수 있습니다[9]. 사이드바(N 키)의 변환 패널에서 이러한 편집 정보를 확인할 수 있습니다.

편집된 값은 3D 뷰포트의 헤더에 있는 [오브젝트]에서 [적용](Ctrl + A 키)을 선택하면 위치, 회전, 축적(확대/축소)의 디폴트 값으로 적용할 수 있습니다.

반면 에디트 모드에서 변형 등의 편집을 했다면 디폴트 값을 직접 편집하므로 변환 패널의 정보(위치, 회전, 축적)에 변화가 없습니다.

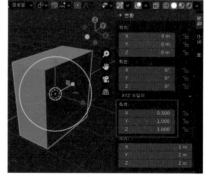

---

10 옮긴이: Ctrl + Z로 실행 취소를 하는 것과는 다른 의미입니다. 이미 만들어진 오브젝트의 변환을 되돌릴 수 있다는 의미입니다.

삭제

버텍스, 에지, 페이스를 선택하고 **3D 뷰포트**의 헤더에 있는 [메쉬] → [삭제](X 키)에서 버텍스, 에지, 페이스 등 해당하는 항목을 선택하면 메쉬가 삭제됩니다.

[**버텍스**]는 선택한 버텍스와 함께 연결된 에지와 페이스도 삭제합니다. [**에지**]는 선택한 에지와 함께 연결된 페이스도 함께 삭제합니다. [**페이스**]는 선택한 페이스만 삭제합니다.

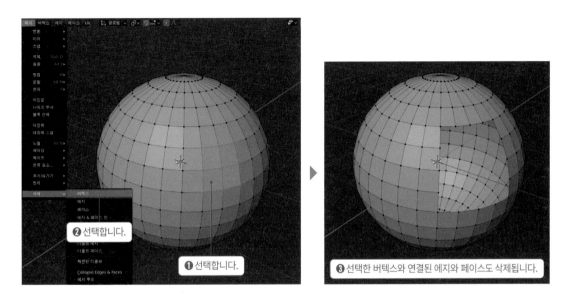

이외에도 에지는 남기고 페이스만 삭제하는 [**페이스 만**], 연결된 페이스는 남기고 선택한 에지만 제거하는 [**디졸브 에지**] 등이 있습니다.

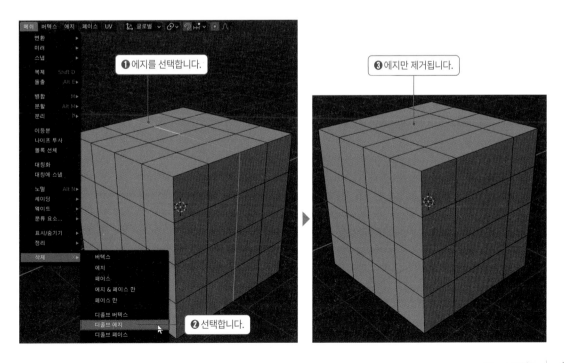

복제

버텍스, 에지, 페이스를 선택하고 **3D 뷰포트**의 헤더에 있는 [**메쉬**]에서 [**복제**](Shift + D 키)를 선택하면 메쉬가 복제됩니다. 마우스 포인터에 따라서 복제된 메쉬가 이동하며, 마우스 왼쪽 버튼으로 클릭해 위치를 결정합니다.

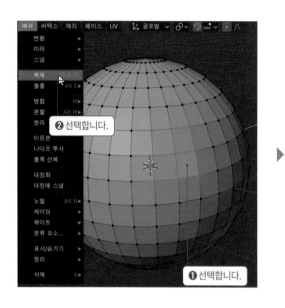
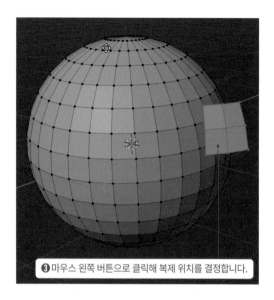

표시/숨기기

버텍스, 에지, 페이스를 선택하고 **3D 뷰포트**의 헤더에 있는 [**메쉬**]에서 [**표시/숨기기**] → [**선택된 항목을 숨기기**](H 키)를 선택하면 메쉬가 숨겨집니다.

삭제와 마찬가지로 버텍스를 숨기면 선택한 버텍스와 함께 연결된 에지와 페이스도 함께 숨겨집니다. 에지를 숨기면 선택한 에지와 함께 연결된 페이스도 함께 숨겨집니다.

다시 표시할 때는 [**숨겨진 항목을 보이기**](Alt + H 키)를 선택합니다.

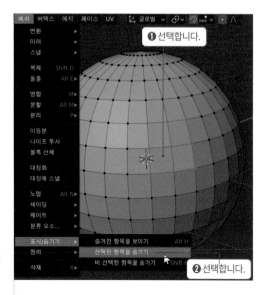
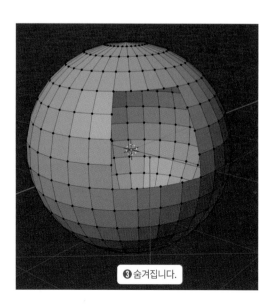

섭디비젼(분할)

에지 또는 페이스를 선택하고, **3D 뷰포트**의 헤더에 있는 **[에지]**에서 **[섭디비젼]**을 선택하면 메쉬가 균등하게 분할됩니다.

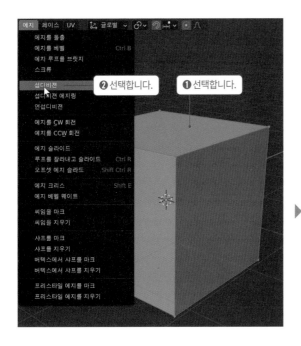

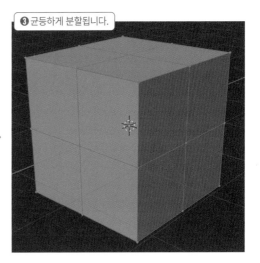

섭디비젼 직후에 **3D 뷰포트**의 왼쪽 아래에 패널이 나타납니다. 삼각형 아이콘 ▶를 클릭하면 패널을 여닫을 수 있습니다.

이 패널에서 **[잘라내기의 수]**와 **[매끄러움]** 등을 조정할 수 있습니다. 이 패널은 섭디비젼 직후에만 나타납니다. 다른 조작을 하고 나면 패널이 사라집니다.

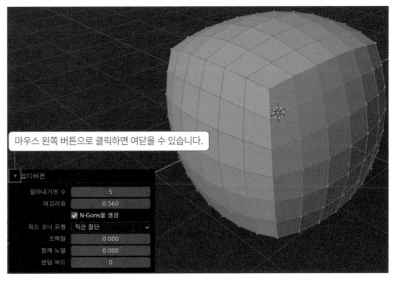

버텍스 연결

2개의 버텍스를 선택하고, **3D 뷰포트**의 헤더에 있는 **[버텍스]**에서 **[버텍스 경로를 연결]**(J 키)을 선택하면 2개의 버텍스를 에지로 연결해 페이스를 분할할 수 있습니다. 2개의 버텍스 사이에 페이스가 없는 경우에는 **[버텍스에서 새로운 에지/페이스]**(F 키) (자세한 내용은 89페이지를 참고해주세요)를 선택합니다.

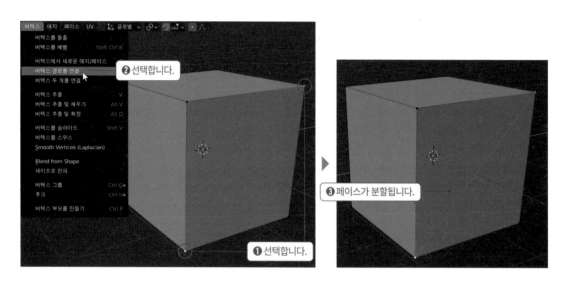

분리

버텍스, 에지, 페이스를 선택하고 **3D 뷰포트**의 헤더에 있는 **[메쉬]**에서 **[분리]**(P 키) → **[선택]**을 선택하면 선택한 대상이 현재 오브젝트에서 분리돼 다른 오브젝트로 만들어집니다.

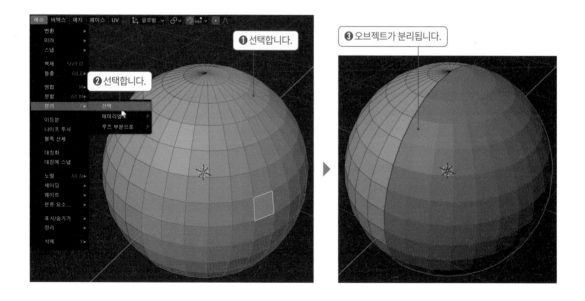

이렇게 분리돼서 별도의 오브젝트로 만들어진 메쉬는 현재 오브젝트에서는 편집할 수 없습니다. 편집하려면 오브젝트 모드로 전환하고, 분리된 오브젝트를 선택한 뒤 다시 에디트 모드로 전환해야 합니다.

분할

버텍스, 에지, 페이스를 선택하고 **3D 뷰포트** 헤더에 있는 **[메쉬]**에서 **[분할]** → [Selection](Y 키)을 선택하면 원래 형태에서 선택한 부분이 떨어져 나옵니다. 이전의 **[분리]**와 다르게 떨어진 부분이 같은 객체에 있습니다.

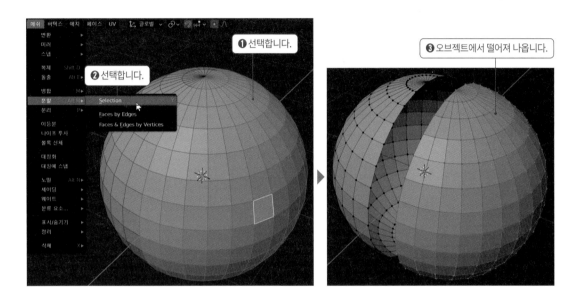

버텍스 병합

버텍스, 에지, 페이스를 선택하고 **3D 뷰포트** 헤더에 있는 **[메쉬]**의 **[병합]**(M 키)에서 적당한 항목을 선택하면 메쉬를 결합할 수 있습니다.

[처음에], **[마지막에]**는 각각 처음 선택한 버텍스 위치, 마지막에 선택한 버텍스 위치에 병합합니다. 이 메뉴는 버텍스를 하나하나 선택한 경우에만 나옵니다.

[중심에]는 여러 메쉬의 중심에 병합되며, **[커서에]**는 3D 커서 위치에 병합합니다. **[축소]**는 인접한 것들 중 그 중심에 병합합니다.

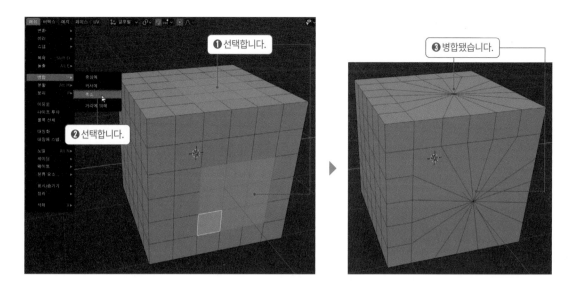

[거리에 의해]는 선택한 메쉬를 [거리로 병합]에서 지정한 병합 거리보다 가까운 버텍스를 결합합니다.

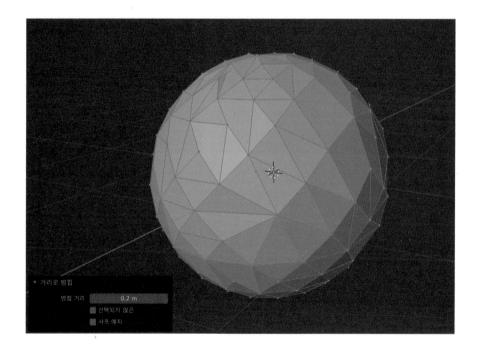

에지와 페이스 생성

2개의 버텍스를 선택하고, 3D 뷰포트 헤더에 있는 **[버텍스]**에서 **[버텍스에서 새로운 에지/페이스]**(F 키)
를 선택하면 2개의 버텍스가 에지로 연결됩니다. 3개 이상의 버텍스를 선택하고, 같은 조작을 하면 페이스
가 만들어집니다.

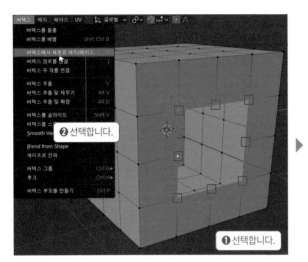

다음 그림과 같이 규칙적으로 배열된 메쉬 사이에 페이스를 만들 때는 끝에 있는 에지를 선택하고 **[버텍스]**
→ **[버텍스에서 새로운 에지/페이스]**(F 키)를 선택하면 페이스가 만들어집니다.

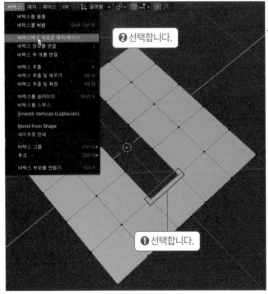
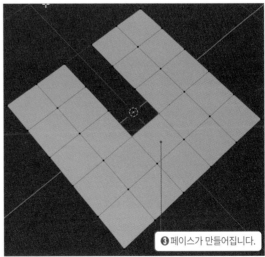

다음 그림과 같이 규칙적으로 배열된 메쉬 사이에 페이스를 만들고 싶은 경우 양쪽 끝 에지를 선택하고 **3D 뷰포트** 헤더에 있는 [**페이스**]에서 [**격자 채우기**]를 선택하면 격자 형태로 페이스가 채워집니다.

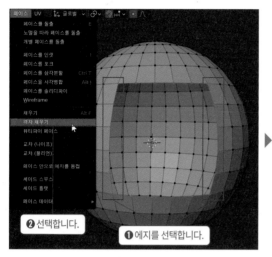
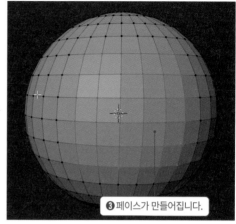

페이스 편집

인접한 2개 이상의 페이스를 선택하고, **3D 뷰포트** 헤더에 있는 [**버텍스**]에서 [**버텍스에서 새로운 에지/페이스**](F 키)를 선택하면 페이스를 결합할 수 있습니다.

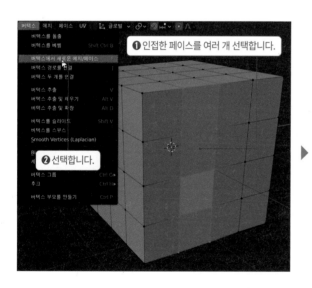

다각형 페이스를 선택하고, **3D 뷰포트** 헤더에 있는 [**페이스**]에서 [**페이스를 포크**]를 선택하면 부채꼴 모양
으로 페이스가 분리됩니다.

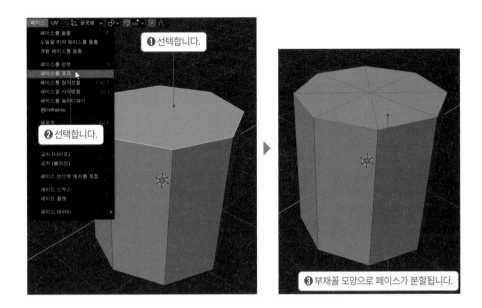

사각형 페이스를 선택하고, **3D 뷰포트** 헤더에 있는 [**페이스**]에서 [**페이스를 삼각분할**](Ctrl + T 키)을 선
택하면 삼각형 페이스로 분할됩니다.

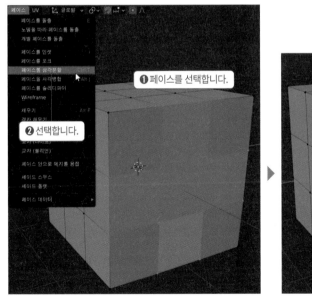

인접한 2개 이상의 삼각형 페이스를 선택하고, **3D 뷰포트** 헤더에 있는 **[페이스]**에서 **[페이스를 사각병합]**(Alt+J 키)을 선택하면 사각형 페이스로 변경됩니다.

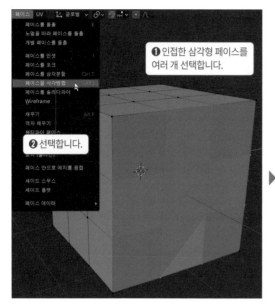

모델링 도구

3D 뷰포트 왼쪽에 있는 툴바에는 모델링에서 자주 사용하는 도구가 배치돼 있습니다.

툴바 표시/숨기기 변경은 **3D 뷰포트** 헤더에 있는 **[뷰]** → **[툴바]**(T 키)로 합니다.

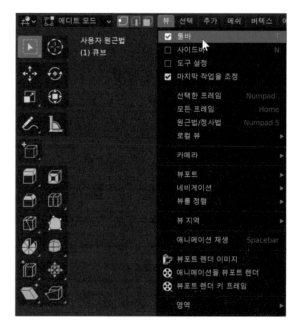

돌출

버텍스, 에지, 페이스를 선택하고 **[지역 돌출]** 도구를 활성화하면 활성 도구 기즈모가 표시됩니다. ╋를 마우스 왼쪽 버튼으로 드래그하면 선 방향으로 메쉬가 돌출됩니다.

드래스 중에 X , Y , Z 키를 누르면 각각의 좌표축 방향으로 제한을 걸 수 있습니다. 한 번 누르면 **글로벌 좌표**, 두 번 누르면 **로컬 좌표**, 세 번 누르면 제한이 사라집니다.

또한 ╋ 아이콘 바깥쪽, 흰색 원 안쪽을 마우스 왼쪽 버튼으로 드래그하면, 제한 없이 원하는 방향으로 메쉬를 돌출할 수 있습니다.

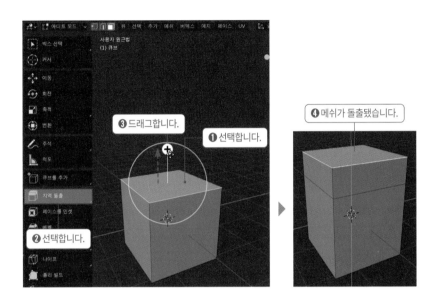

[지역 돌출] 도구를 활성화한 상태에서 **3D 뷰포트** 헤더에 있는 **[뷰]**에서 **[사이드바]**(N 키)를 선택하고, 사이드바의 **[도구]** 탭을 마우스 왼쪽 버튼으로 클릭하면 **활성 도구** 패널이 표시됩니다. **Axis Type**을 **[노멀]**에서 **[XYZ]**로 변경하면 돌출 방향을 글로벌 좌표 X축, Y축, Z축 방향으로 변경할 수 있습니다.

Axis Type [노멀]   Axis Type [XYZ]

돌출 직후 **3D 뷰포트** 왼쪽 아래에 패널이 표시됩니다. 삼각형 아이콘 ▶를 마우스 왼쪽 버튼으로 클릭하면 패널을 열 수 있습니다.

이 패널에서 돌출 거리를 편집 후에도 조정할 수 있습니다. 이 패널은 돌출 직후에만 표시됩니다. 다른 조작을 하면 패널이 사라집니다.

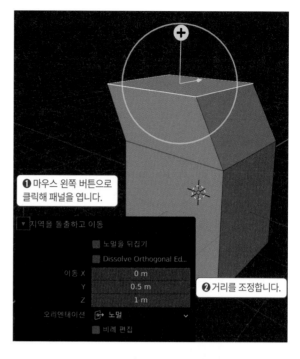

❶ 마우스 왼쪽 버튼으로 클릭해 패널을 엽니다.

▼ 지역을 돌출하고 이동
　　　　　　　　　　■ 노멀을 뒤집기
　　　　　　　　　　■ Dissolve Orthogonal Ed...
　　　　이동 X　　　　　0 m
　　　　　　Y　　　　　0.5 m
　　　　　　Z　　　　　1 m
　　오리엔테이션　　🔗 노멀　　　　　∨
　　　　　　　　　　■ 비례 편집

❷ 거리를 조정합니다.

[**지역 돌출**] 도구를 마우스 왼쪽 버튼으로 길게 누르고 있으면 돌출 방식을 변경할 수 있습니다.

[**지역 돌출**] 이외의 것들도 같은 방법으로 ➕를 마우스 왼쪽 버튼으로 드래그해 조작할 수 있습니다.

❶ 마우스 왼쪽 버튼으로 길게 누릅니다.

지역 돌출
지역 돌출
Extrude Manifold
노멀을 따라 돌출
개별 돌출
커서로 돌출

❷ 영역을 변경할 수 있습니다.

※아래 그림 참고

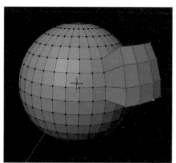

Extrude Manifold

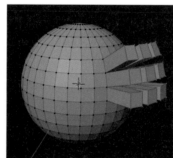

노멀을 따라 돌출

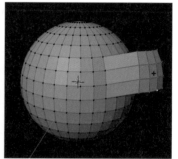

커서로 돌출
커서 돌출: 마우스 왼쪽 버튼으로 클릭한 위치를 향해 돌출합니다.

추가로 **3D 뷰포트** 헤더에 있는 [**메쉬**]의 [**돌출**]에도 같은 메뉴
들이 있습니다.

페이스를 인셋

페이스를 선택한 다음 [**페이스를 인셋**] 도구를 활성화하고,
3D 뷰포트에 생기는 노란색 원을 마우스로 드래그하면 페이스 안쪽으로 새로운 페이스를 만들 수 있습니다.

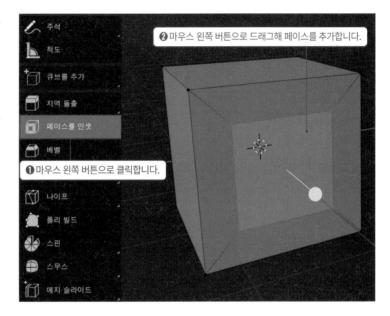

여러 개의 페이스를 선택한 상태에서도 페이스를
인셋 할 수 있습니다. 드래그 중에 I 키를 누르면
개별적으로 페이스가 인셋됩니다.

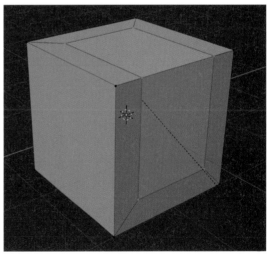

추가로 **3D 뷰포트** 헤더에 있는 [**페이스**]에서 [**페이스를 인셋**](I 키)을 선택해도 같은 조작을 할 수 있습니다.

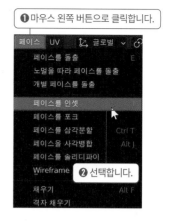

베벨

에지를 선택한 다음 [**베벨**] 도구를 활성화하고, **3D 뷰포트**에 생기는 노란색 원을 마우스 왼쪽 버튼으로 드래그하면 에지 부분에 페이스가 추가되며, 각이 부드러워집니다.

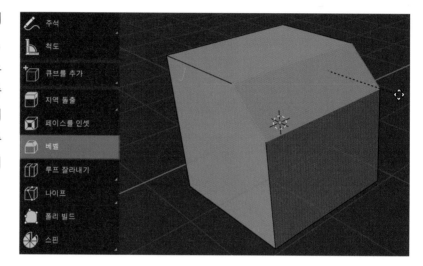

[**베벨**] 도구를 활성화한 상태에서 **3D 뷰포트** 헤더에 있는 [**뷰**]에서 [**사이드 뷰**](N 키)를 선택하고, 사이드바의 [**도구**] 탭을 마우스 왼쪽 버튼으로 클릭하면 [**활성 도구**] 패널이 표시됩니다.

여기에서 베벨 분할 수(부분) 또는 형태(셰이프)를 변경할 수 있습니다.

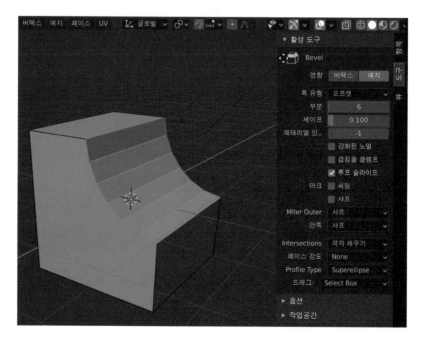

베벨한 직후에 표시되는 패널에서는 편집 후에도 베벨의 폭, 분할 수(부분), 형태(셰이프) 등을 조정할 수 있습니다.

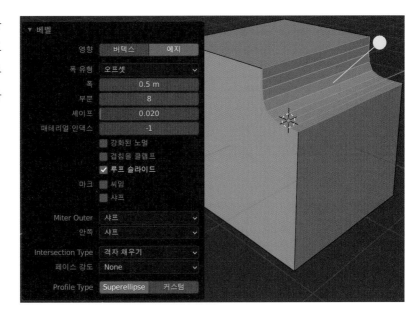

또한 **3D 뷰포트** 헤더에 있는 [에지]에서 [에지를 베벨](Ctrl + B 키)을 선택해도 같은 조작을 할 수 있습니다.

루프 잘라내기

[루프 잘라내기] 도구를 활성화하고, 마우스 포인터를 에지에 가져가면 자를 위치가 노란색 선으로 표시됩니다.

마우스 왼쪽 버튼으로 루프 잘라내기를 실행할 수 있습니다. 이때 잘리는 부분은 에지의 중심입니다.

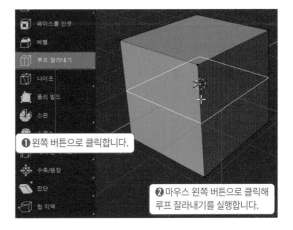

루프 잘라내기 직후에 표시되는 패널에서 분할 수 (잘라내기의 수)와 형태(매끄러움), 위치(팩터) 등을 설정할 수 있습니다.

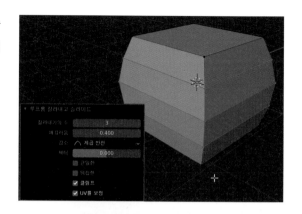

추가로 Ctrl + R 키를 누른 다음 마우스 포인터를 에지에 가져가도 루프 잘라내기를 할 수 있습니다.

단축키로 루프 잘라내기를 하는 경우 노란 선이 표시된 상태에서 마우스 휠을 회전하면 분할 수 등을 변경할 수 있습니다.

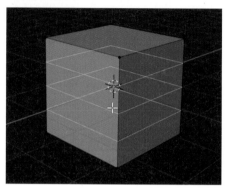

단축키를 누른 뒤 마우스 왼쪽 버튼으로 클릭해 분할할 에지와 분할 수를 결정하고, 이어서 자를 위치를 지정한 뒤, 마우스 왼쪽 버튼을 다시 클릭하면 루프 잘라내기가 실행됩니다.

[루프 잘라내기] 도구를 마우스 왼쪽 버튼으로 길게 누르면 [오프셋 에지 루프 잘라내기] 도구로 변경할 수 있습니다. 오프셋 에지 루프 잘라내기는 선택한 에지를 중심으로 양쪽으로 에지를 추가하는 기능입니다.

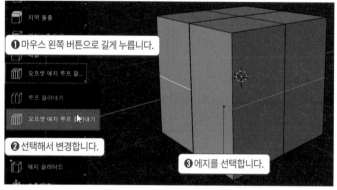

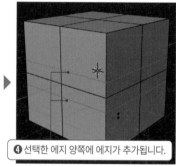

나이프

[나이프] 도구를 활성화하고, 마우스 왼쪽 버튼으로 클릭한 다음 뷰포트의 원하는 지점을 클릭하면 선이 그어지기 시작합니다. 이 선으로 에지와 페이스를 자를 수 있습니다. 자른 뒤에는 Enter 키를 눌러서 확정합니다. 마우스 오른쪽 버튼을 클릭하면 실행을 취소할 수 있습니다.

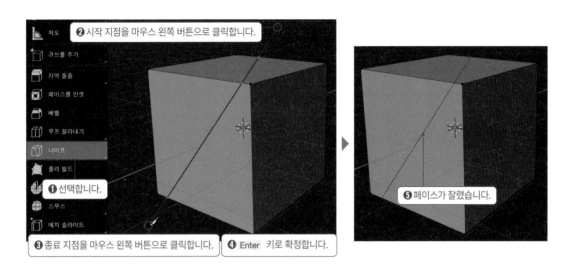

선을 그릴 때 Ctrl 키를 누르면서 마우스 왼쪽 버튼으로 클릭하면 각 에지의 중심이 잘립니다. 또한 Z 키로 보이지 않는 뒤쪽 메쉬도 동시에 자를지 것인지를 활성화/비활성화 할 수 있습니다. C 키로는 선의 각도에 제한을 걸 수 있습니다.

이러한 활성화/비활성화 정보는 화면 아래에서 확인할 수 있습니다.

[나이프] 도구를 마우스 왼쪽 버튼으로 길게 누르면 [이등분] 도구로 변경할 수 있습니다.

마우스 왼쪽 버튼으로 드래그해 선을 그어서 에지와 페이스를 자릅니다. 이때 선택한 부분만 잘립니다. 선을 그으면 원과 화살표가 표시됩니다. 원을 마우스 왼쪽 버튼으로 드래그해 각도를, 화살표를 마우스 왼쪽 버튼으로 드래그해 위치를 변경할 수 있습니다.

3D 뷰포트의 원과 화살표 이외의 부분을 클릭하면 [**이등분**]이 실행됩니다.

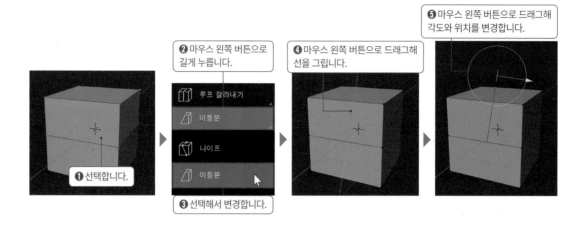

폴리빌드

[**폴리빌드**] 도구는 메쉬를 리토폴로지(Retopology) 할 때 많이 사용하는 기능입니다. 고급 기능이므로 이후에 492페이지에서 다시 자세하게 설명하겠습니다.

> 📄 **팁** │ 리토폴로지란?
>
> 객체의 메쉬 구조를 토폴로지(Topology)라고 부르며, 이러한 메쉬의 구조(토폴로지)를 다시 구축하는 것을 리토폴로지
> (Retopology)라고 부릅니다.
>
> 일반적으로 스컬프트로 제작한 모델 또는 3D 스캐너로 스캔한 모델은 폴리곤 수가 극단적으로 많으므로 이를 다른 곳에 활
> 용하기 어렵습니다. 그래서 이러한 모델은 리토폴로지해서 메쉬의 구조를 재구성해 폴리곤 수를 줄임으로써 다른 곳에 활용
> 할 수 있습니다.

스핀

버텍스, 에지, 페이스를 선택한 상태에서 [**스핀**] 도구를 활성화하면 활성 도구 기즈모가 표시됩니다.

➕를 마우스 왼쪽 버튼으로 드래그하면 3D 커서를 중심으로 원을 감싸면서 메쉬가 만들어집니다[11].

추가로 ➕ 아이콘 이외의 부분을 마우스 왼쪽 버튼으로 드래그해 현재 시점과 평행하게 스핀을 할 수도 있습니다.

---

11 옮긴이: Ctrl 키를 누른 채로 드래그해 스핀하면 360도를 쉽게 맞출 수 있습니다.

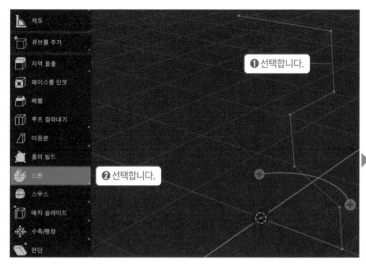

❶ 선택합니다.

❷ 선택합니다.

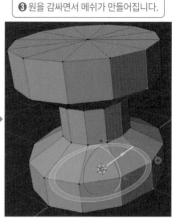

❸ 원을 감싸면서 메쉬가 만들어집니다.

[스핀] 도구가 활성화된 상태에서 **3D 뷰포트** 헤더에 있는 [뷰]에서 [사이드바](N 키)를 선택하고, 사이드바의 [도구] 탭을 마우스 왼쪽 버튼으로 클릭하면 **활성 도구** 패널이 표시됩니다.

단계로 만들어지는 메쉬의 수, **축**으로 스핀 방향을 변경할 수 있습니다.

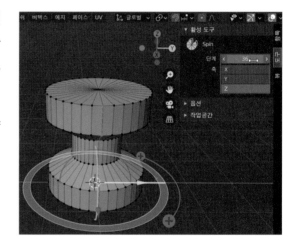

스핀 직후에 표시되는 패널에서는 단계 수와 스핀 각도 등의 조정을 할 수 있습니다.

[**복제를 사용**]을 활성화하면 메쉬가 연결되지 않고, 기존의 메쉬만 복제됩니다.

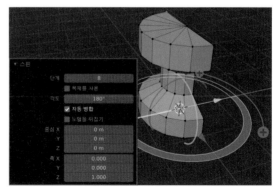

[스핀] 도구를 마우스 왼쪽 버튼으로 길게 누르면 [스핀 복제] 도구로 변경할 수 있습니다[12].

이 도구는 **스핀** 패널의 [**복제를 사용**]을 활성화했을 때처럼 메쉬가 연결되지 않고, 기존의 메쉬만 복제되는 도구입니다.

스무스

[스무스] 도구를 활성화하고, **3D 뷰포트**에 생기는 노란색 원을 마우스 왼쪽 버튼으로 드래그하면 메쉬가 균등하게 되어 부드러운 표면이 만들어집니다.

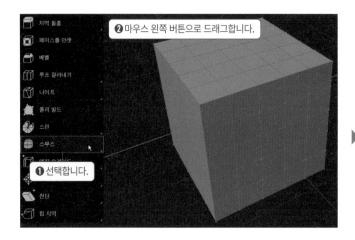

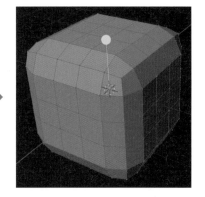

스무스 직후에 표시되는 패널에서 영향 정도(스무딩)와 영향 범위(반복)를 조정할 수 있습니다.

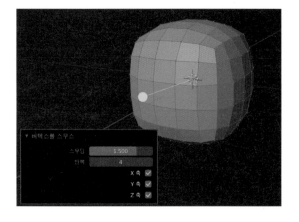

---

12 옮긴이: 2.9 버전을 기준으로 스핀 복제 기능에 버그가 있어서 일반 스핀과 차이가 없습니다.

[**스무스**] 도구를 마우스 왼쪽 버튼으로 길게 누르면 [**랜덤화**] 도구로 변경할 수 있습니다. 마우스 왼쪽 버튼으로 노란 원을 드래그하면, 표면이 울퉁불퉁해집니다.

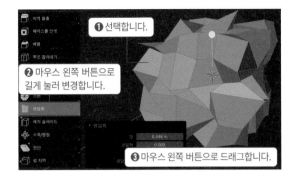

에지 슬라이드

에지를 선택하고, [**에지 슬라이드**] 도구를 활성화한 뒤 **3D 뷰포트**에서 노란색 원을 마우스 왼쪽 버튼으로 드래그하면 기존의 메쉬 방향에 맞춰서 에지를 이동할 수 있습니다.

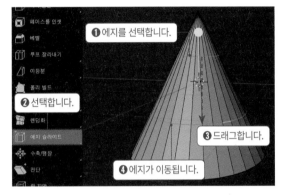

[**에지 슬라이드**] 도구를 마우스 왼쪽 버튼으로 길게 누르면 [**버텍스 슬라이드**] 도구로 변경할 수 있습니다.

버텍스를 선택하고, **3D 뷰포트**의 노란색 원 안쪽을 마우스 왼쪽 버튼으로 드래그하면 기존의 메쉬 방향에 맞춰서 버텍스를 이동할 수 있습니다.

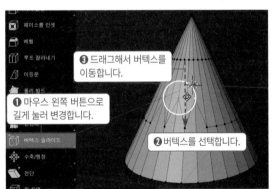

3D 뷰포트 헤더에 있는 [**버텍스**]의 [**버텍스를 슬라이드**](Shift + V 키)로도 같은 조작을 할 수 있습니다. 또한 G 키를 연속으로 2번 눌러도 같은 조작을 할 수 있습니다.

수축/팽창

버텍스, 에지, 페이스를 선택하고 [**수축/팽창**] 도구를 활성화한 뒤, **3D 뷰포트**의 노란색 원을 마우스 왼쪽 버튼으로 드래그하면 메쉬를 법선 방향(126페이지 참고)으로 확대/축소할 수 있습니다.

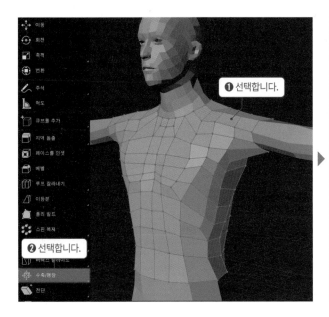

❶ 선택합니다.

❷ 선택합니다.

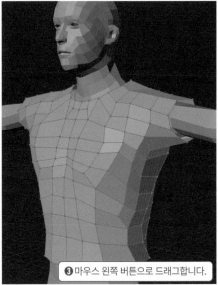

❸ 마우스 왼쪽 버튼으로 드래그합니다.

추가로 **3D 뷰포트** 헤더에 있는 [**메쉬**]에서 [**변환**] → [**수축/팽창**](Alt + S 키)으로도 같은 조작을 할 수 있습니다.

[**수축/팽창**] 도구를 마우스 왼쪽 버튼으로 길게 누르면 [**밀기/당기기**] 도구로 변경할 수 있습니다.

버텍스, 에지, 페이스를 선택하고 **3D 뷰포트**의 노란색 원을 마우스 왼쪽 버튼으로 드래그하면 현재 선택한 메쉬의 중심을 기준으로 확대/축소할 수 있습니다.

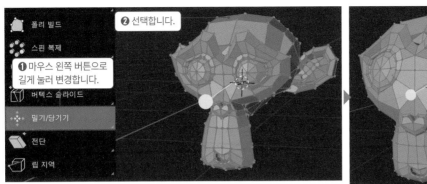
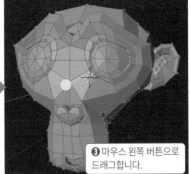

전단

에지 또는 페이스를 선택하고, [전단] 도구를 활성화하면 활성 도구 기즈모가 표시됩니다.

기즈모를 마우스 왼쪽 버튼으로 드래그 하면 메쉬를 기울이는 변형을 할 수 있습니다.

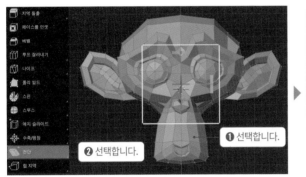

[전단] 도구를 마우스 왼쪽 버튼으로 길게 누르면 [구체로] 도구로 변경할 수 있습니다.

버텍스, 에지, 페이스를 선택하고 3D 뷰포트의 아무 곳이나 마우스 왼쪽 버튼으로 드래그하면 구체처럼 변형할 수 있습니다.

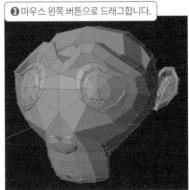

립 지역

버텍스와 에지를 선택하고, [립 지역] 도구를 활성화한 뒤 **3D 뷰포트**에 나오는 노란색 원을 마우스 왼쪽 버튼으로 드래그하면 메쉬를 잘라서 떼어낼 수 있습니다.

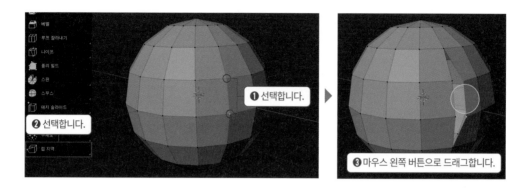

추가로 **3D 뷰포트**의 헤더에 있는 [**버텍스**]에서 [**버텍스 추출**](V 키)을 선택하면 마찬가지로 메쉬를 자를 수 있습니다.

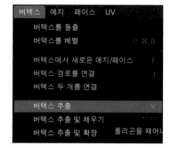

❓ 주의

실행할 때 마우스 포인터의 위치에 따라서 메쉬가 잘리는 기준이 변화합니다. 따라서 [버텍스로 추출]은 메뉴를 선택하는 방법보다 도구를 선택하거나 단축키를 사용하는 방법을 추천합니다.

[**립 지역**]을 마우스 왼쪽 버튼으로 길게 클릭하면 [**립 에지**] 도구로 변경할 수 있습니다.

버텍스 또는 에지를 선택하고, **3D 뷰포트**에 나오는 노란색 원을 마우스 왼쪽 버튼으로 드래그하면 버텍스를 연장할 수 있습니다.

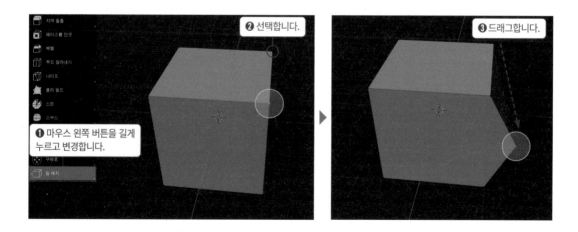

블렌더는 삼각형과 사각형뿐만 아니라, 에지가 더 많은 다각형 폴리곤(N-gon)을 지원하는 메쉬 시스템을 사용하고 있습니다.

따라서 나이프, 루프 잘라내기, 베벨 등의 도구를 사용해 이러한 모양을 깨끗하게 생성할 수 있습니다.

하지만 다각형 폴리곤이 포함된 메쉬는 그림자가 정상적으로 출력되지 않는 등의 문제가 생길 수 있으며, 다른 게임 엔진 등에 적용할 수 없는 등의 문제가 있습니다.

따라서 모델링 과정 중에는 다각형 폴리곤이 어쩔 수 없이 생길 수도 있지만, 이후에 토폴로지(폴리곤의 구조)의 흐름을 생각하면서 최종적으로는 삼각형과 사각형으로 구성된 모델이 되게 만들어주세요.

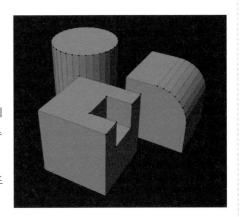

이 이외의 모델링 기능

브릿지

2개 이상의 에지 루프를 선택하고, **3D 뷰포트** 헤더에 있는 [**에지**]에서 [**에지 루프를 브릿지**]를 선택하면 에지루프 사이를 페이스로 연결합니다.

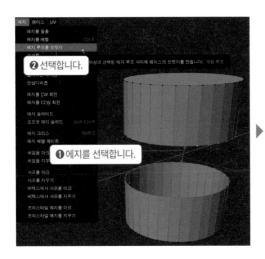

❸ 에지 사이를 페이스로 연결합니다.

브릿지 직후에 표시되는 패널에서 연결 방식(루프를 연결), 잘라내기의 수 등을 조정할 수 있습니다.

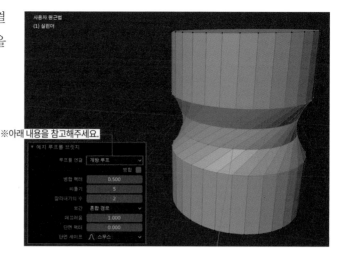

브릿지 전

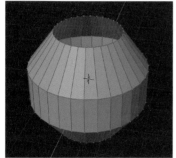

개방 루프

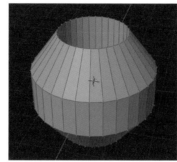

폐쇄 루프

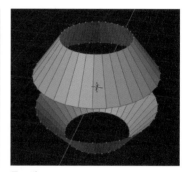

루프 쌍

❓ 주의

루프 쌍은 짝수 개의 루프를 선택할 때만 사용할 수 있습니다.

스냅

스냅이란 메쉬를 편집할 때, 다른 메쉬에 흡착해서 편집하게 만들어주는 기능입니다. **3D 뷰포트** 헤더에 있는 🧲를 마우스 왼쪽 버튼으로 클릭하면 활성화할 수 있습니다. 스냅 대상은 바로 오른쪽에 있는 [Snapping] 버튼으로 지정할 수 있습니다. 이 버튼을 클릭하면 [**다음에 스냅**]이 나오며, 일반적으로 [**페이스**]를 선택해 리토폴로지 때 활용합니다.

스냅 기능을 사용한 리토폴로지를 할 때는 [폴리 빌드] 도구를 사용합니다. 이와 관련된 내용은 이후에 494 페이지에서 살펴보겠습니다.

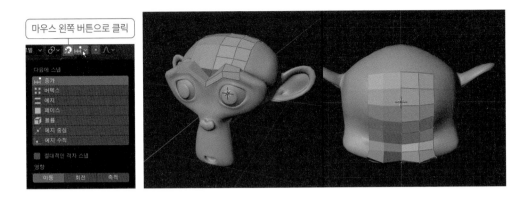

비례 편집

비례 편집은 버텍스, 에지, 페이스에 이동 등의 편집을 적용할 때, 영향을 주는 범위와 방법을 변경할 수 있게 해줍니다. **3D 뷰포트** 헤더에 있는 ◎를 마우스 왼쪽 버튼으로 클릭하면 활성화할 수 있습니다.

영향을 주는 범위는 마우스 휠을 돌려서 조정하고, 영향을 주는 방법은 비례 편집 버튼의 오른쪽에 있는 [비례 편집 감소] 메뉴에서 변경합니다.

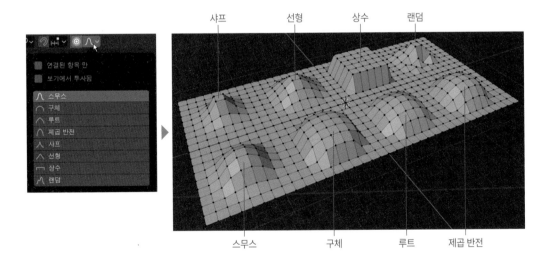

[연결된 항목 만]을 활성화하면 선택한 메쉬와 연결돼 있지 않은 부분은 영향 범위 내에 있어도 영향을 받지 않습니다.

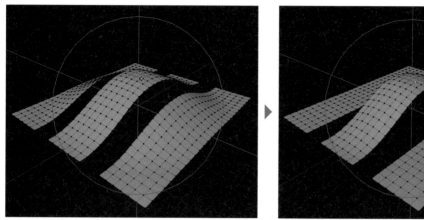

[연결된 항목 만] 비활성화   [연결된 항목 만] 활성화

미러

3D 뷰포트 헤더에 있는 **[뷰]**에서 **[사이드바]**(N 키)를 선택하고, 사이드바의 **[도구]** 탭을 마우스 왼쪽 버튼으로 클릭하면 **옵션** 패널이 표시됩니다.

[미러] 항목의 오른쪽에 있는 축을 선택하면 해당 축을 기준으로 메쉬가 대칭 편집됩니다(한쪽을 조작하면 반대쪽이 함께 편집됩니다).

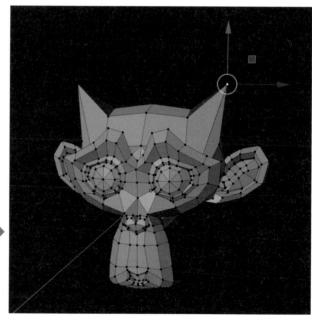

자동 머지

3D 뷰포트 헤더에 있는 [**뷰**]에서 [**사이드바**](N 키)를 선택하고, 사이드바의 [**도구**] 탭을 마우스 왼쪽 버튼으로 클릭하면 **옵션** 패널이 표시됩니다.

[**자동 병합**]에 체크하면 [**임계값**]에서 설정한 거리보다 가까워진 버텍스를 자동으로 결합합니다. 버텍스 편집 중에 발생할 수 있는 중첩 등을 방지할 수 있습니다.

정리

3D 뷰포트 헤더에 있는 [**메쉬**] → [**정리**]에는 편집에서 발생할 수 있는 여러 가지 문제를 수정해주는 기능들이 있습니다.

정리는 선택하고 있는 메쉬에만 반영됩니다.

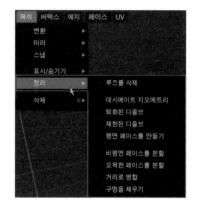

루즈를 삭제

면적(또는 부피)을 갖지 않는 메쉬를 삭제합니다.

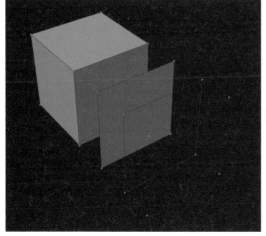

실행 전

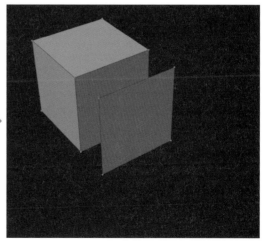

실행 후

데시메이트 지오메트리

최대한 형태를 유지하면서 퍼센트로 설정한 [비율]에 따라 메쉬를 결합해 분할 수를 줄입니다.

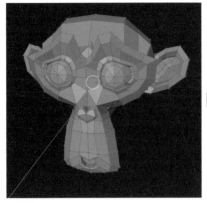 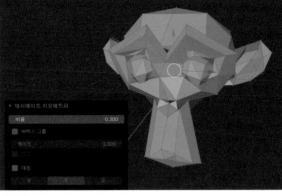

실행 전   실행 후

퇴화된 디졸브

설정한 [병합 거리] 범위 내부의 버텍스를 결합합니다. 에지와 페이스로 연결돼 있지 않은 버텍스는 영향을
받지 않습니다.

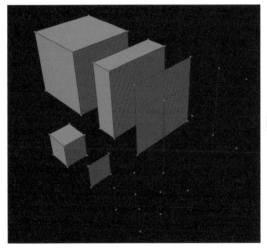 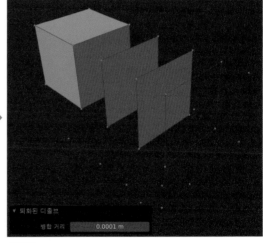

실행 전   ※큰 큐브 한 변의 길이는 0.1m 이상,   실행 후
          작은 큐브 한 변의 길이는 0.1m 미만입니다.

제한된 디졸브

[**최대 각도**]로 설정한 각도를 기준으로 에지와 페이스를 결합합니다.

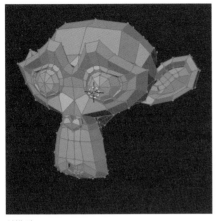
실행 전

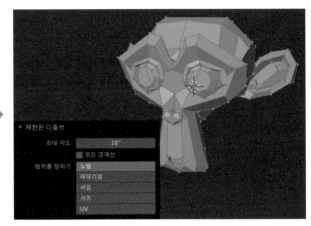
실행 후

평면 페이스를 만들기

굴곡이 있는 페이스는 평면 페이스를 만들기로 평평하게 변형할 수 있습니다.

실행 전

실행 후

비평면 페이스를 분할

평평하지 않은 페이스를 분할합니다.

실행 전

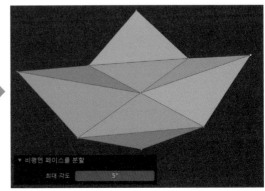
실행 후

오목한 페이스를 분할

2차원적인 오목이 있는 페이스를 분할합니다.

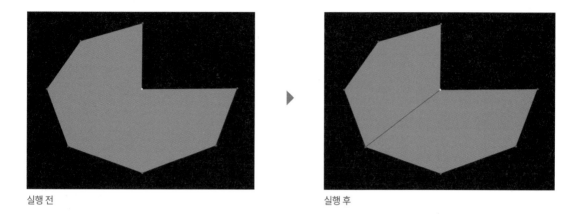

실행 전   실행 후

거리로 병합

설정한 [**병합 거리**] 범위 내부의 버텍스를 결합합니다. 에지와 페이스로 연결돼 있지 않아도 결합합니다.

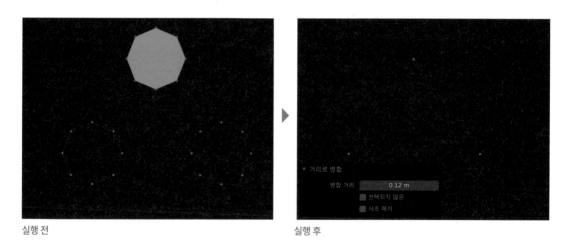

실행 전   실행 후

구멍을 채우기

설정한 [측면] 이하의 에지로 만들어진 구멍에 페이스를 생성합니다.

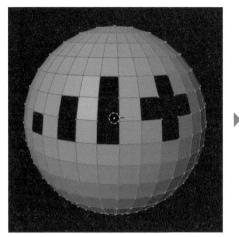

실행 전

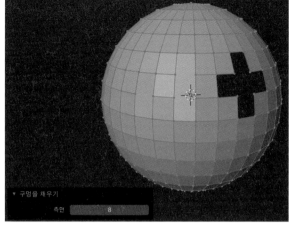

실행 후

모디파이어

모디파이어란?

여러 가지 모디파이어를 사용해 오브젝트의 형태를 변형하거나 새로운 구조를 추가할 수 있습니다.

또한 오브젝트의 원래 형태를 유지할 수 있으며, 원하는 때에 언제든지 활성화/비활성화 상태를 변경할 수 있습니다.

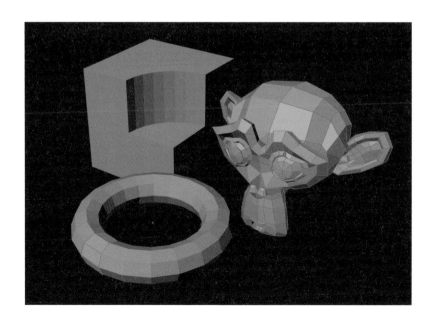

설정 방법

설정할 오브젝트를 선택하고, 프로퍼티 왼쪽에 있는 🔧를 마우스 왼쪽 버튼으로 클릭하면 **모디파이어** 설정 화면으로 변합니다.

[모디파이어를 추가] 메뉴에서 원하는 모디파이어를 선택합니다. 하나의 오브젝트에 여러 모디파이어를 설정할 수 있습니다. 여러 모디파이어를 설정한 경우 순서에 따라 결과가 달라질 수 있으므로 주의해주세요.

순서 변경은 각각의 **모디파이어** 오른쪽 위에 있는 ▦를 드래그해 할 수 있습니다. 각각의 모디파이어를 렌더링할 때 표시/숨김을 변경하고 싶을 때는 각 **모디파이어**의 오른쪽 위에 있는 ◉를 누릅니다. **3D 뷰포트**에서 표시/숨김을 변경하고 싶을 때는 🖥, 에디트 모드에서 표시/숨김을 변경하고 싶을 때는 🔳, 에디트 모드에서 와이어 프레임으로 표시/숨김을 변경하고 싶을 때는 ▽를 누릅니다.

모디파이어의 오른쪽 위에 있는 ✕를 마우스 왼쪽 버튼으로 클릭하면 모디파이어를 삭제할 수 있습니다.

모델링할 때 많이 사용하는 주요 모디파이어

배열(Array)

원본 오브젝트의 복제 수와 거리 등을 지정해서 배열하는 모디파이어입니다. 원본 오브젝트를 변경하면 배열된 모든 오브젝트가 함께 변합니다.

맞추기 유형 메뉴의 **[고정된 개수]**는 배열 수를 설정합니다. **[길이를 맞추기]**는 배열할 거리를 설정합니다. **[커브를 맞추기]**는 지정한 커브 오브젝트의 길이로 배열 거리를 설정합니다.

[상대적인 오프셋]은 각각의 축 방향으로 배열할 간격을 비율로 지정합니다.

[상수 오프셋]은 각각의 축 방향으로 배열할 간격을 특정한 거리로 지정합니다.

[**오브젝트 오프셋**]은 지정한 오브젝트를 조작해 배열 간격과 각도를 제어할 수 있게 해줍니다.

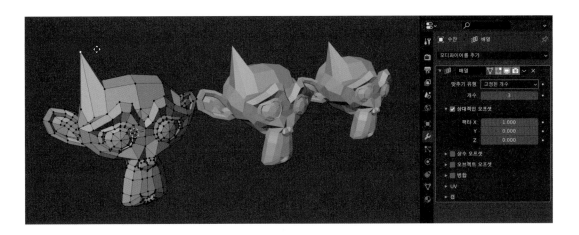

[캡 → Cap Start]와 [캡 → Cap 종료]에는 배열의 첫 번째 오브젝트와 마지막 오브젝트를 원하는 오브젝트로 지정할 수 있습니다.

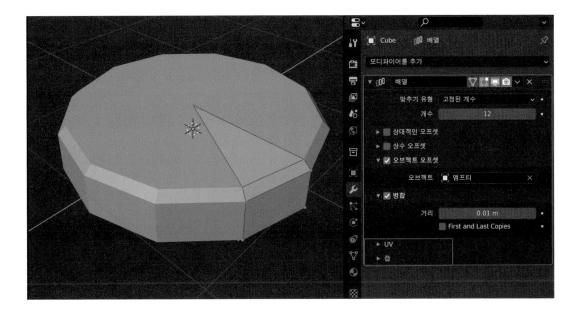

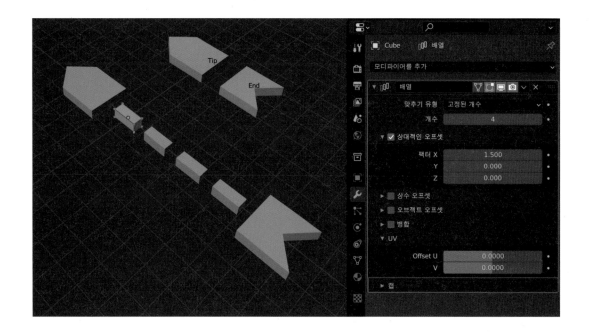

불리언(Boolean)

2개의 오브젝트의 겹치는 부분을 교차하거나, 결합해서 하나의 오브젝트로 만듭니다.

[작업] 메뉴로 겹치는 부분을 어떻게 처리할지 지정할 수 있습니다.

❓ 주의
지정한 오브젝트 "Cylinder"는 보이지 않게 숨겼습니다.

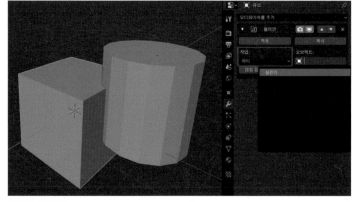

설정하지 않은 경우

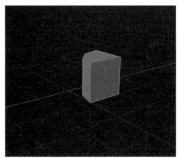

교차

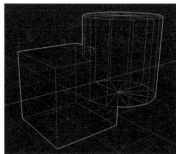

결합

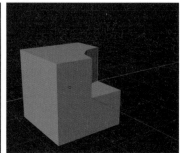

차이

미러(Mirror)

지정한 좌표 축에 따라서 자동으로 거울상을 생성합니다. 좌우 대칭 모델을 만들 때 많이 활용합니다.

[축]의 [X, Y, Z]로 거울상을 만들 때 사용할 좌표축을 설정합니다.

[옵션]의 [클리핑]을 활성화하면 메쉬가 설정한 좌표축을 넘어가지 않게 합니다. 또한 거울상과의 경계선 위에 있는 메쉬가 고정됩니다.

[병합]을 활성화하면 [병합 제한]으로 지정한 범위 내에 있는 대칭되는 버텍스가 결합됩니다.

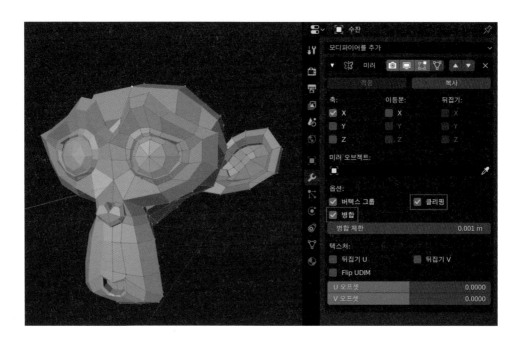

스킨(Skin)

메쉬의 버텍스와 에지에 두께를 추가해 새로운 메쉬를 생성합니다.

[Create Armature]로 기반이 되는 버텍스 및 에지와 같은 위치에 아마튜어를 생성할 수 있습니다. [분기 스무딩]으로 분기 부분[13]에 생성된 메쉬를 부드럽게 할 수 있습니다.

에디트 모드에서 임의의 버텍스를 선택한 다음 Ctrl + A 키를 누른 채로 마우스 왼쪽 버튼으로 드래그하면 개별적으로 생성되는 메쉬의 크기를 변경할 수 있습니다.

---

13 옮긴이: 여러 에지가 하나의 버텍스로 만나는 부분을 분기라고 표현합니다.

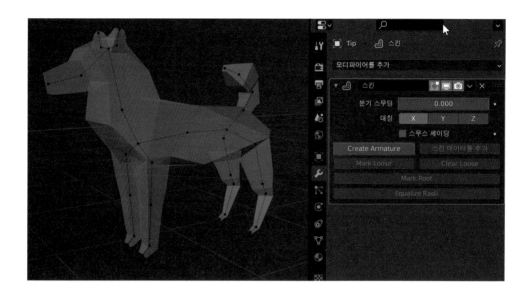

솔리디파이(Solidify)

두께가 없는 메쉬를 기반으로 메쉬 구성을 유지한 상태로 입체적인 두께를 부여합니다.

[**두께**]로 생성할 두께를 설정합니다. [**오프셋**]으로 기반이 되는 메쉬의 안쪽으로 두께를 생성할지, 바깥쪽으로 두께를 생성할지 설정합니다.

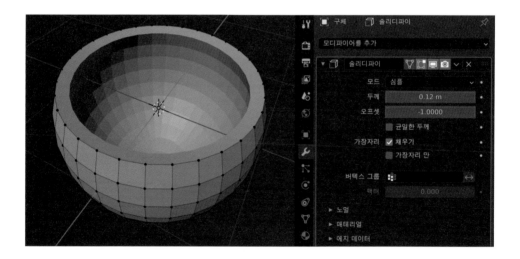

섭디비전 표면(Subdivision surf)

메쉬를 더 분할해서 표면을 부드럽게 만듭니다. 일반적으로 [**셰이드 스무스**](125페이지 참고)와 함께 사용합니다.

[**캣멀−클락**]은 페이스를 부드럽게 분할합니다. [**심플**]은 형태를 변하지 않게 분할합니다.

[**Levels Viewport(뷰포트)**]는 3D 뷰포트 출력의 분할 레벨을 설정합니다. [**렌더**]는 렌더링 때의 분할 레벨을 설정합니다.

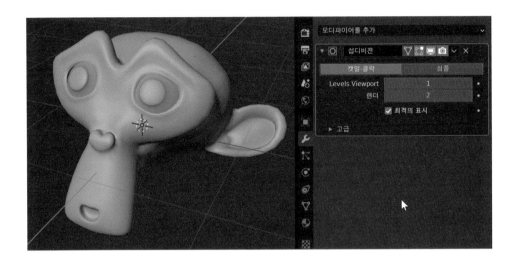

커브(Curve)

지정한 커브 오브젝트를 기반으로 오브젝트를 변형합니다.

[**Curve Object**]에 커브 오브젝트를 지정합니다. [**변형 축**]으로 변형할 좌표 방향을 설정할 수 있습니다.

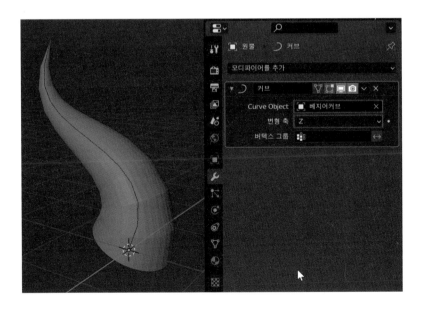

래티스(Lattice)

지정한 래티스 오브젝트를 기반으로 오브젝트를 변형합니다.

[**오브젝트**]로 편집에 사용할 래티스 오브젝트를 지정합니다. [**강도**]로 변형의 강도를 설정합니다.

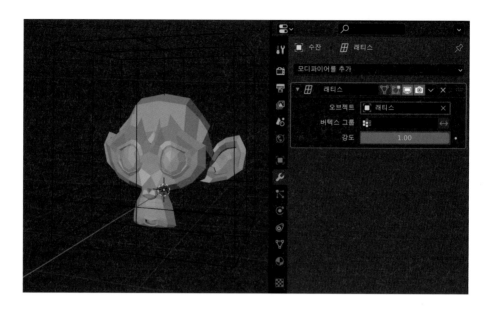

래티스 오브젝트는 오브젝트 모드의 **3D 뷰포트** 헤더에서 [**추가**] → [**래티스**]를 선택하면 추가할 수 있습니다.

설정은 프로퍼티에서 ▦를 마우스 왼쪽 버튼으로 클릭하면 나오는 **래티스** 패널에서 합니다.

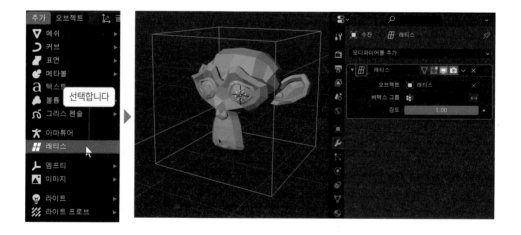

수축 감싸기(Shrinkwrap)

지정한 오브젝트의 형태에 맞춰 오브젝트를 수축합니다.

[대상]으로 형태의 기반이 되는 오브젝트를 지정합니다. [오프셋]으로 기반이 되는 오브젝트와의 간격을 설정합니다.

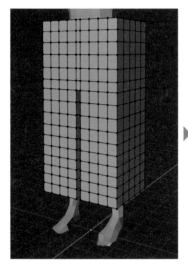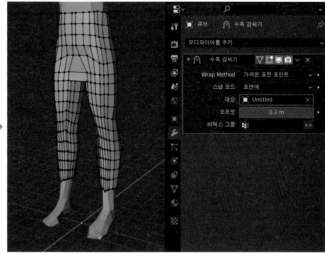

모디파이어 적용하기

모디파이어를 설정한 시점에 보이는 형태는 모디파이어를 유사적으로 적용해서 보여줄 뿐이므로 기존 메쉬의 구조가 유지되며, 언제라도 원래 형태로 돌아갈 수 있습니다.

그런데 이후에 편집하는 상황에 따라서 모디파이어가 설정된 형태의 메쉬 구조가 필요할 수 있습니다. 이러한 때 모디파이어를 적용합니다.

오브젝트 모드에서 [모디파이어] 패널의 드롭다운 메뉴를 선택하고, [적용]을 마우스 왼쪽 버튼으로 클릭하면 모디파이어의 효과가 적용되어 메쉬의 구조가 변경됩니다. 따라서 [적용]을 실행하면 원래 형태로 돌아갈 수 없게 됩니다[14].

---

14 옮긴이: 적용한 시점에는 실행 취소(Ctrl + Z 키)로 돌아갈 수 있습니다.

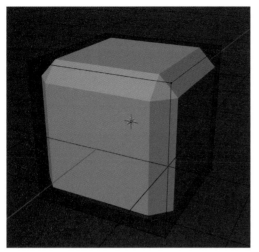
적용 전

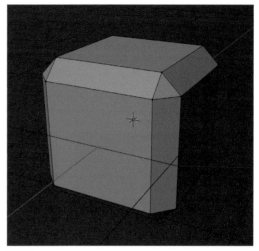
적용 후

하나의 오브젝트에 여러 개의 모디파이어를 적용할 수도 있습니다.
그런데 이러한 경우에는 모디파이어의 설정 순서에 따라서 결과가
달라질 수 있으므로 주의해야 합니다.

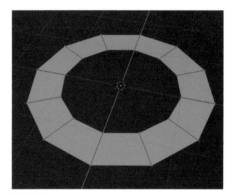

예를 들어 "섭디비전 표면"과 "솔리디파이"를 설정하는 경우를 생각
해봅시다.

원래 형태

모디파이어는 위에서부터 차례대로 효과가 적용됩니다. 따라서 "섭디비전 표면"이 위에 있는 경우 부드러운 표면이 만들어
지고 두께가 부여되므로 다음과 같이 에지가 날카로운 메쉬를 만들게 됩니다.

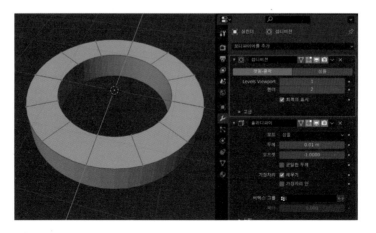

반대로 "솔리디파이"가 위에 있는 경우 두께가 부여된 이후에 부드러운 표면이 만들어지므로 다음과 같이 에지가 부드러운 메쉬를 만들게 됩니다.

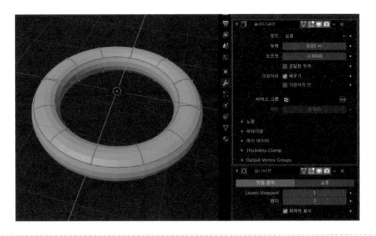

셰이드 스무스

디폴트로 **셰이드 플랫**이 설정돼 각각의 페이스가 플랫(평평)하게 출력됩니다.

오브젝트 모드의 **3D 뷰포트** 헤더에 있는 **[오브젝트]**에서 **[셰이드 스무스]**를 선택하면 표면이 부드럽게 출력됩니다.

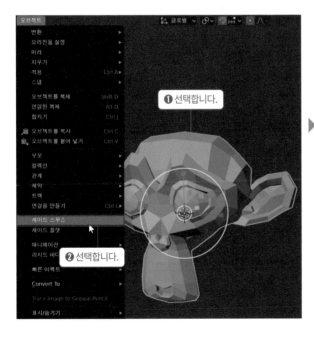

❶ 선택합니다.

❷ 선택합니다.

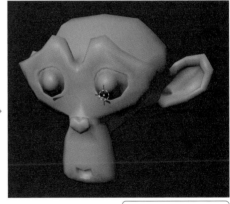

❸ 표면이 부드러워집니다.

추가로 에디트 모드에서 특정 페이스를 선택하고, **3D 뷰포트** 헤더에 있는 [**메쉬**]에서 [**페이스**] → [**셰이드 스무스**]를 선택하면 부분적으로 표면을 부드럽게 만들 수도 있습니다.

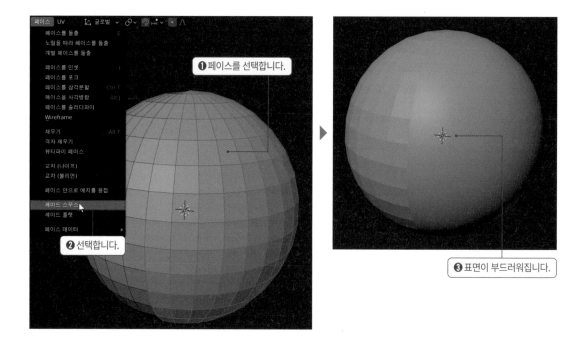

법선 방향 확인하고 변경하기

법선 방향(페이스의 표면)이 제대로 돼 있지 않으면 출력이 이상하게 되는 부분이 발생합니다.

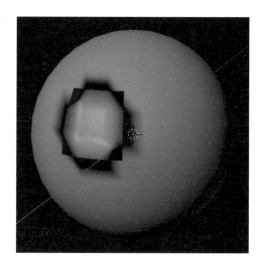

법선 방향을 확인하려면 에디트 모드의 **3D 뷰포트** 헤더에 있는 [**뷰포트 오버레이**]에서 [**노멀**] 영역의 🔲 (노멀의 표시)를 마우스 왼쪽 버튼으로 클릭해 활성화합니다[15].

하늘색 선이 표시되는 방향이 페이스의 법선 방향입니다. [**크기**]의 값을 변경해서 하늘색 선의 출력을 더 크게 변경할 수도 있습니다.

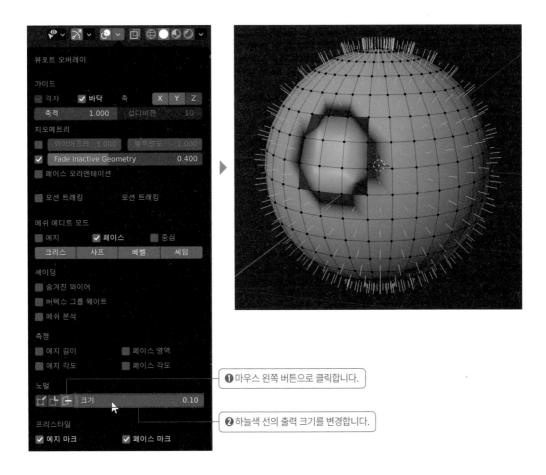

법선 방향이 잘못된 경우 일단 **3D 뷰포트** 헤더에 있는 [**선택**]에서 [**모두**](A 키)로 모든 메쉬를 선택합니다.

이어서 **3D 뷰포트** 헤더에 있는 [**메쉬**]에서 [**노멀**] → [**외부를 재계산**](Shift + N 키)을 선택하면 법선 방향이 다시 계산돼 정상적으로 출력됩니다.

---

15 옮긴이: [뷰포트 오버레이] 메뉴는 오브젝트 모드와 에디트 모드에 따라서 표시되는 내용이 다릅니다. 그림은 에디트 모드에서 확인한 결과입니다.

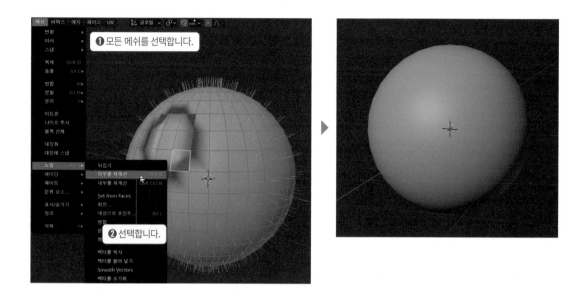

개별적으로 법선 방향을 변경하고 싶을 때는 특정 페이스만 선택하고, **3D 뷰포트** 헤더에 있는 **[메쉬]**에서 **[노멀]** → **[뒤집기]**를 선택합니다.

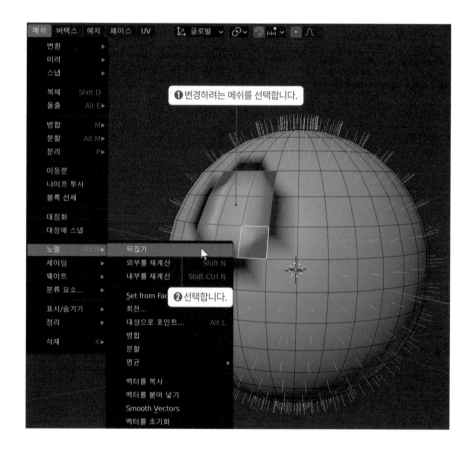

백그라운드 이미지 설정하기

기존의 삼면도를 기반으로 모델링할 때, 오리지널 캐릭터를 제작할 때, 미리 그린 러프 스케치를 기반으로 모델링을 할 때는 백그라운드 이미지(밑그림)를 기반으로 모델링하면 편하고 더 정확하게 모델링 할 수 있습니다.

블렌더는 **3D 뷰포트**의 배경에 각각의 이미지를 출력하는 기능이 있습니다.

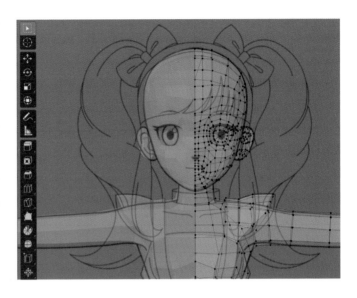

정면에서 그린 백그라운드 이미지를 설정할 때는 일단 **3D 뷰포트** 헤더에 있는 [뷰]에서 [뷰포트] → [앞쪽](숫자 패드 1)을 선택해 시점을 정면으로 전환합니다.

이어서 **3D 뷰포트** 헤더에 있는 [추가]에서 [이미지] → [참조]를 선택합니다. 블렌더 파일 보기 대화 상자가 나오면 밑그림으로 사용할 이미지를 선택한 뒤 [참조 이미지를 불러오기]를 마우스 왼쪽 버튼으로 클릭합니다.

측면에서 그린 백그라운드 이미지를 설정할 때는 일단 **3D 뷰포트** 헤더에 있는 [**뷰**]에서 [**뷰포트**] → [**왼쪽**] (Ctrl +숫자 패드 3)을 선택해 시점을 왼쪽으로 전환합니다. 이어서 이전과 같은 조작으로 백그라운드 이미지를 설정합니다.

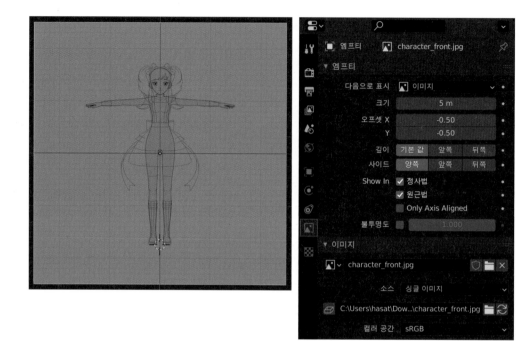

프로퍼티의 ▣를 마우스 왼쪽 버튼으로 클릭해 표시되는 **엠프티** 패널에서 다양한 설정을 변경할 수 있습니다.

[**크기**]로 표시되는 크기를 확대/축소할 수 있습니다.

[**오프셋 X/Y**]로 위, 아래, 왼쪽, 오른쪽으로 배치 위치를 이동할 수 있습니다.

[**깊이**]는 일반적인 형태로 출력하는 [**기본 값**] 이외에도 [**앞쪽**], [**뒤쪽**]으로 위치 관계와 상관없이 무조건 다른 객체의 앞 또는 뒤에 출력하게 만들 수 있습니다.

[**사이드**]는 기본적으로 [**양쪽**]으로 앞면, 뒷면 모두에서 보이게 만듭니다. 만약 [**앞쪽**], [**뒤쪽**]을 선택하면 각각의 방향에서만 표시됩니다.

[**Show In**]은 [**정사법**], [**원근법**] 투시에서만 보이게 만듭니다. [**Only Axis Aligned**]는 이미지가 기울어져 있는 경우 기울어진 축과 평행할 때만 보이게 만듭니다.

[**불투명도**]에 체크해 활성화하고, [**불투명도**] 값을 변경하면 이미지의 불투명도를 설정할 수 있습니다.

초점 거리 변경

블렌더에서 **3D 뷰포트**의 기본 초점 거리는 "50mm"로 설정돼 있습니다.

3D 뷰포트 헤더에 있는 [뷰]에서 [사이드바](N 키)를 선택하고, 사이드바의 [뷰] 탭을 마우스 왼쪽 버튼으로 클릭하면 표시되는 뷰 패널에서 초점 거리를 확인하거나 변경할 수 있습니다.

초점 거리 수치가 작으면 확대했을 때 카메라 광각 렌즈처럼 왜곡이 발생합니다. 이렇게 되면 모델링 할 때 형태를 제대로 파악할 수 없으므로 "100mm" 등으로 설정해 사용하는 것이 좋습니다.

초점 거리 "35mm"

초점 거리 "100mm"

커브

오브젝트 모드의 **3D 뷰포트** 헤더에 있는 [추가] → [커브]에서 원하는 오브젝트를 선택하거나, Shift + A 키를 눌러 출력되는 메뉴에서 배치할 커브를 선택하면 씬에 커브 오브젝트가 추가됩니다.

부드러운 곡면을 생성할 수 있는 커브로는 **베지어**
와 **넙스 커브**가 있습니다. 두 커브는 곡면을 제어
하는 방법이 다릅니다.

편집은 메쉬 오브젝트와 마찬가지로 에디트 모드
에서 합니다[16].

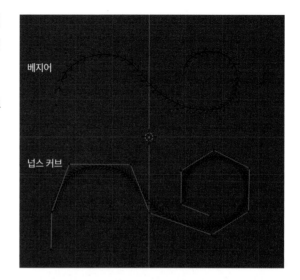

베지어는 **앵커 포인트**와 **핸들**을 사용해 제어합니
다. **앵커 포인트**는 커브의 경로를 만드는 제어점
입니다. 그리고 앵커 포인트의 양쪽에 있는 **핸들**
을 사용해 커브의 곡면을 제어합니다.

반면 **넙스 커브**는 핸들과 같은 것이 없으며, 컨트
롤 포인트만으로 제어합니다.

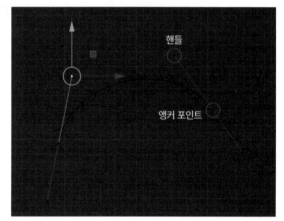

포인트와 핸들은 마우스 왼쪽 버튼으로 클릭해 개
별적으로 선택할 수 있습니다.

편집은 에디트 모드에서 메쉬와 마찬가지로 툴바
의 ⊞(이동), ◙(회전), ◩(축적)을 각각 마우스
왼쪽 버튼으로 클릭해 활성화하면 조작을 위한 기
즈모를 표시할 수 있습니다.

또한 **3D 뷰포트** 헤더에 있는 [**커브**] → [**변환**]에
서 [**이동**](G 키), [**회전**](R 키), [**축적**](S 키)
으로도 마찬가지의 조작을 할 수 있습니다.

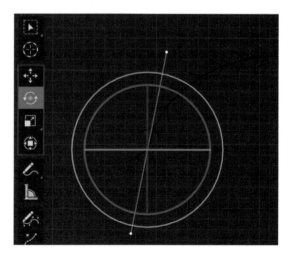

---

16 옮긴이: 에디트 모드에서 [뷰포트 오버레이] → [커브 에디트 모드] → [노멀]에 체크하면 커브의 방향이 그림과 같이 표시됩니다. 버전에 따라서 기본적으로
설정되기도, 기본적으로 설정되지 않기도 하므로 상황에 맞게 활용하기 바랍니다.

참고로 편집 도구의 위에서 4번째에 있는 ■(변환)에 관해서는 234페이지를 확인해주세요.

[그리기] 도구[17]를 활성화해 마우스 왼쪽 버튼으로 드래그하면 **베지어**를 그릴 수 있습니다.

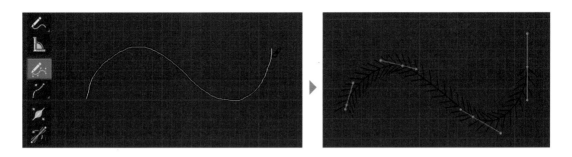

베지어 또는 **넙스 커브**의 포인트를 선택하고 [돌출] 도구를 활성화한 뒤, **3D 뷰포트**에 나오는 흰색 원 안쪽을 마우스 왼쪽 버튼으로 드래그하면 포인트를 추가할 수 있습니다.

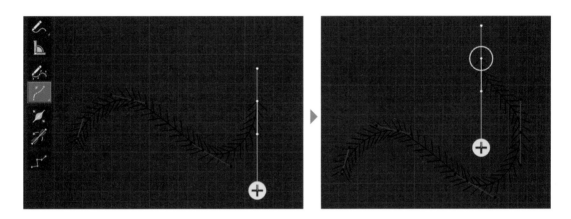

이웃한 2개의 점을 선택하고, **3D 뷰포트** 헤더에 있는 [부분]에서 [섭디비젼]을 선택하면 커브 중간에 포인트를 추가해 커브를 분할할 수 있습니다.

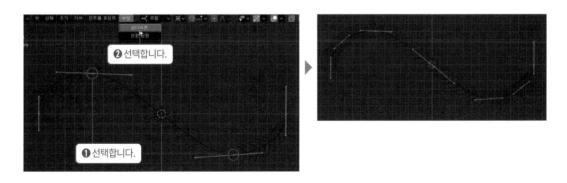

---

17 옮긴이: 비슷한 모양의 아이콘이 2개 있어서 베타 리뷰 중에 많은 분이 헷갈려 했는데, 연필과 선이 있고, 선 주변에 점들이 찍혀 있는 아이콘입니다. 주의해서 선택해주세요.

프로퍼티의 ☍를 마우스 왼쪽 버튼으로 클릭하면 나오는 패널에서는 커브와 관련된 다양한 설정을 할 수 있습니다.

셰이프 패널

[2D]로 설정하면 2차원 형태로 X, Y 축만 갖게 됩니다. [3D]로 설정하면 3차원 형태로 X, Y, Z 축을 모두 갖습니다.

채우기 모드로 페이스가 생성되는 위치를 설정할 수 있습니다. 페이스 생성은 이후에 설명하는 **지오메트리** 패널과 함께 사용됩니다.

[2D]에서는 원처럼 루프 형태로 연결된 커브는 **채우기 모드**를 [None] 이외의 것([앞쪽], [뒤쪽], [양쪽])으로 선택했을 때 감싸진 부분에 페이스를 생성합니다.

[해상도 미리보기 U], [렌더 U]는 각각 프리뷰 때와 렌더링 때에 표시되는 커브의 해상도를 의미

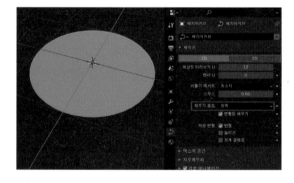

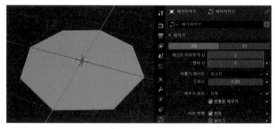

합니다. 수치가 클수록 부드럽게 출력됩니다. [**렌더 U**]를 "0"으로 설정하면 [**해상도 미리보기 U**]의 수치와 같은 값이 반영됩니다.

지오메트리 패널

[오프셋]으로 생성되는 페이스와 커브의 거리를
설정합니다. [돌출]로 로컬 좌표 Z축 방향으로 돌
출할 양(면의 두께)을 설정합니다.

베벨의 [깊이]로 페이스의 베벨 두께를 설정합니
다. [해상도]에서는 [깊이]로 만들어지는 베벨의
분할 수를 설정합니다. 수치가 클수록 부드럽게
만들어집니다.

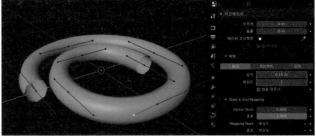

[오브젝트]를 선택하고, [오브젝트]로
다른 커브를 지정하면 단면의 형태를 변
경할 수 있습니다. [캡을 채우기]에 체
크해 활성화하면 커브의 양쪽 끝에도 면
이 생성됩니다.

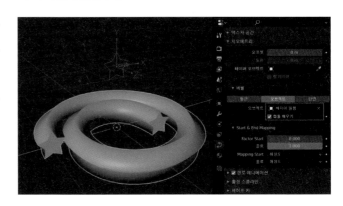

활성 스플라인 패널

[주기적] → [U][18]에 체크해 활성화하면
루프 형태로 커브가 연결됩니다.

커브 오브젝트를 추가할 때 **원형** 또는
넙스 원형을 선택하면 기본적으로 활성
화돼 있습니다. 이러한 커브 오브젝트
는 [주기적] → [U]를 비활성화해서 사
용할 수도 있습니다.

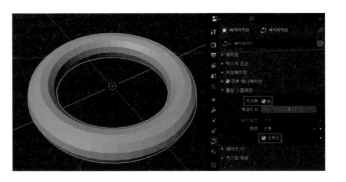

---

18 옮긴이: 영어로는 Cyclic U이고, 이를 직역하다 보니 "주기적 U"라는 특이한 이름으로 번역돼 있습니다. 사이클(시작과 끝이 연결된 회로)을 만드는 메뉴라
  고 생각해주세요.

생성되는 페이스에는 기본적으로 셰이드 스무스가 설정됩니다. 만약 셰이드 플랫으로 표시하고 싶다면 [스무스]의 체크를 해제해 비활성화합니다.

메쉬 변형

만들어진 커브는 오브젝트 모드의 **3D 뷰포트** 헤더에 있는 [**오브젝트**]에서 [**Convert To (다음으로 변환)**] → [**메쉬**]를 선택해 메쉬로 변환할 수 있습니다.

또한 [**커브**]로 만들어진 메쉬를 커브로 변환할 수도 있습니다.

텍스트

입력한 문자를 기반으로 폰트 설정 이외에도 두께와 베벨 설정 등을 할 수 있습니다.

오브젝트 모드의 **3D 뷰포트** 헤더에 있는 [**추가**]에서 [**텍스트**]를 선택하거나, Shift + A 키를 눌렀을 때 나오는 메뉴에서 [**텍스트**]를 선택하면 씬에 "Text"라고 적힌 텍스트 오브젝트가 추가됩니다.

에디트 모드로 변경한 뒤 키를 입력하면 문자를 변경할 수 있습니다.

프로퍼티의 ⓐ를 마우스 왼쪽 버튼으로 클릭하면 표시되는 패널에서 텍스트와 관련된 다양한 설정을 할 수 있습니다.

지오메트리 패널

[오프셋]으로 문자의 두께를 설정할 수 있습니다. [돌출]로 문자에 3차원 깊이를 설정할 수 있습니다.

베벨의 [깊이]로 페이스의 베벨 두께를 설정합니다.

[해상도]에서는 [깊이]로 만들어지는 베벨의 분할 수를 설정합니다. 수치가 클수록 부드럽게 만들어집니다.

폰트 패널

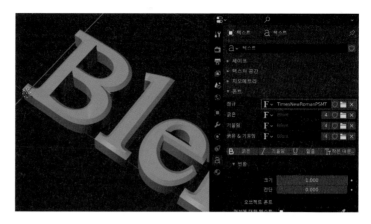

■를 마우스 왼쪽 버튼으로 클릭
해 폰트를 지정하면 글꼴을 변경
할 수 있습니다.

글꼴은 Windows 10의 경우
"C:\Windows\Fonts\" 폴더에
저장된 폰트를 활용합니다(OS 버
전에 따라서 위치가 다를 수 있습
니다).

[크기]로 문자의 크기를 변경할 수 있습니다.

[커브에 대한 텍스트]로 지정한
커브 형태에 맞게 문자를 배치할
수도 있습니다.

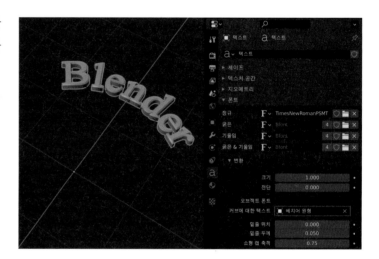

2.2 [실전] 첫 모델링 연습: 와인 잔 만들기

지금까지 블렌더가 제공하는 다양한 모델링 기능을 살펴봤습니다. 이제 각각의 기능을 활용해서 실제로 모델링을 해봅시다. 실제로 모델링을 해보면 다양한 기능을 훨씬 더 깊게 이해할 수 있습니다. 일단 첫 번째로 만들 "와인 잔"은 백그라운드 이미지를 기반으로 단면을 만들고, 스핀을 활용합니다.

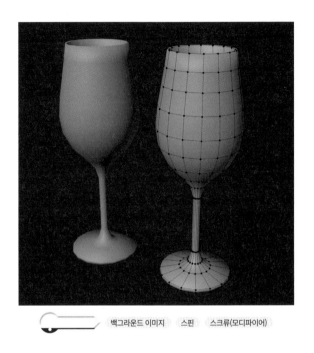

백그라운드 이미지   스핀   스크류(모디파이어)

백그라운드 이미지 설정하기

01 **3D 뷰포트** 헤더에 있는 **[뷰]** → **[뷰포트]**에서 **[앞쪽]**
(숫자 패드 1)을 선택해 프론트 뷰로 전환합니다.

3D 뷰포트 왼쪽 위를 보면 프론트 뷰로 변경했을 때 자동으로 투시도법이 정사법으로 변경되는 것을 확인할 수 있습니다.

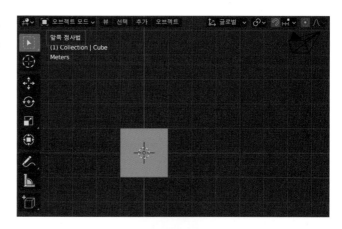

02 **3D 뷰포트** 헤더에 있는 **[뷰]**에서 **[사이드바]**(N 키)를 선택해 사이드바를 엽니다.

[뷰] 탭을 마우스 왼쪽 버튼으로 클릭해 **3D 커서** 패널을 표시하고, 3D 커서가 씬 중앙([**위치**]가 모두 "0m")에 배치돼 있는지 확인합니다. 씬 중앙에서 벗어나 있는 경우에는 **[위치]**를 모두 "0m"로 변경해 주세요.

03 오브젝트 모드의 **3D 뷰포트** 헤더에 있는 **[추가]**(Shift + A 키)에서 **[이미지]** → **[참조]**를 선택합니다.

블렌더 파일 보기 대화 상자가 나오면 백그라운드 이미지로 사용할 이미지(샘플 데이터에 있는 "wineglass.jpg")를 선택하고 [참조 이미지를 불러오기]를 마우스 왼쪽 버튼으로 클릭합니다.

04 읽어 들인 백그라운드 이미지를 선택한 상태에서 프로퍼티의 ▣를 마우스 왼쪽 버튼으로 클릭합니다.

표시된 **엠프티** 패널의 [**불투명도**]에 체크하고, [**불투명도**]를 "0.300"으로 변경합니다. 이어서 [**깊이**]를 [**앞쪽**]으로 설정합니다.

01 기본적으로 배치된 큐브 "Cube"를 선택하고, **3D 뷰포트** 헤더에 있는 모드 변경 메뉴에서 **[에디트 모드]** (Tab 키)를 선택해 에디트 모드로 변경합니다.

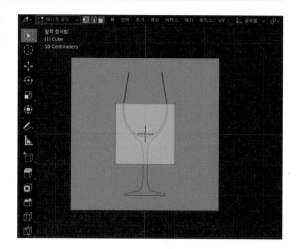

> ❓ **주의**
>
> 밑그림을 넣은 큐브를 선택하지 않게 주의해주세요. 아웃라이너에서 "Cube"를 마우스 왼쪽 버튼으로 클릭해 선택하는 방법도 추천합니다.

02 모든 메쉬를 선택한 상태에서 **3D 뷰포트** 헤더에 있는 **[메쉬]** → **[삭제]**(X 키) → **[버텍스]**를 선택해 큐브의 메쉬를 모두 제거합니다.

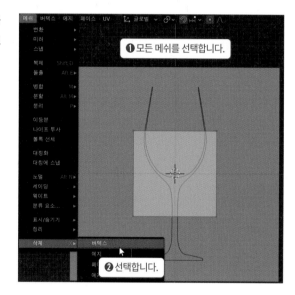

❶ 모든 메쉬를 선택합니다.

❷ 선택합니다.

> ❓ **주의**
>
> 메쉬를 모두 선택하려면 3D 뷰포트 헤더에 있는 [선택]에서 [모두](A 키)를 선택합니다.

03 **3D 뷰포트** 왼쪽에 있는 툴바에서 **[폴리 빌드]** 도구를 활성화하고, 와인 잔 아래의 중심과 가까운 부분을 Ctrl 키를 누르면서 마우스 왼쪽 버튼으로 클릭합니다. 이때 정확하게 중심을 클릭할 필요는 없습니다.

❶ 선택합니다.

❷ 마우스 왼쪽 버튼으로 클릭합니다.

> ❓ **주의**
>
> 툴바가 보이지 않는 경우 3D 뷰포트 헤더에 있는 [뷰]에서 [툴바](T 키)를 선택합니다.

04 [지역 돌출] 도구를 활성화하고, 마우스 왼쪽 버튼을 드래그해 밑그림에 맞게 메쉬를 생성합니다[19].

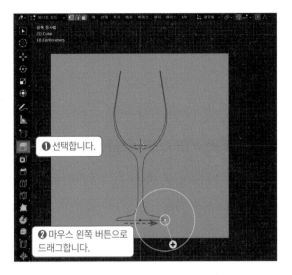

❓ **주의**

➕아이콘을 마우스 왼쪽 버튼으로 드래그하면 돌출 방향이 제한됩니다. ➕ 아이콘의 외부, 흰색 원 안쪽을 마우스 왼쪽 버튼으로 드래그해주세요.

05 [지역 돌출]을 반복해서 와인 잔 모양의 단면을 만듭니다.

❓ **주의**

[지역 돌출]을 모두 완료했다면 [선택 도구](W 키)로 돌아오도록 합니다.

06 최종적으로 찍은 버텍스(와인 잔 안쪽 부분)를 선택하고, [사이드바](N 키)의 [항목] 탭을 마우스 왼쪽 버튼으로 클릭해 표시한 뒤, **변환** 패널의 [버텍스 : X]를 "0m"로 변경해 중심으로 이동합니다.

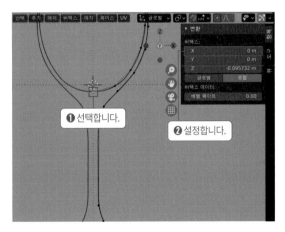

---

19 옮긴이: Ctrl 키를 누르면서 드래그하면 그리드 위에 스냅되므로 편리하게 수평을 맞출 수 있습니다.

07 와인 잔 아래 부분 중심의 처음 찍은 버텍스를 선택하고, 마찬가지 방법으로 중심으로 이동합니다.

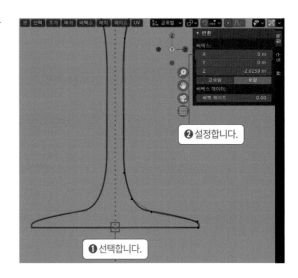

스핀 설정

📁SECTION2-2-2.blend(단면 만들기까지 완료한 샘플 파일)

01 **3D 뷰포트** 헤더에 있는 **[선택]**에서 **[모두]**(A 키)를 선택해 모든 메쉬를 선택합니다.

3D 뷰포트 헤더에 있는 **[뷰]** → **[뷰포트]**에서 **[위쪽]** (숫자 패드 7)을 선택해 탑 뷰로 변경합니다.

[스핀] 도구를 활성화하면 파란색 선과 양쪽 끝에 ⊕가 표시됩니다.

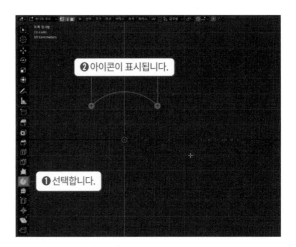

02 ⊕ 아이콘을 마우스 왼쪽 버튼으로 드래그해 메쉬를 360도 스핀합니다. Ctrl 키를 누르면서 드래그하면 5도씩 스핀할 수 있습니다.

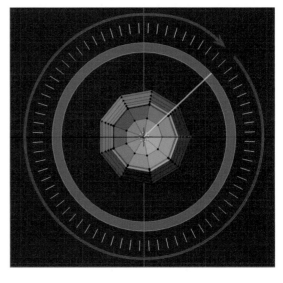

03 스핀 직후에 **3D 뷰포트** 왼쪽 아래에 표시되는 패널에서 [단계]를 변경해 메쉬의 분할 수를 조정합니다.

현재 예제에서는 "16"으로 설정합니다.

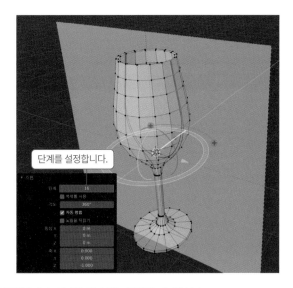

단계를 설정합니다.

04 스핀의 기준점이 되는 부분에는 [단계] 만큼의 버텍스가 중첩됩니다. 이러한 의미 없는 중첩을 제거합시다.

3D 뷰포트 헤더에 있는 [선택]에서 [모두](A 키)를 선택해 모든 메쉬를 선택합니다.

3D 뷰포트 헤더에 있는 [메쉬] → [정리]에서 [거리로 병합]을 선택하면 중첩된 버텍스들이 병합되며 하나로 바뀝니다.[20]

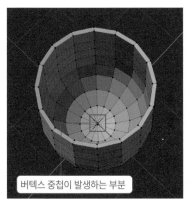

버텍스 중첩이 발생하는 부분

버텍스 중첩이 발생하는 부분

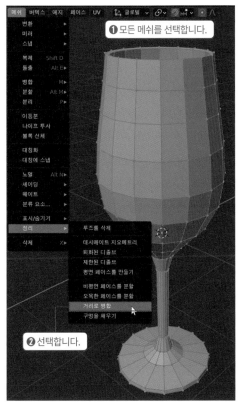

❶ 모든 메쉬를 선택합니다.

❷ 선택합니다.

---

20 옮긴이: 참조로 사용했던 엠프티 이미지는 비표시했습니다.

실행한 후에 화면 오른쪽 아래를 보면 몇 개의 버텍스가 제거됐는지 확인할 수 있습니다.

05 **3D 뷰포트 헤더**에 있는 모드 변경 메뉴에서 **[오브젝트 모드]**(Tab 키)를 선택하고, **3D 뷰포트** 헤더에 있는 **[오브젝트]**에서 **[셰이드 스무스]**를 선택하면 표면이 부드럽게 출력됩니다.

완성

■SECTION2-2-3.blend(스핀 설정을 완료한 샘플 파일)

스크류 모디파이어 사용하기

▶SECTION2-2-2.blend(단면 만들기까지 완료한 샘플 파일)

01 스핀 대신에 **스크류** 모디파이어를 사용하는 모델링 방법도 살펴봅시다.

오브젝트 모드에서 단면 메쉬를 선택하고, 프로퍼티의 🔧를 클릭해 **모디파이어** 설정 화면으로 변경합니다.

[**모디파이어를 추가**] 메뉴에서 [**스크류**]를 선택합니다.

02 **스크류** 모디파이어는 기본적으로 360도로 설정돼 있으므로 곧바로 와인 잔 모양이 만들어집니다. 참고로 [**셰이드 스무스**]도 자동으로 설정됩니다.

스핀과 마찬가지로 **스크류** 모디파이어도 시작 버텍스에 중복 버텍스가 생성됐습니다.

[**병합**]에 체크해 활성화하면 중복 버텍스의 생성을 피할 수 있습니다.

03 모디파이어의 장점은 설정 후에도 계속해서 프로퍼티를 조정할 수 있다는 점입니다.

따라서 단면 이외의 부분은 사실 메쉬가 존재하는 것이 아니라 모디파이어에 의해서 잠시 유사적으로 출력될뿐입니다.

이 상태에서도 렌더링을 할 수 있기는 하지만, 해당 형태의 메쉬가 필요한 경우에는 **[적용]**을 마우스 왼쪽 버튼으로 클릭해 모디파이어에 의해서 출력되는 부분을 메쉬로 실체화할 수 있습니다.

다만 적용 후에는 모디파이어가 사라지므로 프로퍼티를 조정할 수 없게 됩니다.

주의
모디파이어 적용은 오브젝트 모드로 변경한 뒤에 해야 합니다.

완성된 와인 잔의 샘플 파일

SECTION2-2-4.blend(모디파이어 적용 전, 스크류 모디파이어 설정까지 완료한 샘플 파일)

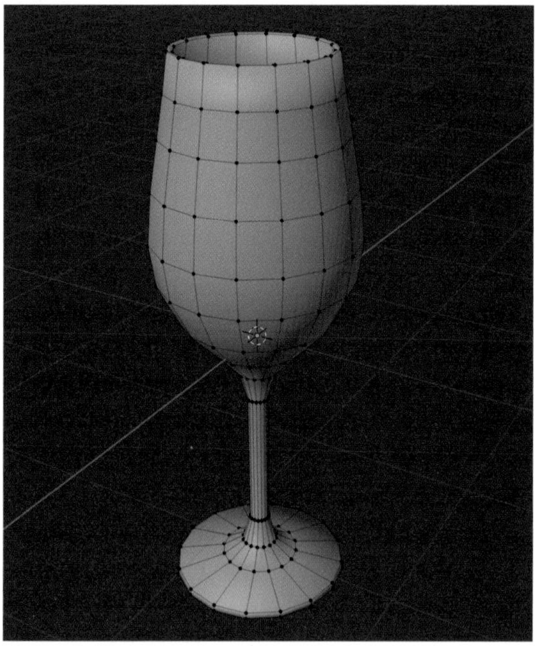

2.3 [실전] 첫 모델링 연습: 검 만들기

이어서 게임에 등장하는 "검"을 모델링 해봅시다. 블렌더를 처음 실행할 때 나오는 큐브를 기반으로 페이스를 추가하고, 루프를 잘라내는 등의 다양한 기능을 활용해 메쉬를 분할하고 변경해서 형태를 만들어봅시다.

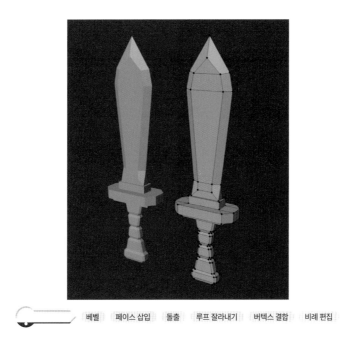

베벨   페이스 삽입   돌출   루프 잘라내기   버텍스 결합   비례 편집

날밑 만들기[21]

01 블렌더를 처음 실행할 때 나오는 "Cube"를 선택하고, **3D 뷰포트** 헤더에 있는 모드 변경 메뉴에서 **[에디트 모드]**(Tab 키)를 선택해 에디트 모드로 변경합니다.

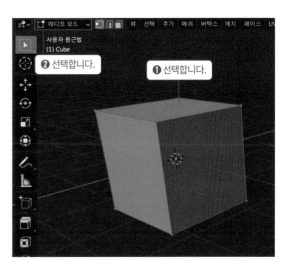

---

21 옮긴이: 검의 칼날과 칼자루 사이에 끼워서 손을 보호하는 부분을 "날밑"이라고 부릅니다.

02 모든 메쉬를 선택한 상태에서 **3D 뷰포트** 헤더에 있는 **[메쉬]**에서 **[변환] → [축적]**(S 키)을 선택하고, Z 키를 눌러서 위

아래 방향으로 축소합니다.

이어서 **[축적]**(S 키)을 한 번 더 선택하고, Y 키를 눌러서 Y축 방향으로 축소합니다.

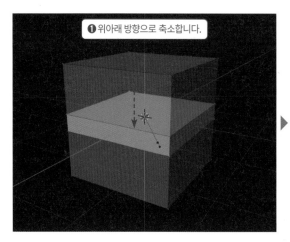

❶ 위아래 방향으로 축소합니다.

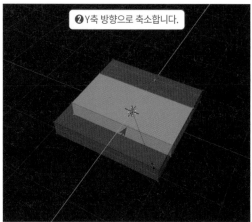

❷ Y축 방향으로 축소합니다.

03 **3D 뷰포트** 헤더에 있는 **[Edge select(에지 선택)]**
버튼[22]을 마우스 왼쪽 버튼으로 클릭해 활성화하고, 세
로 방향으로 세워져 있는 4개의 에지를 Shift + 마우스
왼쪽 버튼으로 클릭해 모두 선택합니다.

3D 뷰포트 왼쪽에 있는 툴바의 **[베벨]** 도구를 활성화
하고, 화면에 표시되는 노란색 원을 마우스 왼쪽 버튼으
로 드래그해 페이스를 깎아냅니다.

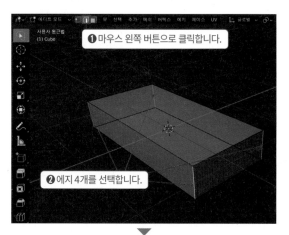

❶ 마우스 왼쪽 버튼으로 클릭합니다.

❷ 에지 4개를 선택합니다.

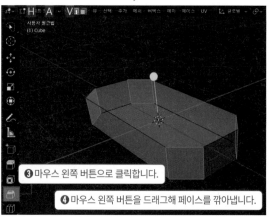

❸ 마우스 왼쪽 버튼으로 클릭합니다.

❹ 마우스 왼쪽 버튼을 드래그해 페이스를 깎아냅니다.

---

22 옮긴이: 2.93버전을 기준으로 [버텍스 선택]과 [페이스 선택]은 번역이 돼 있지만, [Edge select(에지 선택)]은 번역돼 있지 않습니다.

04 **3D 뷰포트** 헤더에 있는 **[페이스 선택]** 버튼을 마우스 왼쪽 버튼으로 클릭해 활성화하고, 위쪽 페이스를 마우스 왼쪽 버튼으로 클릭해 선택합니다.

[페이스를 인셋] 도구를 활성화하고, 화면에 표시되는 노란색 원을 마우스 왼쪽 버튼으로 드래그해 페이스 안쪽에 새로운 페이스를 추가합니다.

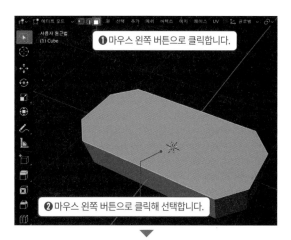

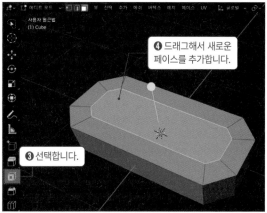

05 **3D 뷰포트 헤더**에 있는 **[메쉬]**에서 **[변환]** → **[축적]** (S 키)을 선택하고, X 키를 눌러 X축 방향으로 축소합니다.

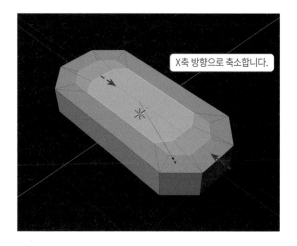

06 삽입한 페이스를 팔각형에서 사각형으로 변경하겠습니다.

3D 뷰포트 헤더에 있는 **[버텍스 선택]** 버튼을 마우스 왼쪽 버튼으로 클릭해 활성화하고, 연결할 2개의 버텍스를 Shift 키 + 마우스 왼쪽 버튼으로 클릭해 모두 선택합니다.

이어서 **3D 뷰포트** 헤더의 **[메쉬]**에서 **[병합]**(M 키) → **[중심에]**를 선택해 버텍스를 결합합니다.

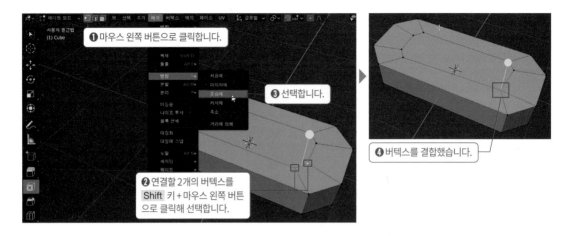

① 마우스 왼쪽 버튼으로 클릭합니다.

③ 선택합니다.

② 연결할 2개의 버텍스를
Shift 키 + 마우스 왼쪽 버튼
으로 클릭해 선택합니다.

④ 버텍스를 결합했습니다.

07 마찬가지 방법으로 다른 세 위치의 버텍스도 결합해서 페이스를 사
각형으로 변경합니다.

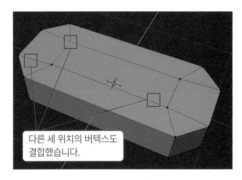

다른 세 위치의 버텍스도
결합했습니다.

08 안쪽의 사각형을 선택하고, **[지역 돌출]** 도구를 활성화한 다음 선 끝에 있는 노란색 ➕ 아이콘을 마우스 왼쪽 버튼으로 드래
그해 페이스를 위쪽으로 돌출합니다.

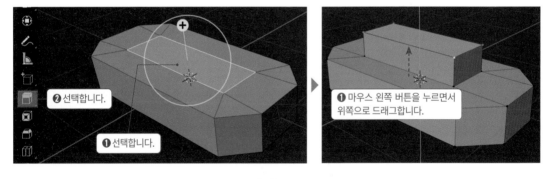

② 선택합니다.

① 선택합니다.

① 마우스 왼쪽 버튼을 누르면서
위쪽으로 드래그합니다.

09 위쪽 페이스와 마찬가지로 아래쪽 페이스도 페
이스를 인셋하고, 버텍스를 결합해 팔각형을 사
각형으로 변경한 다음, 페이스를 아래쪽으로 돌
출합니다.

❓ 주의

도구에 따라서 편집을 완료했으면 선
택 도구(**W** 키)로 돌아온 뒤에 작업해
야 합니다.

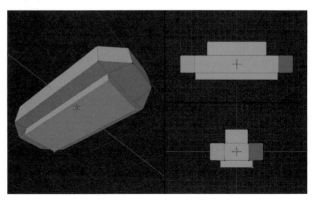

01 위쪽 페이스를 선택하고, **[페이스를 인셋]** 도구를 활성화한 다음 화면에 표시되는 노란색 원을 마우스 왼쪽 버튼으로 드래그해 페이스의 안쪽에 새로운 페이스를 추가합니다.

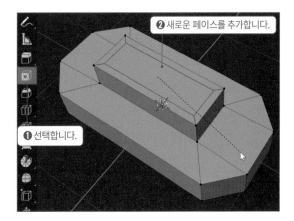

02 삽입한 페이스를 선택하고, **[지역 돌출]** 도구를 활성화한 다음 선 끝에 있는 노란색 ➕를 마우스 왼쪽 버튼으로 드래그해 페이스를 위쪽으로 돌출합니다. 칼날의 끝으로 만들 위치까지 페이스를 위쪽으로 당겨주세요.

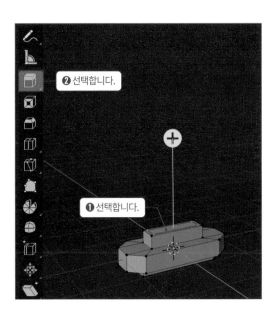

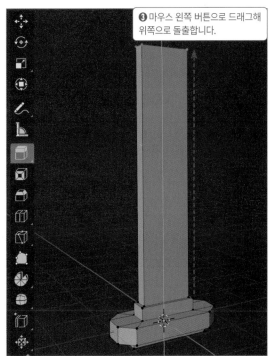

03 [**루프 잘라내기**] 도구를 활성화하고, 마우스 포인터를 칼날의 세로로 놓인 에지에 맞추면 노란색 선이 표시됩니다. 그림과 같이 마우스 왼쪽 버튼을 드래그해서 높이를 조정한 뒤 루프를 확정합니다.

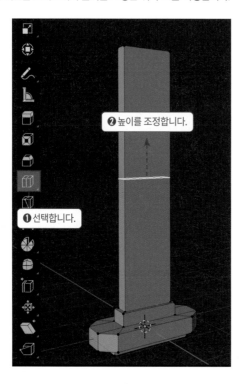

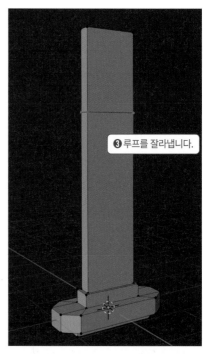

04 마찬가지 방법으로 [**루프 잘라내기**]를 사용해 그림과 같은 두 위치에 루프를 추가합니다.

05 칼날의 형태를 조정하겠습니다. Alt + 마우스 왼쪽 버튼으로 클릭으로 루프 위의 모든 정점과 에지를 선택하고, **3D 뷰포트** 헤더에 있는 **[메쉬]**에서 **[변환]** → **[축적]**(S 키)을 선택합니다. 이어서 X 키를 눌러 칼날을 옆으로 늘려줍니다.

마찬가지의 방법으로 다음 그림과 같이 다른 루프들도 너비를 조정합니다.

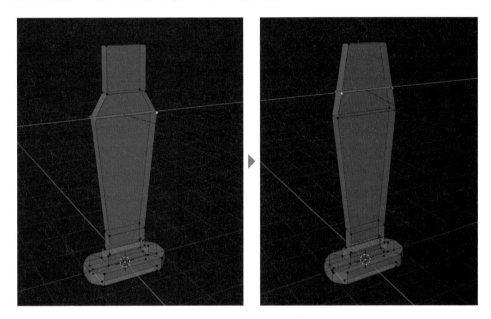

> **❷ 주의**
> 위의 그림은 뒤에 있는 메쉬를 보여주고자 [X–Ray를 토글]을 활성화한 상태입니다.

06 **3D 뷰포트** 헤더에 있는 **[페이스 선택]** 버튼을 마우스 왼쪽 버튼으로 클릭해 활성화하고 칼날의 앞부분과 뒷부분을 선택합 니다. 이어서 **[페이스를 인셋]** 도구를 활성화하고, 화면에 표시되는 노란색 원을 마우스 왼쪽 버튼으로 드래그해 페이스 안쪽 에 새로운 페이스를 추가합니다.

> **❷ 주의**
> 위 그림은 뒤에 있는 메쉬 를 보여주고자 [X–Ray를 토글]을 활성화한 상태입 니다.

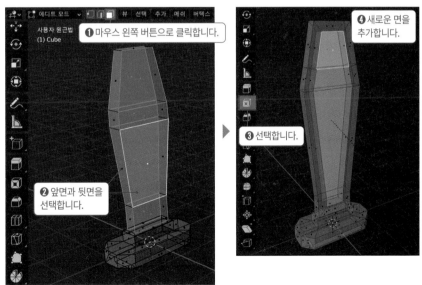

07 칼날의 옆면을 만들겠습니다. **3D 뷰포트** 헤더에 있는 **[버텍스 선택]** 버튼을 마우스 왼쪽 버튼으로 클릭해 활성화하고, 칼날의 옆면에 붙어 있는 2개의 버텍스를 Shift + 마우스 왼쪽 버튼으로 클릭해 모두 선택합니다.

이어서 **3D 뷰포트** 헤더의 **[메쉬]**에서 **[병합]**(M 키) → **[중심에]**를 선택해 버텍스를 결합합니다.

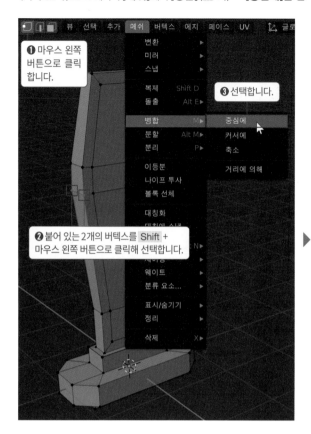

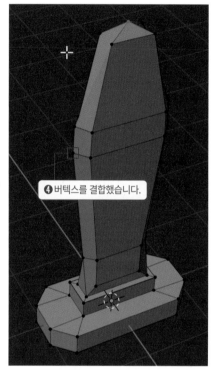

08 마찬가지 방법으로 다른 다섯 개 위치의 버텍스도 결합해 칼날의 옆면을 만듭니다.

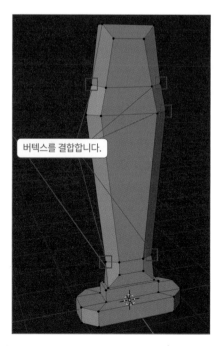

09 칼날의 끝부분에 있는 4개의 버텍스를 Shift + 마우스 왼쪽 버튼으로 클릭해 모두 선택합니다.

이어서 **3D 뷰포트** 헤더의 **[메쉬]**에서 **[병합]**(M 키) → **[중심에]**를 선택해 버텍스를 결합합니다.

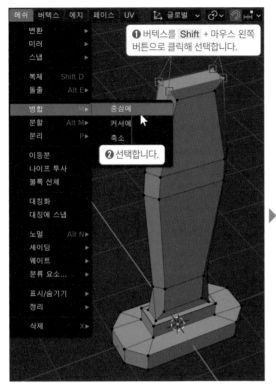
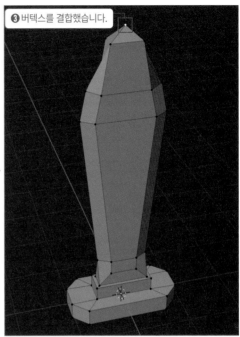

10 그림과 같이 4개의 버텍스를 Shift +마우스 왼쪽 버튼으로 클릭해 모두 선택합니다. 이어서 **3D 뷰포트** 헤더의 **[메쉬]**에서

[병합](M 키) → **[축소]**를 선택해 버텍스를 결합합니다.

❓ 주의

위의 그림은 뒤에 있는 메쉬를 보여주고자 [X–Ray를
토글]을 활성화한 상태입니다.

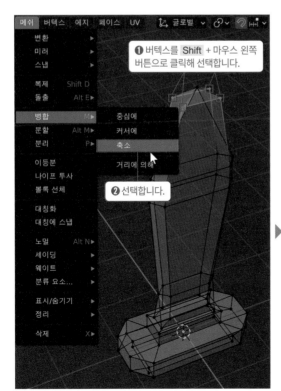
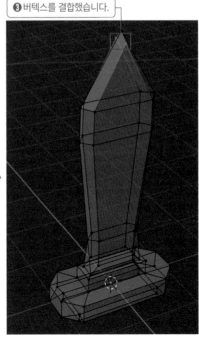

11 결합한 2개의 버텍스를 선택한 상태에서 **3D 뷰포트** 헤더에 있는 **[메쉬]**에서 **[변환]** → **[이동]**(G 키)을 선택하고, Z 키를 눌러서 위아래 방향으로 이동해 형태를 조정합니다.

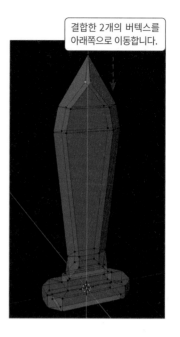

결합한 2개의 버텍스를 아래쪽으로 이동합니다.

❓ **주의**

위의 그림은 뒤에 있는 메쉬를 보여주고자 [X-Ray를 토글]을 활성화한 상태입니다.

손잡이 만들기

📄SECTION2-3-2.blend(칼날 만들기까지 완료한 샘플 파일)

01 날밑의 아래쪽 페이스를 선택하고, **[페이스를 인셋]** 도구를 활성화합니다. 화면에 표시되는 노란색 원을 마우스 왼쪽 버튼으로 드래그해 페이스 안쪽에 새로운 페이스를 추가합니다.

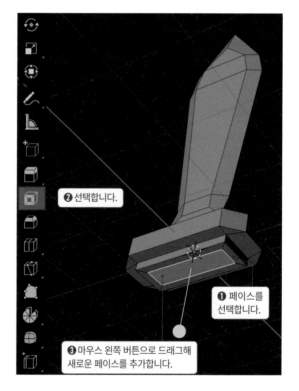

❷ 선택합니다.

❶ 페이스를 선택합니다.

❸ 마우스 왼쪽 버튼으로 드래그해 새로운 페이스를 추가합니다.

02 **3D 뷰포트** 헤더에 있는 [**메쉬**]에서 [**변환**] → [**축적**](S 키)을 선택하고,
X 키를 눌러서 너비를 축소합니다.

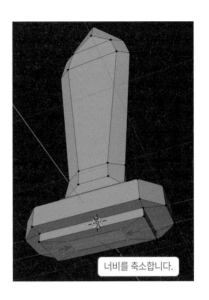

너비를 축소합니다.

03 삽입한 페이스를 선택하고, [**지역 돌출**] 도구를 활성화한 다음 화면에서 선 끝에 있는 노란색 ➕를 마우스 왼쪽 버튼으로 드
래그해 페이스를 아래쪽으로 돌출합니다.

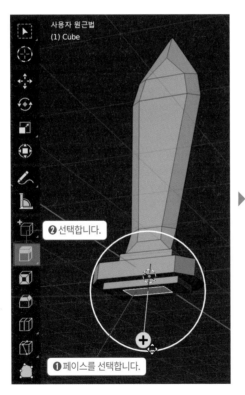

❷ 선택합니다.

❶ 페이스를 선택합니다.

❸ 마우스 왼쪽 버튼으로
드래그합니다.

04 **[루프 잘라내기]** 도구를 활성화하고, 마우스 포인터를 칼날의 세로로 놓인 에지에 맞추면 노란색 선이 표시됩니다. 그림과 같이 마우스 왼쪽 버튼을 드래그해 높이를 조정한 뒤 루프를 확정합니다.

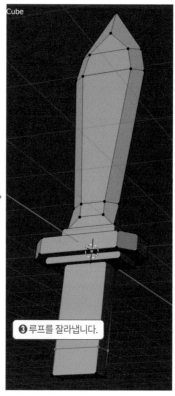

05 **3D 뷰포트** 헤더에 있는 **[페이스 선택]** 버튼을 마우스 왼쪽 버튼으로 클릭해 활성화하고, 그림과 같이 4개의 페이스를 Shift + 마우스 왼쪽 버튼으로 클릭해 모두 선택합니다. 이어서 **[지역 돌출]** 도구를 활성화해 드래그하면서 S 키를 눌러 네 방향으로 페이스를 돌출합니다.

❓ 주의

✛ 아이콘을 마우스 왼쪽 버튼으로 드래그하면 해당 방향으로만 돌출됩니다. 따라서 [아이콘 추가]의 바깥쪽 부분을 마우스 왼쪽 버튼으로 드래그해주세요.

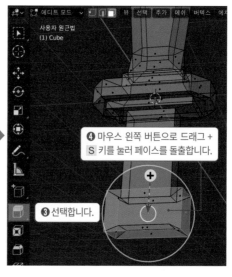

❓ 주의

위 그림은 뒤에 있는 메쉬를 보여주고자 [X-Ray를 토글]을 활성화한 상태입니다.

06 **3D 뷰포트** 헤더에 있는 **[메쉬]**에서 **[변환]** → **[축적]**(S 키)을 선택하고, Z 키를 눌러 위아래 방향으로 축적해 형태를 조정합니다.

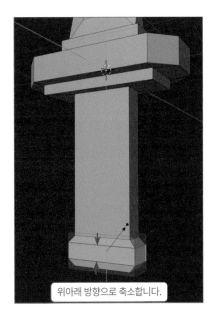

위아래 방향으로 축소합니다.

07 **[루프 잘라내기]** 도구를 활성화하고, 마우스 포인터를 세로 방향 에지에 맞춘 뒤, 노란색 선이 표시되면 마우스 왼쪽 버튼으로 클릭해 중앙에 루프를 추가합니다.

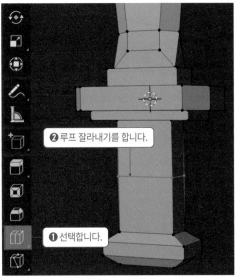

❷ 루프 잘라내기를 합니다.

❶ 선택합니다.

08 루프 잘라내기 직후에 **3D 뷰포트** 왼쪽 아래에 **[루프를 잘라내고 슬라이드]** 패널이 표시됩니다. ▶를 마우스 왼쪽 버튼으로 클릭해 패널을 엽니다. 이어서 **[잘라내기의 수]**를 "3"으로 변경합니다.

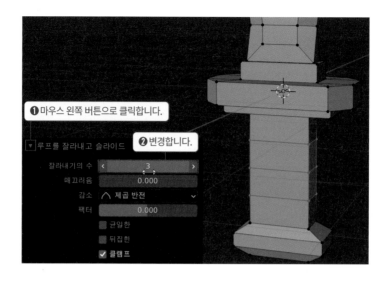

❶ 마우스 왼쪽 버튼으로 클릭합니다.

❷ 변경합니다.

▾ 루프를 잘라내고 슬라이드

잘라내기의 수　　❮　　3　　❯
매끄러움　　　　　0.000
감소　　　　　∧ 제곱 반전　　∨
팩터　　　　　　　0.000
　☐ 균일한
　☐ 뒤집한
　☑ 클램프

09 손잡이의 형태를 조정합니다. 루프 잘라내기 했던 안쪽의 버텍스(또는 에지)를 `Alt` + 마우스 왼쪽 버튼으로 클릭해 루프 형태로 선택하고, **3D 뷰포트** 헤더에 있는 ⊙를 마우스 왼쪽 버튼으로 클릭해 **[비례 편집]**을 활성화합니다.

3D 뷰포트 헤더에 있는 **[메쉬]**에서 **[변환]** → **[축적]**(`S` 키)을 선택하고, `X` 키를 눌러 X축 방향으로 축소합니다. 이때 마우스 휠을 회전해 영향 범위를 조정하면서 편집합니다.

❓ 주의

편집을 완료한 후에는 [비례 편집]을 비활성화합니다.

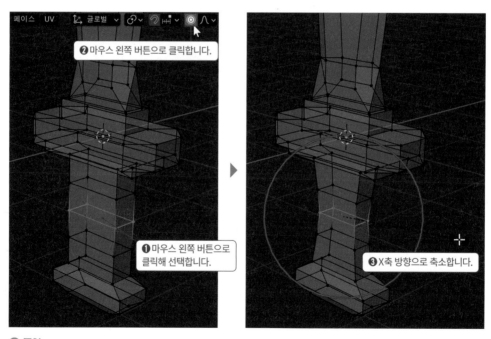

페이스　UV　⬚ 글로벌　∨　⊘～ ⊘ ⊬ ～ ⊙ ∧～

❷ 마우스 왼쪽 버튼으로 클릭합니다.

❶ 마우스 왼쪽 버튼으로 클릭해 선택합니다.

❸ X축 방향으로 축소합니다.

❓ 주의

위 그림은 뒤에 있는 메쉬를 보여주고자 [X–Ray를 토글]을 활성화한 상태입니다.

10 **3D 뷰포트** 헤더에 있는 [**에지 선택 모드**] 버튼을 마우스 왼쪽 버튼으로 클릭해 활성화하고, 루프 잘라내기 했던 부분의 버텍스(또는 에지)를 Alt + Shift + 마우스 왼쪽 버튼으로 클릭해 루프 형태로 모두 선택합니다.

[**오프셋 에지 루프 잘라내기**] 도구를 활성화하고, 3D 뷰포트의 아무 곳이나 마우스 왼쪽 버튼으로 드래그하면 선택한 에지의 위아래에 에지가 추가됩니다.

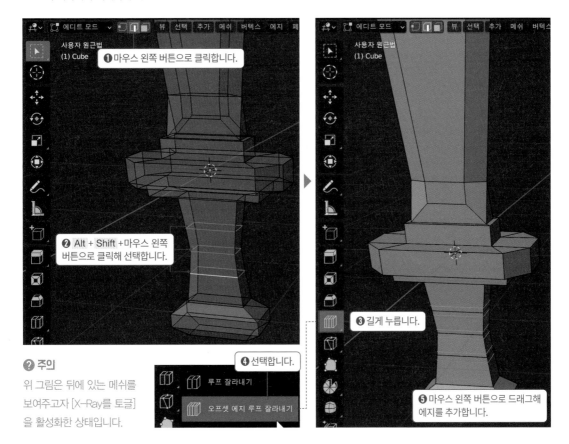

11 그림처럼 버텍스(또는 에지)를 Alt + 마우스 왼쪽 버튼으로 클릭해 루프 형태로 선택하고, **3D 뷰포트** 헤더에 있는 [**메쉬**]에서 [**변환**] → [**축적**](S 키)을 선택한 다음 축소해 굴곡을 만들어줍니다[23].

마찬가지로 다른 두 부분도 굴곡을 만듭니다.

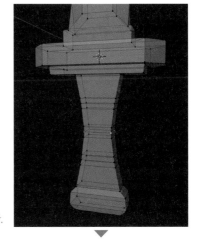

❓주의
위 그림은 뒤에 있는 메쉬를 보여주고자 [X-Ray를 토글]을 활성화한 상태입니다.

---

23 옮긴이: 앞서 켰던 비례 편집 기능을 계속해서 켜고 있으면 굴곡이 제대로 만들어지지 않습니다. 비례 편집 기능을 끄고 진행해주세요.

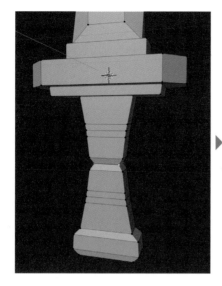

12 그림처럼 버텍스(또는 에지)를 Shift + 마우스 왼쪽 버튼으로 클릭해 모두 선택합니다. **[베벨]** 도구를 활성화하고, 화면에 표시되는 노란색 원을 마우스 왼쪽 버튼으로 드래그해 면을 깎아냅니다.

선택합니다

❓ 주의

위 그림은 뒤에 있는 메쉬를
보여주고자 [X-Ray를 토글]을
활성화한 상태입니다.

13 다각형 페이스가 생성된 부분을 삼각형 또는 사각형으로 변경하겠습니다. **3D 뷰포트** 헤더에 있는 **[버텍스 선택 모드]** 버튼을 마우스 왼쪽 버튼으로 클릭해 활성화하고, 그림처럼 차례대로 Shift 키 + 마우스 왼쪽 버튼으로 클릭해 2개의 버텍스를 선택합니다.

3D 뷰포트 헤더에 있는 **[메쉬]**에서 **[병합]**(Alt + M 키) → **[마지막에]**를 선택해 버텍스를 결합합니다. 같은 방법으로 다른
버텍스들도 결합합니다.

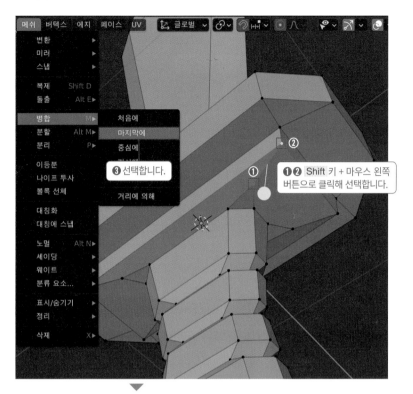

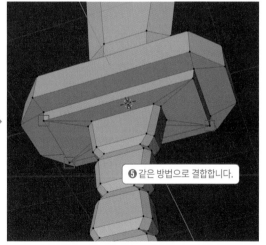

14 그림처럼 Shift 키 + 마우스 왼쪽 버튼으로 클릭해 2개의 버텍스를 선택합니다.

3D 뷰포트 헤더에 있는 **[버텍스]**에서 **[버텍스 경로를 연결]**(J 키)을 선택해 에지를 추가합니다.

같은 방법으로 반대쪽도 에지를 추가합니다.

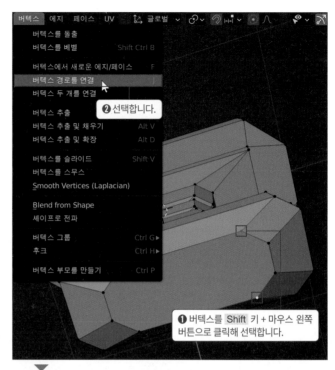

❶ 버텍스를 Shift 키 + 마우스 왼쪽 버튼으로 클릭해 선택합니다.

❷선택합니다.

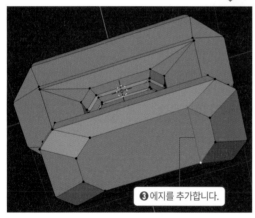

❸ 에지를 추가합니다.

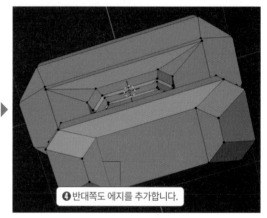

❹ 반대쪽도 에지를 추가합니다.

완성된 샘플 파일

▮SECTION2-3-3.blend(완성된 샘플 파일)

2.4 [실전] 첫 모델링 연습: 트럼펫 만들기

마지막으로 "트럼펫"을 모델링하겠습니다. 트럼펫의 베이스가 되는 원통 부분은 곡선 오브젝트로 만들겠습니다. 그리고 커브를 메쉬로 변환하고, 모디파이어 등을 활용해서 다음 그림처럼 만들겠습니다.

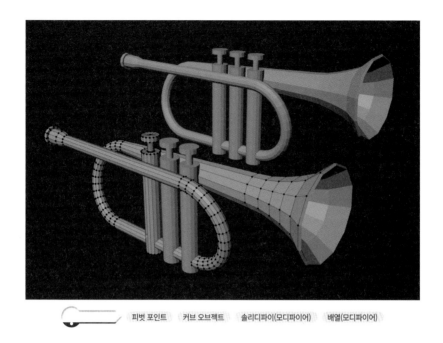

피벗 포인트　　커브 오브젝트　　솔리디파이(모디파이어)　　배열(모디파이어)

본체 베이스 만들기

01 디폴트로 배치된 큐브 오브젝트는 사용하지 않을 것이므로 "Cube"를 선택하고 **3D 뷰포트** 헤더에 있는 [**오브젝트**]에서 [**삭제**]를 선택해 제거합니다.

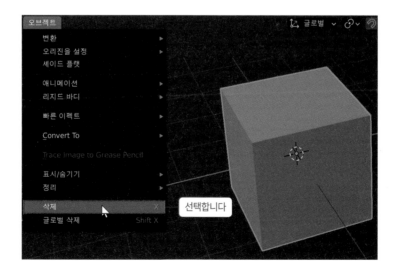

02 **3D 뷰포트** 헤더에 있는 **[추가]** → **[메쉬]**에서 **[원형]**을 선택해 원형 오브젝트를 추가합니다.

03 추가 직후에 표시되는 **[원형을 추가]** 패널에서 **[회전: X]**를 "90°"로 설정해 원형 오브젝트를 90도 회전합니다.

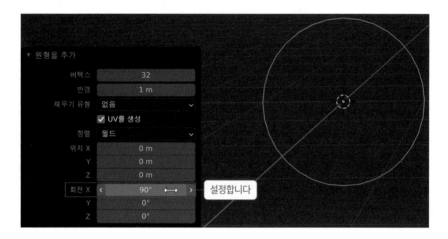

04 **3D 뷰포트** 헤더에 있는 모드 변경 메뉴에서 **[에디트 모드]**(Tab 키)를 선택해 에디트 모드로 변경합니다.

3D 뷰포트 헤더에 있는 **[뷰]** → **[뷰포트]**에서 **[앞쪽]**(숫자 패드 1)을 선택해 프론트 뷰로 변경합니다.

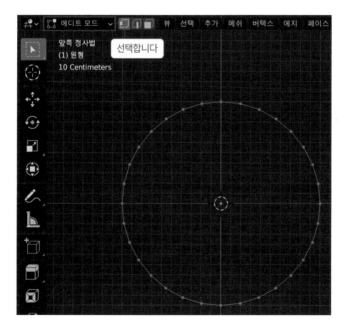

05 **3D 뷰포트** 헤더에 있는 **[버텍스 선택 모드]** 버튼을
마우스 왼쪽 버튼으로 클릭해 활성화합니다.

▶를 마우스 왼쪽 버튼으로 클릭해 활성화하고, **3D 뷰
포트**에 있는 빈 곳을 선택해 일단 선택한 것들을 제거
합니다.

이어서 마우스 왼쪽 버튼으로 드래그해 오른쪽 부분의
버텍스를 선택합니다.

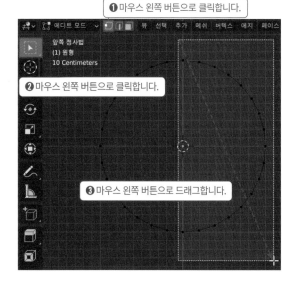

06 **3D 뷰포트** 헤더에 있는 **[메쉬]**에서 **[분할]** →
[Selection](Y 키)을 선택해서 메쉬를 분할합
니다. 분할되면 경계 표시가 약간 변합니다.

연결된 메쉬

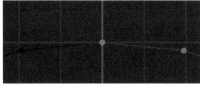

분할된 메쉬

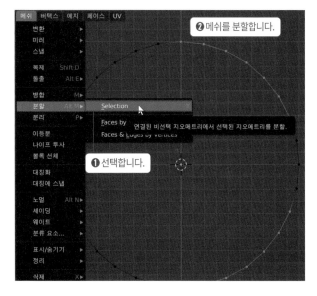

07 **3D 뷰포트** 헤더에 있는 **[메쉬]**에서 **[변환]** →
[이동](G 키)을 선택하고, X 키를 눌러 오른
쪽으로 이동합니다.

08 그림처럼 Shift 키 + 마우스 왼쪽 버튼으로 클릭으로 2개의 정점을 모두 선택합니다.

3D 뷰포트 헤더에 있는 **[버텍스]**에서 **[버텍스에서 새로운 에지/페이스]**(F 키)를 선택해 버텍스를 결합합니다.

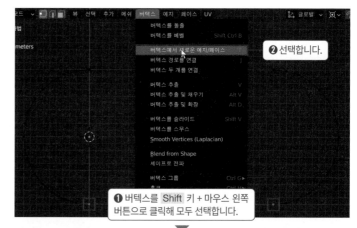

09 메쉬를 회전하기 전에 3D 커서의 위치를 조정하겠습니다.

그림처럼 Shift 키 + 마우스 왼쪽 버튼으로 클릭해 2개의 버텍스를 모두 선택합니다. 이어서 3D 뷰포트 헤더에 있는 **[메쉬]** → **[스냅]**에서 **[커서를 선택에 스냅]**을 선택해 선택한 버텍스의 중앙으로 3D 커서를 이동합니다.

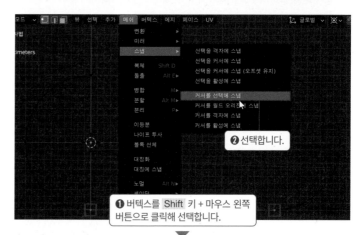

10 3D 뷰포트 헤더에 있는 **[피벗 포인트를 변환]** 메뉴에서 **[3D 커서]** 를 선택합니다.

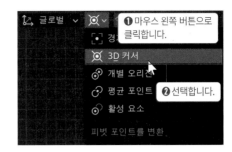

11 왼쪽 반원의 버텍스를 선택하고, 3D 뷰포트 헤더에 있는 **[뷰]** → **[뷰포트]**에서 **[오른쪽]**(숫자 패드 3)을 선택해 라이트 뷰 (right view)로 변경합니다.

3D 뷰포트 헤더에 있는 **[메쉬]**에서 **[변환]** → **[회전]**(R 키)을 선택하고, 시계 방향으로 10도 회전합니다. Ctrl 키를 누르면 서 조작하면 5도씩 회전할 수 있습니다.

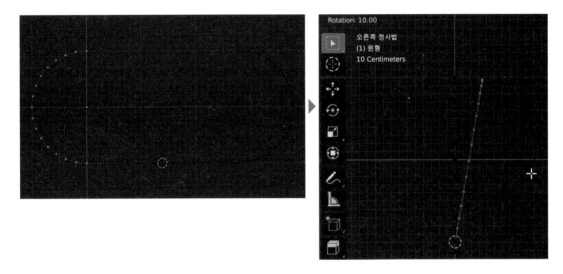

12 프론트 뷰로 변경해 오른쪽 반원의 버텍스를 선택하고, 라이트 뷰로 변경합니다. 이어서 시계 반대 방향으로 10도(−10도) 회 전합니다.

❓ 주의

편집을 완료하고 나서 [피벗 포인트를 변환]을 다시 [경계 박스 중심]으로 변경해주세요.

13 왼쪽 반원 위의 끝 버텍스를 선택하고, **[지역 돌출]** 도구를 활성화한 다음, 마우스 왼쪽 버튼으로 드래그하면서 X 키를 눌러 오른쪽으로 돌출합니다.

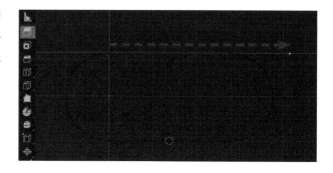

❓ 주의

➕ 아이콘을 마우스 왼쪽 버튼으로 드래그하면 돌출 방향이 제한되므로 ➕ 아이콘 바깥쪽 부분을 선택하고 마우스 왼쪽 버튼을 드래그해주세요.

14 마찬가지로 오른쪽 반원 위의 끝 버텍스도 **[지역 돌출]** 도구로 왼쪽으로 돌출합니다.

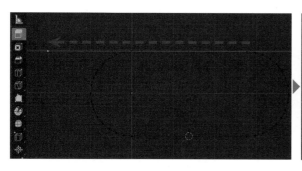
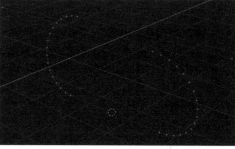

커브 객체 편집하기

▶SECTION2-4-1.blend(본체 베이스 만들기까지 완료한 샘플 파일)

01 3D 뷰포트 헤더에 있는 모드 변경 메뉴에서 **[오브젝트 모드]**(Tab 키)를 선택해 오브젝트 모드로 변경합니다.

3D 뷰포트 헤더에 있는 **[오브젝트]** → **[Convert To]**에서 **[커브]**를 선택해서 커브 오브젝트로 변경합니다.

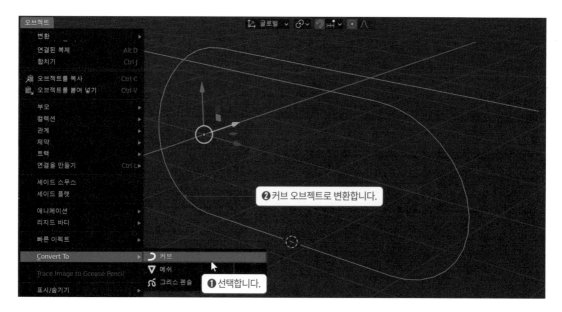

02 프로퍼티의 ◪를 마우스 왼쪽 버튼으로 클릭한 다음 **지오메트리** 패널의 **[베벨]** 아래에 있는 **[깊이]**를 "0.15m"로 설정합니다. 이렇게 하면 동체 메쉬가 만들어집니다.

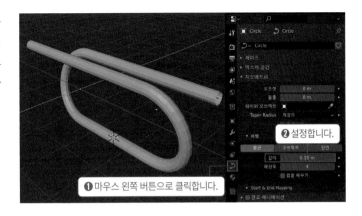

❷설정합니다.

❶마우스 왼쪽 버튼으로 클릭합니다.

03 3D 뷰포트 헤더에 있는 **[오브젝트]** → [Convert To]에서 **[메쉬]**를 선택해 메쉬 객체로 다시 변환합니다.

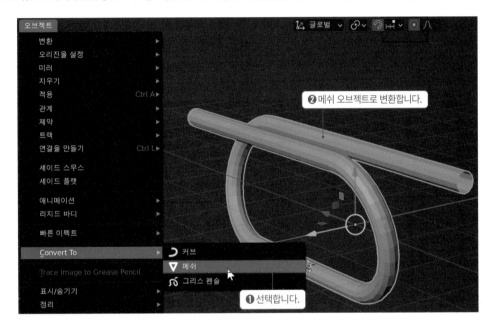

❷메쉬 오브젝트로 변환합니다.

❶선택합니다.

벨 만들기

▸SECTION2-4-2.blend(커브 객체 편집하기까지 완료한 샘플 파일)

01 3D 뷰포트 헤더에 있는 모드 변경 메뉴에서 **[에디트 모드]**(Tab 키)를 선택해 에디트 모드로 변경합니다.

그림처럼 Alt + 마우스 왼쪽 버튼으로 클릭해 끝부분의 버텍스를 루프 형태로 선택하고, 3D 뷰포트 헤더에 있는 **[메쉬]**에서 **[변환]** → **[축적]**(S 키)을 선택해 끝부분만 확대합니다.

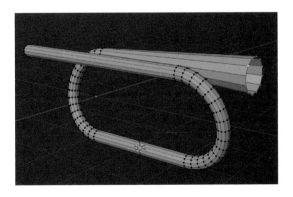

02 **3D 뷰포트** 헤더에 있는 **[메쉬]**에서 **[복제]**(Shift + D 키)를 선택하고, X 키를 누른 채로 오른쪽으로 복제한 메쉬를 이동 합니다.

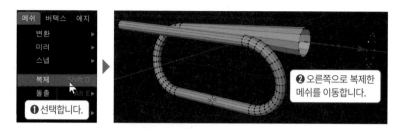

❷ 오른쪽으로 복제한 메쉬를 이동합니다.

❶선택합니다.

03 **3D 뷰포트** 헤더에 있는 **[메쉬]**에서 **[변환]** → **[축 적]**(S 키)을 선택해 복제한 메쉬를 확대합니다.

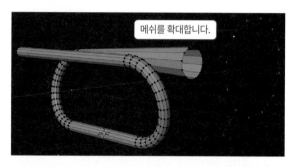

메쉬를 확대합니다.

04 그림처럼 Shift + Alt + 마우스 왼쪽 버튼으로 클릭해 두 쌍의 버텍스를 루프 형태로 선택하고, **3D 뷰포트** 헤더에 있는 **[에지]**에서 **[에지 루프를 브리지]**를 선택해 메쉬를 연결합니다.

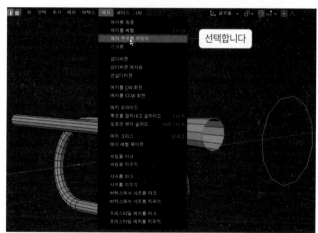

선택합니다

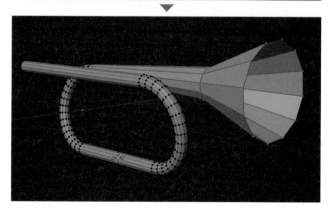

19개의 실전 예제를 따라하며 배우는 **나의 첫 블렌더**

05 에지 루프 브리지 직후에 출력되는 **에지 루프를 브리지** 패널에서 [**잘라내기의 수**]를 "4", [**단면 팩터**]를 "−0.240", [**단면 셰이프**]를 "구체"로 설정해 생성된 메쉬의 형태를 변경합니다.

❓ 주의

루프 형태로 선택한 두 쌍의 메쉬의 크기와 거리에 따라 오른쪽 그림과 다른 형태로 메쉬가 생성될 수 있습니다. 이러한 경우에는 [단면 팩터]의 값을 변경하면서 조정하기 바랍니다.

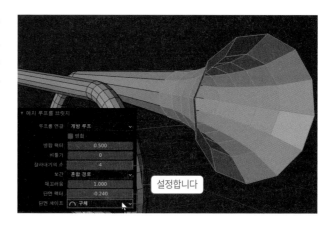

마우스 피스 만들기

📗 SECTION2-4-3.blend(벨 만들기까지 완료한 샘플 파일)

01 [**루프 잘라내기**] 도구를 활성화하고, 마우스 포인터를 메쉬에 맞춥니다. 노란색 선이 표시되면 그림처럼 마우스 왼쪽 버튼으로 드래그해 위치를 조정한 다음 루프 잘라내기를 실행합니다.

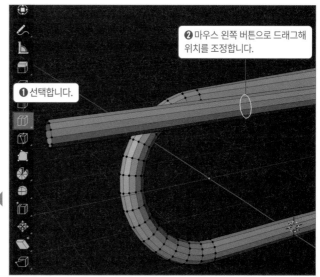

❶ 선택합니다.

❷ 마우스 왼쪽 버튼으로 드래그해 위치를 조정합니다.

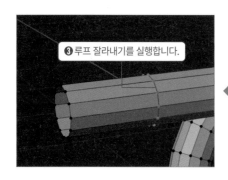

❸ 루프 잘라내기를 실행합니다.

02 마찬가지 방법으로 오른쪽 그림과 같은 위치에 추가로 루프 잘라내기를 실행합니다.

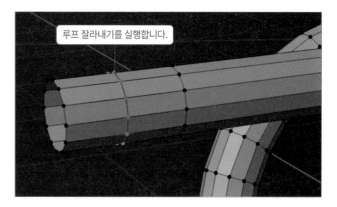

루프 잘라내기를 실행합니다.

03 그림처럼 Shift + Alt 키 + 마우스 왼쪽 버튼으로 클릭해 버텍스를 루프 형태로 선택하고, 3D 뷰포트 헤더에 있는 **[메쉬]**에서 **[변환]** → **[축적]**(S 키)을 선택해 형태를 변경합니다.

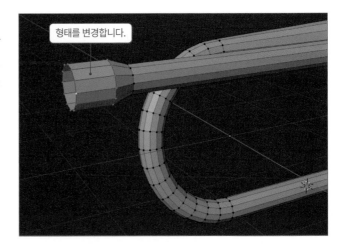

형태를 변경합니다.

04 Alt 키 + 마우스 왼쪽 버튼으로 클릭해 끝에 있는 버텍스를 루프 형태로 선택합니다.

[지역 돌출] 도구를 활성화하고, 마우스 왼쪽 버튼으로 드래그하면서 S 키를 눌러서 바깥쪽으로 메쉬를 돌출합니다.

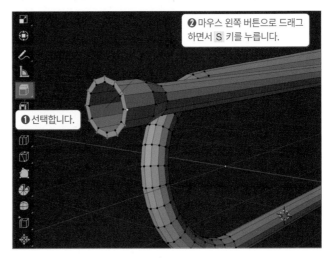

❷ 마우스 왼쪽 버튼으로 드래그하면서 S 키를 누릅니다.

❶ 선택합니다.

05 활성 도구 기즈모 + 아이콘을 마우스 왼쪽 버튼으로 드래그해 왼쪽으로 메쉬를 돌출합니다.

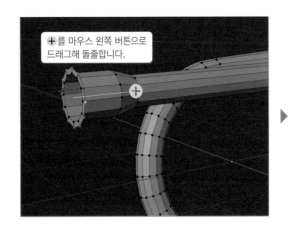

+ 를 마우스 왼쪽 버튼으로 드래그해 돌출합니다.

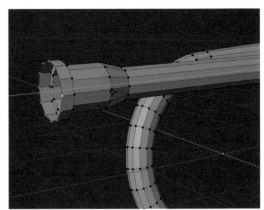

06 모디파이어를 설정해 메쉬에 두께를 추가합니다.

프로퍼티의 🔧를 마우스 왼쪽 버튼으로 클릭하고, **[모디파이어를 추가]** 메뉴에서 **[솔리디파이]**를 선택합니다.

07 **솔리디파이** 패널의 **[두께]**를 지정해 메쉬의 두께를 지정합니다. "0.06m"로 설정합니다.

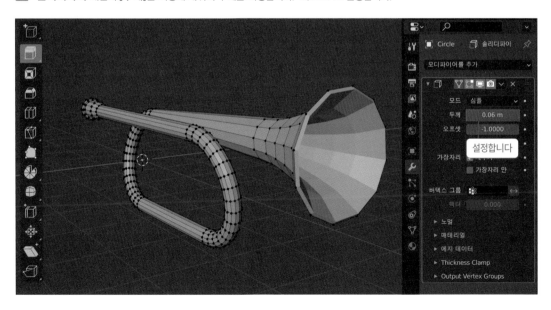

01 3D **뷰포트** 헤더에 있는 모드 변경 메뉴에서 **[오브젝트 모드]**(Tab 키)를 선택해 오브젝트 모드로 변경합니다.

3D **뷰포트** 헤더에 있는 **[추가]** → **[메쉬]**에서 **[실린더]**를 선택해 실린더 오브젝트를 추가합니다.

❓ 주의

오브젝트는 3D 커서 위치에 추가됩니다. 현재 170페이지에서 본체 베이스를 만들 때 3D 커서를 이동한 상태일 것입니다. 이 위치에서 생성하면 그림과 같은 위치에 오브젝트가 생성됩니다.

만약 3D 커서의 위치를 옮긴 상태라면 수동으로 이동해 오브젝트의 위치를 조정해주세요.

02 추가한 직후에 표시되는 **실린더를 추가** 패널에서 **[버텍스]**를 "16", **[반경]**을 "0.22m", **[깊이]**를 "2.9m", **[캡 채우기 유형]**을 "삼각형 팬", **[위치: Z]**를 "0.2m"로 설정해 실린더를 조정합니다.

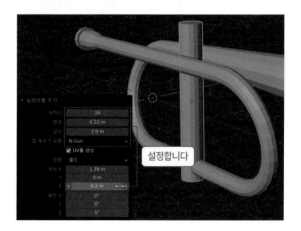

📄 팁 ＼ 캡 채우기 유형

기본적으로 설정된 "N-Gon"은 원기둥의 양쪽 끝에 다각형의 페이스를 생성합니다.

"없음"은 원기둥의 양쪽 끝에 페이스 자체를 생성하지 않습니다.

"삼각형 팬"으로 설정하면 삼각형으로 페이스를 생성합니다. 일반적으로 삼각형과 사각형으로 메쉬를 구축하는 것이 좋으므로 "삼각형 팬"을 활용하는 것이 좋습니다.

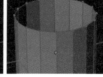

"N-Gon"일 때　　　　"없음"일 때　　　　"삼각형 팬"일 때

03 **3D 뷰포트** 헤더에 있는 모드 변경 메뉴에서 **[에디트 모드]**(Tab 키)를 선택해 편집 모드로 변경합니다.

[루프 잘라내기] 도구를 활성화하고, 마우스 포인터를 메쉬에 가져가면 노란색 선이 표시됩니다. 마우스 왼쪽 버튼으로 드래 그해 이미지처럼 위치를 조정한 뒤, 루프를 잘라냅니다.

❷ 마우스 왼쪽 버튼으로 드래그해 위치를 조정합니다.

❶ 선택합니다.

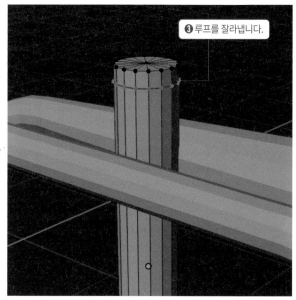

❸ 루프를 잘라냅니다.

04 마찬가지 방법으로 그림과 같이 한 번 더 루프 잘 라내기를 합니다.

한 번 더 루프 잘라내기를 합니다.

05 그림처럼 Shift + Alt 키 + 마우스 왼쪽 버튼으로 클릭해 두 쌍의 버텍스를 루프 형태로 선택합니다.

[지역 돌출] 도구를 활성화하고, 마우스 왼쪽 버튼으로 드래그하면서 S 키를 눌러서 안쪽으로 메쉬를 돌출합니다.

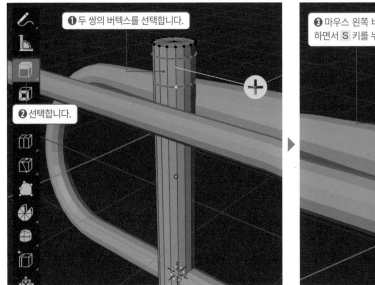

❶ 두 쌍의 버텍스를 선택합니다.

❷ 선택합니다.

❸ 마우스 왼쪽 버튼을 드래그
하면서 S 키를 누릅니다.

06 편집 직후에 표시되는 패널에서 **[축적: Z]**를 "1.000"으로 설정합니다.

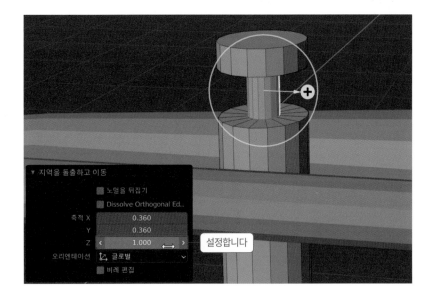

▼ 지역을 돌출하고 이동

　　　　　　　　■ 노멀을 뒤집기
　　　　　　　　■ Dissolve Orthogonal Ed...
　축적 X　　　　　　0.360
　　　Y　　　　　　0.360
　　　Z　◁　　　　1.000　　　▷
　오리엔테이션　↳ 글로벌　　　　　∨
　　　　　　　　■ 비례 편집

설정합니다

19개의 실전 예제를 따라하며 배우는 **나의 첫 블렌더**

07 모디파이어를 설정해 복제합니다.

프로퍼티의 🔧를 마우스 왼쪽 버튼으로 클릭하고, **[모디파이어를 추가]** 메뉴에서 **[배열]**을 선택합니다.

08 **배열** 패널의 **[개수]**를 "3", **[상대적인 오프셋]**의 가장 위 칸(팩터 X)을 "1.400"으로 설정합니다.

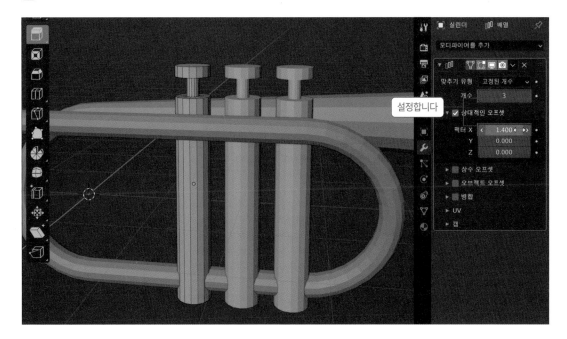

완성된 샘플 파일

■SECTION2-4-5.blend(완성된 샘플 파일)

지금까지 만들어본 모티프 이외에도 다양한
모델링을 해보거나, 같은 형태를 다른 방법
으로 만들어보면 모델링 실력을 늘릴 수 있을
것입니다.

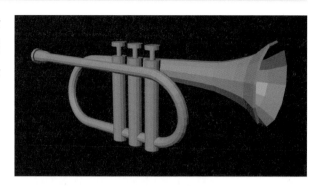

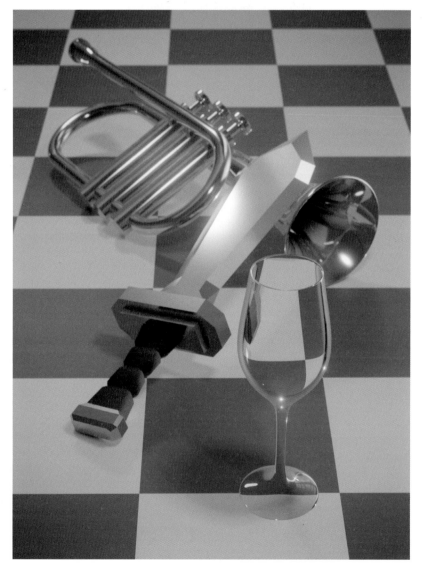

03

매테리얼

오브젝트에 색과 광택처럼 표면의 질감을 설정하는 "매테리얼" 기능에 대해서 살펴보겠습니다. 색과 광택뿐만 아니라 투명도, 굴절률, 딱딱함과 부드러움 등의 질감을 설정하면 같은 형태를 가진 오브젝트라도 다양한 느낌으로 표현할 수 있습니다.

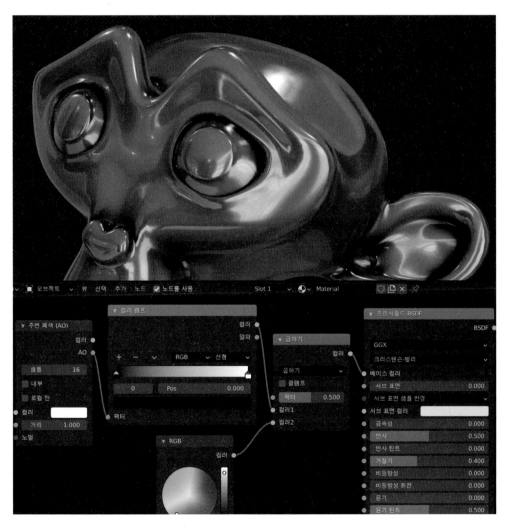

3.1 매테리얼 기초 지식

블렌더 2.8에서 새로 추가된 렌더 엔진 "Eevee"는 게임 엔진처럼 리얼 타임 렌더링을 할 수 있습니다. 따라서 설정한 매테리얼을 3D 뷰포트에서 즉시 확인할 수 있습니다. 모델링한 작품의 완성도를 높이려면 다양하게 테스트해보면서 매테리얼의 기초를 확실하게 이해해야 합니다.

매테리얼 기본 설정

대상 오브젝트를 선택하고, 프로퍼티 왼쪽에 있는 ⬤를 마우스 왼쪽 버튼으로 클릭하면 현재 설정된 매테리얼이 표시됩니다. 설정 변경도 이 패널에서 합니다.

기본적인 뷰포트 셰이딩인 "솔리드"에서는 매테리얼이 제대로 표시되지 않습니다. 매테리얼을 제대로 확인하려면 **3D 뷰포트** 헤더에 있는 뷰포트 셰이딩을 **[매테리얼 미리보기]** 또는 **[렌더 미리보기]**로 변경해야 합니다.

> ❓ **주의**
>
> [렌더 미리보기]에서 매테리얼을 확인하려면 라이팅 설정 등을 해야 합니다. [매테리얼 미리보기]는 가상의 라이팅 환경을 제공하므로 일단 [매테리얼 미리보기]로 내용을 진행하는 것을 추천합니다.

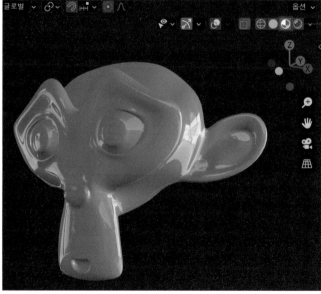

마우스 왼쪽 버튼으로 클릭해 셰이딩을 [매테리얼 미리보기] 또는 [렌더 미리보기]로 변경합니다.

새로운 매테리얼 생성과 삭제

디폴트로 배치된 정육면체 이외의 모든 오브젝트는 매테리얼이 설정되지 않은 상태입니다.

매테리얼을 만들 때는 대상 오브젝트를 선택하고, 프로퍼티 왼쪽에 있는 ![] 를 마우스 왼쪽 버튼으로 클릭한 다음 [새로운]을 마우스 왼쪽 버튼으로 클릭합니다.

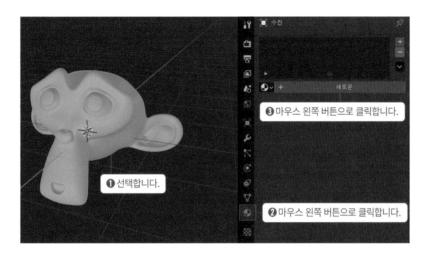

하나의 오브젝트에 여러 매테리얼을 설정할 수도 있습니다 (자세한 내용은 194페이지를 참고해주세요).

매테리얼을 추가할 때는 일단 오른쪽에 있는 ![] 를 마우스 왼쪽 버튼으로 클릭해 매테리얼 슬롯을 추가하고, 아래의 [새로운]을 마우스 왼쪽 버튼으로 클릭합니다.

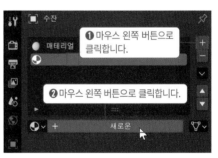

생성한 매테리얼의 이름을 변경할 때는 대상 매테리얼을 선택한 상태로 아래에 있는 매테리얼 이름을 마우스 왼쪽 버튼으로 클릭하거나 매테리얼 슬롯을 마우스 왼쪽 버튼으로 더블 클릭하고, 새로운 머리티얼 이름을 입력합니다.

매테리얼을 삭제할 때는 대상 매테리얼을 선택하고 ❌를 마우스 왼쪽 버튼으로 클릭합니다. 매테리얼 슬롯을 삭제할 때는 ➖를 마우스 왼쪽 버튼으로 클릭합니다.

질감과 색 설정하기

질감과 색처럼 매테리얼의 다양한 설정은 **표면** 패널에서 변경합니다. 패널이 닫혀 있는 경우에는 **표면** 왼쪽의 삼각형을 마우스 왼쪽 버튼으로 클릭합니다.

표면 오른쪽에 있는 풀 다운 메뉴에서 표면 재질을 선택하면 다양한 재질을 변경할 수 있습니다.

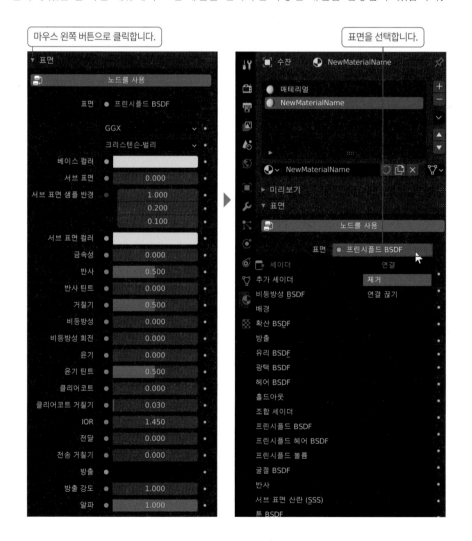

　19개의 실전 예제를 따라하며 배우는 **나의 첫 블렌더**

대표적인 표면

블렌더는 간단하게 설정할 수 있는 여러 질감을 제공합니다.

대표적인 표면을 정리해보면 다음과 같습니다.

확산 BSDF
콘크리트와 고무처럼 광택 없는 질감을 표현합니다.

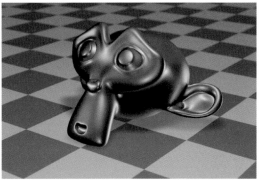

광택 BSDF
금속 등 광택이 있는 질감을 표현합니다.

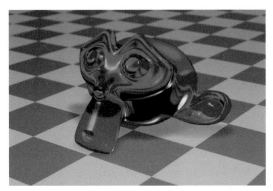

유리 BSDF
물과 유리처럼 투명한 질감을 표현합니다.

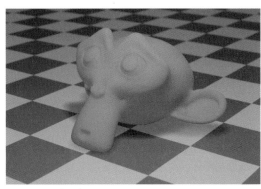

서브 표면 산란(SSS)
피부와 대리석처럼 반투명한 질감을 표현합니다.

방출
오브젝트 자체가 빛을 냅니다. 광원으로도 사용할 수 있습니다.

색 설정

색(컬러)은 컬러 팔레트를 마우스 왼쪽 버튼으로 클릭할 때 표시되는 컬러 피커를 사용해 설정합니다.

추가로 오른쪽에 있는 바에서 색의 밝기를 설정할 수 있습니다.

질감 설정

선택한 표면에 따라 색 이외에도 변경할 수 있는 항목들이 나옵니다.

거칠기(roughness)

광택 BSDF와 유리 BSDF에는 **거칠기** 항목이 있습니다. 거칠기는 반사와 광택의 강도를 조절할 수 있는 항목입니다. 값이 작을수록 광택이 있으며, 값이 클수록 광택이 없어집니다.

거칠기가 0.000일 때

거칠기가 0.500일 때

IOR

유리 BSDF에는 **IOR** 항목이 있습니다. 이는 굴절률을 조절할 수 있는 항목입니다. 투명한 객체라도 굴절률이 달라지면 물과 다이아몬드 같은 다양한 물질을 표현할 수 있습니다.

<대표적인 물질의 굴절률>
진공: 1.00 / 물: 1.33 / 일반적인 유리: 1.51 / 다이아몬드 2.42

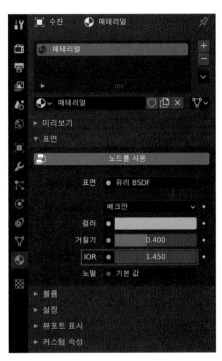

기본적인 환경에서는 **IOR**이 동작하지 않으며, 객체가 투명하게 표시되지 않습니다.

IOR이 동작하게 하려면 프로퍼티의 왼쪽에 있는 📷를 마우스 왼쪽 버튼으로 클릭하고, [**화면 공간 반사**]를 활성화한 다음 패널에서 **굴절**을 활성화해야 합니다. 추가로 프로퍼티 왼쪽에 있는 🔘를 마우스 왼쪽 버튼으로 클릭하고, **설정** 패널에서 [**화면 공간 굴절**]을 활성화합니다.

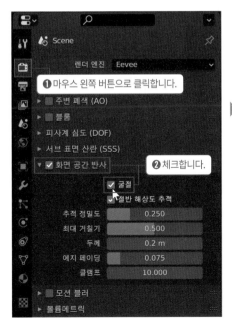

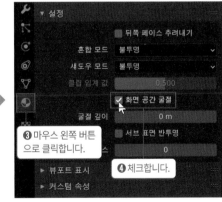

서브 표면 산란(SSS)

서브 표면 산란(SSS)은 표면 분산율을 설정할 수 있는 매테리얼로, 피부와 대리석처럼 반투명한 질감을 표현할 때 보다 현실적인 작품을 만들 수 있게 해줍니다.

[축적]은 빛이 표면을 통과하면서 흡수되어 산란되는 정도를 설정합니다. 숫자가 작을수록 빛이 표면에서 반사되어 투명한 부분이 적어집니다.

[반경]은 RGB의 색 산란 거리를 설정합니다. 위에서부터 RGB를 나타내며, 숫자가 작을수록 산란하는 거리가 짧아집니다. 예를 들어 인간의 피부를 표현하는 경우, 붉은색이 산란하는 거리를 더 멀리 표현해서 혈액의 붉은색을 표현할 수 있습니다.

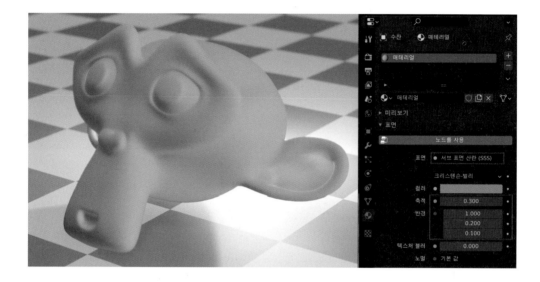

기본적인 환경에서는 역광에 의한 투과가 표현되지 않습니다.

투과 효과를 설정하려면 프로퍼티 왼쪽에 있는 ■를 마우스 왼쪽 버튼으로 클릭하고, **설정** 패널에서 **[서브 표면 반투명]**을 활성화합니다.

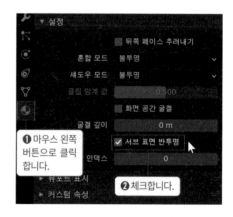

방출

기본적으로 배치된 라이트로 빛을 방출합니다. 다만 렌더링하면 라이트 오브젝트 자체는 표시되지 않습니다. 하지만 현실 세계에는 전구와 형광등처럼 물체가 빛을 방출합니다.

[방출]을 설정해 오브젝트를 발광하게 만들면 광원으로도 사용할 수 있습니다.

[강도]로 방출하는 빛의 강도를 조절합니다. 숫자가 클수록 방출하는 빛이 강해집니다. 참고로 발광하는 빛의 양은 객체의 크기도 영향을 줍니다.

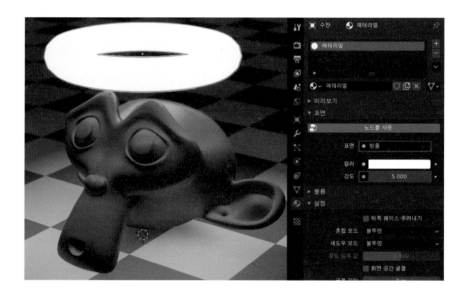

01 기본적인 환경에서는 매테리얼의 발광이 다른 객체에 영향을 주지 않으므로 라이트 오브젝트처럼 광원으로 사용할 수 없습니다. 광원으로 사용하려면 **3D 뷰포트** 헤더에 있는 **[추가]**(Shift + A)에서 **[라이트 프로브]** → **[방사 조도 볼륨]**을 선택해 씬에 **방사 조도 볼륨**을 추가합니다.

02 영향을 줄 범위에 맞게 **방사 조도 볼륨**의 크기를 조정합니다.

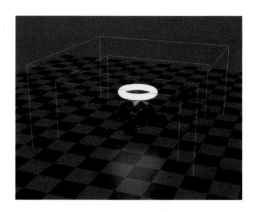

03 프로퍼티 왼쪽에 있는 ▣를 마우스 왼쪽 버튼으로 클릭하고, **간접 라이트닝** 패널의 **[간접 라이트닝을 베이크]**를 마우스 왼쪽 버튼으로 클릭해 실행합니다.

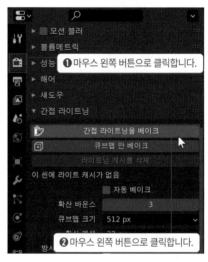

04 화면 오른쪽 아래에 진행 상태가 표시됩니다. 베이크가 완료되면 **방출**을 설정한 오브젝트가 광원으로서 기능합니다.

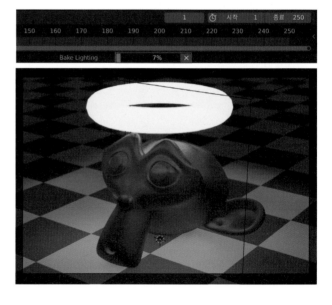

⚠ **주의**

설정을 변경하거나 오브젝트를 이동하면 다시 베이크해야 합니다.

프린시플드 BSDF

표면을 만들어내는 다양한 요소를 하나로 통합한 **셰이더**[24]가 **프린시플드 BSDF**입니다. 게임 엔진, 렌더러 등 다른 소프트웨어와 상호성을 가지므로 블렌더 이외의 소프트웨어와 연동해 사용하는 경우 **프린시플드 BSDF**를 사용해 소프트웨어 사이의 차이를 줄일 수 있습니다.

미리보기

미리보기 패널에서는 선택하고 있는 매테리얼을 다양한 형태로 미리 볼 수 있습니다.

오른쪽에 있는 각 아이콘을 클릭하면 출력 형태를 변경할 수 있습니다.

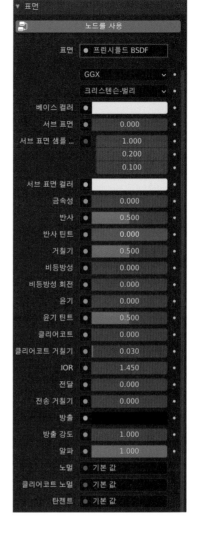

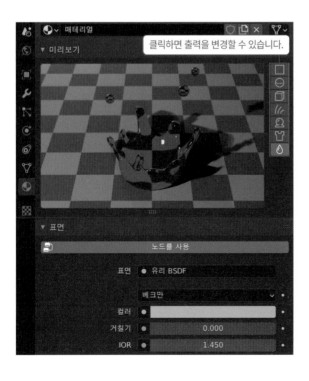

---

24 셰이더는 3DCG에서 물체에 표시되는 색상, 질감, 음영 등을 처리하는 프로그램입니다.

여러 개의 매테리얼 설정하기

할당하기

01 하나의 오브젝트에 여러 개의 매테
리얼을 설정할 수 있습니다.

일단 오브젝트에 첫 번째 매테리얼
을 설정해봅시다.

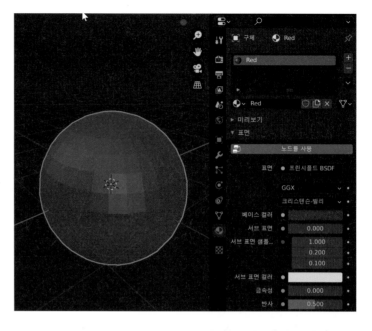

02 오브젝트를 선택하고 에디트 모드(Tab 키)로 변경합니다.

➕를 마우스 왼쪽 버튼으로 클릭해 매테리얼을 추가합니다.

그 아래에 표시되는 [새로운]을 마우스 왼쪽 버튼으로 클릭해 매테리얼을 새로 준
비합니다.

❶ 선택하고 에디트 모드로 변경합니다.

❷ 마우스 왼쪽 버튼으로 클릭합니다.

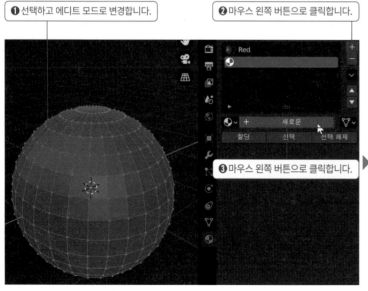

❸ 마우스 왼쪽 버튼으로 클릭합니다.

❹ 매테리얼을 준비합니다.

03 매테리얼을 적용할 메쉬를 선택합니다. 매테리얼 슬롯에서 새로 준비한 매테리얼을 선택하고, **[할당]**을 마우스 왼쪽 버튼으로 클릭하면 선택한 부분의 메쉬에만 새로운 매테리얼이 적용됩니다.

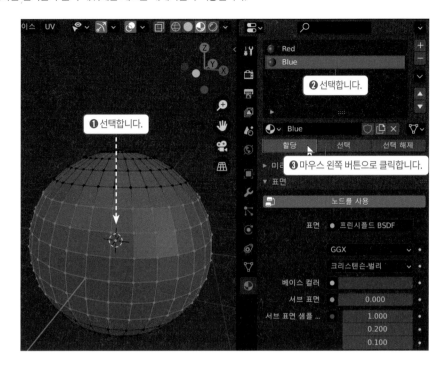

다른 오브젝트에서 사용하고 있는 매테리얼 설정하기

매테리얼 링크

매테리얼 이름(또는 [새로운] 버튼)의 왼쪽에 있는 █▼를 마우스 왼쪽 버튼으로 클릭하면 다른 오브젝트에 설정된 매테리얼 등 기존의 매테리얼이 표시됩니다.

여기에서 기존의 매테리얼을 선택하면 현재 선택된 오브젝트에 매테리얼이 설정됩니다.

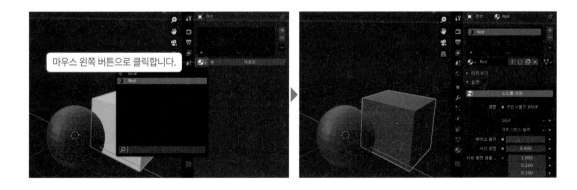

이렇게 기존의 매테리얼을 선택하면 매테리얼이 링크(연결)됩니다. 따라서 오브젝트들에 설정된 매테리얼 중 하나만 변경해도 링크된 모든 매테리얼의 설정이 변경됩니다.

링크된 매테리얼은 매테리얼 이름 오른쪽에 링크된 수가 표시됩니다. 만약 링크를 끊고, 매테리얼을 분리해서 설정하고 싶다면 매테리얼 이름 오른쪽에 있는 숫자를 마우스 왼쪽 버튼으로 클릭해 링크를 비활성화합니다.

📄 팁   사용하지 않은 매테리얼 저장하기

매테리얼 슬롯에서 매테리얼을 제거해도 정보가 완전히 사라지는 것은 아닙니다. 매테리얼 이름의 왼쪽에 있는 🔘를 클릭하면 정보가 남아있다는 것을 확인할 수 있습니다. 이때 어떠한 객체에도 설정돼 있지 않은 매테리얼은 매테리얼 이름 앞에 "0"이 붙어 있습니다. 이런 매테리얼은 블렌더가 종료되는 시점에 사라집니다.

매테리얼을 저장하고 싶다면 매테리얼 슬롯에서 제거하기 전에 매테리얼 이름 오른쪽에 있는 █를 마우스 오른쪽 버튼으로 클릭해 활성화합니다. ██에서 확인해보면 매테리얼 이름 앞에 "F"가 붙어 있습니다. 이런 매테리얼은 블렌더를 종료해도 매테리얼이 사라지지 않습니다.

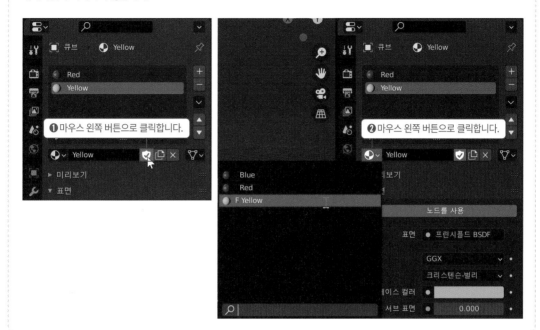

3.2 매테리얼 노드

지금까지 소개한 매테리얼 설정 방법으로도 어느 정도의 질감을 표현할 수 있습니다. 하지만 "노드" 기능을 사용하면 더 세밀한 설정을 할 수 있습니다.

노드란?

다양한 역할을 가진 **노드**라고 불리는 블록을 연결해 여러 질감을 합치면 일반적인 매테리얼 편집에서는 얻을 수 없는 효과들을 구현할 수 있습니다.

에디터 유형 변경하기

노드는 셰이더 에디터에서 편집합니다.

매테리얼을 설정할 객체를 선택하고, **에디터 유형** 메뉴에서 [**셰이더 에디터**](Shift + F3 키)를 선택합니다.

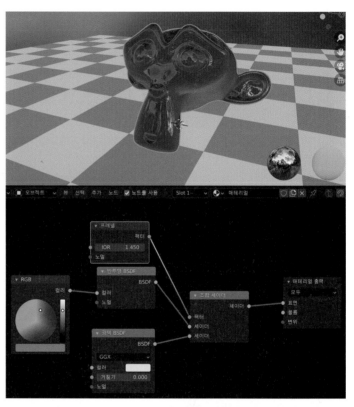

❓ 주의

셰이더 에디터의 헤더에 있는 셰이더 유형 메뉴가 [오브젝트]가 아니라면 [오브젝트]로 변경해주세요.

❶ 마우스 왼쪽 버튼으로 클릭합니다.

❷ 선택합니다.

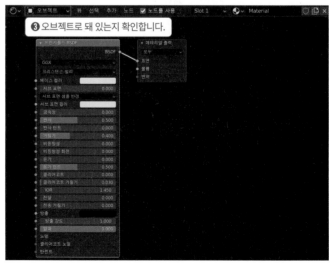

❸ 오브젝트로 돼 있는지 확인합니다.

이미 매테리얼이 설정돼 있다면 셰이더 노드와 **매테리얼 출력** 노드가 연결돼 있을 것입니다.

또한 탑바에 있는 [Shading] 탭을 마우스 왼쪽 버튼으로 클릭하면 노드를 사용한 매테리얼 편집에 적합한 화면 구성(워크스페이스)으로 변경됩니다. 노드를 편집할 때는 이 워크스페이스를 사용하는 것을 추천합니다.

노드 편집

기본적으로 **표면** 패널의 [**노드를 사용**]이 활성화(파란색)돼 있으면 셰이더 에디터와 **표면** 패턴이 연동됩니다.

따라서 한쪽에서 편집하면 다른 쪽도 함께 영향을 받습니다.

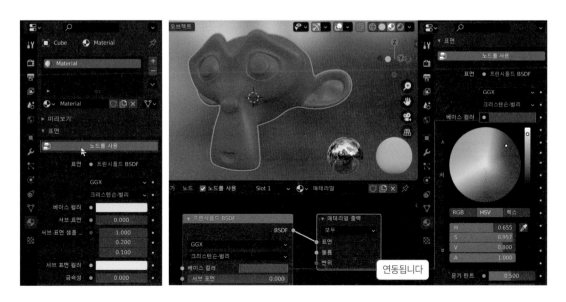

[노드를 사용]을 마우스 왼쪽 버튼으로 클릭해 비활성화(회색)하면 연동이 해제됩니다.

이때는 노드 편집이 비활성화되며, **표면** 패널에서 [베이스 컬러], [금속성], [반사], [거칠기]라는 4개의 요소만 설정할 수 있게 됩니다.

노드 추가/제거

셰이더 에디터의 헤더에 있는 [추가]에서 원하는 노드를 선택합니다. 객체 추가와 마찬가지로 Shift + A 키를 눌러서 추가할 수도 있습니다.

제거는 노드를 마우스 왼쪽 버튼으로 클릭해 선택하고, X 키를 누릅니다.

노드 이동 / 크기 변경

노드의 윗부분을 마우스 왼쪽 버튼으로 드래그하면 이동할 수 있습니다. 객체를 이동할 때와 마찬가지로 G 키를 누르면 마우스 포인터에 따라 이동하는 방법을 사용할 수도 있습니다.

노드 왼쪽이나 오른쪽 끝에 마우스 포인터를 가져가면 커서가 로 변합니다. 이 상태로 마우스 왼쪽 버튼을 누르면서 드래그하면 노드의 크기를 변경할 수 있습니다.

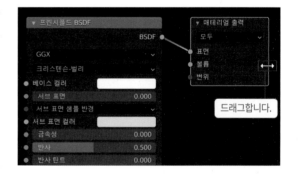

왼쪽 윗부분에 있는 삼각형 아이콘을 마우스 왼쪽 버튼으로 클릭하면 노드가 최소화 상태로 변경됩니다.

노드를 선택하고 셰이더 에디터 헤더에 있는 **[노드]**에서 **[숨기기]**(H 키)를 선택해도 같은 형태로 최소화 됩니다.

한 번 더 **[숨기기]**(H 키)를 선택하면 원래 형태로 돌아갑니다.

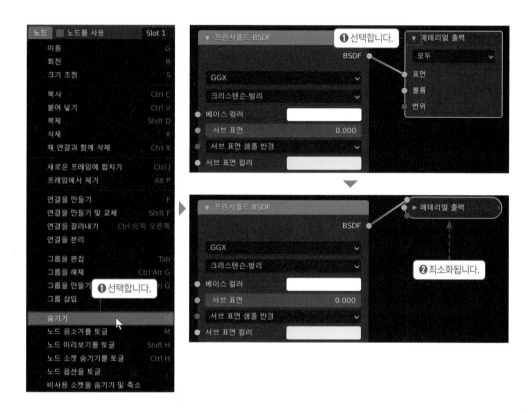

노드 연결

노드 블록 왼쪽에는 입력 소켓, 오른쪽 에는 출력 소켓이 배치돼 있습니다. 이 러한 소켓을 연결하면서 노드를 구축 하게 됩니다.

따라서 기본적으로 왼쪽에서 오른쪽을 향해서 노드가 흐르는 형태로 구축하 게 됩니다.

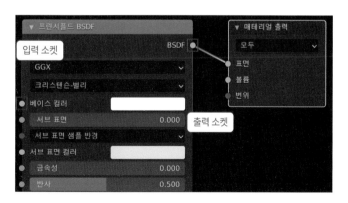

소켓은 전달하는 정보에 따라 4가지 종류로 색상이 분류됩니다.

노드 연결은 기본적으로 동일한 색상의 소켓끼리 연결해 정보를 전달합니다.

파란색은 크기와 좌표 등의 벡터 정보를 나타냅니다.

노란색은 색 또는 이미지 정보를 나타냅니다.

회색은 투명도 등의 숫자와 비율 등의 숫자 정보를 나타냅니다.

빨간색은 지금까지 만든 노드의 정보를 최종적으로 집약한 최종 데이터를 나타냅니다.

노드는 출력 소켓을 마우스 왼쪽 버튼으로 드래그하고, 이를 입력 소켓에 드롭해 연결합니다. 반대로 입력 소켓에서 출력 소켓으로 마우스를 드래그해 연결할 수도 있습니다.

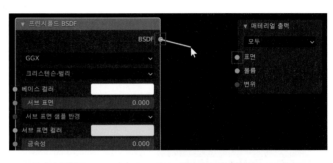

또는 연결할 2개의 노드를 Shift 키를 눌러서 모두 선택하고, 셰이더 에디터 헤더에 있는 [노드]에서 [연결을 만들기](F 키)를 선택해도 마찬가지로 연결됩니다.

연결을 제거하고 싶을 때는 연결할 때의 조작을 반대로 합니다. 입력 소켓 또는 출력 소켓을 마우스 왼쪽 버튼으로 클릭한 뒤 드래그하고, 빈 곳에 드롭해 외부로 버리듯이 하면 됩니다.

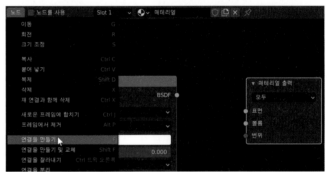

이미 연결된 노드 사이에 노드를 삽입하고 싶을 때는 해당 위치에 노드를 이동하기만 하면 됩니다. 이렇게 하면 소켓들이 자동으로 연결됩니다.

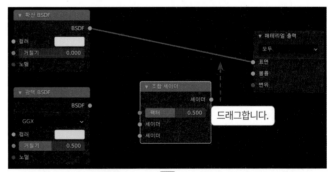

노드를 선택하고 셰이더 에디터 헤더에 있는 [노드]에서 [노드 음소거를 토글](M 키)을 선택하면 연결된 상태를 유지한 상태로 노드가 비활성화됩니다.

한 번 더 [노드 음소거를 토글](M 키)을 선택하면 원래 상태로 돌아오며, 노드가 다시 활성화됩니다.

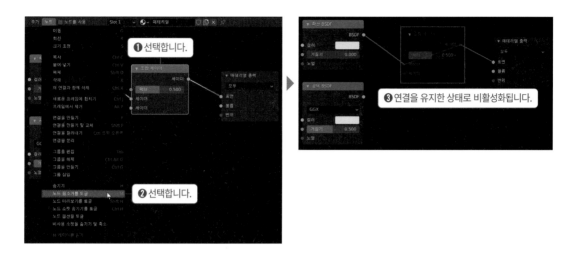

주요 노드

지금까지 소개한 셰이더 이외에 주로 사용되는 노드를 정리하면 다음과 같습니다.

매테리얼 출력

[출력]에서 선택할 수 있습니다. 구축된 노드에서 입력된 정보는 [매테리얼 출력]에서 완결되고, 오브젝트의 매테리얼로서 출력됩니다. 필수 노드입니다.

여러 개 배치한 경우에는 선택 상태(위에 붉은색이 표시된 노드)의 [매테리얼 출력]이 매테리얼로 반영됩니다.

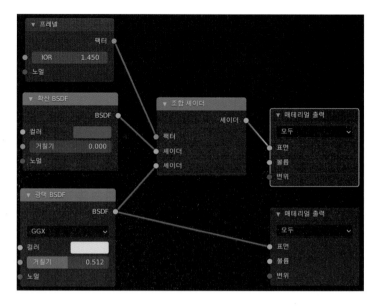

조합 셰이더

[셰이더]에서 선택할 수 있습니다. 입력된 2개의 셰이더를 혼합합
니다.

[팩터]를 조정해 셰이더의 비율을 설정합니다. 숫자가 "0.500"보다
작으면 위의 소켓에 연결된 노드의 비율이 높아지고, "0.500"보다
크면 아래 소켓에 연결된 노드의 비율이 높아집니다.

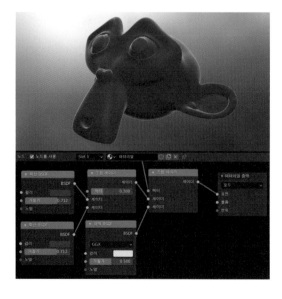

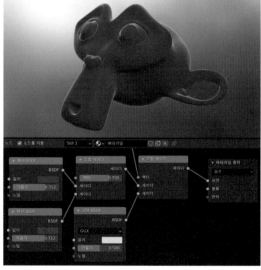

주변 폐색(AO)

[입력]에서 선택할 수 있습니다. 빛이 닿지 않는 부분 등에 부드러운 그림자를 생성하는 앰비언트 오클루전 (ambient occlusion)을 설정합니다.

> ❓ **주의**
> 컬러 램프 노드는 그레이디언트를 생성하는 노드입니다.

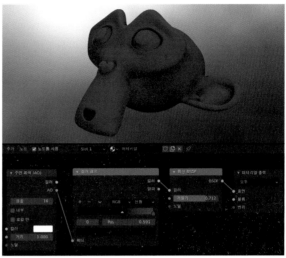

기본적인 환경에서는 **앰비언트 오클루전**이 기능하지 않습니다.

기능을 적용하려면 프로퍼티 왼쪽에 있는 🖥를 마우스 왼쪽 버튼으로 클릭하고, **[주변 폐색(AO)]**에 체크해 활성화해야 합니다.

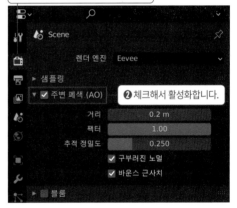

> 📄 **팁**　앰비언트 오클루전(ambient occlusion)이란?
>
> 모델을 보다 입체적으로 표현할 수 있게, 빛이 닿지 않는 부분에 부드러운 음영을 생성합니다. 앰비언트 오클루전의 음영은 빛의 직접적인 방향보다 객체의 모양과 다른 객체와의 위치 관계에 의해 생성됩니다. 비교적 적은 계산량으로 고품질의 결과를 얻고 싶을 때 사용합니다.

프레넬

[**입력**]에서 선택할 수 있습니다. 물과 플라스틱 등의 비금속에서 볼 수 있는 프레넬 효과를 설정합니다.

윤곽 쪽의 각도가 발생하는 부분의 반사광은 큰 차이가 없지만, 중앙 부분의 각도가 적은 부분은 반사 정도가 변화합니다.

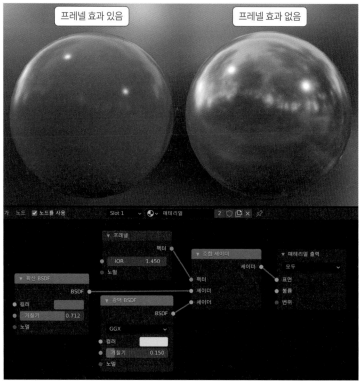

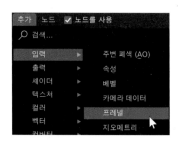

📄 **팁** 프레넬이란?

보는 각도와 카메라 표면의 각도에 따라서 "일부는 투과하고 일부는 반사"하는 효과를 프레넬이라고 합니다. 바다 같은 곳에 들어가서 발끝을 보면 물이 투명해서 발이 보이지만, 먼 곳을 보면 물이 불투명하게 보여서 물 아래가 보이지 않는데, 이러한 것도 프레넬의 예입니다.

노드 그룹

노드를 편집하다 보면 셰이더 에디터에 여러 노드가 복잡하게 배치돼서 관리하기 어려워집니다. 이러한 경우에는 노드들을 그룹으로 만들어 사용합니다.

노드를 그룹화하면 셰이더 에디터를 깔끔하고 간단하게 관리할 수 있게 됩니다.

또한 노드를 그룹으로 만들면 다른 파일에서 노드 그룹을 읽어 들여서 재사용할 수도 있습니다.

연결된 여러 개의 노드를 선택하고, 셰이더 에디터 헤더에 있는 [**노드**]에서 [**그룹을 만들기**](Ctrl + G 키)를 선택하면 그룹을 만들 수 있습니다.

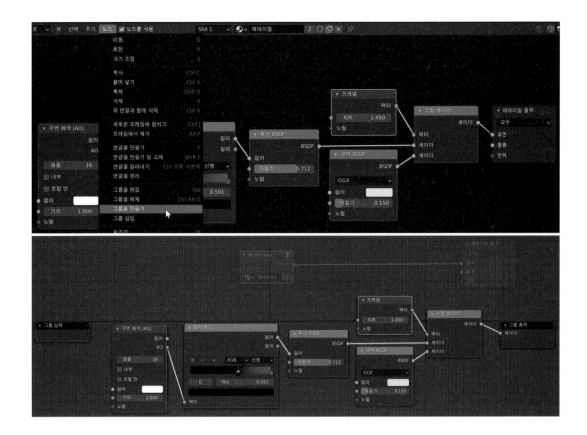

그룹으로 만든 노드는 처음에는 그룹이 전개된 상태로 표시됩니다. 셰이더 에디터 헤더에 있는 [**노드**]에서 [**그룹을 편집**](Tab 키)을 선택하면 닫을 수 있습니다.

다시 전개할 때도 [**그룹을 편집**](Tab 키)을 선택합니다.

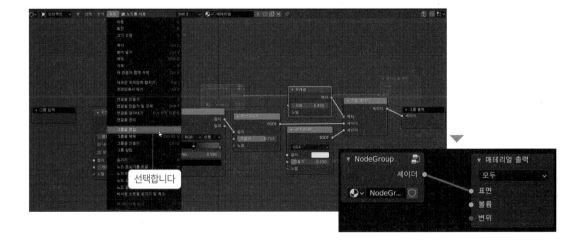

다른 파일의 노드 그룹을 가져올 수도 있습니다. [파일] 메뉴에서 [덧붙이기]를 선택합니다. 블렌더 파일 보기 대화 상자에서 읽어 들이고 싶은 노드 그룹이 존재하는 파일을 선택해 내부에 들어간 다음 [NodeTree] 폴더에 있는 노드 NodeGroup을 선택하고, [덧붙이기]를 마우스 왼쪽 버튼으로 클릭합니다.

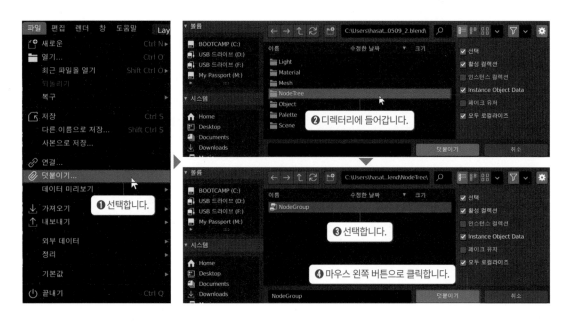

셰이더 에디터 헤더에 있는 [추가](Shift + A 키) → [그룹화]에서 NodeGroup을 선택하면 노드 그룹을 배치할 수 있습니다.

04

텍스처

모델링과 매테리얼만으로는 객체 표면에 있는 섬세한 굴곡과 문양을 표현하는 데 한계가 있습니다. 이때 "텍스처"를 활용합니다. 문양이 그려진 그림(텍스처) 등을 객체에 적용하면 표현을 훨씬 다양하게 할 수 있습니다.

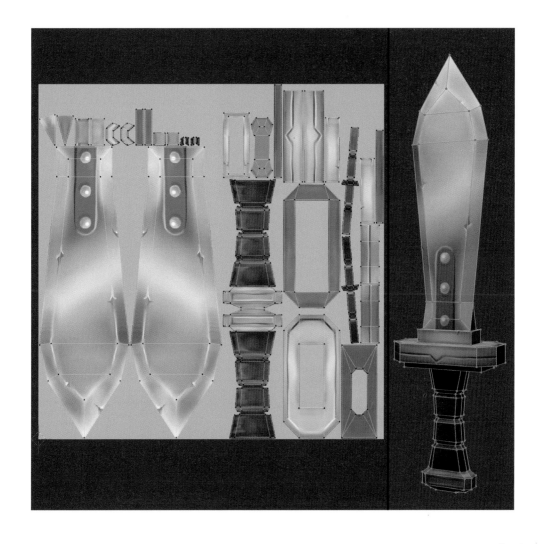

4.1 텍스처 기초 지식

같은 형태의 오브젝트도 콘크리트, 금속, 목재 등의 텍스처에 따라서 외관이 크게 바뀝니다. 또한 설정에 따라서는 폴리곤 메쉬로 만들기 어려운 섬세한 굴곡도 텍스처로는 쉽게 표현할 수 있습니다. 이처럼 텍스처 맵핑(붙이기)은 작품의 최종적인 퀄리티를 향상하는데 필수적인 공정이라고 할 수 있습니다.

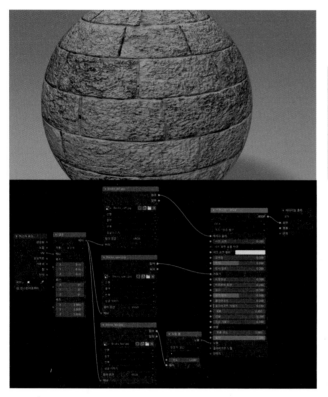

대표적인 텍스처의 종류

이번 절에서는 다음과 같은 이미지를 준비했습니다. 이 이미지가 텍스처의 종류에 따라서 어떤 효과를 가져오는지 구체 오브젝트에 적용해보며 알아보겠습니다.

텍스처 설정 전

컬러맵

매테리얼은 페이스(면) 단위로만 다른 색을 지정할 수 있습니다.

컬러맵을 사용하면 픽셀 단위로 오브젝트의 서피스(표면)에 이미지를 넣을 수 있습니다.

텍스처로 고해상도 이미지를 사용할수록 서피스에 선명한 문양을 넣을 수 있지만, 그만큼 용량이 커지고, 처리 시간이 길어지므로 주의가 필요합니다.

범프맵 / 노멀(법선)맵

미세한 굴곡을 폴리곤 메쉬만으로 만드는 것은 굉장히 어렵고, 시간도 오래 걸립니다. 또한 폴리곤 수가 늘어나므로 그만큼 용량이 커집니다.

범프맵과 노멀맵을 사용하면 의사적으로 요철을 만들 수 있습니다. 단점은 의사적으로만 굴곡을 만드는 것이므로 실질적으로 윤곽에는 굴곡이 표시되지 않는다는 점입니다.

📑 **팁**　범프맵과 노멀맵의 차이

범프맵과 노멀맵을 사용하면 실제 형태(메쉬)를 변형하지 않고, 의사적으로 요철을 표현할 수 있습니다. 그렇다면 무슨 차이가 있을까요?

범프맵은 그레이스케일 이미지를 사용합니다. 50%에 해당하는 회색보다 밝거나 어두운 정도로 요철을 표현합니다. 반면 노멀맵은 RGB 컬러를 사용해 노멀(법선) 방향[24]을 표현합니다. 따라서 노멀맵은 굴곡의 높이 차이뿐만 아니라, 3차원 정보로 그 페이스가 향하는 방향까지 표현할 수 있습니다.

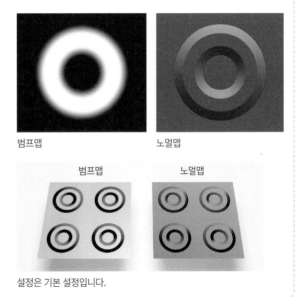

범프맵　　　　　　노멀맵

범프맵　　　　　　노멀맵

설정은 기본 설정입니다.

---

25 옮긴이: 페이스(면)와 수직한 방향을 노멀(법선) 방향이라고 합니다. 범프맵은 만들기도 쉽고, 용량도 적어서 쉽게 사용할 수 있습니다. 노멀맵은 다루는 쉽지 않지만, 디테일을 잘 표현할 수 있습니다.

스펙큘러(거울 반사) 맵

스펙큘러 맵을 사용하면 오브젝트 표면의 광택을 부분적으로 조절할 수 있습니다.

블렌더의 스펙큘러 맵은 어두울수록 윤기가 있으며, 밝을수록 윤기가 없는 형태로 표현합니다.

투명 맵

투명 맵을 사용하면 오브젝트 표면의 투명한 부분을 조정할 수 있습니다.

폴리곤으로 만들기 어려운 투명한 부분도 투명 맵을 사용하면 간단하게 표현할 수 있습니다.

디스플레이스먼트 맵(Cycles 렌더러에서만 사용 가능)

범프맵과 노멀맵은 의사적으로만 굴곡을 표현하므로 윤곽에 굴곡이 보이지 않습니다. 반면 디스플레이스먼트 맵은 텍스처를 기반으로 실제 윤곽의 굴곡까지 표현합니다.

다만 이런 굴곡은 폴리곤의 변형으로 만들어지므로 폴리곤 수가 많아야 굴곡을 섬세하게 표현할 수 있습니다.

고품질의 결과를 얻을 수는 있지만, 그만큼 용량이 커지고, 처리 시간이 길어지므로 주의해서 사용해야 합니다.

❓ 주의
"Eevee" 렌더러에서는 사용할 수 없는 기능입니다.

텍스처 설정

실제로 평면 오브젝트에 여러 텍스처를 맵핑해서 아스팔트 위에 생긴 물웅덩이를 표현해 봅시다.

컬러맵, 노멀맵, 스펙큘러 맵을 사용해보겠습니다.

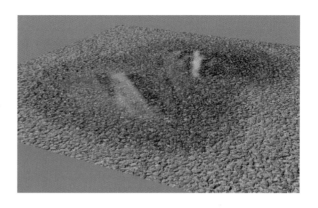

컬러 맵 설정

01 기본적으로 배치된 큐브를 마우스 왼쪽 버튼으로 클릭해 선택하고, **3D 뷰포트** 헤더의 **[오브젝트]**에서 **[삭제]**(X 키)를 선택해 삭제합니다.

3D 뷰포트의 **[추가]**(Shift + A 키)에서 **[메쉬]** → **[평면]**을 선택해 평면 오브젝트를 추가합니다.

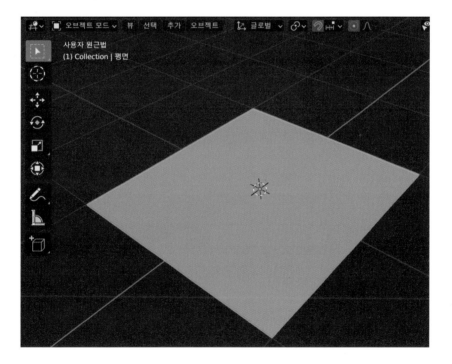

02 평면 오브젝트가 선택된 상태에서 프로퍼티 왼쪽에 있는 █를 마우스 왼쪽 버튼으로 클릭하고, **[새로운]**을 마우스 왼쪽 버튼으로 클릭해 매테리얼을 새로 만듭니다.

03 탑바에 있는 [Shading] 탭을 마우스 왼쪽 버튼으로 클릭해 워크스페이스를 변경합니다. 셰이더 에디터를 보면 기본적으로 **프린시플드 BSDF** 노드와 **매테리얼 출력** 노드가 배치돼 있고, 두 노드가 연결된 것을 볼 수 있습니다.

❓ **주의**

셰이더 에디터 내부는 마우스 중앙 버튼으로 드래그해 이동할 수 있고, 마우스 휠을 돌려서 줌인/줌아웃할 수 있습니다.

04 셰이더 에디터의 헤더에 있는 **[추가]**(Shift + A 키)에서 **[텍스처]** → **[이미지 텍스처]**를 선택해 **이미지 텍스처** 노드를 추가합니다.

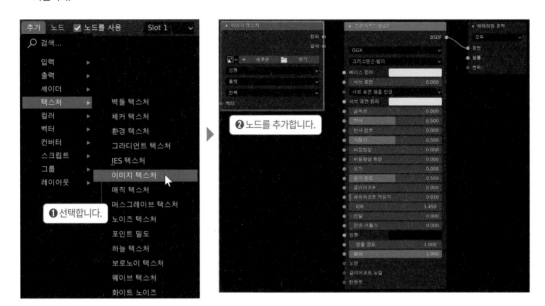

❷ 노드를 추가합니다.

❶ 선택합니다.

05 **이미지 텍스처** 노드의 **[열기]**를 마우스 왼쪽 버튼으로 클릭하면 블렌더 파일 보기 대화 상자가 나옵니다.

샘플 데이터에 있는 "asphalt_col.jpg"를 선택하고, **[이미지를 열기]**를 마우스 왼쪽 버튼으로 클릭합니다.

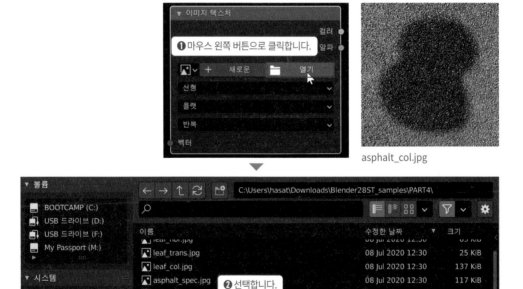

asphalt_col.jpg

06 **이미지 텍스처** 노드의 출력 소켓에 있는 **컬러**를 마우스 왼쪽 버튼으로 드래그한 다음 **프린시플드 BSDF** 노드의 입력 소켓에 있는 **베이스 컬러**에 드롭하면 두 노드가 연결됩니다. **3D 뷰포트**를 보면 평면 오브젝트에 컬러 맵이 반영된 것을 확인할 수 있습니다.

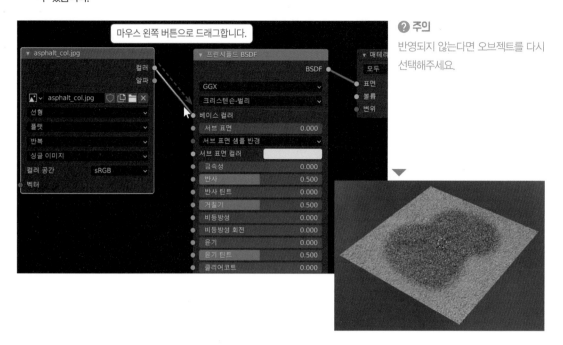

❓ 주의
반영되지 않는다면 오브젝트를 다시 선택해주세요.

노멀 맵 설정하기

01 컬러 맵과 마찬가지로 **이미지 텍스처** 노드를 추가하고, 샘플 데이터의 "asphalt_nor.jpg"를 지정합니다.

이미지 텍스처 노드에 이미지를 지정합니다.

asphalt_nor.jpg

02 **이미지 텍스처** 노드의 출력 소켓에 있는 **컬러**를 마우스 왼쪽 버튼으로 드래그한 다음 **프린시플드 BSDF** 노드의 입력 소켓에 있는 **노멀**로 드롭해 두 노드를 연결합니다.

3D 뷰포트의 평면 오브젝트를 보면 노멀 맵이 반영된 것을 확인할 수 있습니다.

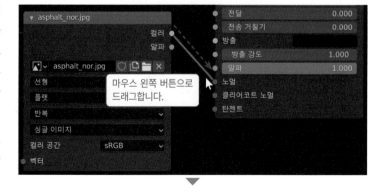

❷ 주의

다음 그림은 굴곡을 잘 볼 수 있게 컬러 맵 연결을
잠시 해제한 상태입니다.

03 셰이더 에디터의 헤더에 있는 **[추가]**(Shift + A 키)에서 **[벡터]** → **[노멀 맵]**을 선택해 **노멀 맵** 노드를 추가합니다.

이미지 텍스처 노드와 프린시플드 BSDF 노드 사이에 드래그해 삽입합니다.

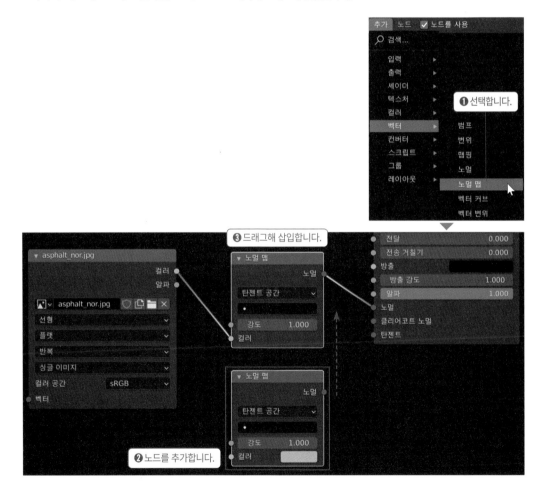

04 **노멀 맵** 노드의 **[강도]**로 굴곡의 강도를 조정할 수 있습니다. 이번 예제에서는 "1.800"으로 설정합니다.

> ❓ **주의**
>
> 다음 그림은 굴곡을 잘 볼 수 있게 컬러 맵 연결을 잠시 해제한 상태입니다.

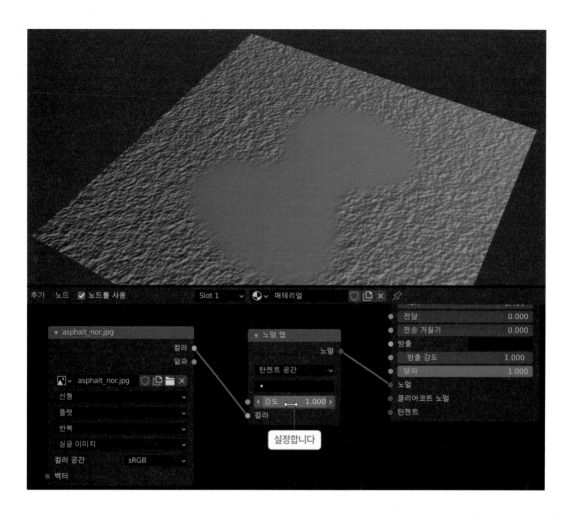

범프맵의 경우

범프맵을 사용하는 경우 **이미지 텍스처** 노드와 셰이더(**프린시플드 BSDF** 노드 등) 사이에 **노멀 맵** 노드 대신 **범프** 노드를 삽입합니다.

범프 노드는 셰이더 에디터의 헤더에 있는 **[추가]**(Shift + A 키)에서 **[벡터]** → **[범프]**를 선택해 추가합니다.

이미지 텍스처 노드의 출력 소켓에 있는 [컬러]와 범프 노드의 입력 소켓에 있는 [높이]를 연결하고, 범프 노드의 출력 소켓에 있는 [노멀]과 셰이더의 입력 소켓에 있는 [노멀]을 연결합니다.

asphalt_bump.jpg

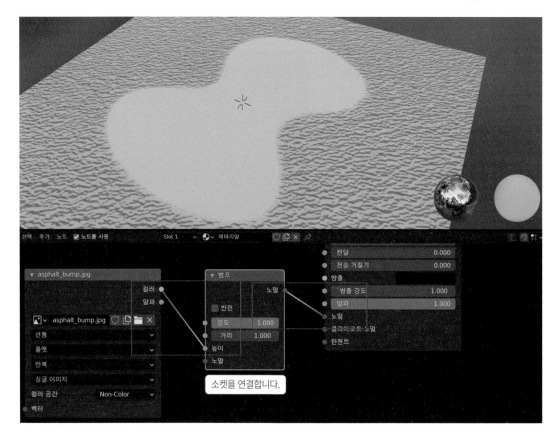

추가로 이미지 텍스처 노드의 컬러 공간 메뉴를 [sRGB]에서 [Non-Color]로 변경합니다.

❓ 주의

카메라로 촬영한 이미지 등을 디스플레이에 출력할 때는 일반적으로 RGB 값을 보정하는 감마 보정을 합니다. 컬러 공간 메뉴의 [sRGB]는 감마 보정을 해주지만, 범프와 스펙큘러 맵은 보정이 따로 필요 없으므로 [Non-Color]를 선택한 것입니다.

스펙큘러(반사)

01 이전과 마찬가지로 **이미지 텍스처** 노드를 추가
하고, 샘플 데이터의 "asphalt_spec.jpg"를 지
정합니다.

추가로 **컬러 공간** 메뉴를 [sRGB]에서 [Non-
Color]로 변경합니다.

asphalt_spec.jpg

02 **이미지 텍스처** 노드의 출력 소켓에 있는 [**컬
러**]와 셰이더의 입력 소켓에 있는 [**거칠기**]를 연
결합니다.

3D 뷰포트의 평면 오브젝트에 스펙큘러 맵이
반영되어 이미지 텍스처의 검은색 부분만 반사가
이뤄지는 것을 확인할 수 있습니다.

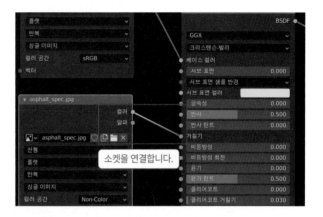

03 **프린시플드 BSDF** 노드의
[**반사**]로 반사 강도를 조절
할 수 있습니다. 이번 예제
에서는 "0.500"로 설정합
니다.

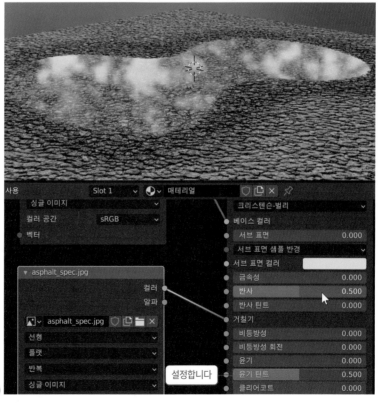

완성된 샘플 파일(SECTION4-1-1.blend)

텍스처 설정해보기(2)

이어서 직사각형 형태의 평면 객체에 투명 맵을 추가해
잎의 형태를 만들어봅시다.

투명 맵 설정하기

01 샘플 데이터에 있는
"SECTION4-1-2.
blend"를 엽니다. 이
샘플 데이터는 이미
컬러 맵과 노멀 맵이
적용된 상태입니다.

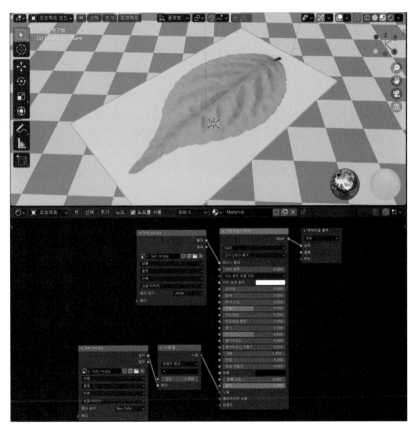

02 셰이더 에디터 헤더에 있는 **[추가]**(Shift + A 키)에서 **[텍스처]** → **[이미
지 텍스처]**를 선택해 **이미지 텍스처** 노드를 추가합니다.

03 **이미지 텍스처** 노드의 **[열기]**를 마우스 왼쪽 버튼으로 클릭하면 블렌더 파일 보기 대화 상자가 나옵니다.

샘플 데이터에 있는 "leaf_trans.jpg"를 선택하고, **[이미지를 열기]**를 마우스 왼쪽 버튼으로 클릭합니다.

leaf_trans.jpg

04 **이미지 텍스처** 노드의 **컬러 공간** 메뉴를 [sRGB]에서 [Non-Color]로 변경합니다.

05 셰이더 에디터 헤더에 있는 **[추가]**(Shift + A 키)에서 **[셰이더]** → **[투명 BSDF]**를 선택해 **투명 BSDF** 노드를 추가합니다.

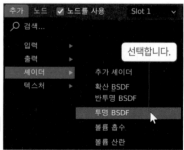

06 셰이더 에디터 헤더에 있는 **[추가]**(Shift + A
키)에서 **[셰이더]** → **[조합 셰이더]**를 선택해
조합 셰이더 노드를 추가합니다.

07 추가한 노드들을 아래 그림과 같이 연결합니다. **이미지 텍스처** 노드의 출력 소켓에 있는 **[컬러]**와 **조합 셰이더** 노드의 입력 소켓에 있는 **[팩터]❶**와, **투명 BSDF** 노드의 출력 소켓에 있는 **[BSDF]**와 **조합 셰이더** 노드의 입력 소켓에 있는 **[셰이더 (위)]❷**, 기존의 **프린시플드 BSDF** 노드의 출력 소켓에 있는 **[BSDF]**와 **조합 셰이더** 노드의 입력 소켓에 있는 **[셰이더 (아래)]❸**를 연결합니다.

마지막으로 **조합 셰이더** 노드의 출력 소켓에 있는 **[셰이더]**와 **메테리얼 출력** 노드의 입력 소켓에 있는 **[표면]❹**을 연결합니다.

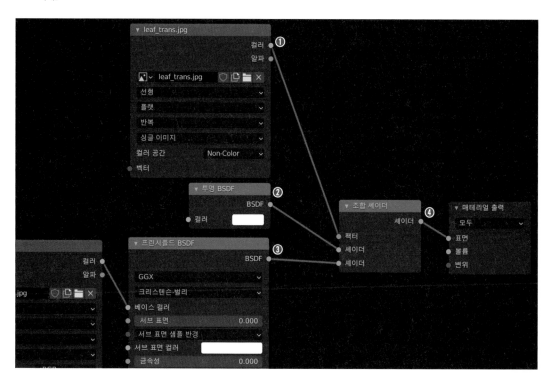

08 **3D 뷰포트**를 보면 알 수 있는 것처럼 기본적인 환경에서는 지정한 부분이 투명하게 표시되지 않습니다. 투명 맵을 기능하게 하려면 프로퍼티 왼쪽에 있는 ■를 마우스 왼쪽 버튼으로 클릭하고, **설정** 패널의 **혼합 모드**를 [불투명]에서 [알파 클립]으로 변경합니다.

❶마우스 왼쪽 버튼으로 클릭합니다.

❷선택합니다.

09 투명한 부분의 경계에 지글지글한 현상이 발생합니다. **설정** 패널의 **[클립 임계 값]**을 조정하면 이를 해결할 수 있습니다. 이번 예제에서는 "0.800"으로 설정하겠습니다.

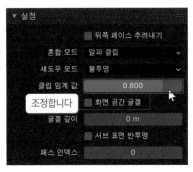

조정합니다

[클립 임계 값]이 "0.000"일 때

[클립 임계 값]이 "0.800"일 때

10 **3D 뷰포트** 헤더에 있는 뷰포트 셰이딩이 **[매테리얼 미리보기]**로 돼 있으면 그림자가 표시되지 않으므로 눈치 못 챘겠지만, 그림자가 표시되는 **[렌더 미리보기]**로 변경하면 그림자가 잎의 형태가 아니라, 평면 오브젝트의 형태로 떨어진다는 것을 알 수 있습니다.

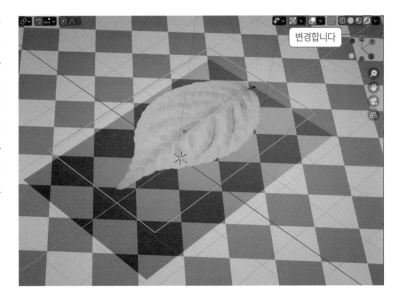

변경합니다

11 **설정** 패널의 **섀도우 모드**를 [**불투명**]에서 [**알파 클립**]으로 변경하면 그림자가 잎의 형태로 바뀝니다.

? **주의**

반영되지 않으면 오브젝트를 다시 선택하고
섀도우 모드를 변경해보세요.

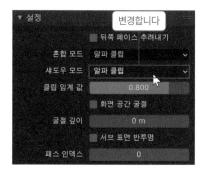

완성된 샘플 파일(SECTION4-1-3.blend)

맵핑 설정하기

텍스처 좌표 노드와 **맵핑** 노드를 사용하
면 맵핑하는 텍스처의 좌표, 크기, 각도
등을 설정할 수 있습니다.

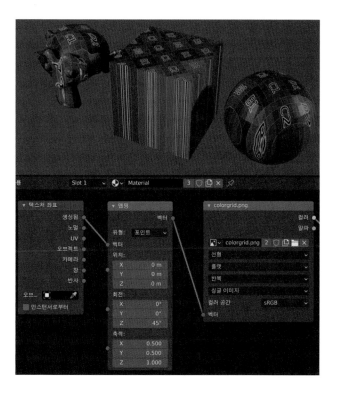

좌표 설정하기

텍스처 좌표 노드로 맵핑하는 텍스처의 좌표를 설정할 수 있습니다.

셰이더 에디터 헤더에 있는 [추가](Shift + A 키) → [입력]에서 선택할 수 있습니다.

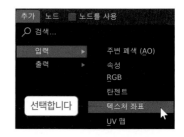

오른쪽 그림처럼 **텍스처 좌표** 노드의 출력 소켓과 [이미지 텍스처] 노드의 입력 소켓에 있는 [벡터]를 연결합니다.

❓ 주의

텍스처 좌표 노드를 사용하지 않으면 자동으로 기본 UV 좌표가 설정됩니다.

주로 사용하는 텍스처 좌표는 다음과 같습니다.

생성됨

오브젝트에 맞게 자동으로 생성된 좌표로 맵핑합니다.

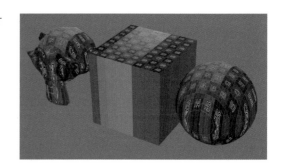

UV

UV 전개로 구성한 좌표로 맵핑합니다(UV 맵핑과 관련된 내용은 230페이지를 참고해주세요).

창

화면과 항상 평행하게 맵핑합니다.

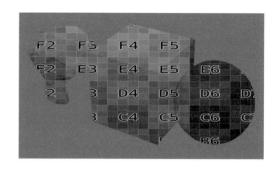

반사

거울 반사처럼 시점에 따라 맵핑이 변화합니다. 주로
환경 맵핑(278페이지 참고)에 사용합니다.

위치/각도/크기 설정

맵핑 노드로 맵핑 하는 텍스처의 위치, 각도, 크기를 설정할 수 있습니
다. 셰이더 에디터의 헤더에 있는 **[추가]**(Shift + A 키) → **[벡터]**에서
선택할 수 있습니다.

그림처럼 **텍스처 좌표** 노드에서 원하는 출력 소켓과 **맵핑** 노드의 입력 소켓에 있는 **[벡터]**, 맵핑 노드의 출
력 소켓에 있는 **[벡터]**와 **이미지 텍스처** 노드의 입력 소켓에 있는 **[벡터]**를 연결합니다.

❷ 주의

맵핑 노드는 단독으로 사용
하지 않고, 텍스처 좌표 노
드와 함께 사용합니다.

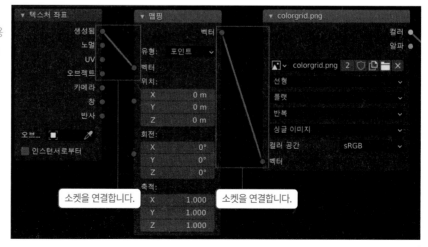

외삽법 유형 설정하기

이미지 텍스처 노드의 [투영] 메뉴에서 텍스처의 투영 방법을 선택할 수 있습니다.

다음과 같은 4가지 유형을 제공합니다. 기본적으로 텍스처를 맵핑하는 객체의 형태에 맞게 선택해 사용합니다.

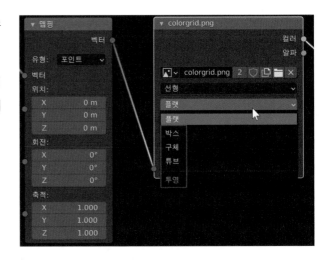

플랫

박스

구체

튜브

❓ 주의

위의 그림은 텍스처 좌표를 [생성됨]으로 설정한 경우입니다.

투영 방법 중에서 박스가 가장 범용성이 높아서 다양한 곳에 사용할 수 있습니다.

텍스처 좌표가 [UV]일 때는 플랫으로 설정해 사용합니다.

프로시져럴 텍스처

블렌더는 프로시져럴 텍스처(procedural texture)로 여러 종류의 문양을 제공합니다.

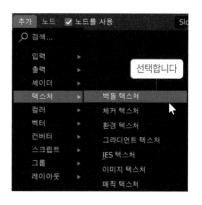

프로시져럴 텍스처는 계산을 기반으로 문양을 생성하므로 이미지와 달리 해상도에 제한 없이 확대해서 사용할 수도 있습니다. 또한 패턴이 무한하게 반복되므로 연속된 이미지로서 사용할 수 있습니다.

색과 문양 크기 등을 변경할 수도 있습니다.

이미지 텍스처와 마찬가지로 범프 맵, 스펙큘러 맵, 투명 맵 등으로도 사용할 수 있습니다.

벽돌 텍스처

체커 텍스처

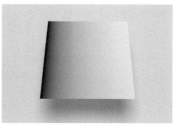

그라디언트 텍스처

매직 텍스처

머스그레이브 텍스처

노이즈 텍스처

보로노이 텍스처

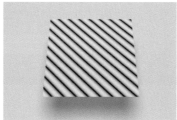

웨이브 텍스처

4.2 UV 맵핑

구체와 큐브처럼 단순한 도형에만 텍스처를 투영하지는 않습니다. 복잡한 형태에 정확하게 텍스처를 맵핑하고자 할 때는 객체를 평면 위에 전개하고, 여기에 텍스처를 투영하는 "UV 맵핑"이라는 방법을 사용합니다.

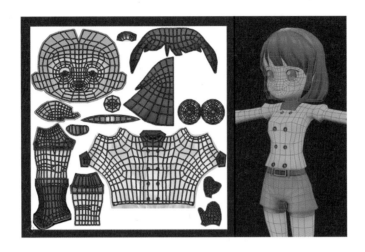

UV 전개

전개 방법

UV 맵핑을 하려면 미리 UV 전개를 해야 합니다.

오브젝트를 선택하고, 탑바에 있는 [UV Editing] 탭을 마우스 왼쪽 버튼으로 클릭하면 UV 전개에 적합한 화면 구성(워크스페이스)으로 변경됩니다.

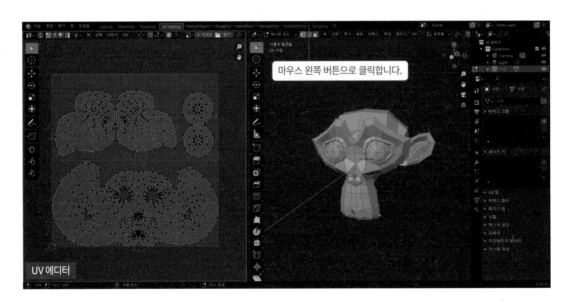

블렌더가 기본적으로 제공하는 큐브, 구체, 원숭이(수잔) 등의 프리미티브 오브젝트는 이미 UV 전개가 돼 있습니다. 화면 왼쪽에 있는 UV 에디터에 전개도가 표시됩니다. 화면 오른쪽에 있는 **3D 뷰포트**를 보면 알 수 있듯이 전개도는 에디트 모드에서 선택한 메쉬만 표시됩니다.

전개도 정보는 프로퍼티 왼쪽에 있는 를 마우스 왼쪽 버튼으로 클릭하면 나오는 **UV 맵** 패널에 저장됩니다.

전개도가 여러 개 있는 경우에는 카메라 아이콘으로 활성화 상태를 변경합니다.

오브젝트 UV 전개를 하려면 **3D 뷰포트**의 에디트 모드에서 모든 메쉬를 선택하고(A 키), 헤더의 [UV]에서 UV 전개 방식을 선택합니다.

주로 사용하는 전개 방식을 정리하면 다음과 같습니다.

펼치기

씨임(절단선)에 따라 잘라내고, 평면에 전개합니다.

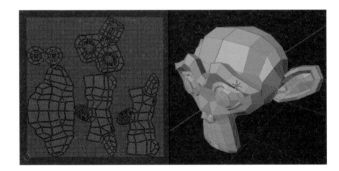

스마트 UV 투사

설정한 각도 등을 기반으로 분할하고 전개합니다.

큐브 투영 / 실린더 투영 / 구체 투영

큐브, 실린더, 구체 형태에 투영하고, 이를 평면으로 전개합니다. 오브젝트와 비슷한 형태를 선택해 사용하면 효과적입니다.

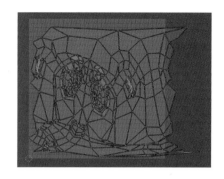

뷰에서 투사

3D 뷰포트의 현재 시점과 같은 형태로 평면에 전개합니다.

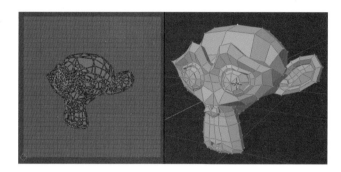

씨임 설정하기

기본적인 전개 방법인 **펼치기**를 사용하려면 미리 씨임이라는 절단선을 설정해야 합니다. 일단 **3D 뷰포트** 헤더에 있는 ![]를 마우스 왼쪽 버튼으로 클릭해 에지 선택 모드로 변경하고, 절단선으로 사용할 에지를 선택합니다. 이어서 3D 뷰포트 헤더에 있는 **[에지]**에서 **[씨임을 마크]**를 선택하면 주황색으로 표시된 에지 부분이 붉은색으로 변하면서 씨임으로 설정됩니다.

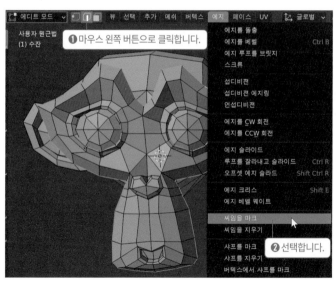

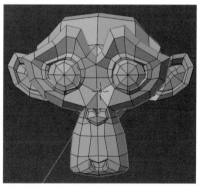

UV 편집

UV 전개한 메쉬는 이미지 텍스처를 만들 때를 고려해 직선 형태로 정렬하거나, 수평 수직 각도를 맞춰서 정렬하는 것이 일반적입니다.

선택

편집은 UV 에디터에서 합니다. **에디터 유형** 메뉴에서 [**UV 에디터**]를 선택하면 UV 에디터가 표시됩니다. [UV Editing] 워크스페이스의 경우 화면의 왼쪽에 [UV 에디터]가 표시됩니다.

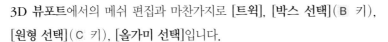로 UV 선택 모드를 변경할 수 있습니다. **3D 뷰포트**에서의 메쉬 편집과 마찬가지로 왼쪽부터 [**버텍스**], [**에지**], [**페이스**]를 의미합니다. 가장 오른쪽에 있는 █는 아일랜드 선택 모드입니다. 연결된 메쉬 하나를 아일랜드라고 부릅니다.

UV 에디터 왼쪽의 툴바에서 선택 방식을 변경할 수 있습니다.

3D 뷰포트에서의 메쉬 편집과 마찬가지로 [**트윅**], [**박스 선택**](B 키), [**원형 선택**](C 키), [**올가미 선택**]입니다.

UV 에디터 헤더에 있는 [**선택**]도 **3D 뷰포트**에서의 메쉬 편집과 마찬가지로 [**모두**](A 키)로 모두 선택할 수 있으며, [**반전**](Ctrl + I 키)으로 선택을 반전할 수 있습니다.

이동, 회전, 축적(확대/축소)

이동, 회전, 축적(확대/축소)도 **3D 뷰포트**에서의 메쉬 편집과 마찬가지입니다. 메쉬를 선택하고, UV 에디터 헤더에 있는 [**UV**]에서 [**변환**] → [**이동**](G 키), [**회전**](R 키), [**크기 조정**](S 키)을 선택해 각각의 조작을 할 수 있습니다.

추가로 조작하면서 X , Y 키를 누르면 각 축의 방향으로 제한을 걸 수도 있습니다.

툴바의 도구로도 편집할 수 있습니다. 이동/회전/축적 도구를 선택했을 때 화면 위에 기즈모가 표시되지 않지만, 마우스 왼쪽 버튼으로 드래그해 각각의 조작을 할 수 있습니다.

편집 도구 위에서 4번째에 있는 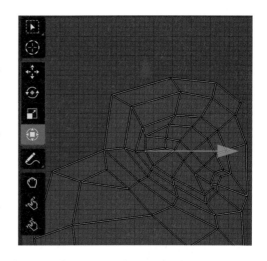는 버텍스를 선택했을 때, X와 Y축 방향 화살표를 가진 기즈모가 표시되며, 각각 방향에 제한을 걸고 이동할 수 있습니다. 기즈모 이외의 위치를 마우스 왼쪽 버튼으로 드래그하면 제한 없이 이동할 수 있습니다.

에지 또는 페이스를 선택한 경우에는 사각형 기즈모가 표시되며, 사각형 내부를 마우스 왼쪽 버튼으로 드래그해 이동할 수 있습니다.

회전은 사각형 위에 있는 원형 화살표를 마우스 왼쪽 버튼으로 드래그해 할 수 있습니다.

축적(확대/축소)은 사각형의 각 버텍스를 마우스 왼쪽 버튼으로 드래그합니다.

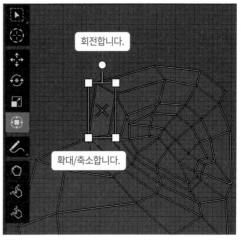

고정

버텍스를 선택한 상태로 UV 에디터 헤더에 있는 [UV]에서 [고정](P 키)을 선택하면 고정할 수 있습니다. 고정 설정한 버텍스는 붉은색으로 표시되며, 위치가 고정됩니다.

메뉴가 고정이라고 해도 수동으로 이동 등은 가능합니다.

다만 자동으로 버텍스를 이동하는 UV 전개 등은 반영되지 않습니다.

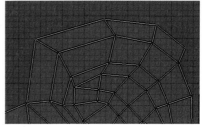

고정을 해제하려면 고정한 버텍스를 선택하고 UV 에디터 헤더에 있는 [UV]에서 [고정을 해제](Alt + P 키)를 선택합니다.

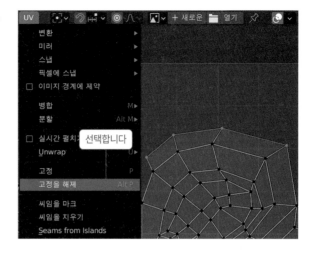

정렬

여러 버텍스를 선택한 상태에서 UV 에디터 헤더에 있는 [UV]에서 [정렬] → [정렬 X], [정렬 Y]를 선택하면 각 축에 맞게 버텍스가 정렬됩니다.

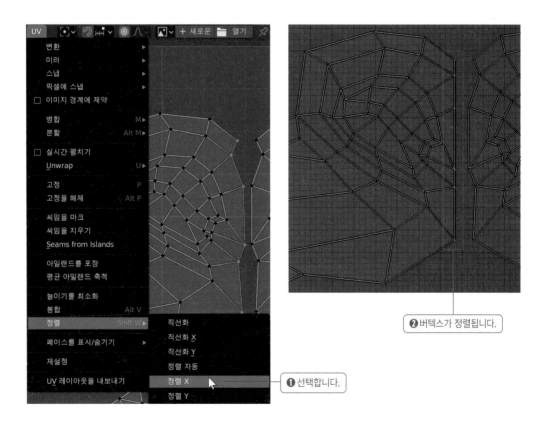

❶선택합니다.

❷버텍스가 정렬됩니다.

격자 이미지로 왜곡 확인하기

UV 전개했다면 격자 형태의 테스트 전용
이미지를 사용해서 왜곡을 확인합니다.

마우스 왼쪽 버튼으로 클릭합니다.

01 탑바에 있는 **[Shading]** 탭을 마우스 왼쪽 버
튼으로 클릭해 워크스페이스를 변경합니다.
오브젝트에 매테리얼이 설정돼 있지 않은 경
우 셰이더 에디터 헤더에 있는 **[새로운]**을 마
우스 왼쪽 버튼으로 클릭합니다. 매테리얼을
새로 만들면 **프린시플드 BSDF** 노드와 **매
테리얼 출력** 노드가 배치됩니다.

❓ **주의**

이미 매테리얼이 있는 경우 그대로 진행해도
상관 없습니다.

02 셰이더 에디터 헤더에 있는 **[추가]**(Shift + A 키)에서 **[텍스처]** → **[이미지
텍스처]**를 선택해 **이미지 텍스처** 노드를 추가합니다.

03 **이미지 텍스처** 노드의 **[새로운]**을 마우스 왼쪽 버튼으로 클릭합니다.

마우스 왼쪽 버튼으로 클릭합니다.

04 표시되는 **새로운 이미지** 윈도우의 **생성된 유형** 메뉴에서 [**컬러 격자**] 또는 [**UV 격자**]를 선택하고, [**OK**]를 마우스 왼쪽 버튼으로 클릭합니다.

이번 예제에서는 [**컬러 격자**]를 선택하겠습니다.

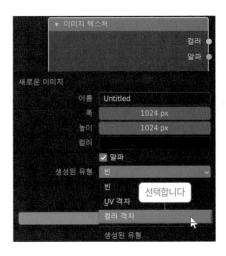

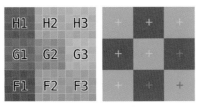

컬러 격자   UV 격자

05 **이미지 텍스처** 노드의 출력 소켓에 있는 [**컬러**]를 마우스 왼쪽 버튼으로 드래그해 셰이더(**프린시플드 BSDF** 노드 등)의 입력 소켓에 있는 [**베이스 컬러**]에 드롭하면 2개의 노드가 연결되며, **3D 뷰포트** 오브젝트에 그리드 이미지가 반영됩니다.

② 주의

반영되지 않는 경우 오브젝트를 다시 선택해보세요.

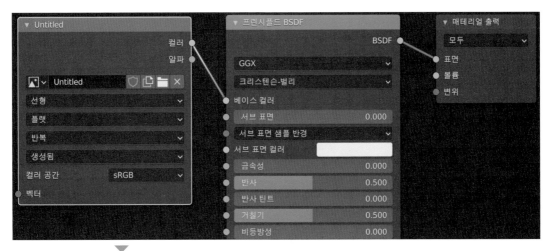

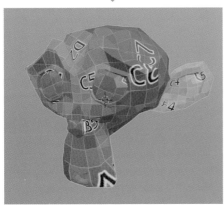

06 다양한 시점에서 문제가 없는지 확인합니다. 그리드가 갑자기 넓어지는 부분은 이미지 텍스처가 확대된다는 의미이므로 실제로 이미지를 적용했을 때 문제가 될 수 있습니다.

격자가 왜곡되면 이미지 텍스처도 왜곡된다는 의미입니다.

 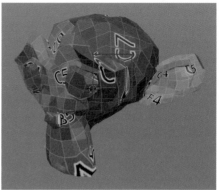

07 문제가 있는 경우에는 워크스페이스를 **[UV Editing]**으로 변경하고, **3D 뷰포트**를 확인하면서 UV 에디터에서 편집합니다. 텍스처를 표시하려면 **3D 뷰포트** 헤더의 셰이딩 변경 버튼을 마우스 왼쪽 버튼으로 클릭해 셰이딩을 **[매테리얼 미리보기]**로 변경합니다.

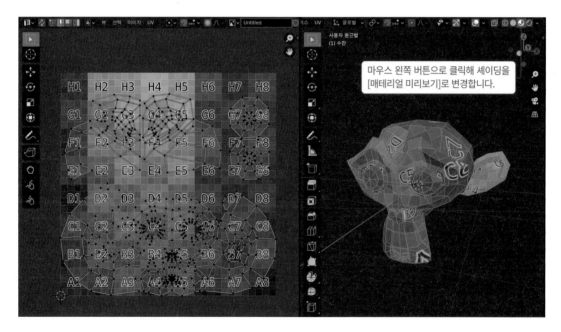

전개도 내보내기

왜곡 등의 확인을 모두 완료했다면 이미지 텍스처를 만들 수 있게 전개도를 내보냅니다.

01 UV 에디터 헤더에 있는 **[UV]**에서 **[UV 레이아웃을 내보내기]**를 선택해서 블렌더 파일 보기 대화 상자를 엽니다.

02 오른쪽에 있는 패널에서 내보낼 이미지의 저장 형식(**형식**), 해상도 픽셀 수(**size**), 전개도의 투명도(**채우기 불투명도**)를 설정하고, 저장 위치와 파일 이름을 지정한 뒤에 **[UV 레이아웃을 내보내기]**를 마우스 왼쪽 버튼으로 클릭합니다.

03 출력한 전개도를 기반으로 이미지 편집 소프트웨어에서 이미지 텍스처를 만듭니다.

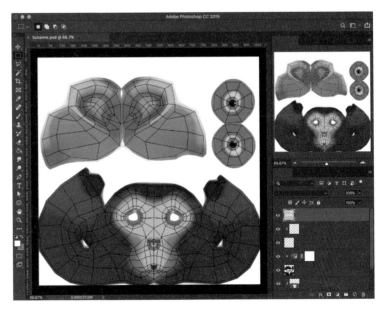

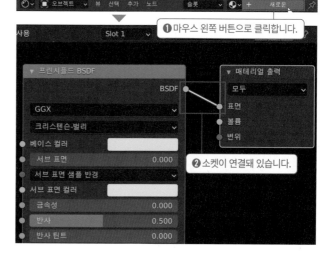

작품의 질을 고려하면 이미지 텍스처의 해상도가 높은 것이 좋지만, 해상도가 높으면 그 용량도 커져서 처리에 시간이 오래 걸립니다. 사진 작품을 만들 때는 한 장면만 렌더링하면 되므로 큰 영향이 없지만, 애니메이션 또는 게임 등에서는 이런 작은 처리 시간들이 누적돼 처리 시간에 크게 영향을 줍니다. 작품을 고려해서 적절하게 설정하는 것이 좋습니다.

참고로 이미지 텍스처의 해상도는 "512×512", "1024×1024", "2048×2048"처럼 2^n(2의 n제곱)으로 설정하는 것이 처리 해상도가 좋습니다. "512×512"를 16개 사용하는 것과 "2048×2048"을 1개 사용하는 것은 처리 시간이 비슷합니다. 이를 기억해 두면 좋습니다[25].

UV 맵핑

01 탑바에 있는 [Shading] 탭을 마우스 왼쪽 버튼으로 클릭해 워크스페이스를 변경합니다.

오브젝트에 매테리얼이 설정돼 있지 않은 경우 셰이더 에디터 헤더에 있는 **[새로운]**을 마우스 왼쪽 버튼으로 클릭합니다.

매테리얼을 새로 만들면 **프린시플드 BSDF** 노드와 **매테리얼 출력** 노드가 배치됩니다.

❓ 주의

이미 매테리얼이 있는 경우 그대로 진행해도 상관 없습니다.

02 셰이더 에디터 헤더에 있는 **[추가]**(Shift + A 키)에서 **[텍스처]** → **[이미지 텍스처]**를 선택해 **이미지 텍스처** 노드를 추가합니다.

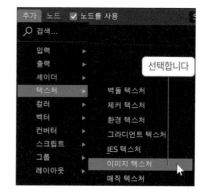

---

26 옮긴이: 2048 = 512×4입니다. 따라서 2차원 면적으로 따지면 4×4로 면적이 16배 크기 때문입니다.

03 **이미지 텍스처** 노드의 **[열기]**를 마우스 왼
쪽 버튼으로 클릭합니다. 격자 이미지가 설정
돼 있는 경우 오른쪽의 ▨를 마우스 왼쪽 버
튼으로 클릭해 그리드 이미지를 제거합니다.

 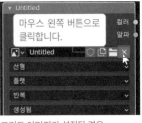

그리드 이미지가 설정된 경우

04 **[열기]**를 마우스 왼쪽 버튼으로 클릭하면 블렌더 파일 보기 대화 상자가 표시됩니다.

작성한 이미지 텍스처를 선택하고, **[이미지를 열기]**를 마우스 왼쪽 버튼으로 클릭합니다.

05 셰이더 에디터 헤더에 있는 **[추가]**(Shift + A 키) → **[벡터]**에서 **[맵핑]**을 선택
해 **맵핑** 노드를 추가합니다.

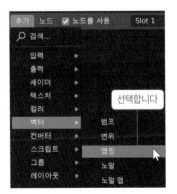

06 셰이더 에디터 헤더에 있는 **[추가]**(Shift + A 키) → **[입력]**에서 **[텍스처 좌표]**
를 선택해 **텍스처 좌표** 노드를 추가합니다.

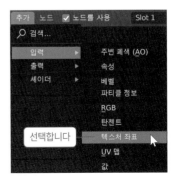

07 그림처럼 **텍스처 좌표** 노드의 출력 소켓에 있는 **[UV]**와 **맵핑** 노드의 입력 소켓에 있는 **[벡터]**, **맵핑** 노드의 출력 소켓에 있는 **[벡터]**와 **이미지 텍스처** 노드의 입력 소켓에 있는 **[벡터]**, **이미지 텍스처** 노드의 출력 소켓에 있는 **[컬러]**와 셰이더(**프린시플드 BSDF** 노드 등)의 입력 소켓에 있는 **[베이스 컬러]**를 연결합니다.

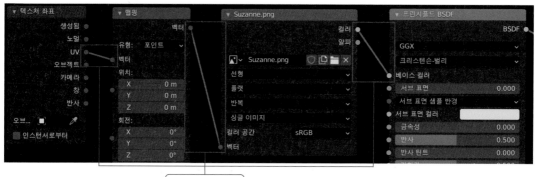

소켓을 연결합니다

4.3 텍스처 페인트

이미지 텍스처를 만들 경우 이미지 편집 소프트웨어를 사용하는 것이 일반적입니다. 하지만 블렌더의 텍스처 페인트 기능을 사용하면 이미지 편집 소프트웨어를 사용하지 않고도 오브젝트에 직접 그림을 그려서 이미지 텍스처를 만들 수도 있습니다.

텍스처 페인트 준비하기

UV 전개

01 일단 UV 전개합니다. 오브젝트를 선택하고, 탑바에 있는 **[UV Editing]** 탭을 마우스 왼쪽 버튼으로 클릭해 워크스페이스를 전환합니다.

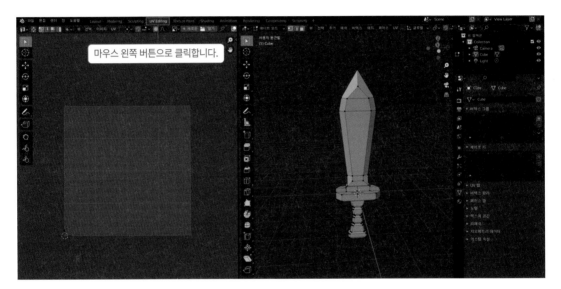

02 **3D 뷰포트**의 에디트 모드에서 모든 메쉬를 선택하고(A 키), 3D 뷰포트 헤더에 있는 **[UV]**에서 UV 전개 방식을 선택합니다. **[스마트 UV 투사]**를 사용하겠습니다.

> ❓ **주의**
> 이번 예제에서는 [스마트 UV 투사]를 선택했는데, 텍스처 페인트 편집 후에 이미지 편집 소프트웨어를 사용하는 경우와 3D 뷰포트뿐만 아니라 UV 에디터에서 페인트(256페이지 참고)를 사용하는 경우에는 [전개]를 선택하고, 추가로 씨임을 설정해 UV 편집하는 것을 추천합니다.

03 **스마트 UV 투사** 윈도우가 열리면 페인트를 고려해서 **[아일랜드 여백]**을 설정합니다. 이 책에서는 "0.02"로 설정하겠습니다. 이렇게 하면 UV 전개 시 인접한 메쉬 사이에 약간의 간격이 들어갑니다.

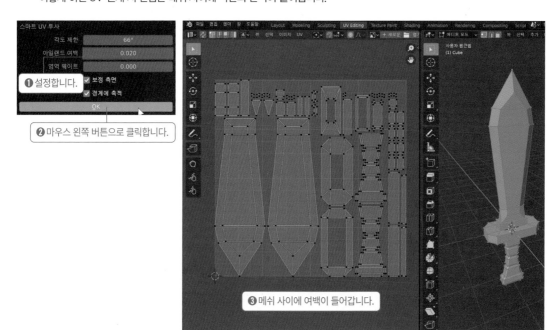

페인트 할 이미지 작성하기

01 탑바에 있는 **[Texture Paint]** 탭을 마우스 왼쪽 버튼으로 클릭해 워크스페이스를 변경합니다.

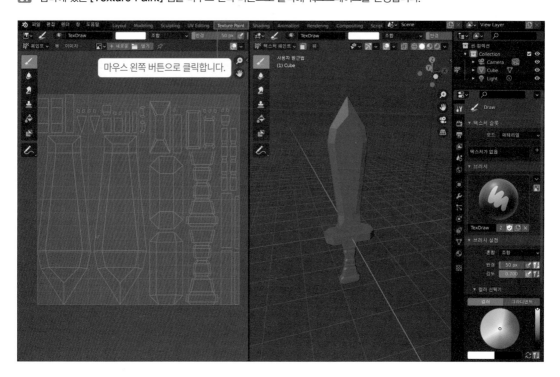

02 프로퍼티 왼쪽에 있는 █를 마우스 왼쪽 버튼으로 클릭
하고, **텍스처 슬롯** 패널의 █를 마우스 왼쪽 버튼으로
클릭한 다음 [**베이스 컬러**]를 선택합니다.

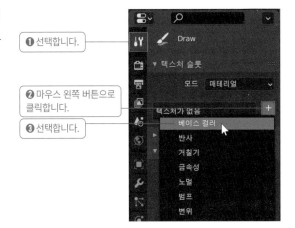

03 표시되는 **텍스처 페인트 슬롯을 추가** 윈도우에서 이미지 텍스처 파
일의 [**이름**], 해상도 [**폭/높이**], 배경색 [**컬러**]를 지정하고, [**OK**]를 마
우스 왼쪽 버튼으로 클릭합니다.

면적이 가장 넓은 칼날 부분부터 칠할 것이므로 [**컬러**]는 "푸른빛이 도
는 회색"을 지정했습니다.

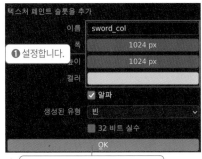

04 탭바에 있는 [Shading] 탭을 마우스 왼쪽 버튼으로 클릭해 워크스페이스를 변경합니다. 셰이더 에디터를 보면 알 수 있는 것
처럼 "**텍스처 슬롯**" 패널에 슬롯을 추가하면, 자동으로 해당 이미지를 지정한 "**이미지 텍스처**" 노드가 포함된 매테리얼 노
드가 구축됩니다.

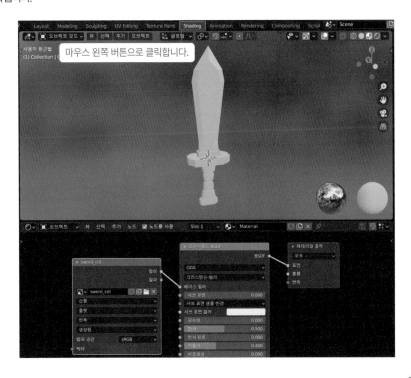

05 탑바에 있는 **[Texture Paint]** 탭을 마우스 왼쪽 버튼으로 클릭해 워크스페이스를 변경합니다.

   왼쪽에 블렌더 렌더에 만들어진 이미지가 반영된 것을 확인할 수 있습니다.

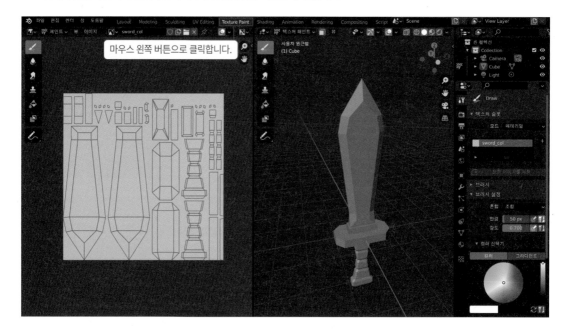

텍스처 페인트 모드

이미지 준비가 완료됐으면 이미지에 페인트해서 텍스처를 만듭니다.

이미지 편집 소프트웨어를 활용하는 경우와 다르게 오브젝트 위에 직접 페인트하므로 훨씬 직관적입니다.

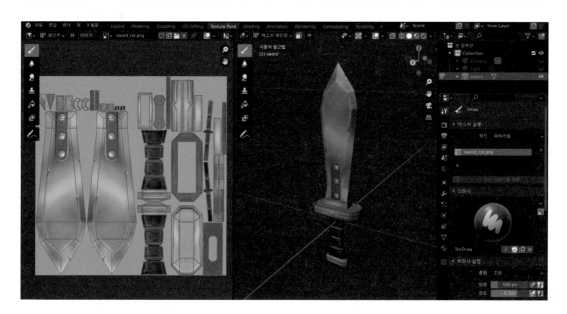

[Texture Paint] 워크스페이스에서는 화면 오른쪽에 3D 뷰포트가 표시되며, **[텍스처 페인트]** 모드가 기
본적으로 설정돼 있습니다.

브러시 설정

3D **뷰포트** 왼쪽에 있는 툴바의 브러시를 마우스 왼쪽 버튼으로 클릭하면 브러시를 변경할 수 있습니다.

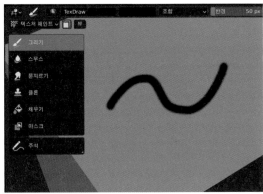

그리기
마우스 왼쪽 버튼으로 드래그한 부분에 선을 그립니다.

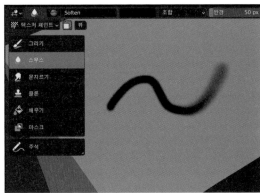

스무스
마우스 왼쪽 버튼으로 드래그한 부분을 흐리게 합니다.

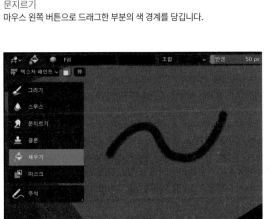

문지르기
마우스 왼쪽 버튼으로 드래그한 부분의 색 경계를 당깁니다.

클론
마우스 왼쪽 버튼으로 드래그한 부분을 복사해서 칠합니다.
이때 원본 위치는 Ctrl +마우스 왼쪽 버튼으로 클릭해 지정합니다.

채우기
마우스 왼쪽 버튼으로 클릭해 전체 색을 같은 색으로 칠합니다.

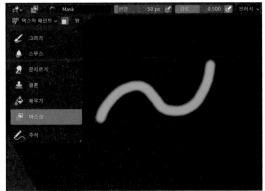

마스크
마우스 왼쪽 버튼으로 드래그한 부분을 마스크합니다. 마스크된 부분은 색
이 칠해지지 않습니다(249페이지 참고).

프로퍼티 왼쪽에 있는 ▦를 마우스 왼쪽 버튼으로 클릭하면 선택하고 있는 브러시가 **브러시** 패널에 표시됩니다.

반경으로 브러시의 두께, **강도**로 브러시의 밀도(영향력)를 설정합니다. **혼합**으로 기존에 있던 색과의 혼합 방식을 선택할 수 있습니다. **컬러 선택기**에서는 칠할 색과 명도를 설정합니다.

이미지 저장

편집하는 중에 블렌더를 종료하고 싶은 경우에는 파일 저장과 함께 페인트한 이미지도 저장해야 합니다. 그대로 종료해버리면 페인트했던 내용이 사라지므로 주의해주세요.

프로퍼티 왼쪽에 있는 ▦를 마우스 왼쪽 버튼으로 클릭하면 **텍스처 슬롯** 패널이 표시됩니다. 페인트해서 변경하면 [**모든 이미지를 저장**]이 활성화됩니다. 파일을 저장하기 전에 [**모든 이미지를 저장**]을 마우스 왼쪽 버튼으로 클릭해 페인트 내용을 저장합니다.

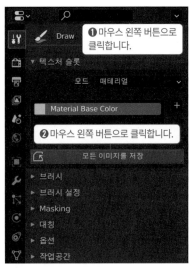

마스크 설정

부분적으로 마무리가 완료된 부분 등 잘못 칠하는
실수를 막고 싶은 경우에 마스크를 설정합니다.

01 일단 마스크로 사용할 이미지를 생성하겠습니다. 프
로퍼티 왼쪽에 있는 를 마우스 왼쪽 버튼으로 클릭합
니다.

[Masking] → [Stencil Mask] 패널[27]에 체크해 활
성화하고, [새로운]을 마우스 왼쪽 버튼으로 클릭합
니다.

02 [이름]에 마스크 전용 이미지 파일 이름을 지정하고, [OK]를 마우스 왼
쪽 버튼으로 클릭합니다.

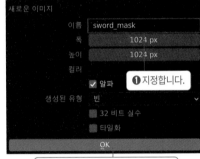

03 탑바에 있는 [Shading] 탭을 마우스 왼쪽 버튼으로 클
릭해 워크스페이스를 변경합니다.

셰이더 에디터에서 **이미지 텍스처** 노드의 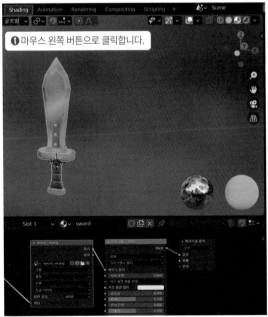를 마우
스 왼쪽 버튼으로 클릭한 다음 앞서 작성한 마스크 전용
이미지를 지정합니다.

---

27 옮긴이: Blender 2.93 버전을 기준으로 아직 번역돼 있지 않습니다.

04 탑바에 있는 [Texture Paint] 탭을 마우스 왼쪽 버튼으로 클릭해 워크스페이스를 변경합니다.

3D **뷰포트**에 있는 툴바의 [**마스크**]를 선택합니다.

브러시 패널에서 브러시의 두께인 **반경** 또는 밀도인 **강도**를 설정합니다.

[Masking] → [StencilMask] 패널의 [**표시 컬러**]를 설정합니다. 마스크 전용 이미지의 배경 색과 다른 색으로 설정합니다.

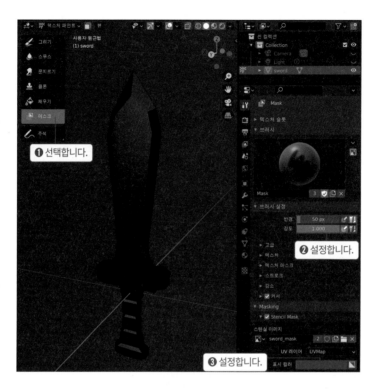

05 마스크하고 싶은 부분을 브러시로 칠합니다.

[**표시 컬러**]에 지정한 색으로 칠해진 부분이 마스크로 기능합니다. 이렇게 마스크로 칠한 부분은 다른 브러시로 칠해지지 않습니다.

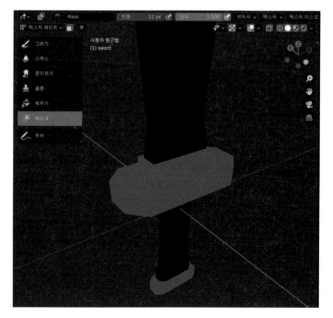

06 **마스크** 패널의 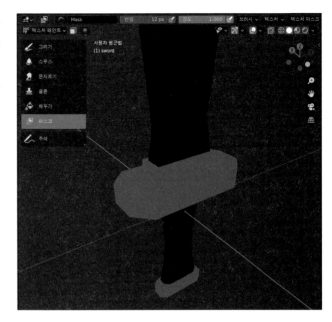 를 마우스 왼쪽 버튼으로
클릭하면 마스크가 반전되어 칠하지 않은 부
분이 마스크됩니다.

잘못 칠했던 부분을 수정하는 경우 등에 활용
합니다.

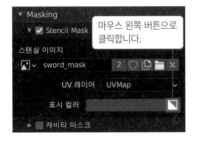

07 마스크 전용 이미지의 편집을 완료했다면 탑바에 있는 [Shading] 탭을 마우스 왼쪽
버튼으로 클릭해 워크스페이스를 변경합니다.

셰이더 에디터에서 **이미지 텍스처** 노드의  를 마우스 왼쪽 버튼으로 클릭하고,
페인트 할 이미지를 지정합니다.

08 **그리기** 브러시 등으로 칠하면 마스크한 부분은 칠해지지 않는다는 것을 알 수 있습니다.

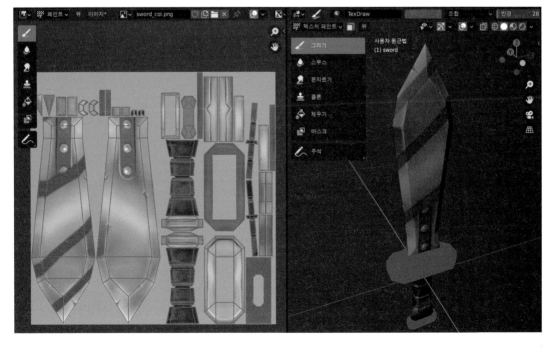

09 [Masking] → [Stencil Mask] 패널의 를 마우스 왼쪽
버튼으로 클릭하면, 마스크가 반전됩니다.

마스크 기능을 끄고 싶은 경우에는 [Masking] → [Stencil
Mask] 패널의 체크를 해제합니다.

텍스처를 사용한 페인트

01 프로퍼티 왼쪽에 있는 ▦를 마우스 왼쪽 버튼으로 클릭하고, [**새로운**]
을 클릭합니다.

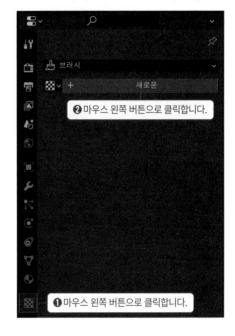

❓ 주의

미리 UV 전개(243페이지 참고)와 페인트 이미지 작성(244페이지
참고)을 해야 합니다.

02 **이미지** 패널의 [**열기**]를 마우스 왼쪽 버튼으로 클릭하면 [**블렌더 파
일 보기**] 대화 상자가 열립니다.

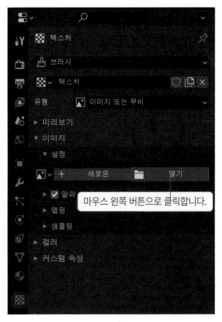

03 페인트에 사용할 텍스처를 지정하고, **[이미지를 열기]**를 마우스 왼쪽 버튼으로 클릭합니다.

04 탑바에 있는 **[Texture Paint]** 탭을 마우스 왼쪽 버튼으로 클릭해 워크스페이스를 변경합니다. 이어서 프로퍼티 왼쪽에 있는 ▦를 마우스 왼쪽 버튼으로 클릭하면 패널에 지정한 이미지가 설정된 것을 확인할 수 있습니다.

05 **그리기** 브러시 등으로 칠하면 지정한 이미지가 반영됩니다.

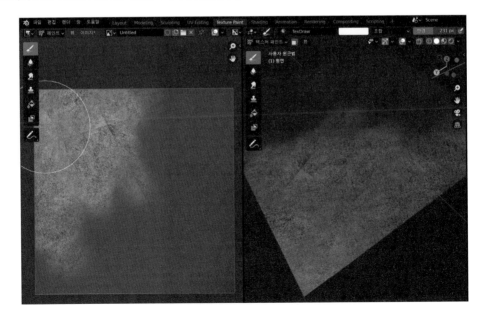

06 페인트의 텍스처를 제거할 때는 썸네일 오른쪽 위에 있는 ⌧를 마우스 왼쪽 버튼으로 클릭합니다.

다시 텍스처로 페인트하고 싶다면 격자 모양이 표시되는 부분을 마우스 왼쪽 버튼으로 클릭하고, 텍스처를 선택합니다.

감소

프로퍼티 왼쪽에 있는 🔧를 마우스 왼쪽 버튼으로 클릭하면 나오는 **감소 패널**에서 브러시 윤곽의 경도(딱딱함)를 설정할 수 있습니다.

6가지 감소 패턴이 제공되며, 각 패턴 아이콘을 마우스 왼쪽 버튼으로 클릭해 쉽게 변경해서 사용할 수 있습니다.

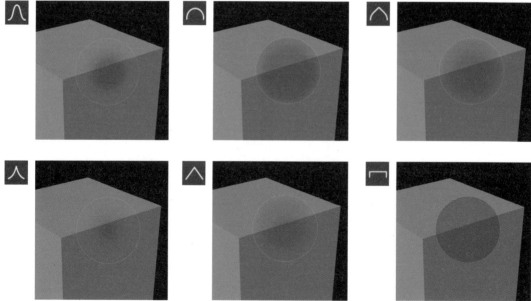

커브에 있는 점을 드래그해서 원하는 형태로 변경할 수 있습니다. 가로축 왼쪽이 브러시의 중심, 오른쪽이 바깥쪽을 나타냅니다. 세로축은 위쪽이 경도의 높음을, 아래쪽이 경도가 적음을 나타냅니다.

좌우대칭 설정

프로퍼티 왼쪽에 있는 █를 마우스 왼쪽 버튼으로 클릭하면 나오는 **대칭** 패널에서 [X], [Y], [Z]를 선택하면 해당 축으로 좌우대칭해서 편집할 수 있습니다.

> **? 주의**
>
> 오브젝트의 원점을 중심으로 좌우대칭합니다. 오브젝트 모드의 3D 뷰포트 헤더에 있는 [오브젝트] → [오리진을 설정] → [지오메트리를 오리진으로 이동]을 선택하거나 [오리진을 지오메트리로 이동]을 선택해 원점의 위치를 변경할 수 있습니다.

UV 에디터에서 페인트하기

3D 뷰포트뿐만 아니라 UV 에디터에서도 페인트를 할 수 있습니다. 헤더의 **모드** 메뉴에서 **[페인트]**를 선택합니다.

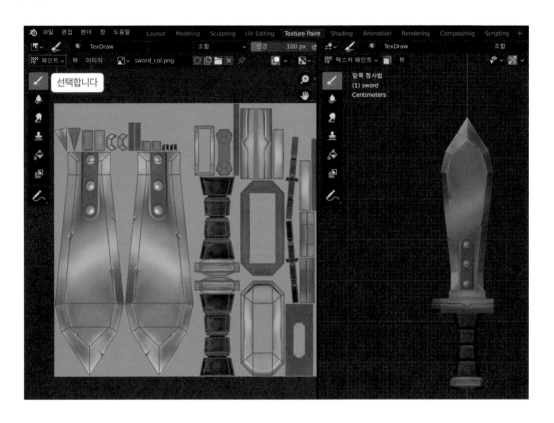

05

렌더링

모델링, 매테리얼, 텍스처 등을 거쳐서 한 장면(씬)으로 오브젝트를 이미지로 담아 내보내는 작업을 "렌더링"이라고 부릅니다. 렌더링을 할 때는 현실의 사진 촬영과 마찬가지로 조명, 카메라 앵글 설정 등의 다양한 준비가 필요합니다. 이번 장에서는 렌더링 준비 단계부터 차근차근 렌더링 과정에 대해 알아보겠습니다.

5.1 라이팅

라이팅은 단순하게 피사체에 빛을 비추는 역할만 하는 것이 아닙니다. 실내 조명처럼 3DCG 작품의 제작
에서도 라이팅은 작품의 분위기와 느낌 등 최종적인 마무리에 큰 영향을 주는 역할을 합니다.

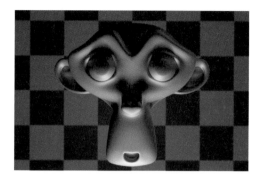

라이트 기초 지식

라이트 추가

블렌더는 기본적으로 광원(라이트) 하나가 배치돼 있습니다. 라이트를 추가하려면 3D 뷰포트 헤더에 있는
[**추가**](Shift + A 키)에서 [**라이트**]를 선택하고, 표시되는 4가지 종류 중에 원하는 것을 선택합니다.

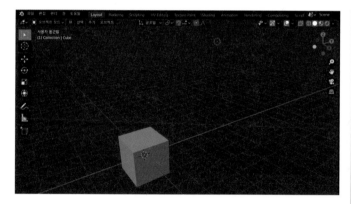

라이트의 이름을 변경할 때는 라이트를 선택하고, 프로퍼티 왼쪽에 있는 ■를 마우스 왼쪽 버튼으로 클릭합니다.

이어서 위에 표시된 라이트 이름을 마우스 왼쪽 버튼으로 클릭하고, 원하는 이름으로 새로운 라이트 이름을 입력합니다.

❷ 새로운 라이트 이름을 입력합니다.

❶ 마우스 왼쪽 버튼으로 클릭합니다.

라이트의 종류

블렌더는 4가지 종류의 라이트를 제공합니다. 이는 배치 후에도 변경할 수 있습니다. 프로퍼티 왼쪽에 있는 ◉를 마우스 왼쪽 버튼으로 클릭하고, **라이트** 패널에서 라이트 종류 이름을 마우스 왼쪽 버튼으로 클릭하면 종류가 변경됩니다.

❷ 이름 버튼을 마우스 왼쪽 버튼으로 클릭하면 종류를 변경할 수 있습니다.

❶ 마우스 왼쪽 버튼으로 클릭합니다.

포인트
한 점에서 모든 방향으로 방사하는 형태의 빛을 내는 광원입니다. 전구와 비슷한 역할을 합니다.

태양
설정한 방향으로 씬에 평행한 빛을 내는 광원입니다. 광원의 거리와 관계없이 같은 밝기로 씬 전체를 비춥니다. 태양과 비슷한 역할을 합니다.

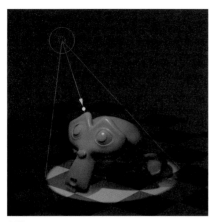

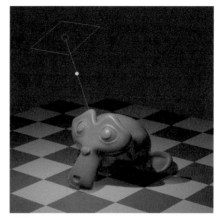

스폿
방향과 각도를 설정해 원뿔 형태로 빛을 내는 광원입니다. 스포트라이트와 비슷한 역할을 합니다.

영역
페이스에서 빛을 내는 광원입니다. 크기에 따라 피사체에 비치는 빛의 형태가 변합니다. 부드럽고 자연스러운 그림자를 만들 때 좋은 광원입니다.

라이트의 이동, 회전, 확대/축소

라이트도 다른 오브젝트와 마찬가지로 3D 뷰포트 헤더에 있는 [오브젝트]의 [변환]에서 이동(G 키), 회전(R 키), 확대/축소(S 키)할 수 있습니다.

기즈모로도 같은 작업을 할 수 있습니다.

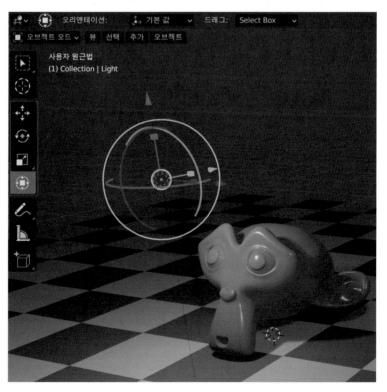

포인트 라이트 이외의 라이트는 라이트에서 선이 뻗어 나옵니다. 이는 빛의 방향을 나타냅니다. 피사체에 생기는 그림자 등은 빛의 영향을 받으므로 라이트를 회전해서 방향을 조정해야 합니다.

 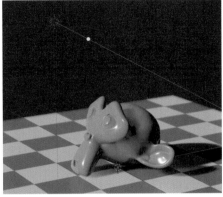

영역 라이트는 페이스에서 빛을 내므로 빛의 크기에 따라서도 하이라이트와 그림자에 변화를 줍니다. 다른 라이트는 확대/축소의 영향이 전혀 없습니다.

라이트 설정

프로퍼티 왼쪽에 있는 ◉를 마우스 왼쪽 버튼으로 클릭하면 표시되는 **라이트** 패널에서 설정할 수 있는 항목을 정리하겠습니다. 라이트의 종류에 따라 항목이 조금씩 다릅니다.

마우스 왼쪽 버튼으로 클릭합니다.

컬러

라이트에서 방출되는 빛의 색을 설정합니다. 컬러 팔레트를 마우스 왼쪽 버튼으로 클릭하면 나오는 컬러 피커에서 원하는 색을 선택할 수 있습니다. 참고로 오른쪽의 바로 색의 밝기를 설정합니다.

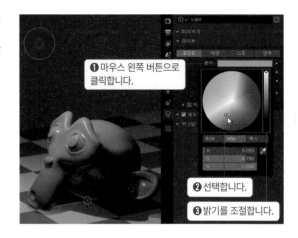

파워

빛의 방출 강도를 설정합니다.

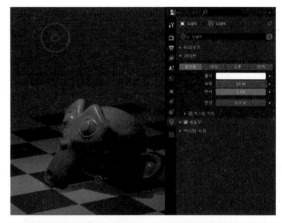

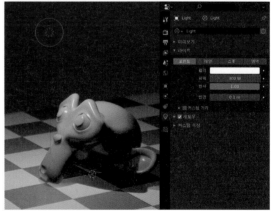

반사

빛의 방출로 생성되는 광택 반사량을 설정합니다.

반경

소프트 섀도우(267페이지 참고)를 생성할 때 그
림자의 흐리기 정도를 설정합니다.

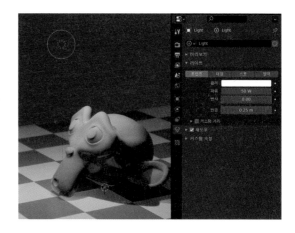

커스텀 거리

체크해서 활성화하면 빛의 영향 범위를 설정할 수
있습니다.

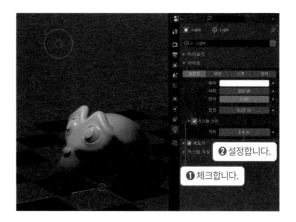

스폿 셰이프(스폿에만 있는 설정)

크기는 방출되는 빛의 각도를 설정합니다.

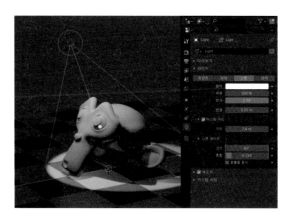

혼합은 방출되는 빛의 경계의 흐리기 정도를 설정합니다. 숫자가 클수록 빛의 경계가 흐려집니다.

혼합이 0.100일 때

혼합이 1.000일 때

셰이프 / 크기 X와 크기 Y(영역에만 있는 설정)

셰이프는 라이트의 형태를 설정합니다. **크기**는 라이트의 크기를 설정합니다.

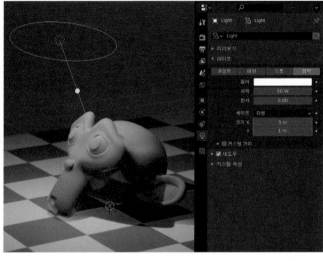

그림자 설정

프로퍼티 왼쪽에 있는 █를 마우스 왼쪽 버튼으로 클릭하면 나
오는 **섀도우** 패널은 기본적으로 체크가 활성화돼 있습니다.
이 체크를 해제하면 라이트가 생성하는 그림자가 표시되지 않
습니다.

현실에서는 있을 수 없는 일이지만, 보조 광원을 만들 때 활용
하게 됩니다.

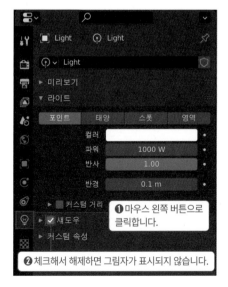

❶마우스 왼쪽 버튼으로
클릭합니다.

❷체크해서 해제하면 그림자가 표시되지 않습니다.

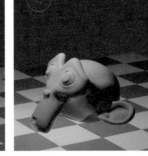

셰도우 활성화　　　　　셰도우 비활성화

주요 설정 항목

셰도우 패널의 왼쪽에 있는 삼각형 아이콘을 마우스 왼쪽 버튼으로 클릭해 패널을 열 수 있습니다.

이 패널에서는 라이트에서 방출되는 빛으로 인해 생성되는 그림자를 설정합니다.

클립 시작

생성되는 그림자의 범위를 설정합니다. 설정한 거리보다 라이트와 가까운 오브젝트는 그림자가 생성되지 않습니다.

성향

생성되는 그림자 경계의 흐림 정도를 설정합니다. 숫자가 클수록 경계가 흐려집니다.

성향이 3.000일 때

성향이 10.000일 때

접촉 섀도우

체크해서 활성화하면 오브젝트의 거리에 따른 그림자 강도가 변화하는 등 보다 현실적인 그림자를 생성할 수 있습니다.

접촉 섀도우 활성화

접촉 섀도우 비활성화

소프트 섀도우

섀도우 패널에 있는 **[성향]**은 라이트와 오브젝트의 위치와 각도에 따라서 약간 부자연스러운 그림자를 생성합니다.

이번 절에서는 부드러운 그림자를 생성하는 다른 방법을 소개하겠습니다.

01 라이트를 선택하고, 프로퍼티 왼쪽에 있는 ◙를 마우스 왼쪽 버튼으로 클릭하면 나오는 **섀도우** 패널에서 **[성향]**을 "0.000"으로 설정합니다.

02 프로퍼티 왼쪽에 있는 ◙를 마우스 왼쪽 버튼으로 클릭하면 나오는 **섀도우** 패널에서 **[소프트 섀도우]**에 체크해 활성화합니다.

03 프로퍼티 왼쪽에 있는 ▣를 마우스 왼쪽 버튼으로 클릭하면 나오는 **라이트** 패널에서 **[반경]**의 숫자를 조정합니다. 숫자가 클수록 경계가 흐린 그림자가 만들어집니다.

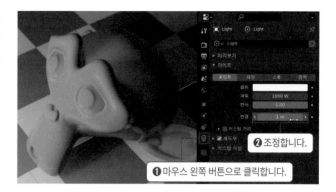

❷ 조정합니다.

❶ 마우스 왼쪽 버튼으로 클릭합니다.

04 프로퍼티 왼쪽에 있는 ▣를 마우스 왼쪽 버튼으로 클릭하면 나오는 **샘플링** 패널에서 **[렌더]**, **[뷰포트]** 값을 조정합니다. 단계적으로 그림자의 밀도가 변화합니다. 숫자가 클수록 부드러운 결과가 만들어집니다.

라이팅은 작품의 완성도에 큰 영향을 줍니다. 그리고 작품의 분위기와 만드는 사람의 취향에 따라 다양한 라이팅 기법이 있습니다.

간단하면서도 피사체를 보다 입체적으로 보이게 만드는 기본적인 라이팅 기법인 "3점 조명"을 소개하겠습니다.

"3점 조명"은 문자 그대로 3개의 광원을 사용해 라이팅을 합니다.

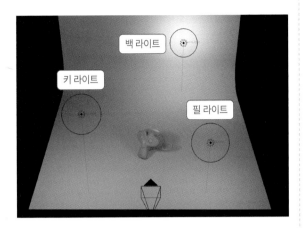

키 라이트만
키 라이트는 전방에서 45도 기울어진 위치에 배치합니다. 45도를 왼쪽으로 잡을지, 오른쪽으로 잡을지는 피사체의 형태와 방향을 잘 표현할 수 있는 방향을 고려해 결정합니다.

키 라이트 + 필 라이트
필 라이트는 키라이트의 반대쪽에 배치합니다. 필 라이트의 역할은 키 라이트로 만들어지는 피사체의 음영을 연하게 만드는 것입니다.

백 라이트만
백 라이트는 후방에서 비교적 강한 빛을 내서 피사체의 윤곽이 잘 보이게 만듭니다. 카메라의 정반대 위치에서 위, 아래, 왼쪽, 오른쪽으로 약간 어긋난 위치에 배치합니다.

3점 조명
광량은 키 라이트가 1이라면 필 라이트는 1/2, 백 라이트는 1 또는 1보다 크게 설정하는 것이 일반적입니다.

5.2 카메라

3DCG 제작에서도 현실의 카메라와 마찬가지로 카메라의 앵글, 화각, 초점 위치 등 다양한 설정을 할 수 있습니다. 생각한 구도로 작품을 완성할 수 있게 카메라의 기본적인 기능을 확실하게 익히도록 합시다.

카메라 설정

카메라 추가

블렌더는 기본적으로 카메라 하나가 배치돼 있습니다. 카메라를 추가하려면 3D 뷰포트 헤더에 있는 [**추가**] (Shift + A 키)에서 [**카메라**]를 선택합니다.

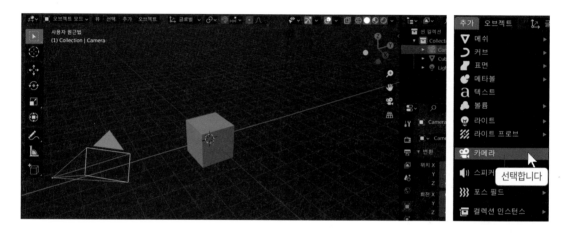

카메라의 이름을 변경할 때는 카메라를 선택하고, 프로퍼티 왼쪽에 있는 █를 마우스 왼쪽 버튼으로 클릭합니다.

이어서 위에 표시된 카메라 이름을 마우스 왼쪽 버튼으로 클릭하고, 원하는 이름으로 새로운 카메라 이름을 입력합니다.

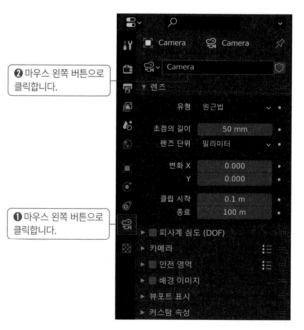

활성 카메라 설정

씬 내부에 여러 카메라를 배치할 수 있지만, 렌더링에 사용되는 카메라는 하나 뿐입니다.

렌더링에 사용되는 카메라를 **활성 카메라**라고 부릅니다. 활성 카메라는 3D 뷰포트 위에서 오른쪽 그림과 같이 표시됩니다.

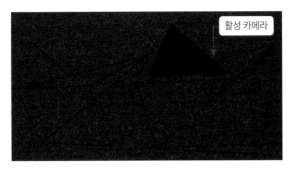

활성 카메라 설정은 원하는 카메라를 선택하고, 3D 뷰포트 헤더에 있는 [뷰]에서 [카메라] → [카메라로 활성 오브젝트를 설정](Ctrl + 0)을 선택합니다.

카메라의 이동, 회전, 확대/축소

카메라도 다른 오브젝트와 마찬가지로 3D 뷰포트 헤더에 있는 [오브젝트]에서 [변환]으로 이동(G 키), 회전(R 키), 축적(확대/축소) (S 키) 할 수 있습니다.

추가로 기즈모도 마찬가지 방법으로 조작할 수 있습니다. 카메라를 회전하는 등의 조작을 할 때는 [로컬 좌표]를 사용하는 것이 편합니다. 변경하려면 3D 뷰포트 헤더에 있는 [변환 오리엔테이션] 메뉴를 사용합니다.

카메라를 확대/축소하면 3D 뷰포트에서 표시

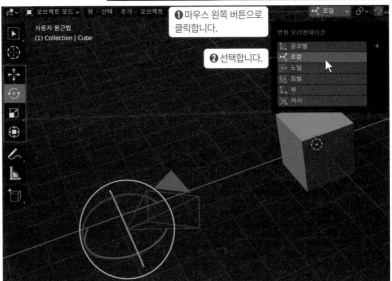

크기가 바뀝니다. 하지만 렌더링에 어떠한 영향도 주지 않습니다.

렌즈 설정

프로퍼티 왼쪽에 있는 📷를 마우스 왼쪽 버튼으로 클릭하면 표시되는 **렌즈** 패널에서는 다음과 같은 항목을 설정할 수 있습니다.

유형

투영 방법 유형을 설정합니다.

[**원근법**]을 선택하면 원근감이 적용되어 렌더링됩니다.

[**정사법**]을 선택하면 원근감 없이 렌더링됩니다.

원근법

정사법

[**파노라마**]를 선택하면 초광각 렌즈로 렌더링 할 수 있습니다. 설정에 따라 360도로 렌더링 할 수도 있습니다.

> ❓ **주의**
> Eevee 렌더 엔진에서는 사용할 수 없습니다.

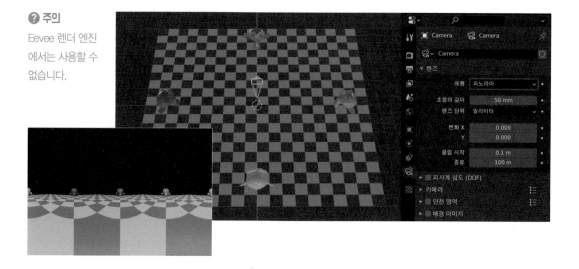

초점의 길이

렌즈의 초점 거리를 거리(mm) 또는 각도로 설정합니다.

거리의 숫자가 클수록 **망원**, 작을수록 **광각**이 됩니다.

렌즈 초점의 길이가 100mm일 때

렌즈 초점의 길이가 35mm일 때

변화

카메라의 위치를 직접 수정하지 않고, 렌더링 범위를 약간 평행이동 할 수 있는 기능입니다.

클립

렌더링 되는 영역(깊이)을 설정합니다.

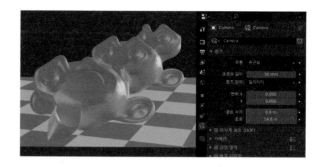

앵글 설정

3D 뷰포트 헤더에 있는 [뷰]에서 [뷰포트] → [카메라](숫자 패드 0)를 선택하면 현재 카메라의 시점을 확인할 수 있습니다.

테두리 내부가 렌더링 되는 범위입니다.

렌더링 되는 범위

3D 뷰포트에서 카메라 오브젝트를 선택하고, 이동(G 키)과 회전(R 키)을 하면 앵글을 조정할 수 있습니다. 추가로 블렌더에서는 카메라 오브젝트를 직접 조작하는 방법 이외에도 앵글을 조정하는 편리한 기능이 몇 가지 더 있습니다.

3D 뷰포트 시점을 카메라 시점으로 설정

현재 표시되는 3D 뷰포트의 시점을 그
대로 카메라 시점으로 설정하고 싶을
때는 3D 뷰포트 헤더에 있는 [뷰]에서
[뷰를 정렬] → [활성 카메라를 뷰에 정
렬](Ctrl + Alt + 숫자 패드 0)을 선택
합니다.

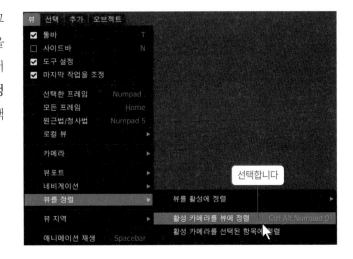

뷰 잠금

뷰 잠금 기능을 사용하면 3D 뷰포트에서 시점 변
경과 같은 방법으로 카메라 앵글을 설정할 수 있습
니다.

01 3D 뷰포트 헤더에 있는 [뷰]에서 [뷰포트] → [카메라]
(숫자 패드 0)를 선택해 카메라 시점으로 변경합니다.

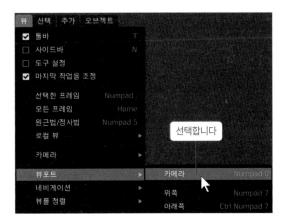

02 3D 뷰포트 헤더에 있는 [뷰]에서 [사이드바](N 키)를 선택해 사이드바를 표시합니다.

03 사이드바의 **뷰** 탭을 마우스 왼쪽 버튼으로 클릭하면 나오는 **뷰** 패널에서 [잠금] → [Camera to View]에 체크해 활성화합니다.

이를 활성화하면 렌더링 범위가 붉은색 점선으로 감싸집니다.

❶ 체크해 활성화합니다.

❷ 렌더링 범위가 붉은색 점선으로 감싸집니다.

04 일반적인 시점 변경과 마찬가지로 마우스 가운데 버튼을 드래그해 회전, 마우스 휠을 회전해서 줌인/줌아웃, Shift 키를 누르면서 마우스 가운데 버튼을 드래그해 시점 평행이동하면 앵글을 조정할 수 있습니다.

조정을 완료했다면 [잠금] → [Camera to View]의 체크를 해제해 비활성화합니다.

앵글 조정을 완료했다면 비활성화합니다.

트래킹 기능으로 카메라 시점 조정하기

지정한 오브젝트의 방향을 주시하는 트래킹 기능을 사용해 카메라 앵글을 조정할 수 있습니다.

01 오브젝트 모드의 3D 뷰포트 헤더에 있는 **[추가]**(Shift + A 키)에서 **[엠프티]** → **[일반 축]**을 선택해 Empty 오브젝트를 추가합니다(Empty 오브젝트는 렌더링 때 출력되지 않습니다).

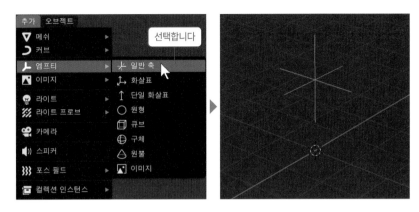

02 카메라를 마우스 왼쪽 버튼으로 클릭하고, Shift 키를 누르면서 마우스 왼쪽 버튼으로 클릭해 Empty를 선택합니다(카메라를 선택하고, Empty 오브젝트를 선택하는 순서를 잘 지켜주세요).

3D 뷰포트 헤더에 있는 **[오브젝트]**에서 **[트랙]** → **[Track to Constraint(제약으로 트랙)]**를 선택합니다.

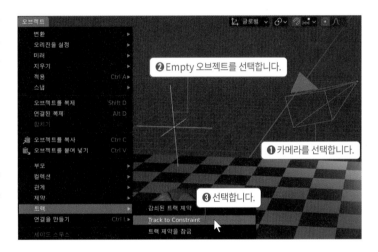

03 설정이 완료되면 카메라와 Empty 오브젝트 사이에 파란색 점선이 표시됩니다.

Empty를 이동하면 카메라의 방향이 함께 움직입니다.

또한 카메라를 이동해도 Empty 오브젝트를 향합니다.

❓ 주의
오른쪽 그림은 카메라와 Empty 오브젝트 이외의 것을 숨긴 상태입니다.

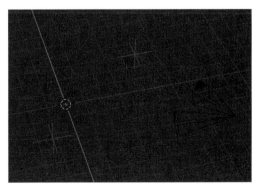

5.3 월드

"월드"에서는 씬의 배경, 안개 등을 설정할 수 있습니다. 배경은 색뿐만 아니라, 이미지를 설정할 수도 있습니다. 이러한 배경 색과 이미지는 오브젝트의 반사 등에 큰 영향을 주며, 오브젝트의 색을 변화시키기도 합니다.

배경 설정

배경색 변경

프로퍼티 왼쪽에 있는 ■를 마우스 왼쪽 버튼으로 클릭하면 표시되는 **표면** 패널에서 컬러 팔레트로 배경색을 지정할 수 있습니다. 렌더링 범위 내부에서 오브젝트가 존재하지 않는 부분에 지정한 색이 표시됩니다.

배경색은 오브젝트의 표면에 반사되므로 씬 전체의 색감에 영향을 줍니다. 또한 [강도]는 [컬러]로 설정한 배경색의 영향력을 설정할 수 있습니다. 숫자가 클수록 영향력이 커집니다.

환경 맵핑

환경 맵핑이란 반사하는 금속 등에 비치는 주변 환경을 가상으로 표현하는 방법으로, 빠른 처리가 요구되는 게임 제작 등에서 사용됩니다. 이때 텍스처로는 색조의 정밀도가 높은 **하이 다이나믹 레인지 이미지 (HDRI)**를 사용하는 것이 일반적입니다.

JPEG 형식으로는 잘 표현되지 않는 아주 밝은 부분과 어두운 부분도 HDRI 형식에서는 제대로 표현할 수 있으므로 HDRI 형식을 사용하면 자연스럽고 현실적인 묘사를 할 수 있습니다.

01 프로퍼티 왼쪽에 있는 █를 마우스 왼쪽 버튼으로 클릭해 **표면** 패널을 표시합니다.

마우스 왼쪽 버튼으로 클릭합니다.

02 **컬러**의 왼쪽에 있는 점을 마우스 왼쪽 버튼으로 클릭하고, **[환경 텍스처]**를 선택합니다.

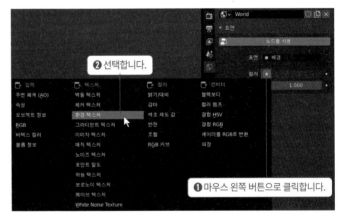

❷ 선택합니다.

❶ 마우스 왼쪽 버튼으로 클릭합니다.

03 **[열기]**를 마우스 왼쪽 버튼으로 클릭하면 블렌더 파일 보기 대화 상자가 나옵니다. 환경 텍스처로 사용할 이미지를 선택하고, **[이미지를 열기]**를 마우스 왼쪽 버튼으로 클릭합니다.

❶ 마우스 왼쪽 버튼으로 클릭합니다.

04 준비한 이미지에 맞게 **[등장방향도법]** 또는 **[미러 볼]**을 선택합니다.

등장방향도법

미러 볼

이미지 텍스처 설정하기

배경으로 이미지를 평면적으로 배치할 수도 있습니다. 설정 방법은 객체에 텍스처를 맵핑할 때와 거의 같습니다.

01 탑바에 있는 [Shading] 탭을
마우스 왼쪽 버튼으로 클릭하고,
셰이더 에디터의 **셰이더 유형**
메뉴에서 [**월드**]를 선택합니다.

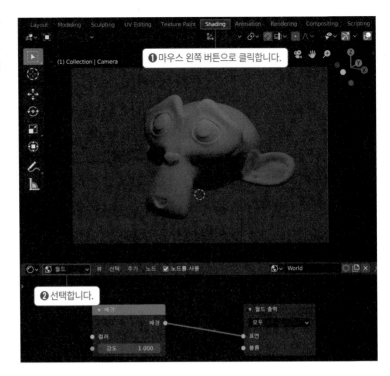

02 셰이더 에디터 헤더에 있는 [**추가**](Shift + A 키)에서 [**텍스처**] → [**이미지**
텍스처]를 선택해 **이미지 텍스처** 노드를 추가합니다.

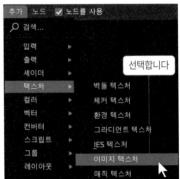

03 **이미지 텍스처** 노드의 [**열기**]를 마우스 왼쪽 버튼으로 클릭합니다.

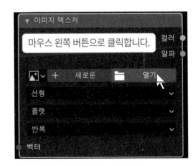

04 블렌더 파일 보기 대화상
자가 나오면 텍스처로 사
용할 이미지를 선택하고,
[이미지를 열기]를 마우
스 왼쪽 버튼으로 클릭합
니다.

05 셰이더 에디터 헤더에 있는 [추가](Shift + A 키) → [벡터]에서 [맵핑]을 선택해 맵핑 노드를 추가합니다. 이어서 셰이더
에디터 헤더에 있는 [추가](Shift + A 키) → [입력]에서 [텍스처 좌표]를 선택해 텍스처 좌표 노드를 추가합니다.

06 다음 그림처럼 텍스처 좌표 노드의 출력 소켓에 있는 [창]과 맵핑 노드의 입력 소켓에 있는 [벡터], 맵핑 노드의 출력 소켓
에 있는 [벡터]와 이미지 텍스처 노드의 입력 소켓에 있는 [벡터], 이미지 텍스처 노드의 출력 소켓에 있는 [컬러]와 배경
노드의 입력 소켓에 있는 [컬러]를 연결합니다.

배경에 그라디언트 설정하기

배경에 단색뿐만 아니라 그라디언트를 설정할 수도 있습니다.

01 탑바에 있는 **[Shading]** 탭을 마우스 왼쪽 버튼으로 클릭하고, 셰이더 에디터의 **셰이더 유형** 메뉴에서 **[월드]**를 선택합니다.

02 셰이더 에디터 헤더에 있는 **[추가]**(Shift + A 키)에서 **[컨버터]** → **[컬러 램프]**를 선택해 **컬러 램프** 노드를 추가합니다.

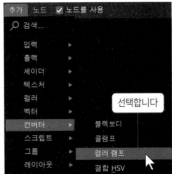

03 셰이더 에디터 헤더에 있는 **[추가]**(Shift + A 키)에서 **[텍스처]** → **[그라디언트 텍스처]**를 선택해 **그라디언트 텍스처** 노드를 추가합니다.

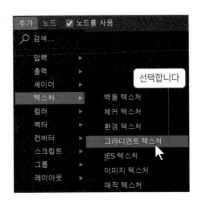

04 셰이더 에디터 헤더에 있는 [**추가**](Shift + A 키)에서 [**벡터**] → [**맵핑**]을 선택
해 **맵핑** 노드를 추가합니다.

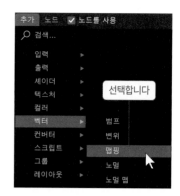

05 셰이더 에디터 헤더에 있는 [**추가**](Shift + A 키)에서 [**입력**] → [**텍스처 좌표**]
를 선택해 **텍스처 좌표** 노드를 추가합니다.

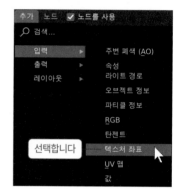

06 다음 그림처럼 **텍스처 좌표** 노드의 출력 소켓에 있는 [**창**]과 **맵핑** 노드의 입력 소켓에 있는 [**벡터**], **맵핑** 노드의 출력 소켓
에 있는 [**벡터**]와 **그라디언트 텍스처** 노드의 입력 소켓에 있는 [**벡터**], **그라디언트 텍스처** 노드의 출력 소켓에 있는 [**팩
터**]와 **컬러 램프** 노드의 입력 소켓에 있는 [**팩터**], **컬러 램프** 노드의 출력 소켓에 있는 [**컬러**]와 **배경** 노드의 입력 소켓에
있는 [**컬러**]를 연결합니다.

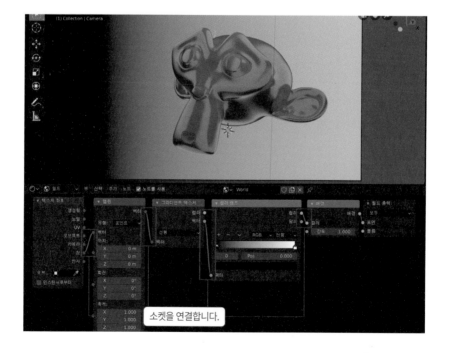

07 그라디언트의 색을 변경하고 싶다면 **컬러 램프** 노드의 컬러 스토퍼를 마우스 왼쪽 버튼으로 클릭하고, 컬러 팔레트를 마우스 왼쪽 버튼으로 클릭해 색을 설정합니다.

08 그라디언트 색의 수를 늘리고 싶다면 ➕를 마우스 왼쪽 버튼으로 클릭해 컬러 스토퍼를 추가합니다. 컬러 스토퍼는 마우스 왼쪽 버튼으로 드래그해 이동할 수 있습니다.

컬러 스토퍼를 제거하고 싶을 때는 제거할 컬러 스토퍼를 마우스 왼쪽 버튼으로 클릭해 선택한 다음, ➖를 마우스 왼쪽 버튼으로 클릭합니다.

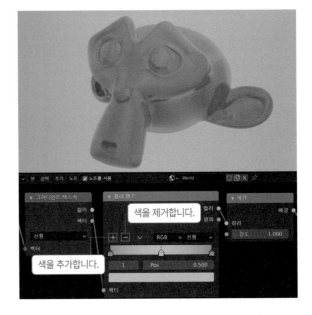

09 그라디언트 방향을 변경하고 싶다면 **맵핑** 노드의 [**회전: Z**]로 각도를 설정하고, [**위치: X**]로 위치를 조정합니다.

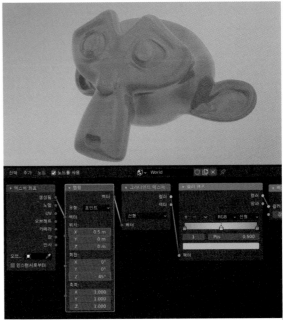

볼륨 설정

볼륨을 설정하면 씬에 안개가 끼어 있는 효과를 만들 수 있습니다.

카메라에서 멀어질수록 또는 안개가 진할수록 잘 보이지 않게 만드는 것입니다.

01 프로퍼티 왼쪽에 있는 █를 마우스 왼쪽 버튼으로 클릭하면 **볼륨** 패널이 있습니다. **[볼륨]** 오른쪽에 있는 점을 마우스 왼쪽 버튼으로 클릭하고, **[볼륨 산란]**을 선택합니다.

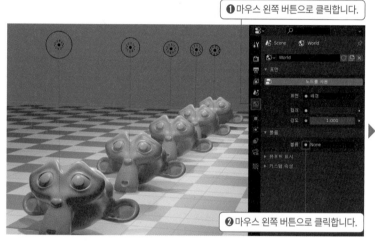

❶ 마우스 왼쪽 버튼으로 클릭합니다.

❷ 마우스 왼쪽 버튼으로 클릭합니다.

❸ 선택합니다.

02 **볼륨** 패널의 **[밀도]** 값을 변경해 안개의 강도를 조정할 수 있습니다.

조정합니다.

03 연기처럼 밝기 차이를 표현할 수도 있습니다.

탑바에 있는 **[Shading]** 탭을 마우스 왼쪽 버튼으로 클릭하고, 셰이더 에디터의 **셰이더 유형** 메뉴에서 **[월드]**를 선택합니다. 이전에 설정했던 **볼륨 산란** 노드가 추가된 것을 확인할 수 있을 것입니다.

04 연기를 추가할 수 있게 **프로시져럴 텍스처**(229페이지 참고)를 사용하겠습니다.

셰이더 에디터 헤더에 있는 **[추가]**(Shift + A 키)에서 **[텍스처]** → **[머스그레이브 텍스처]**를 선택해 **머스그레이브 텍스처** 노드를 추가합니다.

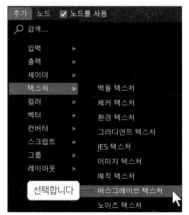

05 그림처럼 **머스그레이브 텍스처** 노드의 출력 소켓에 있는 **[높이]** 와 **볼륨 산란** 노드의 입력 소켓에 있는 **[밀도]**를 연결합니다.

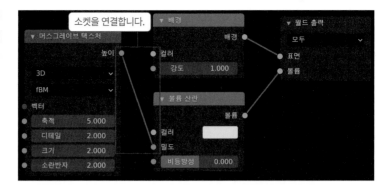

06 **머스그레이브 텍스처** 노드의 **[축적]** 또는 **[디테일]** 값을 변경하면 연기를 조정할 수 있습니다.

5.4 렌더링

이제 3DCG 제작의 마지막 공정이라 할 수 있는 "렌더링"입니다. 모델링부터 시작해 지금까지 해왔던 작업이 결과물로 나올 수 있게 하려면 렌더링과 관련된 내용을 알아야 합니다.

렌더 엔진

블렌더에는 3가지 종류의 렌더 엔진이 탑재돼 있습니다.

작품을 마무리할 때뿐만 아니라, 모델링 작업 중에도 형태를 확인하거나, 설정한 매테리얼의 질감을 확인하는 등 다양한 상황에 렌더링을 활용합니다. 상황에 따라서 렌더링에 필요한 퀄리티와 처리 시간이 달라질 수 있습니다.

각 렌더 엔진의 특징을 이해해야 이러한 상황에 유연하게 대처할 수 있습니다.

Cycles

물리적으로 정확한 표현이 가능하며, 빛의 반사 처리 등을 정확하게 시뮬레이션합니다. 사실적인 작품을 완성하고 싶을 때 사용하는 렌더 엔진입니다.

다만 처리 방식의 특성으로 인해 노이즈가 발생하기 쉽고, 이를 제거하려면 별도의 처리를 해야 합니다.

Workbench

미리보기 전용으로 사용하는 렌더 엔진입니다. 매테리얼과 라이팅을 하지 않고도, 최소한의 설정만으로 간단하게 렌더링 할 수 있습니다.

객체를 표시할 때 솔리드 이외에 MatCap을 설정할 수도 있습니다.

Eevee

블렌더 버전 2.8부터 새로 탑재된 Eevee는 Cycles와 같은 물리 기반의 렌더 엔진입니다. 빛의 굴절, 피부와 같은 반투명한 물체의 표현, 엠비언트 오클루전, 피사계 심도 등의 고급 기능을 제공합니다.

무엇보다 주목할 만한 부분은 속도입니다. 게임 엔진처럼 실시간으로 렌더링 할 수도 있어서 모델링 등의 편집 작업을 하면서 렌더링 결과를 확인할 수 있는 정도입니다.

추가로 매테리얼 설정도 Cycles와 거의 같으므로 최종적인 렌더 엔진을 상황에 따라 변경하기도 쉽습니다.

렌더링 설정하기

렌더 엔진 변경하기

프로퍼티 왼쪽에 있는 🎬를 마우스 왼쪽 버튼으로 클릭하고, 위의 **렌더 엔진** 메뉴에서 원하는 렌더 엔진을 선택합니다.

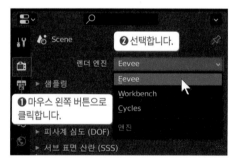

샘플링

샘플링 패널의 [**렌더**]는 렌더링할 때의 샘플 수를 의미합니다. [**뷰포트**]는 3D 뷰포트에 출력할 때의 샘플 수를 의미합니다. 참고로 3D 뷰포트에 출력할 때는 셰이딩에서 [**렌더**](34페이지 참고)를 선택해야 합니다.

샘플링 수는 클수록 고품질의 결과가 나옵니다. 특히 **Cycles** 렌더 엔진의 경우 노이즈 발생을 크게 줄일 수 있습니다. 다만 샘플링 수가 클수록 처리에 오랜 시간이 걸리게 됩니다.

샘플링이 128일 때(Cycles로 렌더링)

샘플링이 1024일 때(Cycles로 렌더링)

렌더링 이미지 크기 설정하기

프로퍼티 왼쪽에 있는 █를 마우스 왼쪽 버튼으로 클릭할 때 나오는 **크기** 패널에서는 렌더링 출력 이미지의 해상도를 설정할 수 있습니다.

[**해상도 X**]는 너비 픽셀 수, [**해상도 Y**]는 높이 픽셀 수를 나타냅니다.

[**%**]를 사용해 지정한 비율로 축소해서 렌더링 할 수 있습니다. 축소하면 처리가 빨라지므로 테스트 렌더링 등을 할 때 활용합니다.

렌더링 이미지 설정하기

프로퍼티 왼쪽에 있는 █를 마우스 왼쪽 버튼으로 클릭할 때 나오는 **출력** 패널에서는 렌더링 출력 이미지를 설정합니다.

패널의 가장 위에 있는 출력 경로 지정은 애니메이션을 출력할 때 사용하므로 이미지 렌더링을 할 때는 따로 설정하지 않아도 괜찮습니다.

[**파일 형식**] 메뉴에서 렌더링 이미지의 출력 형식을 선택합니다.

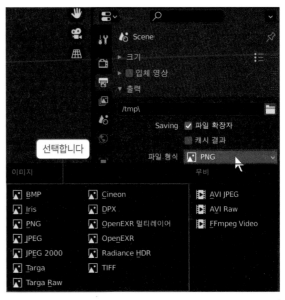

[컬러]의 [BW]는 그레이 스케일, [RGB]는 RGB 컬러, [RGBA]는 알파 채널이 추가된 RGB 컬러를 의미합니다. 참고로 BMP와 JPEG 등의 알파 채널을 지원하지 않는 형식을 선택한 경우에는 [RGBA]를 선택할 수 없습니다.

저장 형식은 렌더링 실행 후에도 변경할 수 있습니다.

투명

프로퍼티 왼쪽에 있는 ▣를 마우스 왼쪽 버튼으로 클릭할 때 나오는 **필름** 패널에서 [**투명**]에 체크해 활성화하면 씬 내부에 객체가 배치돼 있지 않은 부분이 투명하게 렌더링됩니다.

② 주의

[투명]이 적용되려면 출력 패널의 컬러를 [RGBA]로 선택해야 합니다.

블룸

프로퍼티 왼쪽에 있는 ▣를 마우스 왼쪽 버튼으로 클릭하면 나오는 **블룸** 패널에 체크해 활성화하면 발광 또는 하이라이트 등의 고휘도 부분에서 빛이 넘쳐 흐르는 블룸 효과를 설정할 수 있습니다.

[**임계 값**]으로 블룸 효과가 발생할 범위, [**반경**]으로 빛이 흘러 넘치는 범위, [**강도**]로 흘러 넘치는 빛의 강도를 조정합니다.

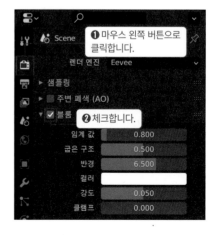

3D 뷰포트 헤더에 있는 셰이딩 변경 버튼의 **[매테리얼 미리보기]** 또는 **[렌더 미리보기]**를 마우스 왼쪽 버튼으로 클릭해 셰이딩을 변경하면 블룸 효과를 3D 뷰포트에서 확인할 수 있습니다.

렌더링 실행

상단 메뉴의 **렌더**에서 **[이미지를 렌더]**(F12키)를 선택하면 렌더링이 실행됩니다.

렌더링을 실행하면 화면 오른쪽 아래에 진행 상태가 표시됩니다. 진행 상태 오른쪽에 있는 ☒를 마우스 왼쪽 버튼으로 클릭하면 렌더링이 중단됩니다.

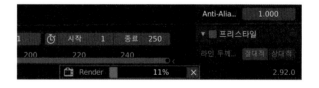

렌더링 이미지 저장하기

렌더링을 하면 렌더링 결과가 출력되기만 하는 것이지 이미지로 저장되지는 않습니다. 이미지를 저장하려면 블렌더 렌더 헤더의 **이미지**에서 **[저장]**(Alt + S 키)을 선택합니다.

블렌더 파일 보기 대화 상자가 나오면 저장할 위치와 파일 이름을 지정하고, 오른쪽 아래의 [**다른 이미지로 저장**]을 마우스 왼쪽 버튼으로 클릭해 이미지로 저장할 수 있습니다. 오른쪽 위에 있는 [**파일 형식**] 패널에서 파일 형식 등을 지정할 수 있습니다.

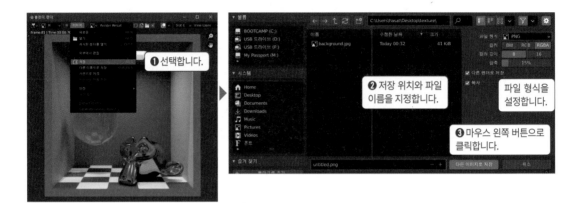

영역 렌더링

테스트 렌더링 때에는 렌더링 시간을 단축할 수 있게 크기와 퀄리티를 떨어뜨리는 등 다양한 방법을 사용합니다.

이러한 방법 중에 대표적인 방법이 바로 **부분 렌더링**이라는 기능입니다.

01 프로퍼티 왼쪽에 있는 ▣를 마우스 왼쪽 버튼으로 클릭하고, 크기 패널의 [**렌더 지역**]에 체크해 활성화합니다.

02 3D 뷰포트 헤더에 있는 [**뷰**]에서 [**뷰포트**] → [**카메라**] (숫자 패드 0)를 선택해 카메라 시점으로 변경합니다.

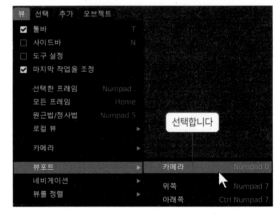

03 3D 뷰포트 헤더에 있는 **[뷰]**에서 **[뷰 지역]** → **[렌더 지역]**(Ctrl + B 키)을 선택하고, 렌더링할 부분을 마우스 왼쪽 버튼으로 드래그해서 지정합니다.

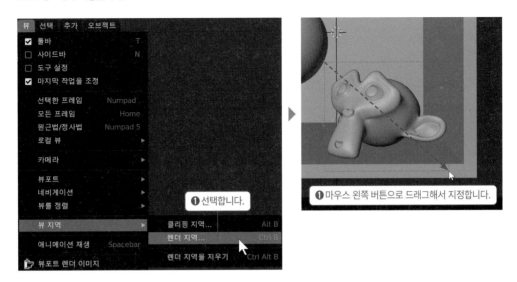

04 렌더링을 실행하면 지정한 붉은색 점선 안쪽만 렌더링됩니다.

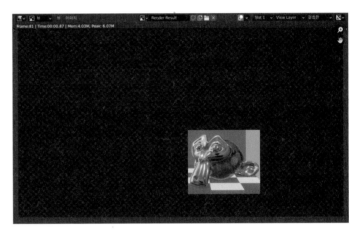

05 3D 뷰포트 헤더에 있는 **[뷰]**에서 **[뷰 지역]** → **[렌더 지역을 지우기]**(Ctrl + Alt + B 키)를 선택하면 지정한 영역이 해제됩니다.

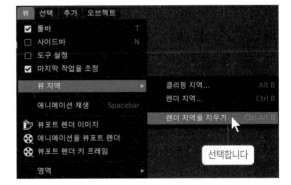

피사계 심도

피사계 심도란?

피사계 심도란 초점이 맞는 깊이의 범위를 나타냅니다. 피사계 심도가 얕아서 초점이 맞는 범위가 좁으면 배경 또는 앞에 있는 물건 등 피사체 이외의 것들이 흐려지므로 피사체를 더 강조할 수 있습니다.

DSLR 카메라 등을 사용해서 피사계 심도 촬영을 할 수 있는데, 이를 유사적으로 모방해서 재현할 수 있는 것입니다.

이를 활용하면 블렌더에서도 매력 있고 깊이감 있는 씬을 만들 수 있습니다.

피사계 심도 설정하기

01 카메라를 선택하고, 프로퍼티 왼쪽에 있는 ▣를 마우스 왼쪽 버튼으로 클릭합니다.

피사계 심도 (DOF) 패널에 체크해 활성화합니다.

02 초점을 맞출 위치는 두 가지 방법으로 설정할 수 있습니다.

첫 번째 방법은 초점을 맞출 객체를 지정하는 방법입니다. **피사계 심도 (DOF) 패널의 [오브젝트에 초점]** 오른쪽에 있는 ⬛를 마우스 왼쪽 버튼으로 클릭한 다음 표시되는 목록에서 오브젝트를 선택하거나, 🔳를 마우스 왼쪽 버튼으로 클릭하고 3D 뷰포트 위의 오브젝트를 직접 마우스 왼쪽 버튼으로 클릭해 선택합니다.

❓ 주의

오브젝트를 초점 기준으로 사용하므로 오브젝트를 움직여도 항상 초점을 맞출 수 있습니다.

다만 이 설정은 객체별로 지정하므로 객체의 특정 부위를 지정할 수는 없으며, 객체의 원점에만 초점을 맞춥니다.

예를 들어 인물의 얼굴에 초점을 맞출 때는 엠프티 오브젝트를 만들고, 여기에 초점을 맞춘 뒤 활용하는 형태로 사용합니다.

03 두 번째 방법은 카메라로부터의 거리를 지정하는 방법입니다.

카메라를 선택하고, 프로퍼티 왼쪽에 있는 📷를 마우스 왼쪽 버튼으로 클릭하면 나오는 **뷰포트 표시** 패널에서 **[제한]**에 체크해 활성화합니다.

이렇게 하면 3D 뷰포트에 초점 위치가 표시됩니다.

04 피사계 심도 (DOF) 패널의 **[초점 거리]** 값을 변경해 카메라와 초점 사이의 거리를 설정합니다.

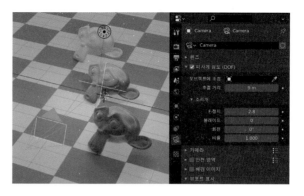

05 초점이 맞는 범위를 설정할 수 있게 일단 3D 뷰포트 헤더에 있는 셰이딩 변경 버튼 중에서 **[매테리얼 미리보기]** 또는 **[렌더 미리보기]**를 마우스 왼쪽 버튼으로 클릭해 셰이딩을 변경합니다.

이어서 **[뷰]**에서 **[뷰포트]** → **[카메라]**(숫자 패드 0)를 선택해 카메라 시점으로 변경합니다.

이렇게 하면 초점이 맞지 않아서 흐리게 보이는 부분을 3D 뷰포트에서 확인할 수 있습니다.

❶ 마우스 왼쪽 버튼으로 클릭해 셰이딩을 변경합니다.

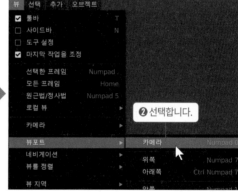

❷ 선택합니다.

06 피사계 심도 (DOF) 패널의 **조리개**에 있는 **[F-정지]**로 초점을 맞출 범위를 설정합니다.

값이 작을수록 피사계 심도가 얕아져서 초점이 맞는 범위가 좁아집니다.

조절합니다.

F-정지가 2.8일 때

F-정지가 0.5일 때

07 **블래이드**로 조리개의 날 수를 설정합니다. 블래이드(조리개)는 렌즈를 통과하는 빛의 양을 조정하기 위한 부품으로 사람의 눈에서 홍채와 같은 역할을 합니다.

"3(장)" 이상부터 기능하며, 빛을 통과하는 구멍이 설정한 수만큼의 다각형이 되므로 흐려지는 부분(보케)이 그 형태에 맞춰 변합니다.

블래이드가 3일 때

블래이드가 5일 때

입체 영상

최근에는 동영상과 게임을 VR 장비 등을 활용해 입체 영상으로 볼 수 있습니다. 비싼 고가의 VR 장비도 있지만, 스마트폰을 활용하는 고글 등도 있어서 저렴한 비용으로도 입체 영상을 즐길 수 있는 시대가 되었습니다.

입체 영상을 촬영하려면 입체 영상을 촬영할 수 있는 전문 장비가 필요합니다. 하지만 컴퓨터 속에 있는 블렌더로 만든 장면을 촬영한다면 렌더링을 입체 영상으로 렌더링 하기만 하면 됩니다.

입체 영상 방식

아날로그 방식

붉은색과 파란색 필터를 사용해 입체 영상을 감상하는 방식입니다.

왼쪽이 붉은색, 오른쪽이 파란색인 전용 안경이 필요합니다.

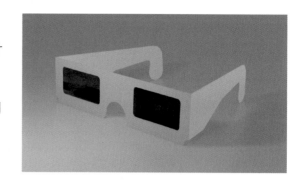

인터레이스 방식

왼쪽 눈 전용과 오른쪽 눈 전용 이미지(또는 영상)를 가로로 하나씩 배열한 다음 전용 디스플레이 또는 안경을 이용해 왼쪽 눈 전용, 오른쪽 눈 전용 이미지를 분리해 볼 수 있게 하는 방식입니다.

따라서 출력되는 이미지(또는 영상)는 세로 방향 해상도가 절반으로 줄어듭니다.

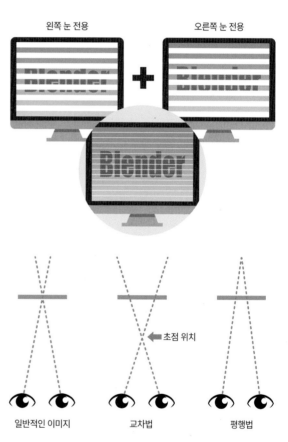

위쪽-아래쪽과 나란히

왼쪽 눈 전용과 오른쪽 눈 전용 이미지(또는 영상)를 세로 방향(위쪽-아래쪽) 또는 가로 방향(나란히)으로 배치하고, 감상할 때는 헤드 마운드 디스플레이 등의 전용 기계로 보는 방식입니다.

스마트폰 애플리케이션, 고글 등을 사용해 쉽게 감상할 수 있습니다. 3DVR에서 사용하는 방식이 바로 이 방식입니다.

나란히는 초점을 조절해 맨눈으로도 입체 영상을 볼 수 있지만, 사용자가 약간의 테크닉이 필요합니다. 왼쪽 눈 전용과 오른쪽 눈 전용 이미지(또는 영상)를 배치하는 방식에 따라 교차법 또는 평행법으로 구분합니다.

입체 영상 설정하기

01 프로퍼티 왼쪽에 있는 ▦를 마우스 왼쪽 버튼으로 클릭하고, **입체 영상** 패널에 체크해 활성화합니다.

입체 영상 패널을 활성화하면 3D 뷰포트의 카메라 시점이 애너글리프 방식으로 표시됩니다.

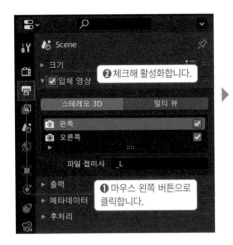

02 **출력 → 뷰** 패널의 [**뷰 형식**]에 있는 [**스테레오 3D**]를 마우스 왼쪽 버튼으로 클릭하면 [**스테레오 모드**] 메뉴에서 입체 영상 방식을 선택할 수 있습니다.

애너글리프

[**애너글리프 유형**] 메뉴에서 [**레드-사이안**] 필터 이외에도 [**옐로우-블루**], [**그린-마젠타**]를 선택할 수 있습니다.

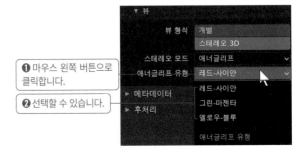

인터레이스

왼쪽 전용과 오른쪽 전용 이미지와 같은 영상 정렬 방식을 선택할 수 있습니다. [가로줄 인터리브]는 가로방향으로 배열, [세로줄 인터리브]는 세로 방향으로 배열, [체커보드 인터리브]는 체크 무늬처럼 배열하는 인터리브 방식입니다.

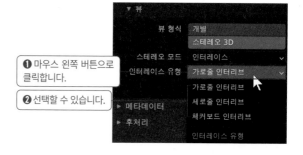

❶ 마우스 왼쪽 버튼으로 클릭합니다.

❷ 선택할 수 있습니다.

위쪽-아래쪽

위쪽-아래쪽 또는 나란히를 선택하면 [압착된 프레임]이라는 체크 박스가 표시됩니다. 압착된 프레임을 활성화하면 출력 크기에 맞게 압축되서 렌더링됩니다.

또한 나란히를 선택하면 [크로스-아이드] 체크 박스가 표시됩니다. 왼쪽 눈 전용을 오른쪽으로, 오른쪽 눈 전용을 왼쪽으로 배치해 렌더링합니다.

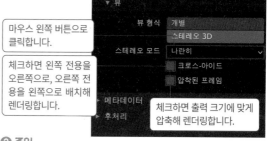

마우스 왼쪽 버튼으로 클릭합니다.

체크하면 왼쪽 전용을 오른쪽으로, 오른쪽 전용을 왼쪽으로 배치해 렌더링합니다.

체크하면 출력 크기에 맞게 압축해 렌더링합니다.

❓ 주의

[애너글리프] 이외의 것을 선택해도 3D 뷰포트의 카메라 시점에서는 애너글리프 방식으로만 표시됩니다.

03 설정이 완료됐다면 렌더링을 실행합니다(렌더링과 관련된 내용은 289페이지를 참고해주세요).단순하게 렌더링할 때는 어떤 입체 영상 방식을 선택해도 애너글리프 방식으로 나옵니다. 하지만 이미지로 저장하는 방법을 사용해야 원하는 입체 영상 방식으로 렌더링 결과를 출력할 수 있습니다.

애너글리프[레드-사이안]

인터레이스[가로줄 인터리브]

나란히[압착된 프레임][크로스-아이드]

확대

5.5 씬(Scene)의 구조

블렌더를 처음 열면 큐브와 카메라 등이 배치된 가상의 3D 공간 "씬"이 표시됩니다. 작품을 만들어 나가는 씬에는 여러 오브젝트를 배치하게 됩니다. 따라서 작품을 잘 관리하고, 원하는 장면을 연출하려면 씬의 구조에 대해 알아야 합니다.

씬의 구조

블렌더를 열었을 때 표시되는 가상의 3D 공간인 씬(Secne)은 다음과 같은 구조를 갖습니다.

하나의 씬 내부에는 가장 위에 씬 컬렉션(Scene Collection)이 있으며, 내부에 여러 컬렉션(Collection)이 배치됩니다. 각각의 컬렉션은 컴퓨터의 폴더와 같은 역할을 하며, 여러 오브젝트를 관리할 수 있습니다.

기본적으로 씬 컬렉션 내부에 1개의 컬렉션이 있으며, 그 안에 큐브 오브젝트, 카메라, 라이트가 배치돼 있습니다.

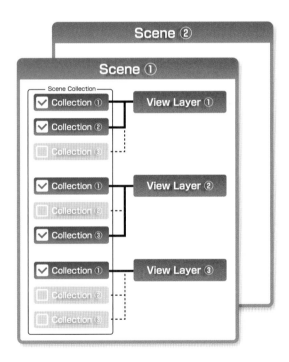

추가로 블렌더는 뷰 레이어(View Layer)라는 기능이 있어서 여러 컬렉션을 레이어처럼 관리해 표시와 숨김 상태 등을 쉽게 관리할 수 있습니다.

서로 다른 배경과 라이트를 컬렉션별로 저장하고, 여러 뷰 레이어로 관리하면 렌더링할 때 모델을 그대로 유지한 상태로 배경과 라이트를 변경해볼 수 있습니다.

씬 만들기

작품을 만드는 무대가 되는 씬은 1개의 블렌더 파일에 여러 개 만들 수 있습니다.

헤더의 🖻를 마우스 왼쪽 버튼으로 클릭하면 나오는 [새로운 씬] 메뉴에서 항목을 선택해 새로운 씬을 만들 수 있습니다.

새로운

완전히 새로운 씬이 만들어집니다. 새로운 씬은 계층 구조에서 씬 컬렉션 이외에 아무 것도 없는 상태입니다.

설정을 복사

[새로운]과 마찬가지로 계층 구조에는 씬 컬렉션 이외에 아무 것도 없는 상태이지만, 렌더링과 관련된 설정들이 동일한 씬이 만들어집니다.

연결된 사본

씬을 만들 때에 표시되고 있던 씬과 동일한 씬이 새로 만들어집니다. 새로 만들어진 씬은 링크(연결)되므로 이동과 복제 등의 조작을 하면 양쪽 씬에 모두 같은 조작이 이뤄집니다.

전체 복사

[연결된 사본]과 마찬가지로 씬을 만들 때에 표시되는 씬와 같은 상태의 씬이 새로 만들어지지만, 링크되지 않으므로 복제한 것을 독립적으로 편집할 수 있습니다.

씬 제거

씬을 제거하려면 ☒를 마우스 왼쪽 버튼으로 클릭합니다. 씬이 1개 밖에 없는 경우에는 제거할 수 없습니다.

마우스 왼쪽 버튼으로 클릭합니다.

씬 변경

여러 씬이 있는 경우 ☒를 마우스 왼쪽 버튼으로 클릭하고, 변경할 씬을 선택해 씬을 변경할 수 있습니다.

❷ 선택합니다.

❶ 마우스 왼쪽 버튼으로 클릭합니다.

컬렉션

작품이 복잡해지면 오브젝트의 수가 그만큼 늘어나서 관리하기 복잡해집니다. 씬 내부에서 폴더 역할을 하는 컬렉션(Collection)을 활용하면 오브젝트 관리를 편리하게 할 수 있습니다.

하나의 씬 내부에는 가장 위에 "씬 컬렉션"이라는 컬렉션이 있으며, 이는 추가하거나 제거할 수 없습니다. 씬 컬렉션 내부에는 여러 컬렉션을 만들 수 있습니다. 또한 컬렉션 내부에 추가로 컬렉션을 만들어 사용할 수도 있습니다.

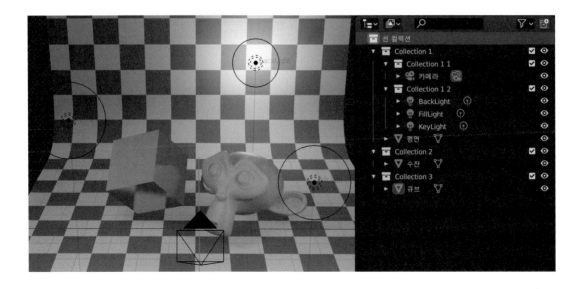

컬렉션 만들기

컬렉션 관리는 기본적인 화면 오른쪽 위
에 있는 아웃라이너에서 합니다.

씬 컬렉션 내부에 컬렉션을 새로 만들고
싶을 때는 씬 컬렉션을 마우스 왼쪽 버튼
으로 클릭해 선택하고, 아웃라이너 헤더의
▣를 마우스 왼쪽 버튼으로 클릭합니다.

또한 마우스 포인터를 씬 컬렉션에 가져
간 다음, 마우스 오른쪽 버튼으로 클릭하
면 표시되는 메뉴에서 [**새로운 컬렉션**]을 선택해도 됩니다.

❶ 마우스 왼쪽 버튼으로
클릭합니다.

❶ 또는 마우스 포인터를
씬 컬렉션에 가져간 다
음, 마우스 오른쪽 버튼
으로 클릭합니다.

❷ 선택합니다.

컬렉션 내부에 추가로 컬렉션을 만들고 싶을 때는 원하는 컬렉션을 마우스 왼쪽 버튼으로 클릭하고, 아웃라
이너 헤더의 ▣를 마우스 왼쪽 버튼으로 클릭합니다. 또한 마우스 포인터를 원하는 컬렉션에 가져간 다음,
마우스 오른쪽 버튼으로 클릭하면 표시되는 메뉴에서 [**새로운**]을 선택해도 됩니다.

마우스 왼쪽 버튼으로
클릭합니다.

마우스 왼쪽 버튼으로
클릭합니다.

컬렉션 삭제하기

컬렉션을 제거할 때는 제거할 컬렉션을 마우스 왼쪽 버튼으로 클릭하고, X 키를 누릅니다. 또한 마우스 포
인터를 제거할 컬렉션에 가져간 다음 마우스 오른쪽 버튼을 클릭하면 표시되는 메뉴에서 [**삭제**]를 선택합
니다.

컬렉션 내부에 있던 오브젝트는 자동으로 원래 컬렉션이 있던 계층으로 이동합니다.

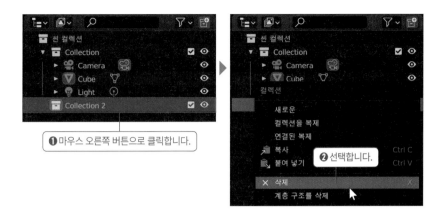

① 마우스 오른쪽 버튼으로 클릭합니다.

② 선택합니다.

컬렉션 내부의 오브젝트 관리하기

3D 뷰포트에서 새로운 오브젝트를 추가하면 현재 선택된 컬렉션 내부에 추가됩니다.

컬렉션 내부에 저장된 오브젝트를 다른 컬렉션으로 이동하고 싶을 때는 일단 오브젝트 모드의 3D 뷰포트 헤더에 있는 오브젝트를 선택합니다. 이어서 3D 뷰포트 헤더에 있는 **[오브젝트]**에서 **[컬렉션]** → **[컬렉션 으로 이동]**(M 키)을 선택하고, 표시되는 메뉴에서 이동하고자 하는 컬렉션을 선택합니다.

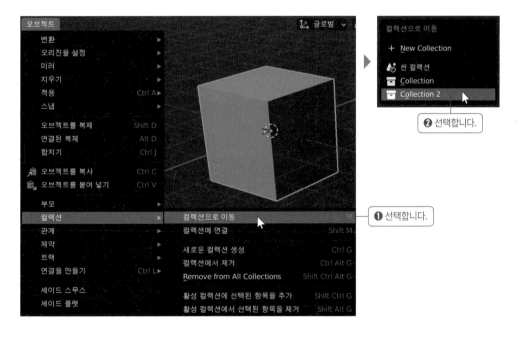

① 선택합니다.

② 선택합니다.

또는 아웃라이너에서 원하는 오브젝트를 마우스 왼쪽 버튼으로 드래그해 다른 컬렉션으로 이동할 수 있습니다. 어떤 컬렉션에도 넣고 싶지 않은 경우 마우스 왼쪽 버튼으로 드래그해 씬 컬렉션으로 이동합니다.

1개의 오브젝트를 여러 개의 컬렉션에 배치할 수도 있습니다. 오브젝트 모드의 3D 뷰포트 헤더에 있는 오브젝트를 선택하고, 3D 뷰포트 헤더에 있는 [오브젝트]에서 [컬렉션] → [컬렉션에 연결](Shift + M 키)을 선택하고, 표시되는 메뉴에서 원하는 컬렉션을 선택합니다.

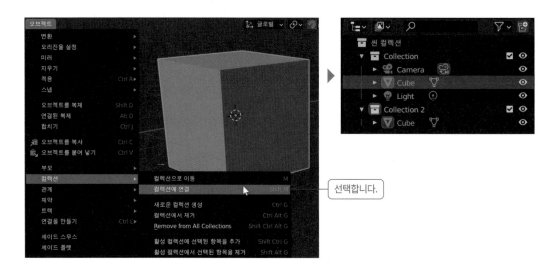

오브젝트를 컬렉션에서 제거하고 싶을 때는 오브젝트 모드의 3D 뷰포트 헤더에 있는 오브젝트를 선택하고, 3D 뷰포트 헤더에 있는 [오브젝트]에서 [컬렉션] → [컬렉션에서 제거](Ctrl + Alt + G 키)를 선택한 다음 표시되는 메뉴에서 컬렉션을 선택합니다.

이 조작 과정에서 어떤 컬렉션에도 소속되지 않는 경우 오브젝트가 제거돼 버리므로 주의해주세요.

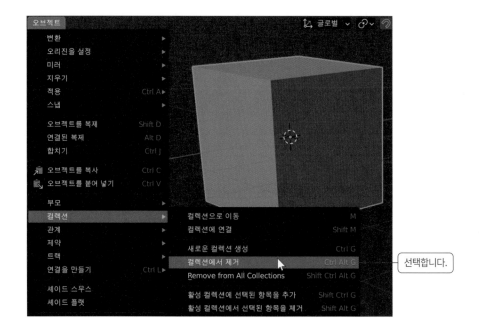

컬렉션 표시/숨기기

아웃라이너에 표시된 각 컬렉션의 오른쪽 끝에 있는 체크를 해제하면 해당 컬렉션 내부에 포함된 객체가
3D 뷰포트에서 숨겨지며, 렌더링에도 반영되지 않습니다.

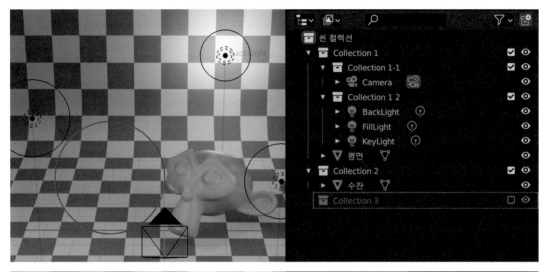

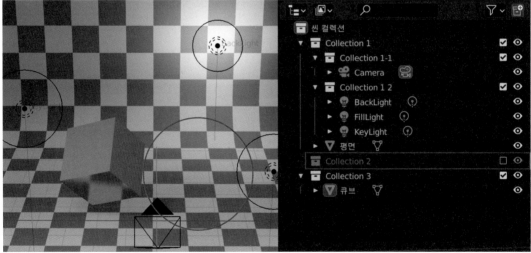

뷰 레이어

뷰 레이어(View Layer)는 컬렉션 표시/숨기기를 관리할 때 사용할 수 있는 기능입니다. 아웃라이너에서
컬렉션 표시/숨기기를 하면 뷰 레이어별로 이를 저장해둘 수 있습니다. 또한 여러 개의 뷰 레이어를 만들
고, 다양한 패턴을 기록해서 관리할 수 있습니다. 렌더링할 때 뷰 레이어를 변경하기만 하면 여러 패턴의 컬
렉션 표시/숨기기를 간단하게 관리할 수 있습니다.

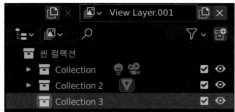 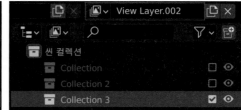

뷰 레이어 만들기

헤더에 있는  를 마우스 왼쪽 버튼으로 클릭
하면 새로운 뷰 레이어를 만들 수 있습니다. 새
로 만들어진 뷰 레이어는 모든 컬렉션이 표시
되는 상태입니다.

뷰 레이어 제거하기

뷰 레이어를 제거할 때는 ✖ 를 마우스 왼쪽 버튼으로 클릭합니다. 뷰 레이어
가 1개 밖에 없을 때는 삭제할 수 없습니다.

뷰 레이어 변경하기

여러 개의 뷰 레이어가 있을 때, 뷰 레이어를 변
경하려면 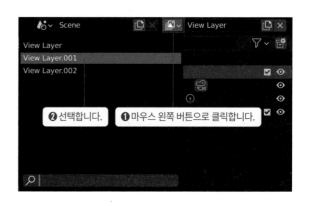 를 선택한 뒤 변경하고 싶은 뷰 레
이어를 선택합니다.

여러 개의 뷰 레이어가 있을 때 렌더링을 하면
디폴트로 모든 뷰 레이어가 렌더링됩니다.

뷰 레이어 결과가 표시되는 블렌더 렌더의 헤더
오른쪽 위에 있는 **레이어** 메뉴에서 뷰 레이어에
따른 렌더링 결과를 변경할 수 있습니다.

❓ 주의

여러 개의 뷰 레이어가 있는 경우에는 첫 번째 뷰 레이어의
렌더링 결과가 표시되더라도 아직 다른 뷰 레이어의 렌더링
결과가 처리 중일 수 있습니다. 화면 오른쪽 아래의 진행 상
태를 확인해주세요.

현재 선택된 뷰 레이어만 렌더링하고 싶다면 프로퍼티 왼쪽의 를 마우스 왼쪽 버튼으로 클릭하면 나오는 **뷰 레이어** 패널에서 [싱글 레이어를 렌더]에 체크해 활성화해주세요.

5.6 컴포지트

렌더링한 이미지에 색조 보정 등의 다양한 필터를 적용할 때는 이미지 편집 소프트웨어를 사용하는 것이 일반적입니다. 하지만 블렌더에는 "컴포지트"라는 기능이 있어서 이를 기반으로 비슷한 처리를 할 수 있습니다.

컴포지트 기초 지식

컴포지트 편집은 매테리얼처럼 노드를 기반으로 합니다.

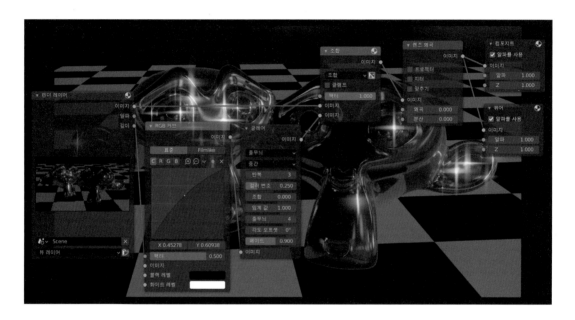

컴포지트 설정

탑바에 있는 [Compositing] 탭을 마우스 왼쪽 버튼으로 클릭하면 컴포지트 편집에 적합한 화면 구성(워크스페이스)으로 변경됩니다. 컴포지트 편집은 기본적으로 컴포지터에서 진행합니다.

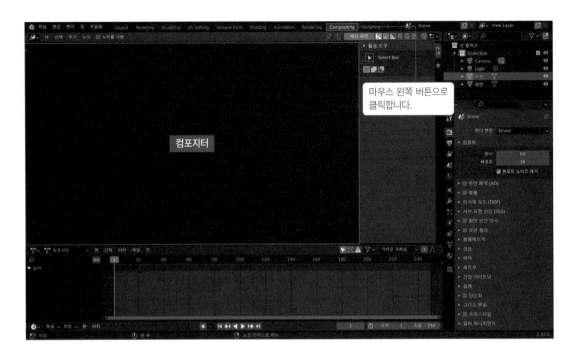

컴포지트 편집을 할 때는 일단 컴포지터 헤더에 있는 [노드를 사용]에 체크해 활성화합니다. [노드를 사용]을 활성화하면 컴포지터에 **렌더 레이어** 노드와 **컴포지트** 노드가 연결된 상태로 표시됩니다.

이미 렌더링을 했다면 **렌더 레이어** 노드에 렌더링 결과가 썸네일로 표시됩니다.

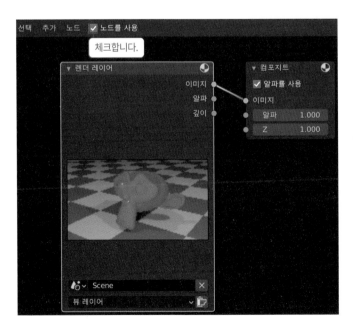

렌더링을 진행하지 않았다면 **렌더 레이어** 노드의 를 마우스 왼쪽
버튼으로 클릭해 렌더링을 실행할 수 있습니다.

❓ 주의

다른 윈도우에서 출력된 렌더링 결과(블렌더 렌더)는 닫아도 상관 없습니다.

렌더 레이어 노드와 **컴포지트** 노드의 오른쪽 위에 있는 를 마우스
왼쪽 버튼으로 클릭하면 썸네일 표시/숨기기를 할 수 있습니다.

컴포지트 노드는 구축한 노드에서 출력된 다양한 정보를 집약해 최종
적으로 렌더링 결과로 표시하기 위한 필수 노드입니다.

노드의 연결과 이동 등의 편집 방법은 매테리얼 노드와 같습니다(노
드의 편집과 관련된 내용은 199페이지를 참고해주세요).

배경 설정

편집하고 있는 컴포지트 결과를 배경에 표시하면 실시간으로 편집 결
과를 확인할 수 있습니다.

01 컴포지터 헤더에 있는 **[배경 화면]**이 파란색으로 활성화돼 있는지 확인합니다.

02 컴포지터 헤더에 있는 **[추가]**(Shift + A 키)에서 **[출력]** → **[뷰어]**를 선택해 **뷰어** 노드를 추가합니다.

03 **컴포지트** 노드에 연결된 선을 하나 더 당겨서 **뷰어** 노드에 연결합니다.

이렇게 하면 컴포지터 배경에 렌더링 결과가 출력됩니다.

04 컴포지트 헤더에 있는 **[뷰]**에서 **[배경 화면 이동]**(Alt 키 + 마우스 가운데 버튼)을 선택하면 마우스 포인터의 위치에 따라 배경이 이동합니다. 마우스 왼쪽 버튼으로 클릭해 위치를 확정합니다.

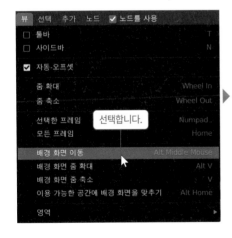

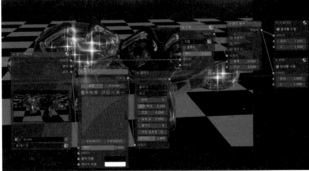

05 컴포지터 헤더에 있는 **[뷰]**에서 **[배경 화면 줌 확대]**(Alt + V 키) / **[배경 화면 줌 축소]**(V 키)를 선택하면 배경을 확대/축소 할 수 있습니다.

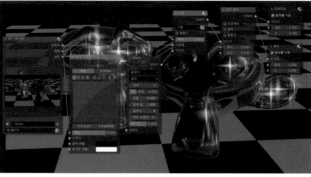

06 **뷰어** 노드를 선택하면 컴포지터 바로 위에서 배경 화면을 이동하거나 확대/축소 할 수 있습니다.

중앙에 있는 X 모양 아이콘을 마우스 왼쪽 버튼으로 드래그해 이동하고, 네 모서리에 있는 사각형을 마우스 왼쪽 버튼으로 드래그해 확대/축소 할 수 있습니다.

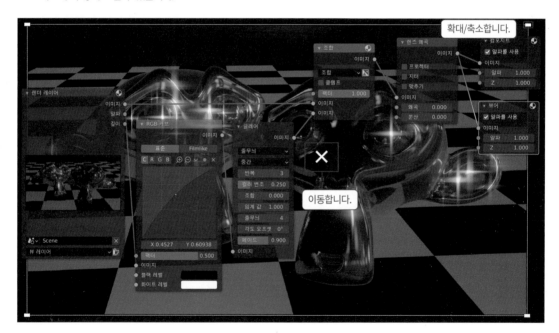

07 최종적인 렌더링 결과뿐만 아니라, 중간에 있는 노드에서 **뷰어** 노드에 연결하기만 하면 중간 과정을 배경에 출력해 확인할 수 도 있습니다.

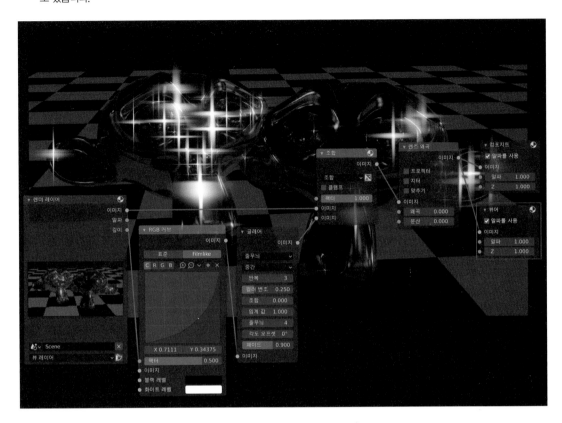

주요 노드

컴포지터에서 주로 사용하는 노드를 정리하면 다음과 같습니다.

렌더 레이어 노드

[입력]에서 선택할 수 있습니다. 여러 개의 씬과 뷰 레이어가 있는 경우 이 노드에서 출력할 씬과 뷰 레이어 를 지정할 수 있습니다.

여러 개의 렌더 레이어 노드가 있는 경우 이 노드에서 여러 개의 뷰 레이어를 읽어 들여 합성할 수도 있습 니다.

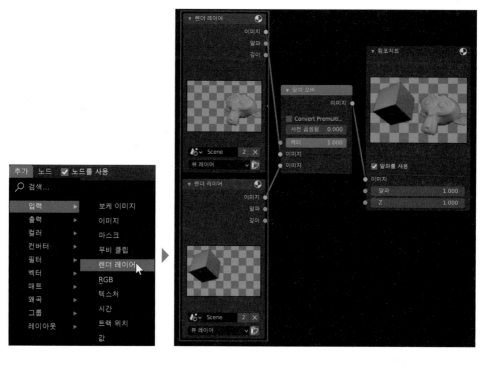

이미지 노드 / 무비 클립 노드

[입력]에서 선택할 수 있습니다. 이미지 파일 또는 동영상 파일을 읽어 들입니다. 배경과 합성하거나, 끼워 넣을 이미지 등을 읽어 들일 때 사용합니다.

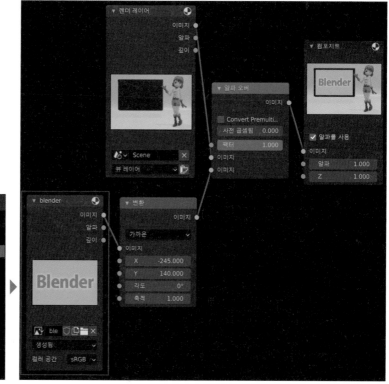

파일 출력 노드

[출력]에서 선택할 수 있습니다. 렌더링을 실행하면 파일 출력 노드에서 지정한 위치에 렌더링 결과가 파일로 자동 저장됩니다.

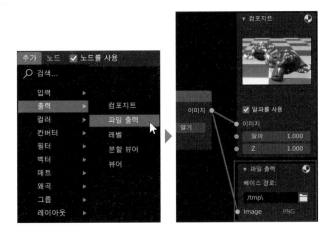

알파 오버 노드

[컬러]에서 선택할 수 있습니다. 지정한 색, 이미지 등을 합성할 수 있습니다.

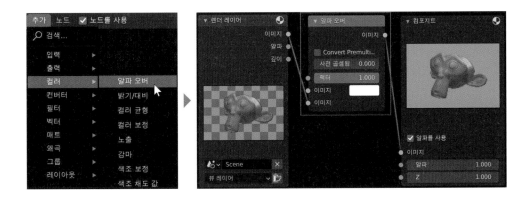

조합 노드

[컬러]에서 선택할 수 있습니다. 셰이더 노드의 [RGB 조합] 노드와 마찬가지로 2개의 색과 이미지를 혼합합니다. 추가로 혼합 방식과 비율 등을 지정할 수 있습니다.

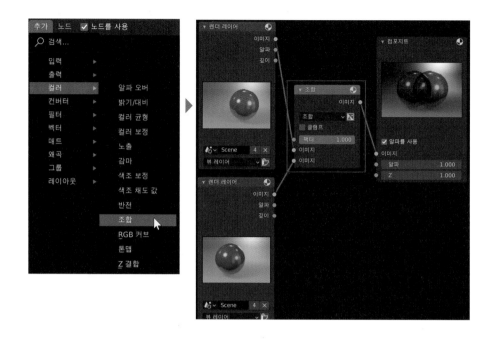

밝기/대비 노드

[컬러]에서 선택할 수 있습니다. 입력된 이미지의 밝기와 대비를 조정할 수 있습니다.

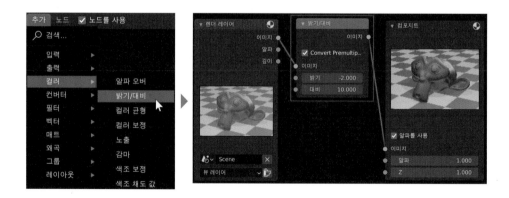

RGB 커브 노드

[컬러]에서 선택할 수 있습니다. 이미지 편집 소프트웨어의 톤 커브와 마찬가지로 RGB 색상별로 톤을 조정할 수 있습니다.

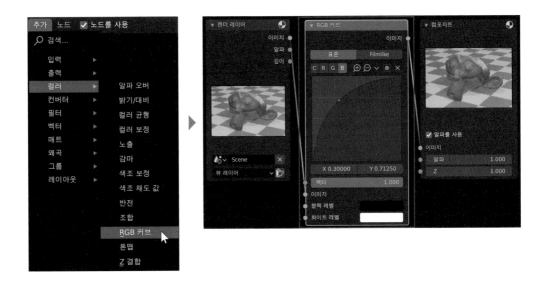

블러 노드

[필터]에서 선택할 수 있습니다. 입력된 이미지를 흐리게 만듭니다. [X], [Y]에 숫자를 지정해 각각의 축 방향으로 얼마나 블러 효과를 적용할지 조정할 수 있습니다.

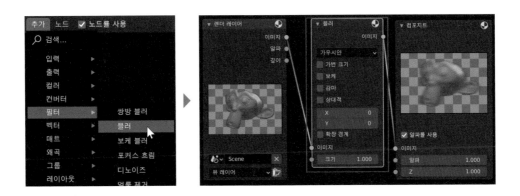

쌍방 블러 노드

[필터]에서 선택할 수 있습니다. 블러 노드가 전체적으로 블러 효과를 적용한다면 쌍방 블러 노드는 윤곽과 디테일을 유지할 수 있게 색이 다른 부분과 대비가 강한 부분에는 블러를 약하게 적용합니다. 노이즈를 줄이고 싶은 경우 등에 유용하게 사용합니다.

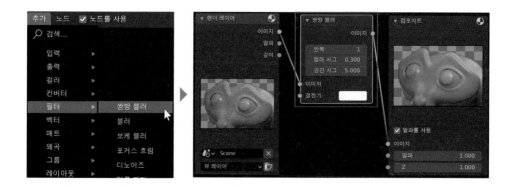

필터 노드

[필터]에서 선택할 수 있습니다. [부드럽게]와 [선명하게] 등의 필터 효과를 추가합니다.

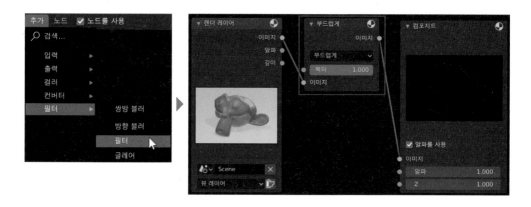

글레어 노드

[필터]에서 선택할 수 있습니다. 입력된 이미지의 하이라이트 부분에 광택과 빛나는 모양을 표현하는 글레어 효과를 추가합니다.

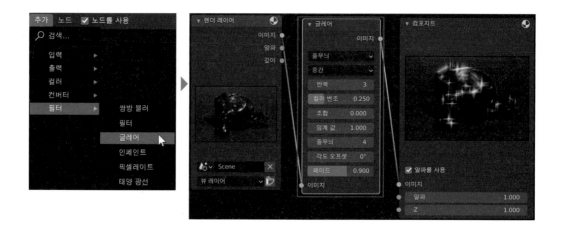

키잉 노드

[매트]에서 선택할 수 있습니다. 그린 스크린 등의 배경에서 촬영한 이미지를 입력해 합성하기 위한 노드입니다. 설정한 색 영역을 투명하게 만들어 출력합니다.

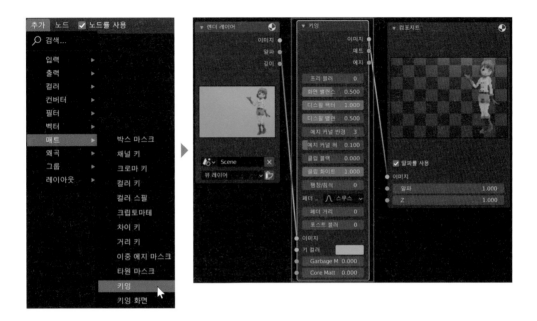

렌즈 왜곡 노드

[왜곡]에서 선택할 수 있습니다. 입력된 이미지에 실제 카메라 렌즈에서 발생하는 왜곡 효과를 추가합니다.

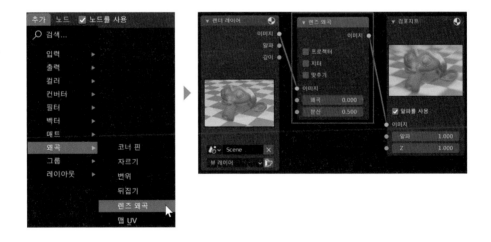

변환 노드

[왜곡]에서 선택할 수 있습니다. 입력된 이미지를 이동, 회전, 확대/축소합니다.

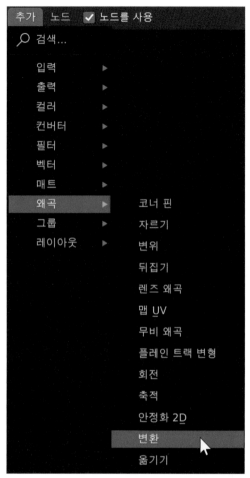

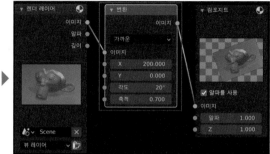

06

캐릭터 셋업

캐릭터 셋업이란 캐릭터를 자유롭게 움직이기 위한 준비 작업을 의미합니다. 관절을 구부릴 수 있게 골격을 추가하거나, 얼굴 메시를 변경해서 표정을 만들 수 있게 조정해 다양한 포즈와 모션을 만들 수 있게 합니다.

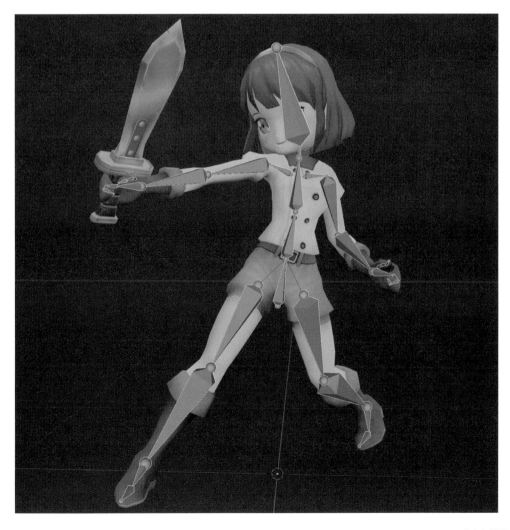

6.1 아마튜어(골격) 만들기

캐릭터의 관절을 구부리거나 회전해서 자유로운 포즈와 모션을 만들려면 실제 인간의 몸, 팔, 다리에 맞게 본(뼈)을 만들어야 합니다. 블렌더에서는 이러한 본의 집합을 "아마튜어"라고 부릅니다.

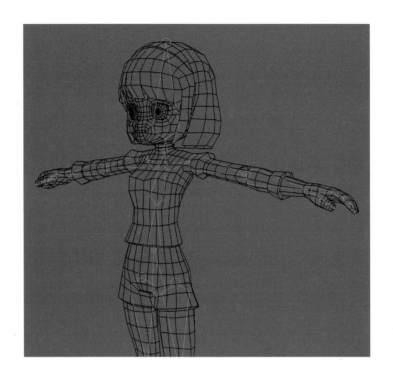

아마튜어란?

캐릭터의 팔다리를 구부리는 작업을 할 때마다 메쉬를 편집해야 한다면 포즈를 잡고 모션을 만드는 작업이 너무 복잡해집니다.

그래서 아마튜어라는 골격을 만들고, 이를 메시와 연동한 다음 아마튜어를 편집해 메쉬를 변형시키는 형태로 작업합니다.

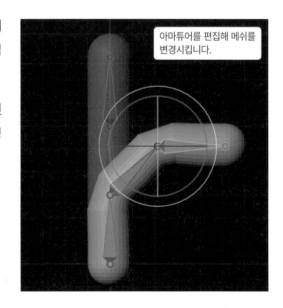

아마튜어를 편집해 메쉬를 변경시킵니다.

골격 역할을 하는 아마튜어는 여러 개의 본을 연결해서 만듭니다.

본의 뿌리가 되는 부분을 **헤드**, 끝을 **테일**, 이를 연결하는 본체를
바디라고 부릅니다. 관절을 굽히거나 할 때는 본의 헤드가 기준점
이 됩니다.

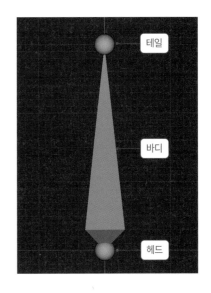

아마튜어 만들기

샘플 데이터 "SECTION6-1-1.blend"의 캐릭터를 기반으로
본을 연결해 아마튜어를 만들어봅시다.

동체와 머리 부분의 본 만들기

01 3D 커서가 원점에 위치하는지 확인하고, 3D 뷰포트 헤더에 있는 **[추가]**
(Shift + A 키)에서 **[아마튜어]**를 선택해 씬에 본을 추가합니다.

❓ 주의

3D 커서가 원점에 위치하지 않는다면 오브젝트 모드의 3D 뷰포트 헤더에
있는 [오브젝트]에서 [스냅] → [커서를 월드 오리진에 스냅]을 선택해 3D
커서를 원점으로 이동해주세요.

02 추가한 본을 선택한 상태에서 3D 뷰포트 헤더에 있는 모드 변경 메뉴에서 **[에디트 모드]**(Tab 키)를 선택해 에디트 모드로 변경합니다.

3D 뷰포트 헤더에 있는 **[뷰]**에서 **[뷰포트]** → **[앞쪽]**(숫자 패드 1)을 선택해 프론트 뷰로 변경합니다.

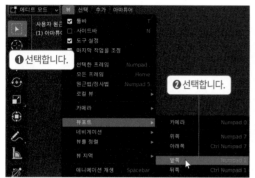

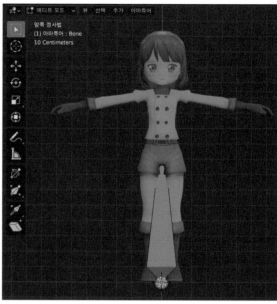

03 캐릭터 메쉬와 겹쳐진 부분의 본이 보이지 않으므로 편집을 진행하기 힘듭니다. 따라서 본이 잘 보이게 가장 앞에 표시하게 만들겠습니다.

프로퍼티 왼쪽에 있는 ![아이콘]를 마우스 왼쪽 버튼으로 클릭하고, **뷰포트 표시** 패널의 **[앞에 표시]**에 체크해 활성화합니다. 이렇게 하면 어떤 각도에서 보아도 본이 가장 앞에 표시됩니다.

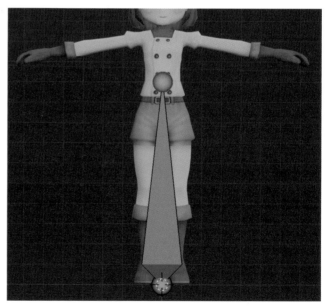

04 헤드(또는 테일)를 선택하고, 3D 뷰포트 헤더에 있는 **[아마튜어]** → **[변환]**에서 **[이동]**(G 키)을 선택합니다. 이어서 Z 키를 눌러 위아래 방향으로 이동합니다. 이어서 허리에 맞게 본의 길이를 조정합니다.

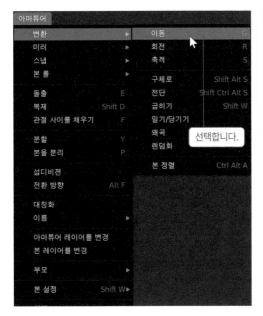

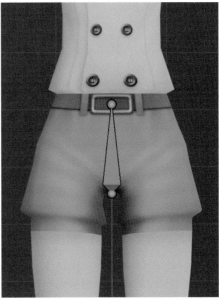

05 테일을 선택하고, 3D 뷰포트 헤더에 있는 **[아마튜어]**에서 **[돌출]**(E 키)을 선택합니다. 이어서 Z 키를 눌러 위아래 방향으로 가슴 아래 위치까지 본을 이어줍니다.

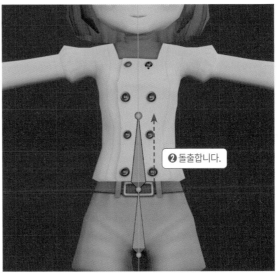

06 같은 과정을 반복해 가슴, 목, 머리 부분까지 본을 만듭니다.

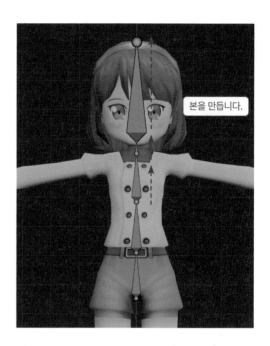

본을 만듭니다.

07 3D 뷰포트 헤더에 있는 [뷰]에서 [뷰포트] → [오른쪽](숫자 패드 3)을 선택해 라이트 뷰로 변경하고, 본이 몸의 중심을 통과하게 조정합니다.

본의 연결점에 있는 헤드(또는 테일)를 선택하고, 3D 뷰포트 헤더에 있는 [아마튜어] → [변환]에서 [이동](G 키)을 선택합니다. 이어서 Y 키를 눌러 앞뒤 방향으로 이동을 제한하고, 몸에 맞게 본의 위치를 조정합니다.

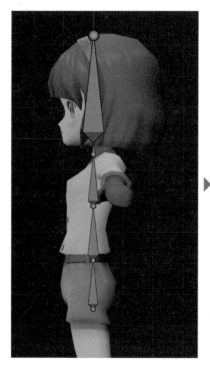
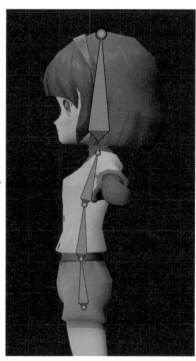

팔과 손가락 본 만들기

01 왼쪽 팔의 본을 만듭니다. 3D 뷰포트 헤더에 있는 **[뷰]**에서 **[뷰포트]** → **[앞쪽]**(숫자 패드 1)을 선택해 프론트 뷰로 전환합니다.

가슴 본의 테일(머리 부분 본의 헤더)을 선택하고, 3D 뷰포트 헤더에 있는 **[아마튜어]**에서 **[돌출]**(E 키)을 선택해 어깨 쪽으로 본을 만듭니다.

본을 생성합니다.

02 같은 조작을 반복해서 위 팔, 아래 팔, 손바닥, 손가락 본 3개를 만듭니다.

손목의 위치를 파악하기 힘든 경우 3D 뷰포트 헤더의 **[뷰포트 셰이딩]**을 **[와이어프레임]**으로 변경합니다.

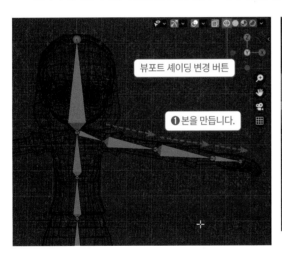

뷰포트 셰이딩 변경 버튼

❶본을 만듭니다.

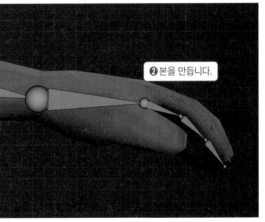

❷본을 만듭니다.

03 어깨 본을 선택하고, 프로퍼티 왼쪽에 있는 ▨를 마우스 왼쪽 버튼으로 클릭한 다음 **관계** 패널에서 **[연결됨]**의 체크를 해제해 비활성화합니다. 이렇게 하면 부모 자식 관계(360페이지 참고)를 유지하면서 본을 분리할 수 있습니다.

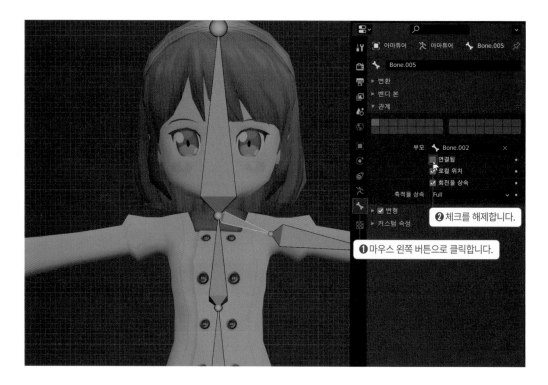

04 아마튜어를 조작해 관절을 구부릴 때의 본 회전 기준점은 헤더의 위치입니다. 현재 상태에서는 가슴 본의 테일과 어깨 본의 헤더가 겹치므로 어깨 본 전체의 위치를 약간 이동해 헤더와 테일이 각각 이동하게 만들겠습니다[1].

부모 자식 관계가 유지되므로 본과 본 사이에 점선이 표시됩니다.

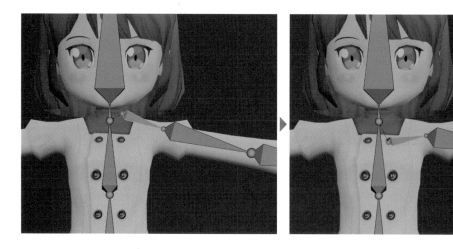

❓ 주의

어깨 본을 이동할 때는 일단 모든 선택을 해제하고, 다시 어깨 본을 선택해 이동합니다. 연결을 해제한 직후에는 가슴 뼈도 함께 선택된 상태이기 때문입니다.

---

1 옮긴이: 가슴과 어깨 본이 붙어있는 경우 어깨를 움직였을 때 상체 왜곡이 발생합니다. 일반적으로 인간의 상체에 있는 가슴 우리(흉곽)가 변형되는 것은 이상하므로 떼어주는 것입니다.

05 3D 뷰포트 헤더에 있는 **[뷰]**에서 **[뷰포트]** → **[위쪽]**(숫자 패드 7)을 선택해 탑 뷰로 변경합니다. 본이 팔과 손가락의 중심 위치를 통과할 수 있게 본의 테일과 헤더를 이동해 위치를 조정합니다.

다른 본이 편집에 방해되는 경우 방해되는 본을 선택하고 H 키를 눌러 비표시하기 바랍니다. 다시 표시하고 싶을 때는 Alt ＋H 키를 누릅니다.

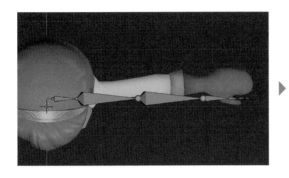 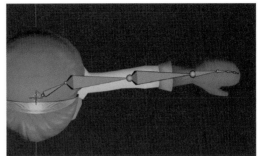

06 엄지 손가락 본을 만듭니다. 손바닥 본의 테일을 선택하고, 3D 뷰포트 헤더에 있는 **[아마튜어]**에서 **[돌출]**(E 키)을 선택한 다음 엄지 손가락 뿌리 부분을 돌출해 새로운 본을 만 듭니다.

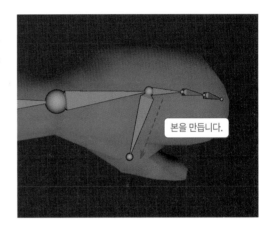

본을 만듭니다.

07 같은 조작을 반복해 추가로 엄지 손가락 본을 2개 더 만듭 니다.

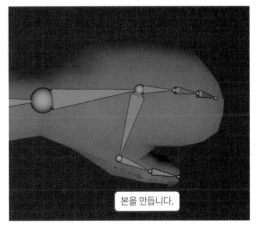

본을 만듭니다.

08 어깨 본과 마찬가지로 엄지 손가락 본을 선택하고, **[연결됨]**의 체크를 해제한 뒤 테일과 헤더를 이동해 위치를 조정합니다.

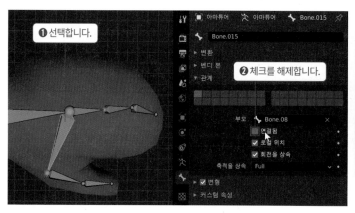
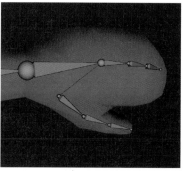

09 3D 뷰포트 헤더에 있는 **[뷰]**에서 **[뷰포트]** → **[앞쪽]**(숫자 패드 1)을 선택해 프론트 뷰로 전환합니다. 본이 엄지 손가락의 중심 위치를 통과할 수 있게 본의 테일과 헤더를 이동해 위치를 조정합니다.

다른 본이 편집에 방해되는 경우 방해되는 본을 선택하고 H 키를 눌러 비표시하기 바랍니다. 다시 표시하고 싶을 때는 Alt + H 키를 누릅니다.

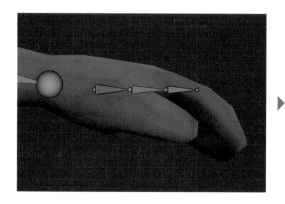
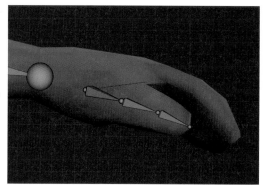

이 예제에서는 다루지 않지만, 만약 다섯 개의 손가락을 각 각 이동하게 만들고 싶을 때는 손가락 개수에 맞게 본을 추 가로 만듭니다.

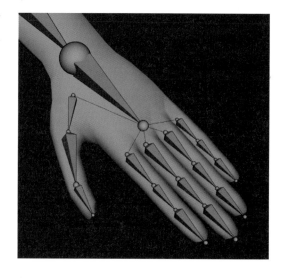

다리 본 만들기

01 왼쪽 다리 본을 만듭니다. 허리 본의 테일을 선택하고, 3D 뷰포트 헤더에 있는 **[아마튜어]**에서 **[돌출]**(E 키)을 선택해 허벅지 쪽으로 본을 만듭니다.

허벅지 위치를 파악하기 힘든 경우 3D 뷰포트 헤더의 **[뷰포트 셰이딩]**을 **[와이어프레임]**으로 변경합니다.

뷰포트 셰이딩 변경 버튼

본을 만듭니다.

02 같은 조작을 반복해 추가로 종아리 본을 만듭니다.

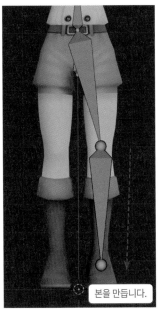

본을 만듭니다.

03 허벅지 본을 선택하고, **[연결됨]**의 체크를 해제한 뒤 테일과 헤더를 이동해 위치를 조정합니다.

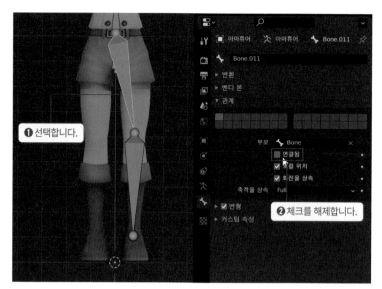
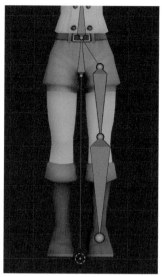

04 3D 뷰포트 헤더에 있는 **[뷰]**에서 **[뷰포트]** → **[오른쪽]**(숫자 패드 3)을 선택해 라이트 뷰로 전환합니다. 본이 다리의 중심 위치를 통과할 수 있게 본의 테일과 헤더를 이동해 위치를 조정합니다.

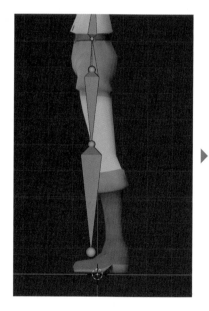
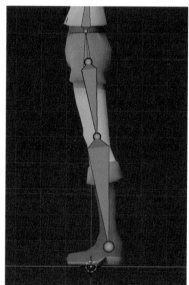

05 종아리 본의 테일을 선택하고, **[돌출]**(E 키)로 발바닥, 발 끝부분
의 본을 만듭니다.

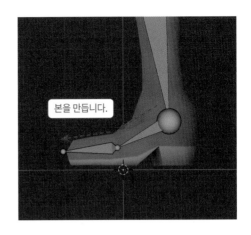

본을 만듭니다.

본에 이름 붙이기

01 지금까지 만든 본에 이
름을 붙이겠습니다. 이
름을 붙이면 관리하기
쉬워지는 장점도 있지
만, 이후에 왼쪽 팔과
다리를 오른쪽으로 복
제할 때 반드시 필요합
니다.

일단 프로퍼티 왼쪽에
있는 ■를 마우스 왼
쪽 버튼으로 클릭한 다
음, **뷰포트 표시** 패널
의 **[이름]**에 있는 체
크를 활성화해 각 본
의 이름이 표시되게
합니다.

❶ 마우스 왼쪽 버튼으로
클릭합니다.

❷ 체크합니다.

02 에디트 모드(Tab 키)에서 본을 선택한 다음, 프로퍼티 왼쪽에 있는 ■를 마우스 왼쪽 버튼으로 클릭하고, 상단에 있는 입력
양식에서 이름을 변경합니다.

다음 표와 같은 형태로 이름을 붙여주세요. 이름은 자유롭게 지어도 상관 없지만, 이후에 본을 대칭화 할 때에 대칭되는 본(왼
쪽 팔과 다리의 본)은 이름 끝에 "_L"(또는 ".L"과 "−L")을 붙여야 합니다.

파츠 위치	본 이름
머리	head
목	neck
가슴	chest
어깨	shoulder_L
윗팔	upper_arm_L
아랫팔	forearm_L
손바락	hand_L
엄지 손가락(뿌리부터)	thumb01_L ~ thumb03_L
집게 손가락(뿌리부터)	finger01_L ~ finger03_L
배	spine
허리	hip
허벅지	thigh_L
종아리	shin_L
발바닥	foot_L
발끝	toe_L

본 대칭화

이전에 만들었던 왼쪽 팔과 다리 부분의 본을 **대칭화**로 복제하겠습니다. **대칭화**를 하려면 본 이름 끝에 "_L"(또는 ".L"과 "−L")이 붙어있어야 합니다.

에디트 모드(**Tab** 키)에서 복제 대상(왼쪽 팔과 다리의 본 모두)을 선택합니다. 이어서 3D 뷰포트 헤더에 있는 **[아마튜어]**에서 **[대칭화]**를 선택하면 대칭되게 오른쪽 팔과 다리가 복제됩니다. 이때 이름 끝에 있던 "_L"이 자동으로 "_R"로 변경되는 것을 볼 수 있습니다.

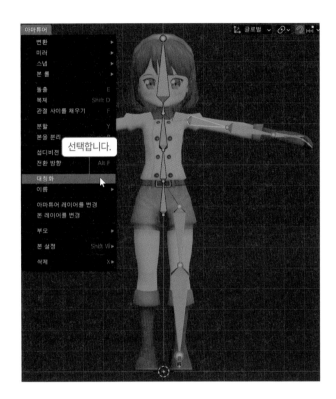

좌우 대칭 부분 편집하기

본을 만든 후에 추가로 미세 조정이 필요한 경우 손과 발처럼 좌우대칭되는 부분은 **X축 미러**를 적용한 뒤 편집하는 것이 좋습니다.

3D 뷰포트 헤더에 있는 **[뷰]**에서 **[사이드바]**(**N** 키)를 선택해 사이드바를 표시합니다. **[도구]** 탭을 마우스 왼쪽 버튼으로 클릭하면 **옵션** 패널에 **[X축 미러]**라는 항목이 있습니다. 이를 체크해 활성화합니다. 이렇게 하면 좌우 대칭 부분 중에 아무 곳이나 편집하면 반대 부분이 연동되어 함께 편집됩니다.

19개의 실전 예제를 따라하며 배우는 **나의 첫 블렌더**

6.2 아마튜어 관절 연동하기

지금까지 만든 아마튜어와 캐릭터의 메쉬를 연동하면 아마튜어 조작으로 캐릭터를 자유롭게 움직일 수 있습니다.

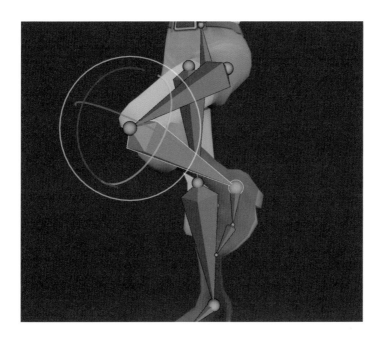

연동 설정하기

01 아마튜어 작성이 완료된 샘플 데이터 "SECTION6-2-1.blend"부터 진행하겠습니다. 오브젝트 모드에서 캐릭터의 모든 오브젝트(character_body, character_eye, character_hair)를 선택하고, 마지막으로 아마튜어를 선택합니다.

02 3D 뷰포트 헤더에 있는 [오브젝트]에서 [부모]
→ [자동 웨이트와 함께](Ctrl + P 키)를 선택
합니다.

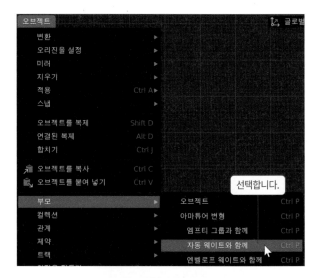

03 이렇게 하면 아마튜어와 캐릭터의 메쉬가 연동됩니다.

아웃라이너를 보면 알 수 있는 것처럼 연동이 완료되면 아마튜어의
아래 계층에 캐릭터의 모든 오브젝트가 위치하게 됩니다.

웨이트 확인

웨이트는 메쉬와 대응되는 각 본의 영향력을
나타내는 값입니다. 자동으로 설정된 웨이트
로도 어느 정도 동작하지만, 형태가 복잡할
때는 수동으로 추가적인 조정이 필요합니다.

실제로 본을 조작해보며 아마튜어와 메쉬가
잘 연동됐는지 확인해봅시다.

01 아마튜어를 선택하고, 3D 뷰포트 헤더에 있는 모
드 변경 메뉴에서 [**포즈 모드**](Ctrl +Tab 키)를
선택해 포즈 모드로 변경합니다.

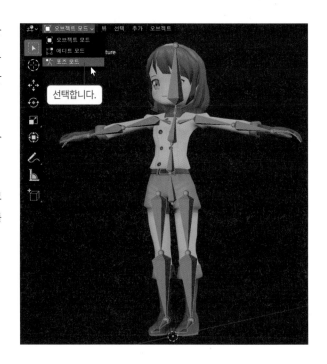

02 툴바에서 [회전] 기즈모를 마우스 왼쪽 버튼으로
클릭해 선택합니다.

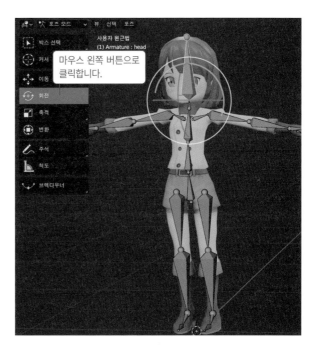

03 3D 뷰포트 헤더에 있는 [변환 오리엔테이션] 메뉴에서 [로컬]을 선택합니다.

04 기즈모를 조작해 각각의 본을 회전해보며 웨이트를 확인합니다. 여러 본을 회전해보며 관계없는 부분까지 움직이지는 않는지,
관계 있는 부분인데 안 움직이지는 않는지 등을 확인합니다. 이런 문제가 있는 경우에는 웨이트를 편집해야 합니다.

05 웨이트 확인을 완료했다면 회전한 본을 원래 각도로 돌려둡니다. 3D 뷰포트 헤더에 있는 **[선택]**에서 **[모두]**(A 키)를 선택해 모든 본을 선택하고, 3D 뷰포트 헤더에 있는 **[포즈]**에서 **[변환을 지우기]** → **[회전]**(Alt + R 키)을 선택하면 회전했던 부분이 모두 원래대로 돌아옵니다.

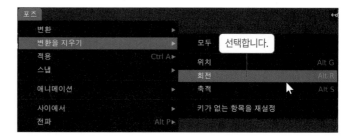

웨이트 편집하기(웨이트 페인트 모드)

문제를 찾은 부분의 웨이트 편집은 웨이트 페인트 모드에서 합니다. 브러시 페인트로 간단하게 웨이트를 편집할 수 있습니다.

01 3D 뷰포트 헤더에 있는 모드 변경 메뉴에서 **[오브젝트 모드]**를 선택해 오브젝트 모드로 변경합니다.

프로퍼티 왼쪽에 있는 █를 마우스 왼쪽 버튼으로 클릭하고, **뷰포트 표시** 패널의 **[이름]**에 체크해 활성화합니다. 활성화하면 각 본의 이름이 표시됩니다.

02 웨이트 편집하려는 오브젝트를 선택합니다. 일단 바디(character_body)를 선택하겠습니다.

3D 뷰포트 헤더에 있는 모드 변경 메뉴에서 **[웨이트 페인트]**를 선택해 웨이트 페인트 모드로 변경합니다.

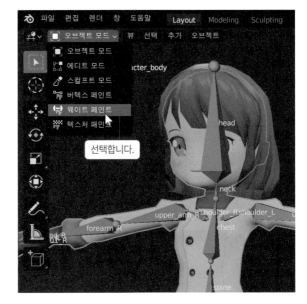

03 프로퍼티 왼쪽에 있는 ▽를 마우스 왼쪽 버튼으로 클릭하면 **버텍스 그룹** 패널이 나옵니다. **버텍스 그룹 패널**에는 본 이름 목록이 표시됩니다.

이러한 버텍스 그룹을 웨이트 그룹이라고도 부르며, 목록에 있는 각각의 본이 어떤 버텍스와 어느 정도의 강도로 연동되는지 웨이트 정보가 기록돼 있습니다.

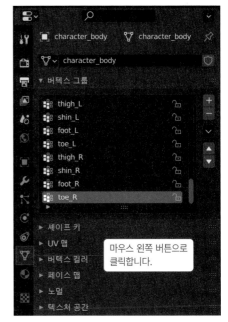

04 **버텍스 그룹** 패널 목록에서 "upper_arm_L"을 선택합니다. 선택하고 있는 바디(character_body)가 파란색, 초록색, 붉은색 그라데이션으로 표시됩니다.

이 색은 영향 범위, 영향도를 나타냅니다. 파란색은 전혀 영향을 받지 않는 부분, 붉은색은 영향이 강한 부분을 나타냅니다.

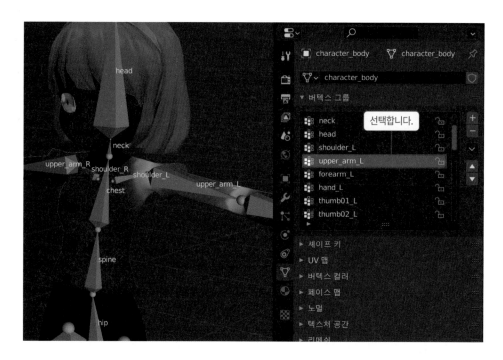

05 웨이트 페인트는 브러시로 오브젝트에 페인트해 편집합니다.

프로퍼티 왼쪽에 있는 ![] 를 마우스 왼쪽 버튼으로 클릭해 **브러시** 패널을 표시합니다.

[**웨이트**]로 페인트 영향력을 지정합니다.

[**반경**]으로 브러시의 크기, [**강도**]로 브러시의 세기를 지정합니다.

[**혼합**]은 주로 [**조합**]과 [**밝게**]를 사용합니다.

[**조합**]은 예를 들어 [**웨이트**]를 "0.500"로 지정하면 원래 웨이트와 관계 없이 "0.500"로 칠해집니다. 또한 여러 번 중첩해 칠해도 "0.500" 이상이 되지 않습니다. [**밝게**]는 여러 번 중첩해 칠했을 때 영향도가 올라가서 최대 "1.000"까지 올라갑니다. 예로 [**웨이트**] "0.000"는 [**밝게**]로 페인트해도 변화가 없습니다.

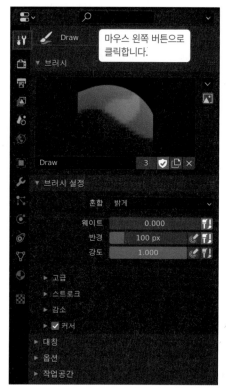

06 페인트 과정 중에 아마튜어가 방해되므로 일단 비표시해서 작업하기
쉽게 만들겠습니다.

비표시하려면 아웃라이너의 를 마우스 왼쪽 버튼으로 클릭합니다.

07 손바닥을 회전할 때 아래 팔까지 돌아가므로 돌아가지 않게 파란색으
로 만들겠습니다.

브러시 패널에서 **[웨이트]**를 "0.000", **[혼합]**을 **[조합]**으로 설정하
고, 아래 팔 부분의 연동이 필요 없는 부분을 페인트합니다.

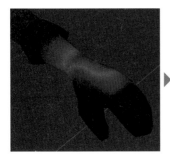

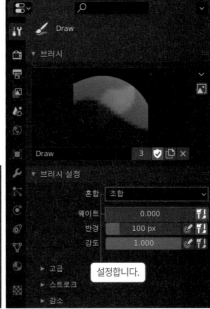

08 **대칭** 패널의 **[미러]**는 기본적으
로 "X"가 활성화돼 있으므로 편집
할 때 대칭되는 버텍스도 반영됩니
다. 개별적으로 편집하고 싶을 때는
"X"를 마우스 왼쪽 버튼으로 클릭
해 비활성화해서 사용합니다.

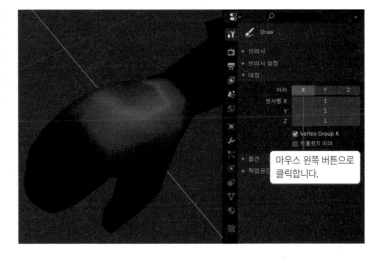

09 웨이트 편집을 할 때는 경우에 따라서 관절을 구부린 상태
에서 편집하면 연동이 걸리는 부분을 더 확인하기 쉬운 경
우가 있습니다. 따라서 관절을 이리저리 구부리면서 작업합
니다.

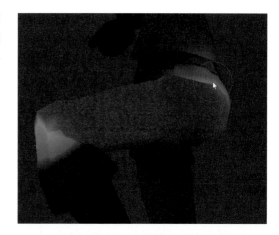

10 필요 없는 버텍스 그룹은 제거할 수도 있습니다.

예를 들어 머리카락(character_hair) 오브젝트
는 "head" 본 이외의 부분과 연동될 필요가 전
혀 없으므로 버텍스 그룹에서 "head" 이외의 것
을 제거해도 괜찮습니다.

참고로 "head" 이외의 본이 머리카락 오브젝트
와 연동돼 있을 경우, 버텍스 그룹을 제거해 편집
해야 합니다.

필요 없는 버텍스
그룹은 제거합니다.

제거할 때는 **버텍스 그룹** 패널 목록에서 해당 본을 선택하고, ■를 마우
스 왼쪽 버튼으로 클릭합니다.

마우스 왼쪽 버튼으로
클릭합니다.

웨이트 편집하기(에디트 모드)

웨이트 페인트 모드뿐만 아니라 에디트 모드에서도 웨이트를 편집할 수 있습니다.

01 웨이트 편집을 할 오브젝트를 선택하고, 에디트 모드(Tab 키)로 변경한 뒤, 해당 위치의 메쉬를 선택합니다. 현재 예제에서는 머리카락 오브젝트의 모든 메쉬를 **"head"** 본과 연동할 것이므로 모든 메쉬를 선택합니다.

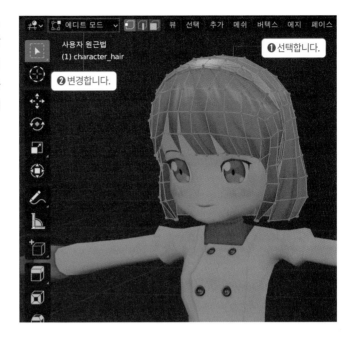

02 프로퍼티 왼쪽에 있는 ▼를 마우스 왼쪽 버튼으로 클릭하면 **버텍스 그룹** 패널이 표시됩니다. **버텍스 그룹** 패널 목록에서 해당 버텍스 그룹을 선택합니다. 머리카락을 처리하고 있으므로 버텍스 그룹 "head"를 선택합니다.

03 패널 아래 부분에 있는 **[웨이트]**로 영향도를 설정하고, **[할당]**을 마우스 왼쪽 버튼으로 클릭합니다.

머리카락이므로 **[웨이트]**를 "1.000"으로 설정합니다.

04 웨이트 페인트 모드로 변경하면 웨이트가 변경된 것을 확인할 수 있습니다.

편집 전

편집 후

> **팁** | 관절 메쉬 구조
>
> 무릎과 팔꿈치처럼 일정한 방향으로만 구부려지는 관절 부분은 구부릴 때 바깥쪽 부분의 메쉬가 많이 늘어나므로 메쉬가 어느 정도 분할돼 있어야 합니다. 반면 안쪽 부분의 메쉬는 늘어나거나 하지 않으므로 분할 수가 적은 것이 제어하기 쉽습니다.
>
> 반대로 목과 허리처럼 여러 방향으로 구부릴 수 있는 관절 부분은 메쉬가 균등하게 분할돼 있어야 구부렸을 때 실루엣이 이쁘게 나옵니다. 관절을 구부릴 때 관절 바깥쪽이 부드럽지 않게 되는 경우에는 메쉬를 더 분할해서 실루엣을 부드럽게 만들어줍니다.
>
>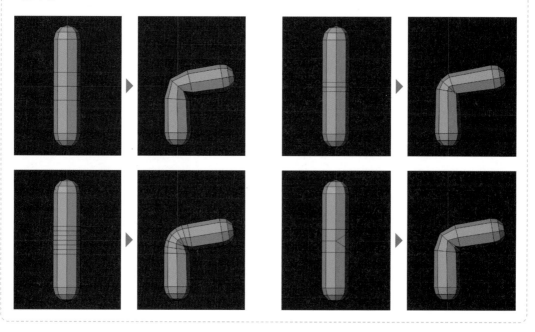

19개의 실전 예제를 따라하며 배우는 **나의 첫 블렌더**

수동으로 관절 연동하기

캐릭터 오브젝트(character_body, character_eye, character_hair)와 아마튜어를 연동할 때는 자동 웨이트를 사용했습니다.

이번에는 캐릭터에게 검을 쥐어주면서 새로운 아마튜어와 검 오브젝트를 연동해보겠습니다. 물론 자동 연동 기능을 사용해도 괜찮지만, 이번에는 수동으로 설정해보겠습니다.

캐릭터와 아마튜어 연동이 완료된 샘플 데이터 "SECTION6-2-2.blend"부터 진행하겠습니다.

01 검 오브젝트를 가져옵니다. 상단 메뉴의 **[파일]**에서 **[덧붙이기]**를 선택합니다.

02 블렌더 파일 보기 대화상자가 나오면 샘플 데이터에 있는 "SECTION6-2-3.blend"를 선택합니다. 이어서 **[Object]** → **[sword]**를 선택하고, **[덧붙이기]**를 마우스 왼쪽 버튼으로 클릭합니다.

03 오브젝트 모드에서 위치와 각도를 조정합니다. 오른손이 검을 들 수 있게 오른손 손바닥 본 아래에 위치하게 조정합니다. 손가락은 본으로 이후에 움직일 수 있으므로 이 시점에서는 따로 조정하지 않아도 괜찮습니다.

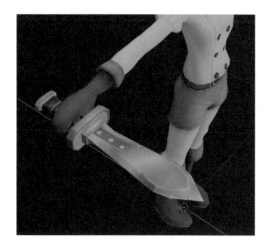 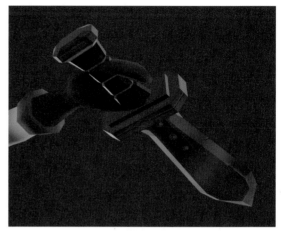

04 검 오브젝트를 선택한 상태에서 프로퍼티의 🔧를 마우스 왼쪽 버튼으로 클릭하고, **모디파이어를 추가** 메뉴에서 **[아마튜어]**를 선택합니다.

05 **아마튜어(Armature)** 패널의 **[오브젝트]**에 아마튜어를 지정합니다.

06 아마튜어를 선택하고, 프로퍼티 왼쪽에 있는 🦴를 마우스 왼쪽 버튼으로 클릭합니다. 이어서 **뷰포트 표시** 패널의 **[이름]**에 체크해 각 본의 이름을 표시합니다.

07 검 오브젝트를 선택하고, 프로퍼티 왼쪽에 있는 ⬛를 마우스 왼쪽 버튼으로 클릭하면 **버텍스 그룹** 패널이 나옵니다.

➕를 마우스 왼쪽 버튼으로 클릭해 버텍스 그룹을 새로 만듭니다.

❷ 마우스 왼쪽 버튼으로 클릭합니다.

❶ 마우스 왼쪽 버튼으로 클릭합니다.

08 오른손 손바닥 본 "hand_R"과 연동할 것이므로 버텍스 그룹을 더블 클릭하고, 이름을 "hand_R"로 변경합니다.

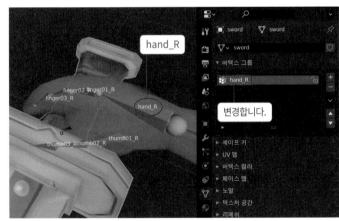

변경합니다.

❓ **주의**

대소문자 구별이 있으므로 주의해주세요.

09 에디트 모드(Tab 키)로 변경하고, 모든 메쉬를 선택합니다(A 키).

버텍스 그룹 패널의 웨이트를 "1.000"으로 설정하고, [할당]을 마우스 왼쪽 버튼으로 클릭합니다.

이렇게 하면 오른손 손바닥 본과 검이 연동됩니다.

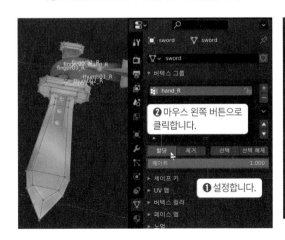

❷ 마우스 왼쪽 버튼으로 클릭합니다.

❶ 설정합니다.

❸ 오른손 손바닥 본과 검이 연동됩니다.

본 표시 변경하기

본의 형태는 본을 선택한 다음, 프로퍼티 왼쪽에 있는 ■를 마우스 왼쪽 버튼으로 클릭하면 **뷰포트 표시** 패널이 나옵니다. 본의 표시는 뷰포트 표시 패널의 [다음으로 표시] 메뉴에서 변경할 수 있습니다.

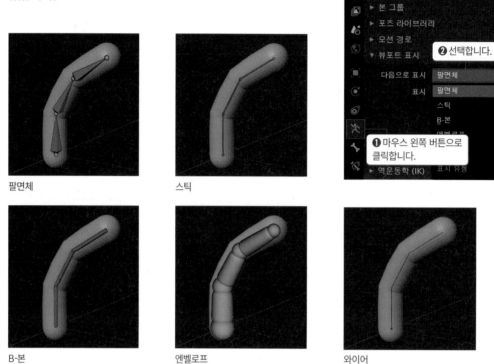

팔면체

스틱

B-본

엔벨로프

와이어

벤디 본(B-본)

프로퍼티 왼쪽에 있는 ■를 마우스 왼쪽 버튼으로 클릭하면 나오는 **벤디 본** 패널에서 하나의 본을 추가로 분할해 형태, 회전, 확대/축소 등을 설정할 수 있습니다.

[부분]으로 분할 수, [커브 In/Out]으로 형태, [롤 In/Out]으로 회전, [축적 In/Out]으로 크기를 설정합니다.

참고로 표시 방법을 [B-본]으로 변경하면 벤디 본 편집 상태에 맞게 본의 형태가 변화합니다.

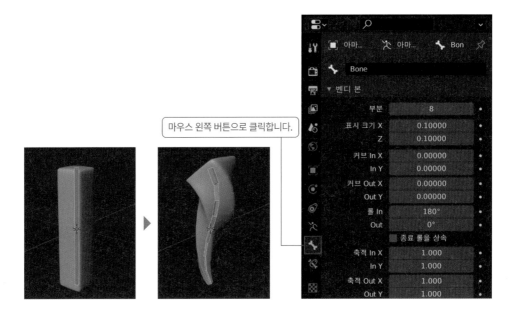

마우스 왼쪽 버튼으로 클릭합니다.

엔벨로프 변형

엔벨로프 변형 기능을 사용하면 부모와 버텍스 그룹 등의 설정 없이도 연동할 수 있습니다. 설정이 간단한 만큼 세부적인 조정은 할 수 없으므로 복잡한 형태를 가진 오브젝트를 연동할 때는 적합하지 않습니다.

엔벨로프 설정

01 오브젝트를 선택하고, 프로퍼티의 🔧를 마우스 왼쪽 버튼으로 클릭해 **모디파이어** 설정 화면 으로 변경합니다.

모디파이어를 추가 메뉴에서 **[아마튜어]**를 선택합니다.

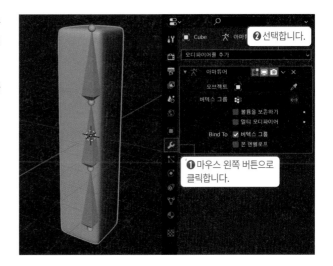

❷ 선택합니다.

❶ 마우스 왼쪽 버튼으로 클릭합니다.

02 아마튜어(Armature) 패널의 **[오브젝트]**로 아마튜어를 지정합니다.

03 Bind To의 **[본 엔벨로프]**에 체크해 활성화합니다.

버텍스 그룹 설정이 이미 돼 있는 경우 **[버텍스 그룹]**에 체크를 해제
해 비활성화합니다.

04 포즈 모드(358페이지 참고)에서 본을 변형하면 메쉬도 함께 변형되
는 것을 볼 수 있습니다.

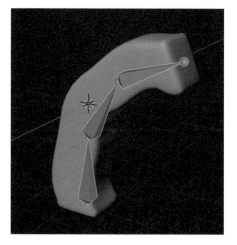

05 본을 선택하고, 프로퍼티 왼쪽에 있는 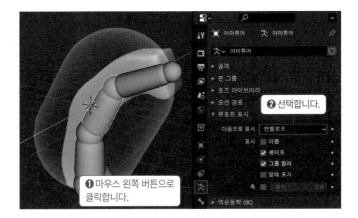를 마우스 왼쪽 버튼으로 클릭하면 **뷰포트 표시** 패널이 나옵니다. **[다음으로 표시]** 메뉴에서 **[엔벨로프]**를 선택합니다. 변경하고 나면 영향 범위 등이 표시됩니다.

06 영향 범위 등의 설정은 프로퍼티 왼쪽에 있는 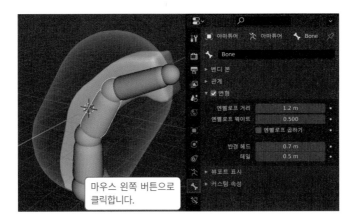를 마우스 왼쪽 버튼으로 클릭하면 나오는 **변형** 패널에서 합니다.

[엔벨로프 거리]로 영향 범위, **[엔벨로프 웨이트]**로 영향 강도를 설정할 수 있습니다.

[반경 헤드/테일]로 헤드와 테일의 크기를 개별적으로 변경할 수도 있습니다. 영향 범위는 헤드와 테일의 크기에 맞게 연동됩니다.

6.3 포즈 모드

아마튜어와 연동한 모델은 아마튜어의 본을 회전하거나 이동해 형태를 조정할 수 있습니다. 아마튜어 변형은 이전에 간단하게 사용해봤던 포즈 모드에서 진행합니다.

포징

포징 설정

아마튜어 연동이 완료된 샘플 데이터 "SECTION6-3-1.blend"를 사용해 캐릭터 포징을 알아보겠습니다.

01 아마튜어를 선택하고, 3D 뷰포트 헤더에 있는 모드 변경 메뉴에서 **[포즈 모드]**(Ctrl + Tab 키)를 선택해 포즈 모드로 변경합니다.

02 포즈 조작은 3D 뷰포트 헤더에 있는 **[포즈]**의 **[변환]** → **[이동]**(G 키), **[회전]**(R 키), **[축적]**(S 키)으로도 할 수 있지만, 이 방법을 사용하는 것보다 직감적으로 조작할 수 있는 오브젝트 기즈모를 사용하는 방법을 추천합니다.

툴바에서 **[회전]** 기즈모를 마우스 왼쪽 버튼으로 클릭해 선택합니다.

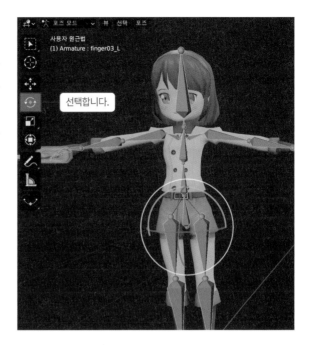

03 3D 뷰포트 헤더에 있는 **[변환 오리엔테이션]** 메뉴에서 **[로컬]**을 선택합니다.

기즈모를 조작해 포즈를 회전해서 연동된 캐릭터의 포즈를 잡을 수 있습니다(포징).

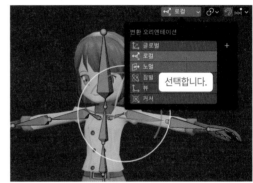

04 숫자를 입력해 편집할 수도 있습니다.

3D 뷰포트 헤더에 있는 **[뷰]**에서 **[사이드바]**(N 키)를 선택하고, **[항목]** 탭을 마우스 왼쪽 버튼으로 클릭합니다. 표시되는 **변환** 패널에서 **[회전]**을 변경해 편집합니다.

05 **회전 모드** 메뉴에서 [XYZ 오일러]를 선택하면 3방향 축으로 제어할 수 있으므로 기본적으로 설정된 [**쿼터니언 (WXYZ)**]보다 쉽게 편집할 수 있습니다.

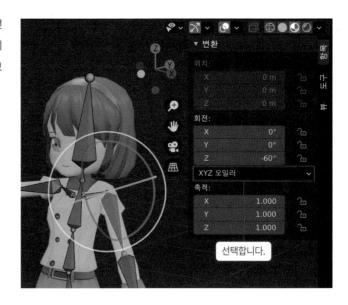

본의 부모 자식 관계

아마튜어에는 부모 자식 관계가 설정돼 있어서 부모에서 자식으로 변형이 전달됩니다. 예를 들어서 허벅지 본을 회전하면 허벅지에 연결된 종아리와 발등이 함께 따라 회전합니다. 이는 허벅지가 부모이므로 자식 관계를 가지는 다른 관절에 변형이 전달된다는 것을 나타냅니다.

이러한 구조를 FK(**포워드 키네마틱**)라고 부릅니다.

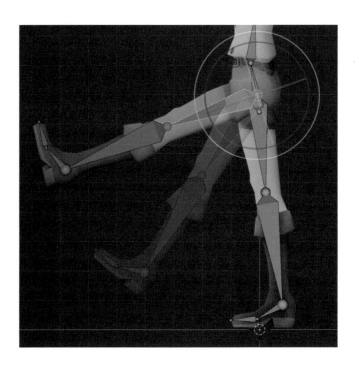

캐릭터 자체를 이동, 회전하고 싶을 때는 처음에 만들었던 본인 "hip"을 조작합니다.

이때는 3D 뷰포트 헤더에 있는 [**변환 오리엔테이션**] 메뉴에서 [**글로벌**]을 선택해 좌표계를 글로벌로 변경한 다음 제어하는 것이 쉽습니다.

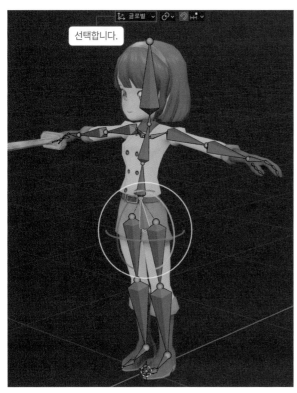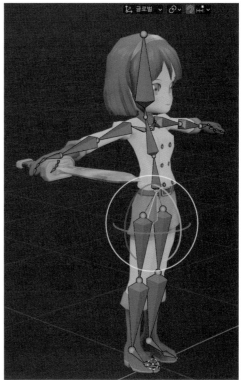

변환을 지우기

3D 뷰포트 헤더의 [포즈]에서 [**변환을 지우기**] → [**모두**]를 선택하면 선택한 본의 이동과 회전 등의 변환이 모두 제거돼 원래 상태로 돌아옵니다.

회전은 그대로 두고 이동했던 조작만 원래대로 돌리고 싶을 때는 [**위치**] (Alt + G 키)를 선택합니다.

이동은 그대로 두고 회전했던 조작만 원래대로 돌리고 싶을 때는 [**회전**] (Alt + R 키)을 선택합니다.

좌우대칭 편집

3D 뷰포트 헤더에 있는 [뷰]에서 [사이드바](N 키)를 선택해 사이드바를 표시합니다. [도구] 탭을 마우스 왼쪽 버튼으로 클릭합니다.

포즈 옵션 패널에 [X축 미러] 항목이 있습니다. 이를 체크해 활성화합니다. 이렇게 하면 좌우 대칭 부분 중에 아무 곳이나 편집하면 반대 부분이 연동돼 함께 편집됩니다.

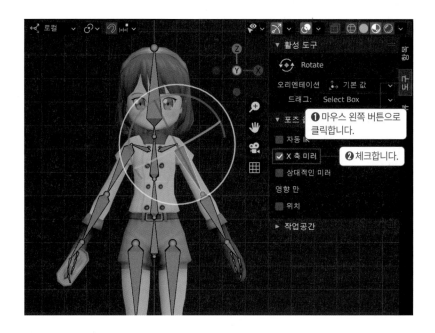

자동 IK

부모에서 자식으로 움직임을 전달하는 FK와 반대로, 자식에서 부모로 움직임을 전달하는 것을 **IK** (**인버스 키네마틱**)라고 부릅니다. 손과 다리를 움직이는 경우에는 FK보다 IK를 사용하는 것이 편집과 제어의 관점에서 편리합니다.

3D 뷰포트 헤더에 있는 [뷰]에서 [사이드바](N 키)를 선택하고, [도구] 탭을 마우스 왼쪽 버튼으로 클릭하면 표시되는 **포즈 옵션** 패널에서 [자동 IK]에 체크해 활성화합니다.

이렇게 하면 IK가 활성화 되며, 이동 전용 기즈모 등으로 움직였을 때, 그 움직임이 부모로 전달되며 함께 움직입니다.

❶ 마우스 왼쪽 버튼으로
클릭합니다.

❷ 체크합니다.

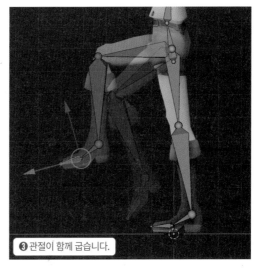

❸ 관절이 함께 굽습니다.

❓ 주의

무릎과 팔꿈치처럼 일정한 방향으로만 구부려지는 관절 부분은 IK를 활성화하기 전에 살짝 굽혀 두면
제어가 쉬워집니다.

포즈 복사/붙여넣기

01 편집한 포즈 상태를 복사하면 좌우 대칭 본에 붙여 넣어서 같은 상태로 만들 수 있습니다.

편집한 본을 선택하고, 3D 뷰포트 헤더에 있는 **[포즈]**에서 **[포즈를 복사]**(Ctrl + C 키)를 선택합니다.

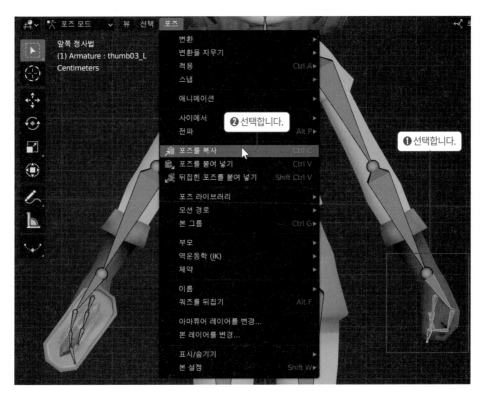

❷ 선택합니다.

❶ 선택합니다.

02 붙여 넣을 본을 선택하고, 3D 뷰포트 헤더에 있는 [**포즈**]에서 [**포즈를 붙여 넣기**](Shift + Ctrl + V 키)를 선택하면 복사했던 상태가 반영됩니다.

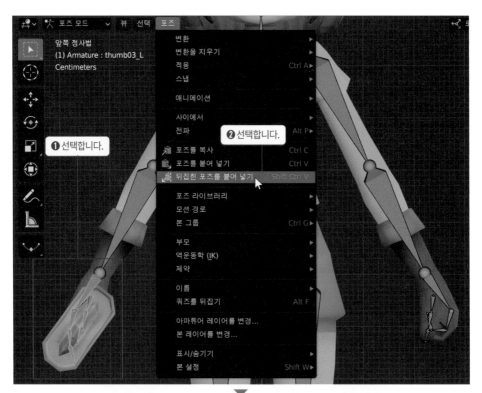

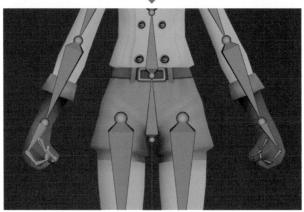

포즈 라이브러리

편집을 완료한 포즈는 포즈 라이브러리에 저장할 수 있습니다. 여러 포즈를 저장할 수 있으므로 여러 포즈를 즉각적으로 변경할 수 있습니다.

포즈는 전체(모든 본)는 물론이고, 부분적으로도 저장할 수 있습니다. 따라서 다양한 손 모양을 만들어서 저장해두면 다른 포즈를 만들 때 다양하게 활용할 수 있습니다.

포즈 저장하기

01 저장할 포즈를 선택하고, 프로퍼티 왼쪽에 있는 ▓를 마우스 왼쪽 버튼으로 클릭합니다.

포즈 라이브러리 패널의 [새로운]을 마우스 왼쪽 버튼으로 클릭합니다.

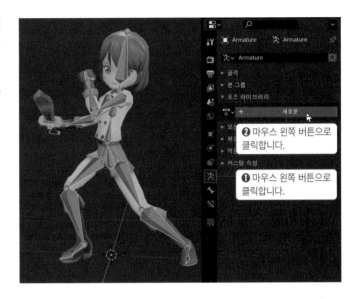

02 오른쪽의 ➕를 마우스 왼쪽 버튼으로 클릭하고, [새로운 추가]를 선택하면 현재 포즈가 저장됩니다.

포즈 적용

포즈를 적용할 본을 선택하고, **포즈 라이브러리** 패널에서 적용할
포즈를 선택한 뒤, 🖲를 마우스 왼쪽 버튼으로 클릭합니다.

선택한 본에만 포즈가 적용됩니다.

포즈 라이브러리 편집

포즈 라이브러리 패널의 ▬를 마우스 왼쪽 버튼으로 클릭하면 선택하
고 있는 포즈가 제거됩니다.

▲와 ▼를 마우스 왼쪽 버튼으로 클릭하면 선택하고 있는 포즈의 순서
를 변경할 수 있습니다.

6.4 셰이프 키

셰이프 키는 메쉬의 위치 정보를 기록하는 기능입니다. 캐릭터의 눈을 감은 상태, 입을 벌린 상태 등의 다양한 표정(메쉬 형태)을 기록해두면 간단하게 표정 변화를 줄 수 있습니다. 이 기능은 애니메이션 기능과 함께 많이 활용됩니다.

셰이프 키로 표정 설정하기

셰이프 키는 같은 메쉬 구조를 가지면 변형한 여러 형태를 기록해둘 수 있습니다.

또한 원래 형태에서 변형이 완료될 때까지의 중간 단계를 활용할 수도 있습니다.

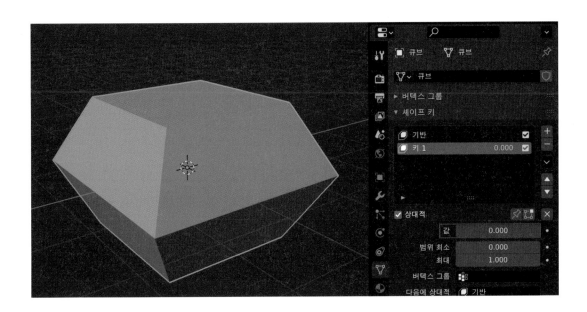

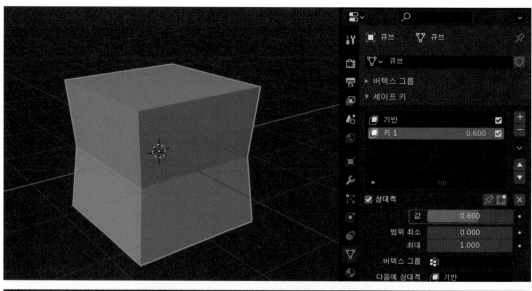

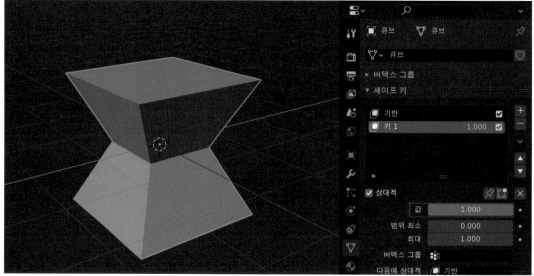

그럼 캐릭터(샘플 데이터에 있는 "SECTION6-4-1.blend")의 메쉬 형태를 부분적으로 변형하고, 이를
셰이프 키에 기록해 윙크와 미소 등의 표정 변화를 만들어봅시다.

왼쪽 눈 윙크 셰이프 키

01 왼쪽 눈(정면에서 봤을 때 오른쪽 눈)을 감은 윙크 상태를 기록하겠습니다.

오브젝트 모드에서 캐릭터의 바디(character_body)를 선택하고, 프로퍼티 왼쪽에 있는 ■를 마우스 왼쪽 버튼으로 클릭합
니다. 표시되는 **셰이프 키** 패널의 ■를 마우스 왼쪽 버튼으로 클릭하면 셰이프 키 "기반"이 만들어지며, 초기 상태가 기록됩
니다.

02 다시 한 번 ✚를 마우스 왼쪽 버튼으로 클릭해 셰이프 키를 작성합니다.

셰이프 키의 이름을 더블 클릭해 "wink_L"로 변경합니다.

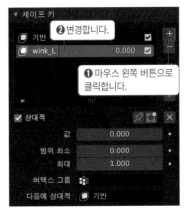

03 셰이프 키 "wink_L"을 선택하고 3D 뷰포트 헤더에 있는 모드 변경 메뉴에서 **[에디트 모드]**(Tab 키)를 선택해 에디트 모드로 변경합니다.

편집 모드에서 메쉬를 변형시켜서 눈을 감은 형태로 만듭니다.

❓ 주의

편집할 때 분할 또는 병합 등의 메쉬 구조 변경을 하면 안 됩니다.

❓ 주의

사이드바(N 키)를 선택하고, [도구] 탭의 옵션 패널에서 X축 미러가 활성화돼 있다면 체크를 해제합니다.

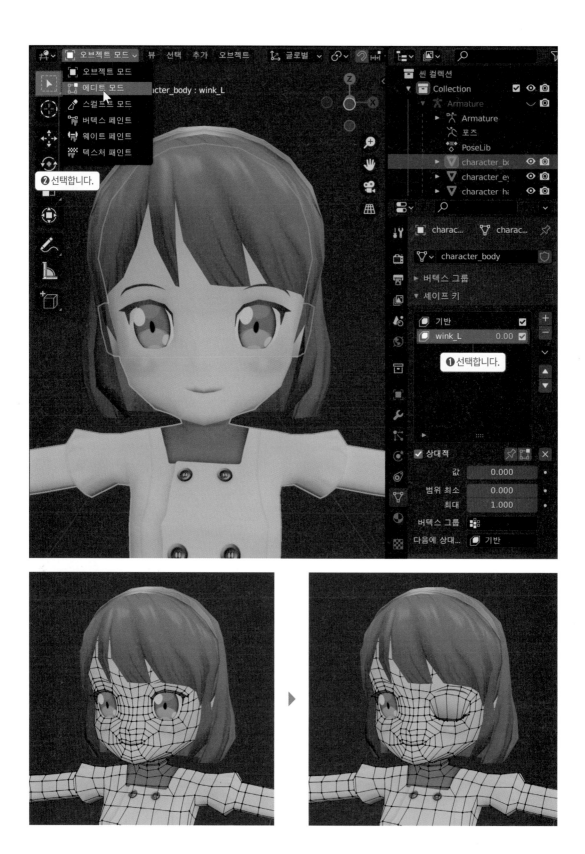

19개의 실전 예제를 따라하며 배우는 **나의 첫 블렌더**

04 3D 뷰포트 헤더에 있는 모드 변경 메뉴에서 **[오브젝트 모드]**(Tab 키)를 선택해 오브젝트 모드로 변경합니다.

세이프 키 "wink_L"의 매개변수를 마우스 왼쪽 버튼으로 드래그해 **[값]**을 변경하면, 메쉬를 변형해서 왼쪽 눈을 뜨고 감을 수 있습니다.

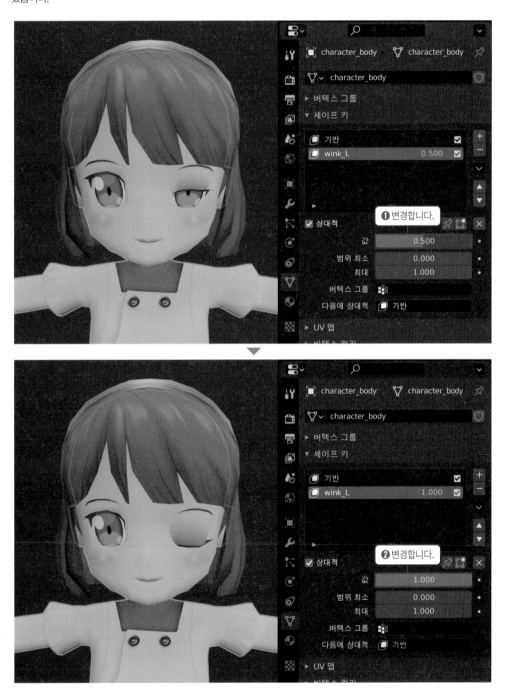

오른쪽 눈 윙크 셰이프 키

좌우 대칭 형태라면 셰이프 키를 반전할 수 있으므로 왼쪽 눈 윙크 셰이프 키를 반전해 오른쪽 눈 윙크도 셰이프 키로 만들어봅시다.

01 셰이프 키 "wink_L"의 [값]을 "1.000"으로 해서 왼쪽 눈을 완전히 닫습니다.

셰이프 키 패널의 오른쪽에 있는 ■를 마우스 왼쪽 버튼으로 클릭하고, [New Shape from Mix]를 선택하면 현재 상태(왼쪽 눈을 감은 상태)를 기록한 셰이프 키가 만들어집니다.

02 셰이프 키의 이름을 더블 클릭해 "wink_R"로 변경합니다.

셰이프 키 "wink_R"을 선택한 다음, **셰이프 키** 패널 오른쪽에 있는 ■를 마우스 왼쪽 버튼으로 클릭하고, [**미러 셰이프 키**]를 선택합니다.

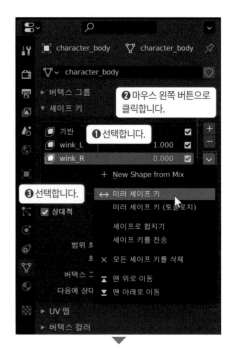

기록한 형태가 반전돼서 오른쪽 눈(정면에서 보았을 때 왼쪽 눈)을 감는 상태가 기록됩니다.

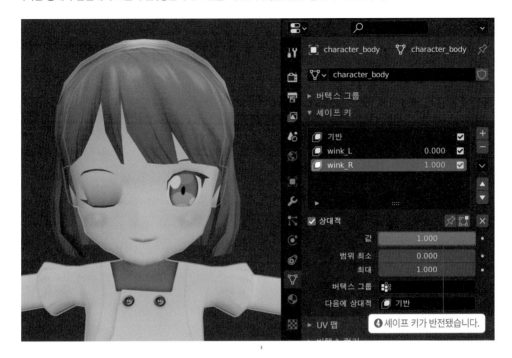

눈을 감은 상태의 셰이프 키

01 왼쪽 눈 윙크와 오른쪽 눈 윙크를 조합해 양쪽 눈을 감은 상태의 셰이프 키를 만들겠습니다.

셰이프 키 "wink_L"과 "wink_R"의 **[값]**을 "1.000"으로 설정해 양쪽 눈을 모두 감은 상태로 만듭니다.

셰이프 키 패널의 오른쪽에 있는 ⌄를 마우스 왼쪽 버튼으로 클릭하고, **[New Shape from Mix]**를 선택하면 현재 상태(양쪽 눈을 감은 상태)를 기록한 셰이프 키가 만들어집니다.

02 셰이프 키의 이름을 더블 클릭해 "blink"로 변경합니다.

? 주의

셰이프 키의 움직임을 확인할 때는 다른 셰이프 키의 [값]을 "0.000"으로 돌려주세요. "1.000"으로 하면 효과가 중복돼서 메쉬가 깨집니다.

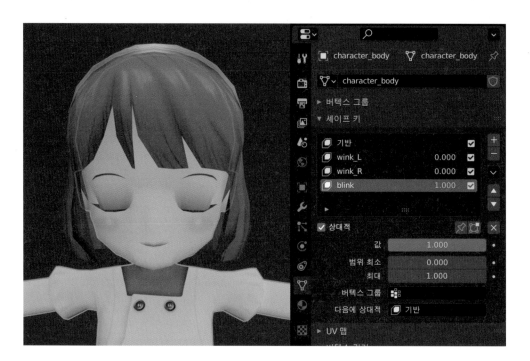

마찬가지 방법으로 웃는 얼굴, 화난 얼굴 등의 다양한 표정을 셰이프 키로 만들어 두면 쉽게 표정을 전환할 수 있습니다.

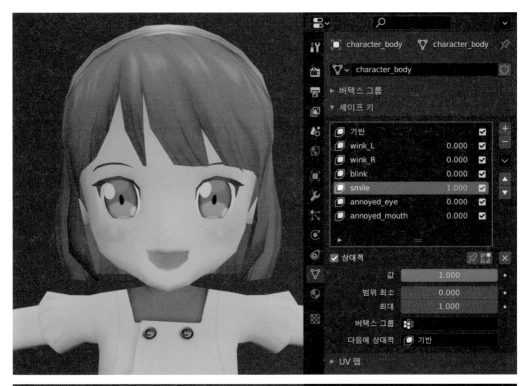

완성된 샘플 파일(SECTION6-4-2.blend)

07

애니메이션

정지 화면에서는 지금까지 만들었던 캐릭터를 움직이고, 피사체 주위를 날면서 움직이는 카메라를 구현할 수 없습니다. 이를 구현하려면 애니메이션이 필요합니다. 이번 장에서는 객체의 이동과 같은 기본적인 애니메이션부터 인물 캐릭터를 움직이게 하는 실전적인 애니메이션까지 살펴보겠습니다.

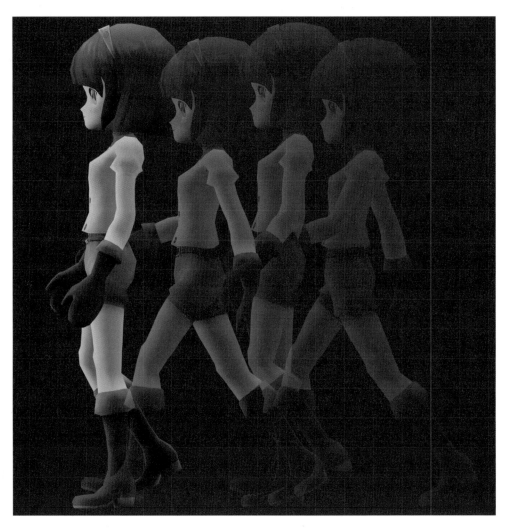

7.1 애니메이션 기초 지식

애니메이션은 오브젝트를 이동하는 간단한 작업부터, 캐릭터에 모션을 추가하는 등의 작업을 모두 나타냅니다. 블렌더는 이러한 모든 작업을 위한 기능을 지원합니다. 이번 절에서는 애니메이션과 관련된 기본적인 기능과 함께 애니메이션에 대한 기초적인 지식을 설명하겠습니다.

3DCG 애니메이션이란?

3DCG 애니메이션은 기존의 셀 애니메이션[2]과 다르게 하나하나의 이미지를 만들지 않아도 괜찮습니다. 예를 들어 물체가 이동하는 애니메이션이라면 이동을 시작하는 지점과 종료 지점에 이동해두기만 하면 자동으로 시작 시점에서 종료 지점으로 이동하도록 보간(interpolation)해줍니다.

또한 이동에 필요한 시간 등을 설정하거나, 이동하는 속도가 빠르다가 느려지게 만드는 등의 처리도 가능합니다.

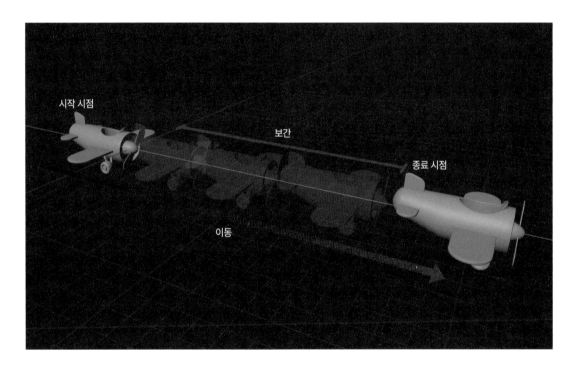

프레임레이트란?

애니메이션을 제작할 때 반드시 이해해야 하는 것이 있다면 바로 **프레임레이트**입니다. 1초 동안 몇 개의 이미지를 표시할지 나타내는 값으로, **fps**(frame per second)라는 단위로 나타냅니다.

---

2   옮긴이: 책 또는 포스트잇에 그림을 그리고 이를 빠르게 넘기면서 움직이는 것처럼 보이게 만드는 형식의 애니메이션을 셀 애니메이션이라고 부릅니다.

예를 들어 프레임레이트가 24fps라면 1초에 24장의 이미지가 연속적으로 표시됩니다. 따라서 프레임레이트가 클수록 부드러운 애니메이션이 만들어집니다.

일반적인 텔레비전에 나오는 동영상 등은 대부분 **30fps** 또는 **29.97fps**로 만들어지며, 일부 게임 등은 60fps 또는 그 이상의 fps로 만들어집니다.

타임라인

타임라인은 기본적으로 3D 뷰포트 아래에 배치돼 있습니다. 너무 작게 느껴진다면 타임라인과 3D 뷰포트 경계에 마우스를 올리고, 마우스 왼쪽 버튼으로 드래그해 크게 만들 수 있습니다.

타임라인이 보이지 않는 경우에는 **에디터 유형** 메뉴에서 [**타임라인**]을 선택해 화면을 타임라인으로 변경할 수 있습니다.

타임라인에서는 애니메이션의 재생, 프레임 이동 등을 할 수 있습니다.

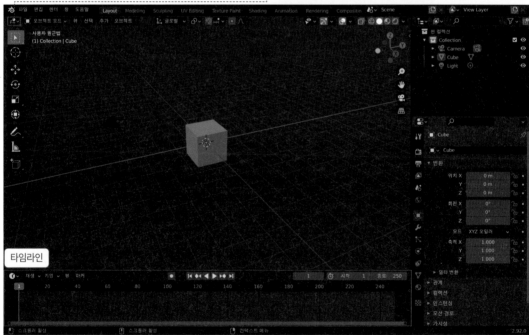

화면 조작

타임라인 위에서 마우스 휠을 회전하면 표시 범위를 확대/축소할 수 있습니다. 또한 마우스 가운데 버튼을 드래그해 표시 범위를 스크롤 할 수 있습니다.

추가로 타임라인 헤더 중앙 부분에 있는 버튼으로, 미리보기 재생 등을 할 수 있습니다.

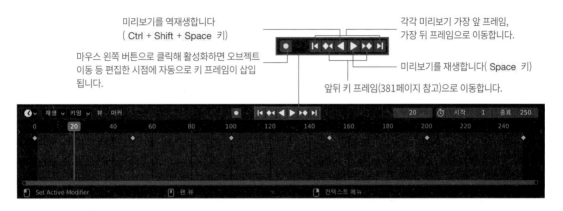

프레임 이동

파란색 선이 현재 프레임을 나타냅니다. 또한 타임라인 헤더에도 현재 프레임 수가 표시됩니다. 숫자를 변경해서 원하는 프레임으로 곧바로 이동할 수 있습니다. 또한 다이아몬드 기호 부분을 클릭하거나, 파란색 선의 윗부분을 마우스 왼쪽 버튼으로 드래그해도 프레임을 이동할 수 있습니다.

추가로 ←, →키로 한 프레임씩 이동할 수 있으며, ↑, ↓로 앞뒤에 있는 키 프레임 위치로 이동할 수 있습니다.

미리보기 범위와 렌더링 동영상 범위

밝은 회색 범위가 미리보기 할 수 있는 범위이자, 내보내기 할 때의 동영상 범위입니다. 타임라인 헤더의 오른쪽에 있는 [시작]과 [종료]에 표시되는 값이 바로 범위의 시작과 종료 위치를 나타냅니다. 이 숫자를 변경해 범위를 원하는 대로 변경할 수 있습니다.

프로퍼티 왼쪽에 있는 ▦를 마우스 왼쪽 버튼으로 클릭하면 표시되는 **크기** 패널에서 [**프레임 시작**]과 [**종료**]로 내보내기 할 때의 동영상 범위를 설정할 수 있습니다.

기본적으로는 미리보기 범위와 내보낼 때 동영상의 범위가 연동돼 있습니다. 따라서 타임라인 헤더의 [**시작**]과 [**종료**]의 숫자를 변경하면 **크기** 패널의 [**프레임 시작**]과 [**종료**]가 함께 변경됩니다.

타임라인 헤더에 있는 ⏱를 마우스 왼쪽 버튼으로 클릭해 활성화(파란색)하면 타임라인 헤더에 있는 [**시작**]과 [**종료**]의 렌더링 동영상 범위 연동을 해제할 수 있습니다. 해제하면 개별적으로 설정할 수 있습니다.

이를 활용하면 일정 범위만 렌더링해서 미리보기 할 수 있습니다.

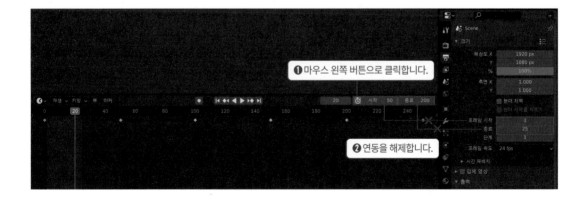

7.2 애니메이션 설정

블렌더는 다양한 항목을 사용해 애니메이션을 설정할 수 있습니다. 예를 들어 오브젝트의 이동과 회전, 매테리얼의 색 변경, 텍스처의 위치 변경, 카메라 화각, 라이트 강도와 색 등도 애니메이션 처리할 수 있습니다.

이동, 확대 축소, 회전 애니메이션

키 프레임 삽입

가장 기본적인 이동, 확대/축소 애니메이션을 설정해봅시다.

기본적으로 배치된 "Cube" 오브젝트를 이동하는 애니메이션을 만들어보겠습니다.

01 프로퍼티 왼쪽에 있는 🖼를 마우스 왼쪽 버튼으로 클릭하면 나오는 **크기** 패널에서 **[종료]**를 "48"로 설정합니다.

프레임 속도는 기본값인 **[24fps]** 그대로 둡니다. 이렇게 하면 2초 동안의 애니메이션이 만들어집니다[3].

02 타임라인 헤더에 있는 **[시작]**과 **[종료]**도 함께 변경돼서 밝은 회색 범위가 "1"에서 "48"까지로 설정돼 있을 것입니다.

연동돼서 함께 변경됩니다.

범위도 변경됐습니다.

---

3 옮긴이: 프레임이 48개이고, 1초에 24프레임씩 재생하게 만들었으므로 2초 동안 재생되는 것입니다.

03 타임라인에서 현재 프레임이 "1"로 돼 있는지 확인합니다. 이어서 큐브 오브젝트를 선택하고, 3D 뷰포트 헤더에 있는 **[오브젝트]**에서 **[애니메이션]** → **[키 프레임을 삽입]**(I 키)을 선택합니다.

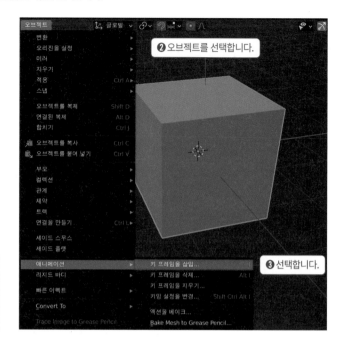

04 표시되는 **키 프레임 메뉴를 삽입**[4]에서 **[위치]**를 선택해 현재 배치된 위치를 기록합니다.

이처럼 키 프레임에는 해당 프레임에서의 위치와 각도 등의 정보를 기록할 수 있습니다.

키 프레임이 삽입되면 타임라인 위에 다이아몬드 형태의 모양이 표시됩니다.

---

4 옮긴이: 블렌더의 메뉴 번역이 이상하게 돼 있어서 의미를 이해하기 힘들 수 있는데, "키 프레임 삽입 메뉴"가 더 적절한 번역이므로 참고해주세요.

05 타임라인 헤더에 있는 ▶️를 마우스 왼쪽 버튼으로 클릭해 마지막 프레임인 "48" 프레임으로 이동합니다.

큐브 오브젝트를 선택하고, 적당한 위치로 이동합니다. 간단하게 Y축 방향으로 10m 이동하겠습니다.

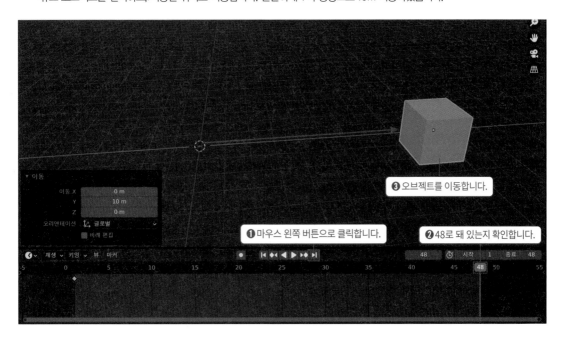

06 키 프레임을 삽입합니다. 3D 뷰포트 헤더에 있는 **[오브젝트]**에서 **[애니메이션]** → **[키 프레임을 삽입]**(⎮ 키)을 선택하고, **키 프레임 메뉴를 삽입**에서 **[위치]**를 선택합니다.

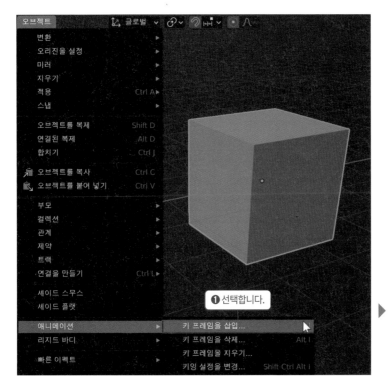

07 타임라인 헤더에 있는 ▶(Space 키)를 마우스 왼쪽 버튼으로 클릭하면 미리보기가 재생돼 설정한 애니메이션을 확인할 수 있습니다.

Ⅱ(Space 키)를 마우스 왼쪽 버튼으로 클릭하면 미리보기가 중지됩니다.

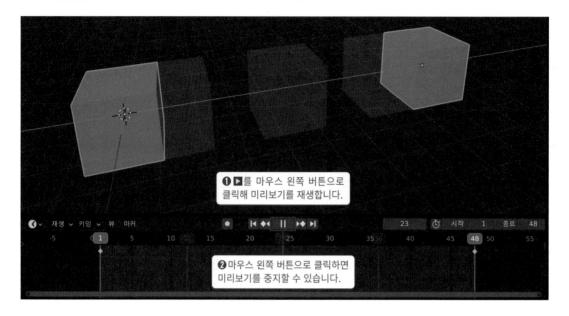

❶ ▶를 마우스 왼쪽 버튼으로 클릭해 미리보기를 재생합니다.

❷ 마우스 왼쪽 버튼으로 클릭하면 미리보기를 중지할 수 있습니다.

08 3D 뷰포트 헤더에 있는 [뷰]에서 [사이드바](N 키)를 선택하고, [항목] 탭을 마우스 왼쪽 버튼으로 클릭합니다. **변환** 패널을 보면 키 프레임이 설정된 [위치](의 숫자)가 초록색 또는 노란색으로 표시됩니다.

키 프레임과 현재 프레임이 일치하면 노란색으로, 이외의 프레임에서는 초록색으로 표시됩니다.

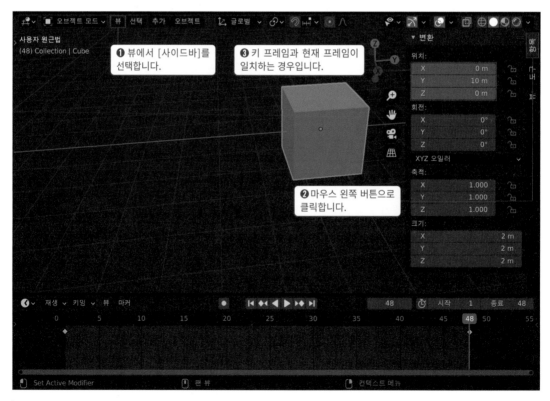

❶ 뷰에서 [사이드바]를 선택합니다.

❸ 키 프레임과 현재 프레임이 일치하는 경우입니다.

❷ 마우스 왼쪽 버튼으로 클릭합니다.

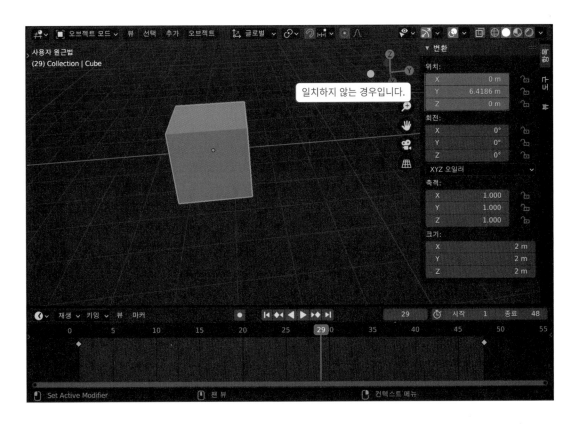

09 **변환** 패널에서도 키 프레임을 삽입할 수 있습니다. 타임라인 헤더에 있는 ◀◀를 마우스 왼쪽 버튼으로 클릭해 시작 프레임인
"1" 프레임으로 이동합니다.

10 큐브 오브젝트를 선택한 다음, **변환** 패널에서 [**축적**]의 X,
Y, Z 중에 하나를 마우스 오른쪽 버튼으로 클릭하고, 메뉴
에서 [**키 프레임을 삽입**]을 선택하면 "1" 프레임에 키 프
레임을 삽입할 수 있습니다.

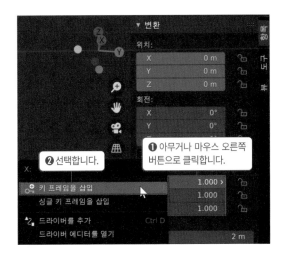

11 타임라인 헤더에 있는 ▶|를 마우스 왼쪽 버튼으로 클릭해 마지막 프레임인 "48" 프레임으로 이동합니다.

변환 패널에 있는 **[축적]**의 X, Y, Z를 "2.000"으로 설정해 오브젝트를 확대합니다.

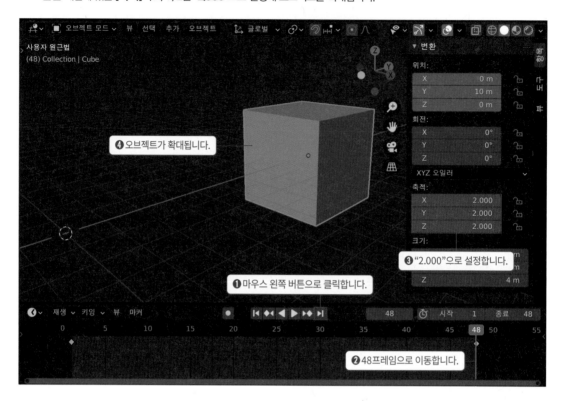

12 **변환** 패널에 있는 **[축적]**의 X, Y, Z 중에 하나를 마우스 오른쪽 버튼으로 클릭하고, 메뉴에서 **[키 프레임을 삽입]**을 선택합니다.

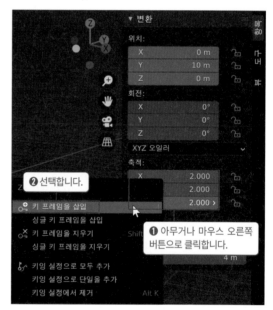

13 타임라인 헤더에 있는 ▶(Space 키)를 마우스 왼쪽 버튼으로 클릭하면 미리보기가 재생돼 설정한 애니메이션을 확인할 수 있습니다.

⏸(Space 키)를 마우스 왼쪽 버튼으로 클릭하면 미리보기가 중지됩니다.

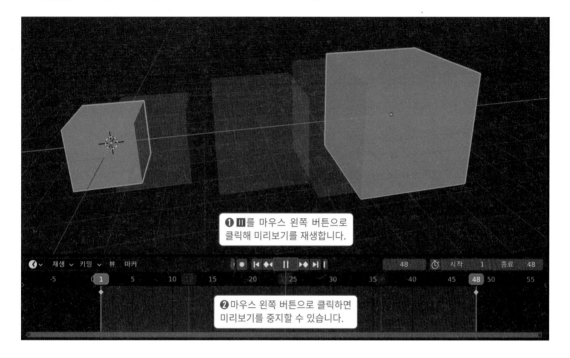

회전 애니메이션

이번에는 오브젝트가 360도 회전하는 애니메이션을 만들어봅시다. 회전 상태를 확인할 수 있게, 기본적으로 배치되어 있는 "Cube"를 제거하고, 원숭이 "Suzanne"을 사용하겠습니다.

01 프로퍼티 왼쪽에 있는 🖼를 마우스 왼쪽 버튼으로 클릭하면 나오는 **크기** 패널에서 [**종료**]를 "48"로 설정합니다.

[**프레임 속도**]는 기본값인 [**24fps**] 그대로 둡니다. 이렇게 하면 2초 동안의 애니메이션이 만들어집니다.

02 타임라인에서 현재 프레임이 "1"로 돼 있는지 확인합니다. 이어서 원숭이 오브젝트를 선택하고, 3D 뷰포트 헤더에 있는 **[오브 젝트]**에서 **[애니메이션]** → **[키 프레임을 삽입]**(ⅰ 키)을 선택합니다. **키 프레임 메뉴를 삽입**이 나오면 **[회전]**을 선택 합니다.

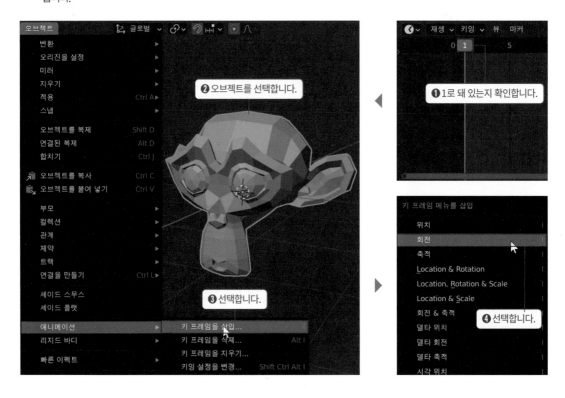

03 3D 뷰포트 헤더에 있는 **[뷰]** → **[뷰포트]**에서 **[위쪽]**(숫자 패드 7)을 선택해 위쪽 뷰포트로 변경합니다. 이어서 타임라인 헤더에 있는 ▶|를 마우스 왼쪽 버튼으로 클릭해 마지막 프레임인 "48" 프레임으로 이동합니다.

04 3D 뷰포트 헤더에 있는 **[오브젝트]**에서 **[변환]** → **[회전]**(R 키)을 선택하고, Ctrl 키를 누르면서 마우스 포인터를 이동해 시계 방향으로 360도 회전합니다. 3D 뷰포트 왼쪽 위에 편집 내용이 표시되므로 이를 확인하면서 조작해주세요.

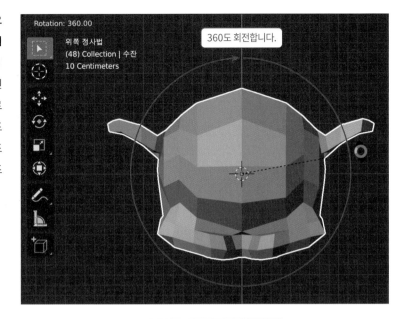

05 360도 회전했으므로 회전을 했는지 알기 힘들지만, 3D 뷰포트 헤더에 있는 **[뷰]**에서 **[사이드바]**(N 키)를 선택하고, **[항목]** 탭을 마우스 왼쪽 버튼으로 클릭합니다. **변환** 패널의 **[회전: Z]**를 보면 "−360°" 회전했다는 것을 확인할 수 있습니다.

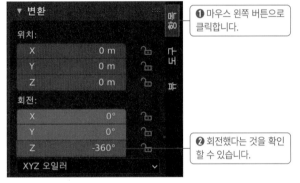

06 **변환** 패널의 **[회전: Z]**를 마우스 오른쪽 버튼으로 클릭하고, 메뉴에서 **[키 프레임을 삽입]**을 선택합니다.

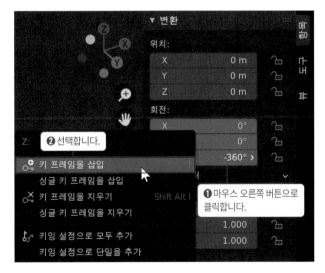

07 타임라인 헤더에 있는 ▶(Space 키)를 마우스 왼쪽 버튼으로 클릭하면 미리보기를 재생할 수 있습니다. 시계 방향으로 1회 전하는 애니메이션이 설정된 것을 확인할 수 있습니다.

■ (Space 키)를 마우스 왼쪽 버튼으로 클릭하면 미리보기가 중지됩니다.

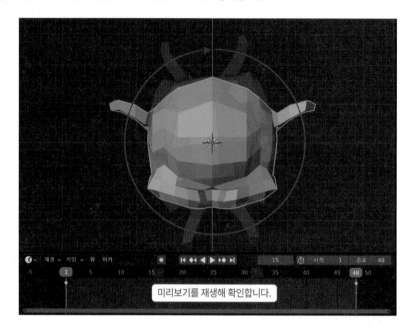

미리보기를 재생해 확인합니다.

08 타임라인 헤더에 있는 ▶를 마우스 왼쪽 버튼으로 클릭해 최종 프레임인 "48" 프레임으로 이동합니다.

[사이드바](N 키)의 **변환** 패널에서 [회전]의 Z를 2배인 "−720°"로 변경한 다음, 마우스 오른쪽 버튼으로 클릭하고 메뉴에서 [키 프레임을 교체]를 선택하면 시계 방향으로 2회전하는 애니메이션이 설정됩니다.

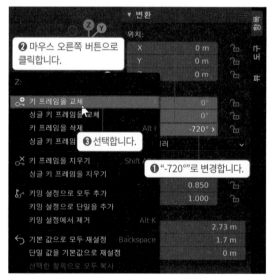

09 "-720°"를 "720°"로 변경해 같은 방법으로 키 프레임을 교체하면, 반시계 방향으로 2회전하는 애니메이션이 설정됩니다.

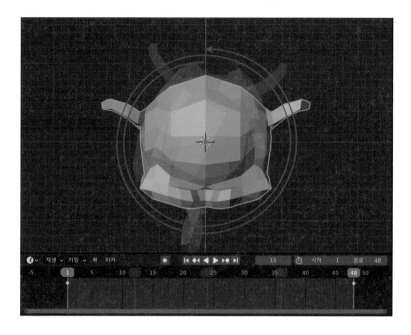

키 프레임 편집

키 프레임 삽입 메뉴

3D 뷰포트 헤더에 있는 [**오브젝트**]에서 [**애니메이션**] → [**키 프레임을 삽입**](ㅣ 키)을 선택하면 나오는 **키 프레임 메뉴를 삽입**에는 위치, 회전, 축적 이외에도 이동과 회전을 동시에 하는 경우의 [Location & Rotation] 등의 메뉴가 있습니다. 이를 활용하면 여러 항목의 키 프레임을 기록할 수 있습니다.

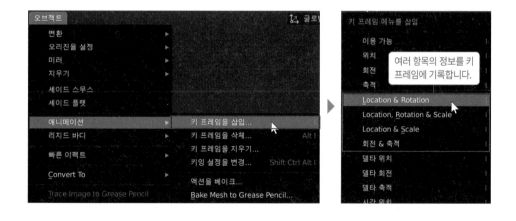

키 프레임 선택

키 프레임이 설정된 오브젝트를 선택하면 타임라인에 키 프레임(다이아몬드 모양)이 표시됩니다.

키 프레임에 마우스 버튼을 가져간 다음 마우스 왼쪽 버튼으로 클릭하면 키 프레임을 선택할 수 있습니다.

Shift 키 + 마우스 왼쪽 버튼으로 클릭해 여러 키 프레임을 동시에 선택할 수 있습니다. 선택한 키 프레임은 주황색으로 표시됩니다.

타임라인에 마우스 포인터를 가져간 다음 A 키를 누르면 모든 키 프레임을 선택할 수 있습니다. 또한 Alt + A 키를 눌러서 선택을 해제할 수 있습니다. 추가로 A 키를 2번 누르거나, 타임라인에서 키 프레임 이외의 부분을 마우스 왼쪽 버튼으로 클릭해도 선택을 해제할 수 있습니다.

키 프레임 이동

키 프레임을 선택하고 G 키 또는 마우스 왼쪽 버튼을 드래그하면 키 프레임을 이동할 수 있습니다. S 키를 누르면서 마우스 포인터를 이동하면 현재 키 프레임을 기준으로 키 프레임의 위치를 변경할 수 있습니다.

키 프레임 복제

키 프레임을 선택하고 Shift + D 키를 누르면 키 프레임이 복제됩니다. 복제 직후에는 마우스 포인터로 복제한 키 프레임을 이동할 수 있으며, 마우스 왼쪽 버튼으로 클릭해 위치를 확정합니다.

키 프레임 삭제

키 프레임을 선택하고 X 키를 누르면 **삭제** 메뉴가 출력되며, [**키 프레임을 삭제**]를 선택하면 키 프레임이 삭제됩니다.

자동 키 삽입

타임라인 헤더 중앙 부분에 있는 █를 마우스 왼쪽 버튼으로 클릭해 활성화하면 오브젝트 이동 등을 편집한 시점으로 키 프레임을 자동 삽입할 수 있습니다.

매테리얼 애니메이션

매테리얼 정보도 키 프레임으로 삽입할 수 있으며, 매테리얼 애니메이션을 설정할 수 있습니다.

오브젝트를 선택하고 프로퍼티 왼쪽에 있는 ⬛를 마우스 왼쪽 버튼으로 클릭해 **표면** 패널을 표시합니다.

[**베이스 컬러**]의 컬러 팔레트에 마우스 포인터를 가져간 다음 마우스 오른쪽 버튼으로 클릭하면 메뉴가 표시됩니다. [**키 프레임을 삽입**]을 선택하면 현재 프레임에 키 프레임이 삽입돼 색상 정보가 기록됩니다.

다른 프레임으로 이동한 뒤 [**베이스 컬러**]의 색을 변경하고, 마찬가지 방법으로 키 프레임을 삽입하면 매테리얼 애니메이션을 설정할 수 있습니다.

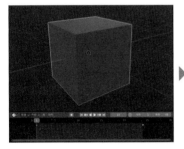 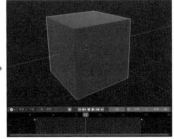 

[**베이스 컬러**] 뿐만 아니라 [**금속성**], [**반사**], [**거칠기**] 등도 같은 방법으로 키 프레임을 삽입해 애니메이션을 설정할 수 있습니다.

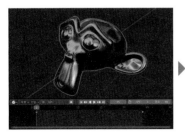 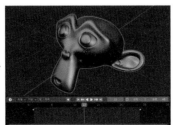 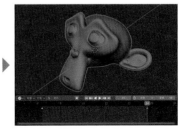

텍스처 애니메이션

텍스처를 적용한 위치 정보도 키 프레임을 삽입해 애니메이션을 설정할 수 있습니다.

오브젝트를 선택하고 탑바에 있는 [Shading] 탭을 마우스 왼쪽 버튼으로 클릭해 워크스페이스를 변경합니다.

셰이더 에디터의 **맵핑** 노드로 텍스처의 위치를 조정합니다. 따라서 텍스처의 위치를 기록하려면 **맵핑** 노드 (227페이지 참고)가 필요합니다.

숫자에 마우스 포인터를 가져간 다음 마우스 오른쪽 버튼으로 클릭하면 메뉴가 표시됩니다. 여기에서 [키 프레임을 삽입]을 선택하면 현재 프레임에 키 프레임이 삽입된 위치 정보가 기록됩니다.

❷ 주의

특정 매터리얼이 여러 오브젝트에 설정된 경우 링크를 해제하고 편집해주세요(링크와 관련된 내용은 195페이지 참고).

다른 프레임으로 이동한 다음, **매핑** 노드에서 텍스터의 위치를 변경하고, 마찬가지로 키 프레임을 삽입하면
텍스처 애니메이션을 설정할 수 있습니다.

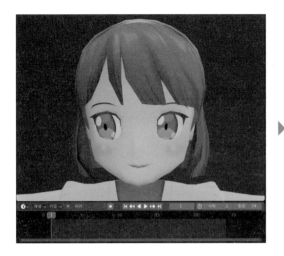 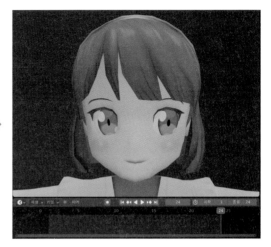

텍스처의 위치뿐만 아니라 축적, **색상/채도** 노드처럼 색을 조정하는 노드로 색 변화 애니메이션을 설정할
수도 있습니다.

  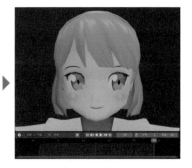

그래프 에디터

그래프 에디터 설정하기

그래프 에디터는 키 프레임이 삽입된 각 프로퍼티
의 변화 정도를 커브로 시각화해 확인하고 제거할
수 있게 해줍니다.

특정 객체를 선택하고, **에디터 유형** 메뉴에서 [그
래프 에디터]를 선택하면 화면이 바뀝니다.

그래프 에디터의 세로축이 변화량, 가로축이 시간
을 나타냅니다. 파란색 수직선은 현재 프레임을 나
타냅니다.

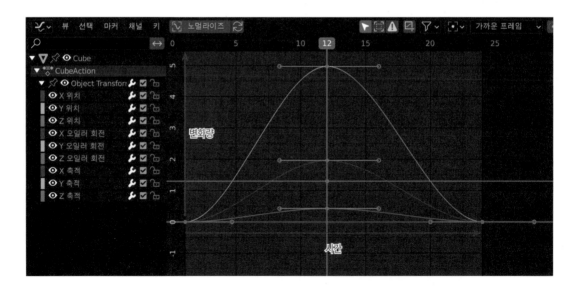

왼쪽에 있는 삼각형을 마우스 왼쪽 버튼으로 클릭해 아래 방향으로 바꾸면 키 프레임이 삽입된 각 프로퍼티(채널)가 표시됩니다.

마우스 왼쪽 버튼으로 클릭해 프로퍼티를 표시합니다.

◉로 커브를 표시/숨기기 할 수 있으며, 🔧로 모디파이어(399페이지 참고)의 변화를 활성화/비활성화 할 수 있습니다. ☑로 프로퍼티의 변화를 활성화/비활성화 할 수 있으며, 🔒로 커브의 편집을 허가하거나 막을 수 있습니다.

오른쪽에는 키 프레임이 삽입된 각 프레임의 변화가 커브로 표시돼 있습니다.

마우스 휠을 회전해 표시 범위를 확대/축소할 수 있으며, 마우스 가운데 버튼을 드래그해 스크롤 할 수 있습니다.

아래와 오른쪽의 스크롤바 양쪽 끝을 마우스 왼쪽 버튼으로 드래그해 가로축과 세로축의 표시 범위를 개별적으로 확대/축소할 수 있습니다.

커브 편집

커브의 키프레임이 삽입된 부분에는 포인트가 배치돼 있으며, 커브를 제어할 수 있는 핸들도 양쪽으로 있습니다.

포인트 또는 핸들을 마우스 왼쪽 버튼으로 클릭해 선택하고, 그래프 에디터 헤더에 있는 [키] → [변환]에서 [이동](G 키)을 선택해 이동하면 커브를 변형할 수 있습니다.

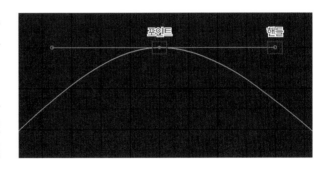

일반적으로 양쪽의 핸들은 함께 연동돼 움직이지만, 포인트를 선택하고, 그래프 에디터 헤더에 있는 **키**에서 **[핸들 유형]**(V 키) → **[자유]**를 선택하면 연동이 해제돼 핸들을 개별적으로 편집할 수 있게 됩니다.

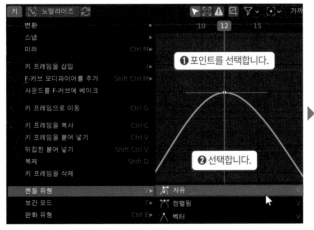

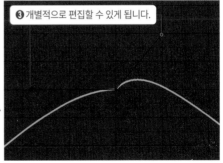

❶ 포인트를 선택합니다.

❷ 선택합니다.

❸ 개별적으로 편집할 수 있게 됩니다.

다시 포인트를 선택하고 그래프 에디터 헤더의 **키**에서 **[핸들 유형]**(V 키) → **[정렬됨]**을 선택하면 부드럽게 커브가 조정되고, 처음과 마찬가지로 핸들이 연동돼 움직입니다.

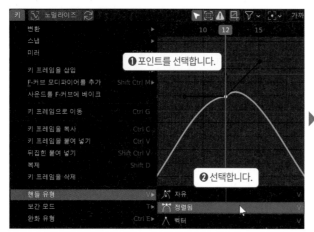

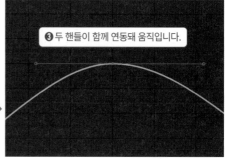

외삽법 모드(Extrapolation Mode)

기본적으로 키 프레임이 배치된 범위 밖의 변화는 일정합니다.

커브를 선택하고, 그래프 에디터의 의 헤더에 있는 **채널**에서 **[외삽법 모드]**(Shift + E) → **[선형 외삽법]**을 선택하면 처음과 끝의 프레임에 맞게 범위 밖에 변화가 생깁니다.

[사이클을 만들기 (F-모디파이어)]를 선택하면 처음부터 끝까지의 키 프레임 변화가 반복됩니다.

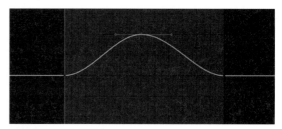

기본 설정인 [상수 외삽법]

[선형 외삽법]

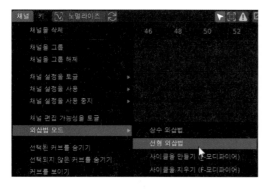

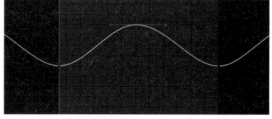

[사이클을 만들기 (F-모디파이어)]

모디파이어

포인트를 선택하고, 그래프 에디터의 헤더에 있는 [뷰]에서 [사이드바](N 키)를 선택한 뒤, **모디파이어** 탭을 마우스 왼쪽 버튼으로 클릭합니다.

모디파이어 패널의 [**모디파이어를 추가**]에는 커브에 노이즈 등의 변화를 주는 다양한 모디파이어가 있습니다.

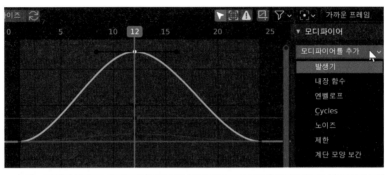

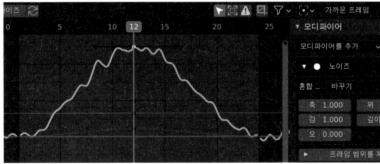

노이즈

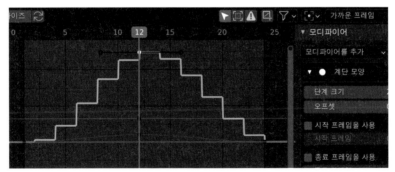

계단 모양 보간

보간 모드(Interpolation Mode)

기본적으로 키 프레임과 키 프레임 사이의 보간 모드는 베지어로 설정돼 있습니다.

베지어는 부드러운 커브를 그리며, 움직임이 서서히 이뤄지고 멈추게 보간합니다.

커브를 선택한 다음, 그래프 에디터의 헤더에 있는 [키] → [보간 모드(Interpolation Mode)](T 키)에서 원하는 항목을 선택하면 보간 모드를 변경할 수 있습니다.

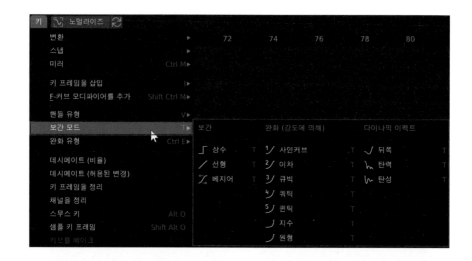

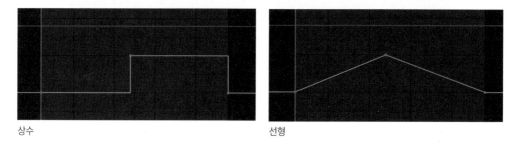

상수　　　　　　　　　　　　　　　　　　　선형

애니메이션 속도 변화 주기

샘플 데이터의 "SECTION7-2-1.blend"를 사용해 일정 속도로 위 아래로 움직이는 구체 애니메이션을 만들어봅시다. 그래프 에디터로 속도 변화를 주면 단순하게 위 아래로 움직이는 것이 아니라 공이 탄성을 갖고 튀기는 것 같은 애니메이션을 만들 수 있습니다.

01 3D 뷰포트의 구체 오브젝트를 선택하고, **에디터 유형** 메뉴에서 **[그래프 에디터]**를 선택합니다.

02 그래프 에디터 왼쪽에 있는 **[Object Transforms]**의 삼각형을 마우스 왼쪽 버튼으로 클릭해 채널을 표시합니다.

[X 위치]와 **[Y 위치]**의 커브는 따로 편집하지 않을 것이므로 █를 마우스 왼쪽 버튼으로 클릭해 일단 비표시합니다.

03 왼쪽에 있는 포인트를 마우스 왼쪽 버튼으로 클릭합니다. 포인터를 선택하면 핸들이 표시되므로 핸들을 마우스 왼쪽 버튼으로 클릭해 핸들만 따로 선택합니다.

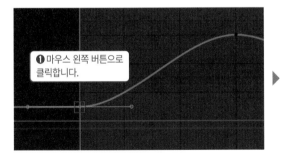

04 그래프 에디터 헤더의 **[키]**에서 **[변환]** → **[이동]**(G 키) 을 선택합니다.

마우스 포인터를 이동해 핸들을 포인터의 위쪽으로 이동합니다.

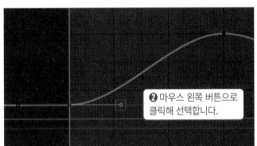

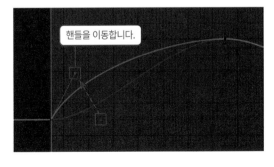

05 오른쪽에 있는 포인터도 마찬가지 방법으로 편집해서 커브를 포물선 형태로 변형합니다.

 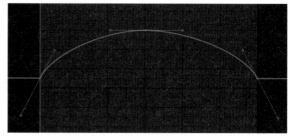

06 **에디터 유형** 메뉴에서 **[3D 뷰포트]**를 선택하고, 타임라인 헤더에 있는 ▶(Space 키)를 마우스 왼쪽 버튼으로 클릭해 미리보기를 재생합니다.

위 아래로 이동하는 구체가 탄성 있게 튀기는 모습을 확인할 수 있습니다.

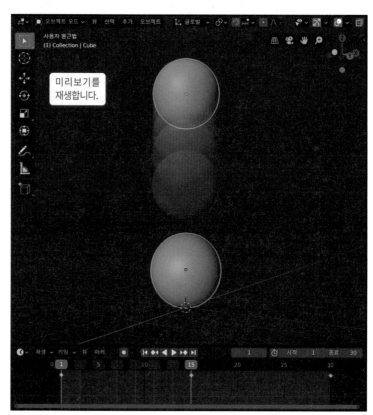

완성된 샘플 파일(SECTION7-2-2.blend)

경로 애니메이션

경로 애니메이션은 커브 오브젝트를 따라 객체를 이동하는 애니메이션입니다.

01 오브젝트 모드에서 3D 뷰포트 헤더에 있는 **[추가]**(Shift + A 키)에서 **[커브]** → **[베지어]**를 선택해 커브 오브젝트를 추가합니다.

02 커브 오브젝트를 선택하고, 편집 모드(Tab 키)로 변경합니다. 이어서 커브를 원하는 형태로 편집합니다(커브 편집 방법은 131 페이지를 참고해주세요).

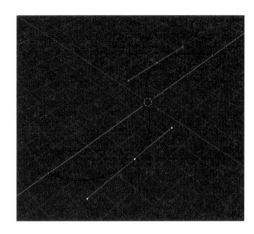

03 커브에서 시작 지점으로 사용할 포인트를 선택하고, 3D 뷰포트 헤더에 있는 **[커브]**에서 **[스냅]** → **[커서를 선택에 스냅]**을 선택해 3D 커서를 시작 지점으로 이동합니다.

❓ **주의**

진행 방향이 커브 객체의 방향과 같으므로 주의해서 선택해주세요.

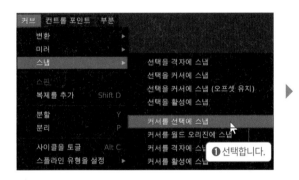

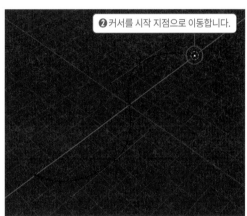

❷ 커서를 시작 지점으로 이동합니다.

04 오브젝트 모드(Tab 키)로 변경하고, 이동할 객체를 선택합니다. 3D 뷰포트 헤더에 있는 **[오브젝트]**에서 **[스냅]** → **[선택을 커서에 스냅]**을 선택해 객체를 3D 커서 위치로 이동합니다.

❸ 객체를 이동합니다.

05 이동할 객체를 진행 방향에 맞게 회전합니다.

진행 방향에 맞게
회전합니다.

06 이동할 **오브젝트를 선택**하고, **커브 오브젝트를 선택**합니다(순서를 지켜주세요). 이어서 3D 뷰포트 헤더에 있는 **[오브젝트]**에서 **[부모]**(Ctrl + P 키) → **[경로를 따라가기]**를 선택합니다.

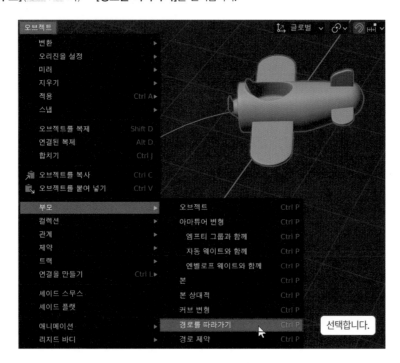

선택합니다.

07 타임라인 헤더에 있는 ▶(Space 키)를 마우스 왼쪽 버튼
으로 클릭해 미리보기를 재생합니다.

커브 오브젝트를 따라서 오브젝트가 이동하는 모습을 확인
할 수 있습니다.

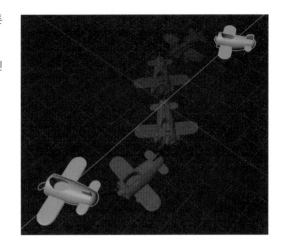

08 커브 오브젝트를 선택하고, 프로퍼티 왼쪽에 있는 ⬛를 마우스 왼쪽 버튼으
로 클릭하면 **경로 애니메이션** 패널이 있습니다.

[**프레임**]으로 애니메이션이 완료될 때까지의 시간(프레임 수)을 설정합니
다.

기본적으로 [**따라가기**]가 활성화돼 있어서 커브 오브젝트를 따라 회전하
면서 이동합니다. [**따라가기**]를 비활성화하면 방향을 고정된 상태로 이동
합니다.

09 진행 방향은 커브 오브젝트의 방향에 따라 달라집니다.

커브 오브젝트를 선택하고, 에디트 모드(Tab 키)로 변
경한 다음, 모든 커브를 선택하고 3D 뷰포트 헤더에 있
는 [**부분**]에서 [**전환 방향**]을 선택하면 진행 방향을 반
전할 수 있습니다.

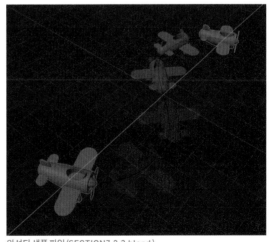

선택합니다.

완성된 샘플 파일(SECTION7-2-3.blend)

모션 블러

모션 블러를 설정하면 빠르게 이동할 때 물체에 잔상을 만들 수 있습니다.

❓ 주의

Eevee 렌더 엔진에서는 카메라 모션 블러만 지원하므로 카메라를 이동한 경우에는 잔상이 나오지만, 오브젝트가 이동한 경우에는 잔상이 만들어지지 않습니다.

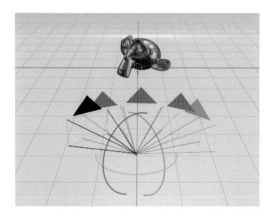 

프로퍼티 왼쪽에 있는 🎥를 마우스 왼쪽 버튼으로 클릭하면 나오는 **모션 블러** 패널을 체크해 활성화하면 모션 블러 기능이 활성화됩니다.

[**단계**]는 수치가 클수록 부드러운 잔상을 남깁니다.

[**셔터**]로 셔터가 열고 닫히는 시간을 프레임 수로 지정합니다. 수치가 클수록 잔상의 범위가 커집니다.

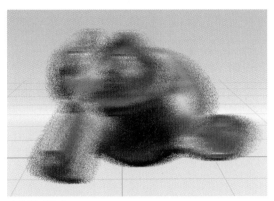

단계가 "1"일 때

단계가 "10"일 때

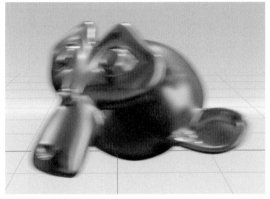

셔터가 "0.20"일 때

셔터가 "0.80"일 때

모션 경로

모션 경로 기능을 사용하면 오브젝트의 궤도를 3D 뷰포트 위에 시각적으로 표시할 수 있습니다.

프로퍼티 왼쪽에 있는 ■를 마우스 왼쪽 버튼으로 클릭하면 **모션 경로** 패널이 나옵니다.

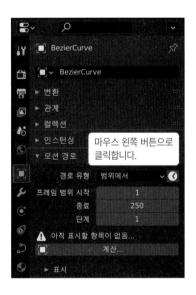

모션 유형을 [**범위에서**]로 지정하면 [**프레임 범위 시작**]과 [**종료**]로 지정한 범위의 궤도를 계산합니다.

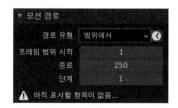

모션 유형을 [**프레임 주위에**]로 지정하면 현재 프레임을 기준으로 [**이전 프레임 범위**]와 [**이후**]로 지정한 범위의 궤도를 계산합니다.

[**계산**]을 마우스 왼쪽 버튼으로 클릭하면 나오는 화면에서 [**OK**]를 마우스 왼쪽 버튼으로 클릭하면 계산이 실행돼 3D 뷰포트 위에 궤도가 표시됩니다.

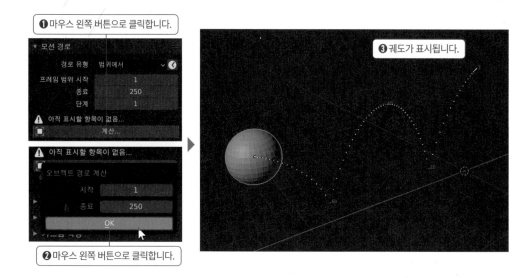

키 프레임 편집을 추가로 하면 [**경로 업데이트**]라는 버튼으로 바뀝니다. 이를 마우스 왼쪽 버튼으로 클릭해 모션 경로를 업데이트 할 수 있습니다.

⊠를 마우스 왼쪽 버튼으로 클릭하면 궤도가 제거됩니다.

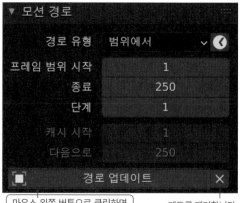

마우스 왼쪽 버튼으로 클릭하면
모션 경로가 변경됩니다.

궤도를 제거합니다.

이외의 애니메이션

블렌더에는 지금까지 소개한 애니메이션 이외에도 다양한 항목을 키프레임으로 삽입할 수 있습니다.

카메라와 관련된 애니메이션

카메라 이동과 회전, **렌즈**의 **[초점의 길이]**, **피사계 심도**의 **[초점 거리]** 등도 애니메이션에 사용할 수 있으며, 이를 활용해 영화와 TV 드라마 같은 장면을 연출할 수 있습니다.

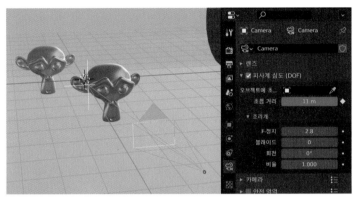

라이트와 관련된 애니메이션

라이트의 방향뿐만 아니라 색상과 강도도 변화시킬 수 있습니다.

모디파이어와 관련된 애니메이션

모디파이어의 다양한 항목도 변화시킬 수 있습니다. 이를 활용하면 오브젝트의 형태를 변형하거나 장식을
추가하는 등 다양한 표현을 간단하게 설정할 수 있습니다.

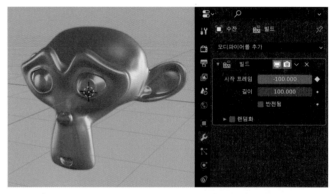

7.3 캐릭터 애니메이션

단순하게 이미지로 렌더링하면 정적인 캐릭터도 모션을 설정해 표정에 변화 등을 줌으로써 캐릭터의 개성과 매력 등을 더 폭 넓게 표현할 수 있습니다.

바디 애니메이션

그럼 캐릭터 셋업이 완료된 인물 캐릭터(샘플 데이터에 있는 "SECTION7-3-1.blend")로 보행 애니메이션을 만들어 모션을 설정해봅시다.

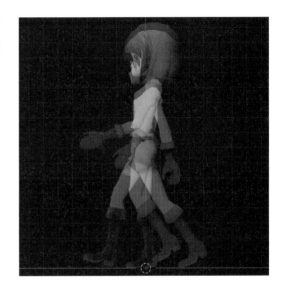

아마튜어 애니메이션

아마튜어를 조작해 키 프레임을 삽입해서 인물 캐릭터에 보행 모션을 설정해봅시다.

일단 대략적인 움직임으로 키 프레임을 삽입하고, 키 프레임과 키 프레임 사이에 움직임을 더 추가해 모션을 만들어 나갑니다.

01 프로퍼티 왼쪽에 있는 ▣를 마우스 왼쪽 버튼으로 클릭하면 나오는 **크기** 패널에서 [종료]를 "32"로 설정합니다.

[프레임 속도]는 기본값인 [24fps] 그대로 둡니다. 이렇게 하면 1.3초 동안의 애니메이션이 만들어집니다.

02 타임라인에서 현재 프레임이 "1"인지 확인합니다.

아마튜어를 선택하고, 3D 뷰포트 헤더에 있는 모드 변경 메뉴에서 **[포즈 모드]**(Ctrl +Tab 키)를 선택해 포즈 모드로 변경합니다. 3D 뷰포트 헤더의 **[포즈]**에서 **[변환을 지우기]** → **[모두]**를 선택해 초기 포즈로 돌아옵니다.

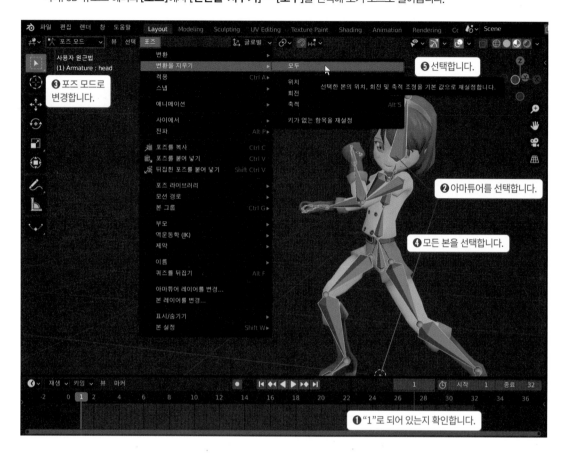

03 툴바에 있는 **[회전]** 전용 기즈모를 마우스 왼쪽 버튼으로 클릭하고, 3D 뷰포트 헤더에 있는 **[변환 오리엔테이션]** 메뉴에서 **[로컬]**을 선택합니다.

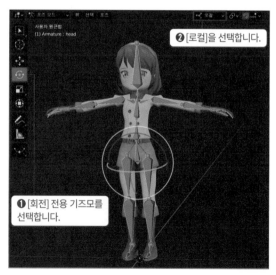

04 각각의 본을 조작해 모션을 설정합니다. 팔은 왼쪽 팔을 앞으로, 오른쪽 팔을 뒤로 흔듭니다.

다리는 팔과 반대로 오른쪽 다리를 앞으로, 왼쪽 다리를 뒤로 설정합니다.

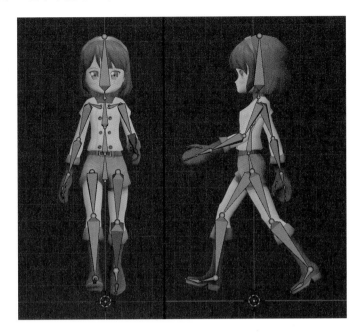

05 지면에 맞게 허리 본의 위치를 조정합니다.

캐릭터 자체를 이동, 회전하고 싶을 때는 처음에 만들었던 본인 "hip"을 조작합니다.

이때는 3D 뷰포트 헤더에 있는 **[변환 오리엔테이션]** 메뉴에서 **[글로벌]**을 선택해 좌표계를 글로벌로 변경한 다음 제어하는 것이 쉽습니다.

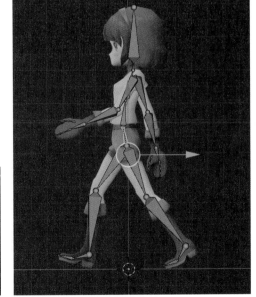

06 모든 본을 선택하고, 3D 뷰포트 헤더에 있는 **[포즈]**에서 **[애니메이션]** → **[키 프레임을 삽입]**(Ⅰ 키)을 선택하고, **키 프 레임 메뉴를 삽입**에서 **[Location & Rotation]**을 선택합니다.

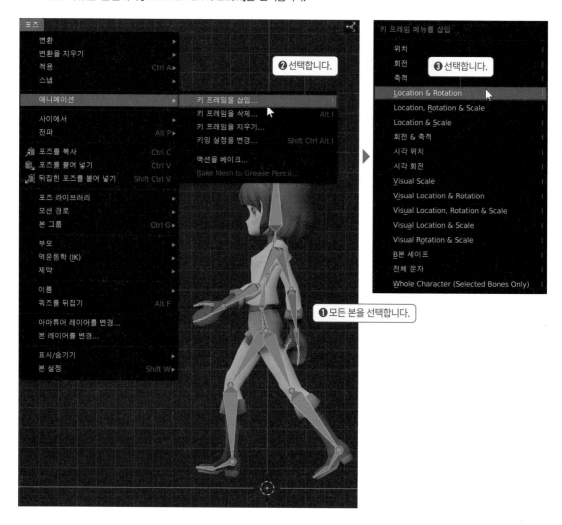

07 타임라인 헤더에 있는 ▶┃를 마우스 왼쪽 버튼으로 클릭해 최종 프레임인 "32" 프레임으로 이동합니다.

3D 뷰포트 헤더에 있는 **[포즈]**에서 **[애니메이션]** → **[키 프레임을 삽입]**(Ⅰ 키)을 선택하고, **키 프레임 메뉴를 삽입**에 서 **[Location & Rotation]**을 선택합니다.

"32" 프레임에도 "1" 프레임과 같은 모션을 삽입합니다.

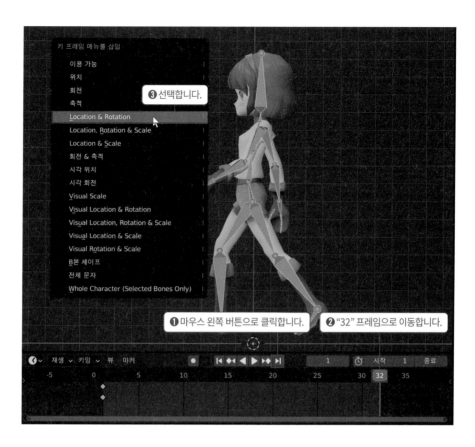

키 프레임 메뉴를 삽입

이용 가능
위치
회전   ❸ 선택합니다.
축적
Location & Rotation
Location, Rotation & Scale
Location & Scale
회전 & 축적
시각 위치
시각 회전
Visual Scale
Visual Location & Rotation
Visual Location, Rotation & Scale
Visual Location & Scale
Visual Rotation & Scale
B본 셰이프
전체 문자
Whole Character (Selected Bones Only)

❶ 마우스 왼쪽 버튼으로 클릭합니다.   ❷ "32" 프레임으로 이동합니다.

08 현재 프레임을 "16" 프레임으로 변경합니다.
포즈를 반전해서 설정하겠습니다.

모든 본을 선택하고, 3D 뷰포트 헤더에 있는
[포즈]에서 **[포즈를 복사]**(Ctrl + C 키)를
선택합니다.

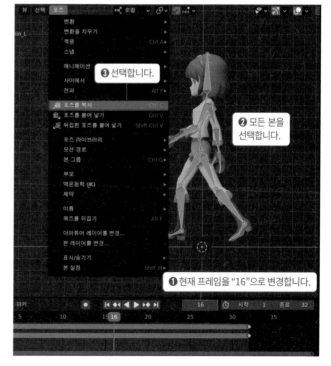

❸ 선택합니다.

❷ 모든 본을
선택합니다.

❶ 현재 프레임을 "16"으로 변경합니다.

09 3D 뷰포트 헤더에 있는 **[포즈]**에서 **[뒤집힌 포즈를 붙여 넣기]**(Shift + Ctrl + V 키)를 선택합니다.

10 3D 뷰포트 헤더에 있는 **[포즈]**에서 **[애니메이션]** → **[키 프레임을 삽입]**(I 키)을 선택하고, **키 프레임 메뉴를 삽입**에서 **[Location & Rotation]**을 선택합니다.

11 타임라인 헤더에 있는 ▶(Space 키)를 마우스 왼쪽 버튼으로 클릭하면 미리보기를 재생할 수 있습니다.

"1" 프레임과 "32" 프레임이 같은 모션이므로 애니메이션이 반복됩니다.

다만 현재 상태에서는 보행 애니메이션으로는 약간의 위화감이 있으므로 키 프레임을 더 추가해 동작을 조정하겠습니다.

▌▌(Space 키)를 마우스 왼쪽 버튼으로 클릭하면 미리보기가 중지됩니다.

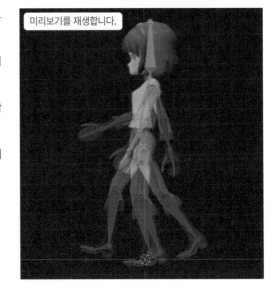

12 현재 프레임을 "8"로 변경합니다.

왼쪽 다리는 무릎을 구부려 지면에서 떨어뜨립니다. 또한 오른쪽 다리는 곧게 만들어줍니다.

추가로 지면에 발이 딱 맞게 허리 본의 위치를 조정합니다.

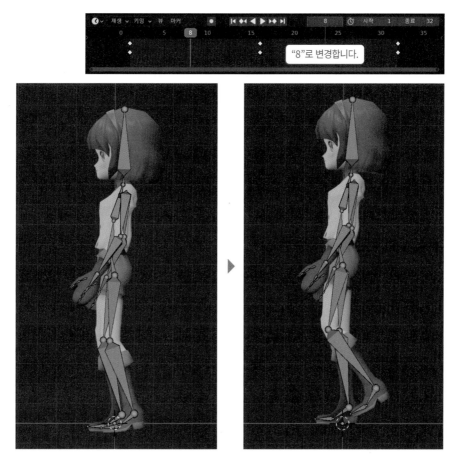

13 오른쪽 다리에 무게 중심이 쏠리게 복부와 가슴 등의 본을 조작해 오른쪽으로 상체를 기울입니다.

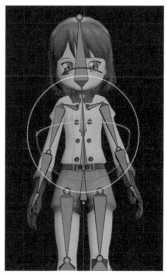

14 모든 본을 선택한 다음, 3D 뷰포트 헤더에 있는 [포즈]에서 [애니메이션] → [키 프레임을 삽입](I 키)을 선택하고, **키 프레임 메뉴를 삽입**에서 [Location & Rotation]을 선택합니다.

15 "8" 프레임의 모션을 복사합니다. 모든 본을 선택하고, 3D 뷰포트 헤더에 있는 [포즈]에서 [포즈를 복사](Ctrl + C 키)를 선택합니다.

16 현재 프레임을 "24"로 변경합니다. "8" 프레임 모션을 반전해서 설정하겠습니다.

3D 뷰포트 헤더에 있는 [포즈]에서 [뒤집힌 포즈를 붙여 넣기](Shift + Ctrl + V 키)를 선택합니다.

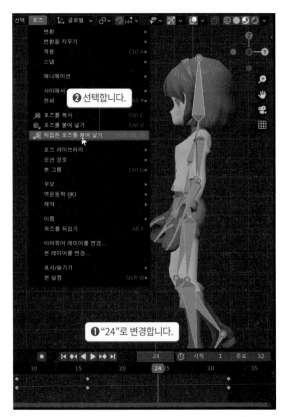

17 3D 뷰포트 헤더에 있는 **[포즈]**에서 **[애니메이션]** → **[키프레임을 삽 입]**(⊥ 키)을 선택하고, **키 프레임 메뉴를 삽입**에서 **[Location & Rotation]**을 선택합니다.

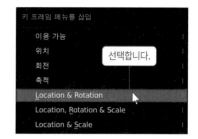

완성된 예제

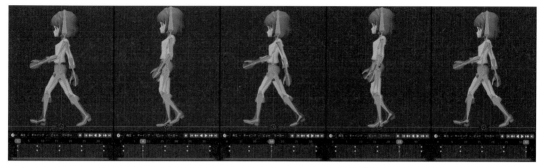

완성된 샘플 파일(SECTION7-3-2.blend)

얼굴 애니메이션

이번에는 보행 애니메이션 설정이 완료된 샘플 데이터 "SECTION7-3-2.blend"를 사용하겠습니다. 이 전에 설정했던 셰이프 키를 사용해서 메쉬를 변형해 눈을 깜빡이는 애니메이션을 설정하겠습니다.

셰이프 키 애니메이션

01 짧은 애니메이션입니다. 한 번만 눈을 깜빡이게 하겠습니다.

아마튜어는 이번 편집에 방해가 되므로 아웃라이너의 ◉를 마우스 왼쪽 버튼 으로 클릭해 비표시합니다.

02 현재 프레임을 "16"으로 변경합니다.

오브젝트 모드에서 캐릭터 바디(character_body)를 선택하고, 프로퍼티 왼쪽에 있는 를 마우스 왼쪽 버튼으로 클릭합니다. 표시되는 **셰이프 키** 패널의 "blink"를 선택하고, **[값]**을 "1.000"으로 변경해서 캐릭터의 눈을 닫습니다.

03 마우스 포인터를 **값** 오른쪽에 있는 숫자에 가져간 다음, 마우스 오른쪽 버튼으로 클릭하면 나오는 메뉴에서 **[키 프레임을 삽입]**을 선택합니다.

04 현재 프레임을 "13"으로 변경합니다.

셰이프 키 패널의 "blink"를 선택하고, **[값]**을 "0.000"으로 변경합니다. 마우스 포인터를 값 오른쪽에 있는 숫자에 가져간 다음 마우스 오른쪽 버튼으로 클릭하면 메뉴가 나옵니다. 메뉴에서 **[키 프레임을 삽입]**을 클릭합니다.

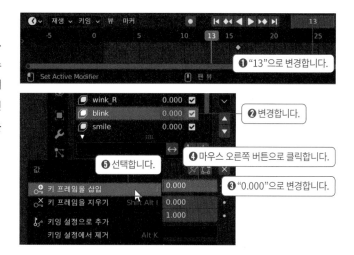

❶ "13"으로 변경합니다.
❷ 변경합니다.
❸ "0.000"으로 변경합니다.
❹ 마우스 오른쪽 버튼으로 클릭합니다.
❺ 선택합니다.

05 현재 프레임을 "19"로 변경합니다.

셰이프 키 패널의 "blink"를 선택하고, **[값]**을 "0.000"으로 변경합니다. 마우스 포인터를 숫자에 가져가고 마우스 오른쪽 버튼으로 클릭하면 메뉴가 나옵니다. 메뉴에서 **[키 프레임을 삽입]**을 클릭합니다.

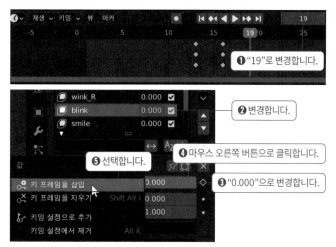

❶ "19"로 변경합니다.
❷ 변경합니다.
❸ "0.000"으로 변경합니다.
❹ 마우스 오른쪽 버튼으로 클릭합니다.
❺ 선택합니다.

06 타임라인 헤더에 있는 ▶(Space 키)를 마우스 왼쪽 버튼으로 클릭해 재생하면 눈을 깜빡이는 애니메이션을 확인할 수 있습니다.

Ⅱ (Space 키)를 마우스 왼쪽 버튼으로 클릭하면 미리보기가 중지됩니다.

완성된 예제

완성된 샘플 파일 (SECTION7-3-3.blend)

캐릭터를 전진하는 애니메이션

보행 모션에 맞게 캐릭터를 전진시켜봅시다. 2가지 방법을 소개하겠습니다. 샘플 데이터의 "SECTION7-3-3.blend"를 사용합니다.

경로 애니메이션으로 전진하기

01 현재 애니메이션 시간이 너무 짧으므로 늘려줍시다.

프로퍼티 왼쪽에 있는 █를 마우스 왼쪽 버튼으로 클릭하면 나오는 **크기** 패널에서 **[종료]**를 "125"로 설정합니다.

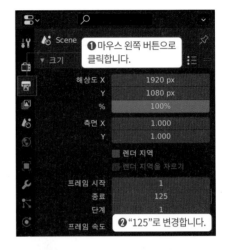

02 아마튜어를 선택합니다. 타임라인에는 이미 설정된 키 프레임(다이아몬드 모양)이 표시됩니다.

❔ 주의

아마튜어가 보이지 않는 경우 아웃라이너의 ◉를 마우스 왼쪽 버튼으로 클릭해 표시합니다.

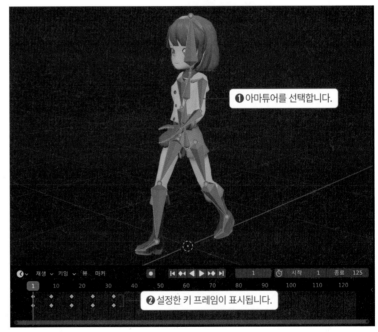

03 키 프레임을 복제합니다.

타임라인에 마우스 포인터를 가져간 다음, A 키를 눌러 키 프레임을 모두 선택합니다.

Shift + D 키를 누르고, "32" 프레임의 키 프레임과 복제한 첫 키 프레임이 겹쳐지게 마우스 포인터를 이동하고, 마우스 왼쪽 버튼으로 클릭해 복제 위치를 결정합니다.

04 같은 방법으로 2번 더 복제합니다.

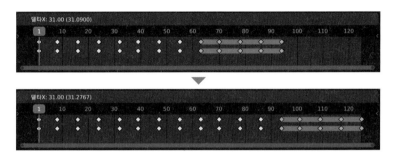

05 3D 뷰포트 헤더에 있는 **[추가]**(Shift + A 키)에서 **[커브]** → **[경로]**를 선택합니다.

추가한 커브 오브젝트가 그리드 위에 겹쳐져서 보기 힘들므로 3D 뷰포트 헤더에 있는 **[뷰포트 오버레이]** 메뉴에서 **[바닥]**, **[축: X]**, **[축: Y]**를 비활성화합니다.

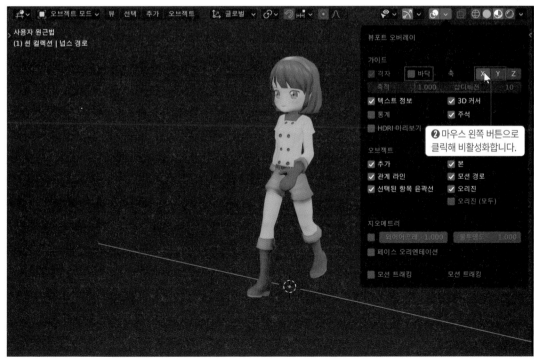

06 이동할 오브젝트를 선택하고, 커브 오브젝트를 선택합니다(순서를 지켜주세요). 이어서 3D 뷰포트 헤더에 있는 **[오브젝트]**에서 **[부모]**(Ctrl + P 키) → **[경로를 따라가기]**를 선택합니다.

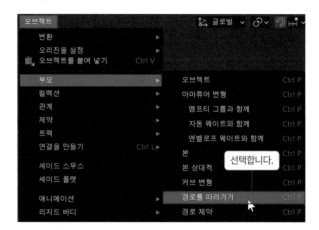

07 커브 오브젝트를 선택하고, 에디트 모드(Tab 키)로 변경합니다.

커브 시작 지점의 포인터를 선택하고, 3D 뷰포트 헤더에 있는 **[커브]**에서 **[스냅]** → **[커서를 선택에 스냅]**을 선택해 3D 커서를 시작 지점으로 이동합니다.

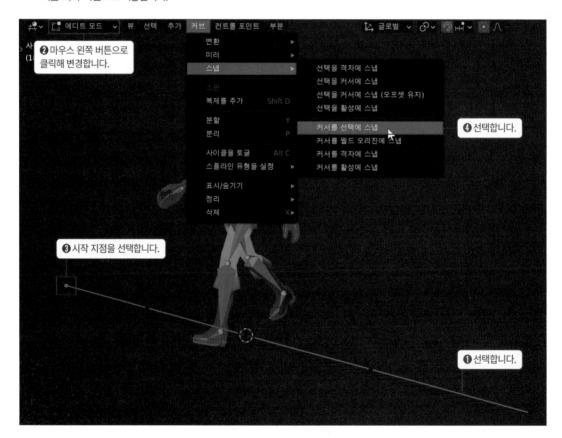

08 오브젝트 모드(Tab 키)로 변경하고, 아마튜어를 선택합니다.

3D 뷰포트 헤더에 있는 **[오브젝트]**에서 **[스냅]** → **[선택을 커서에 스냅]**을 선택해 오브젝트를 3D 커서 위치로 이동합니다.

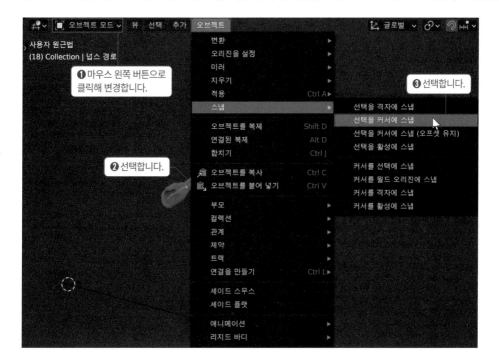

09 아마튜어(캐릭터)의 진행 방향에 맞게 회전합니다.

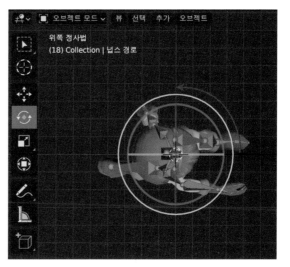

10 커브 오브젝트를 선택하고, 프로퍼티 왼쪽에 있는 ■를 마우스 왼쪽 버튼으로 클릭하면 **경로 애니메이션** 패널이 있습니다.

애니메이션이 완료될 때까지의 시간(프레임 수)인 **[프레임]**을 "125"로 설정합니다.

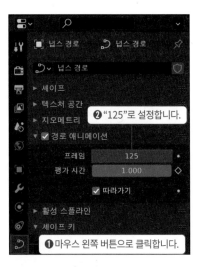

11 타임라인 헤더에 있는 ▶(Space 키)를 마우스 왼쪽 버튼으로 클릭해 재생해서 모션과 이동 속도를 확인합니다. 모션에 비해서 속도가 느리거나 빠르면 에디트 모드에서 커브의 길이를 조정합니다.

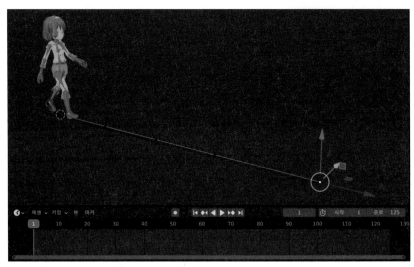

완성된 예제

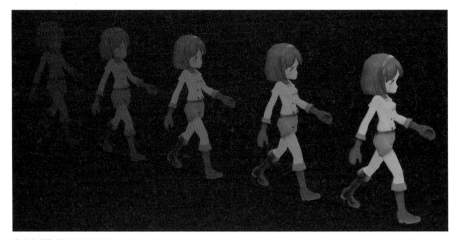

완성된 샘플 파일 (SECTION7-3-4.blend)

이동용 본을 추가해 전진하기

01 앞서 살펴본 **경로 애니메이션으로 전진하기**와 같은 방법으로 마지막 프레임을 "125"로 설정하고, 보행 모션을 그만큼 복제합니다(자세한 내용은 422페이지 참고).

❷ 모션을 복제합니다.

❶ "125"로 설정합니다.

02 오브젝트 모드에서 아마튜어를 선택하고, 에디트 모드(Tab 키)로 변경합니다.

3D 뷰포트 헤더에 있는 **[추가]**(Shift + A 키)에서 **[싱글 본]**을 선택합니다.

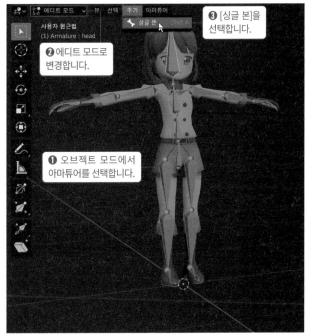

❸ [싱글 본]을 선택합니다.

❷ 에디트 모드로 변경합니다.

❶ 오브젝트 모드에서 아마튜어를 선택합니다.

03 추가한 본을 축소해 캐릭터의 아래 부분으로 이동합니다.

크기와 위치는 정확하지 않아도 상관 없습니다.

04 프로퍼티 왼쪽에 있는 ■를 마우스 왼쪽 버튼으로 클릭하고, 윗부분에서 본의 이름을 "root"로 변경합니다.

05 허리 본 "hip"을 선택하고, **관계** 패널의 **[부모]**에서 "root"를 선택합니다. "hip"의 부모가 "root"가 되면 점선으로 연결됩니다.

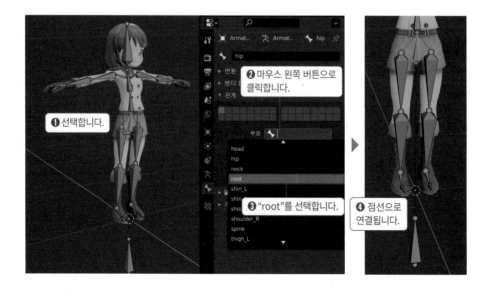

06 포즈 모드(Ctrl + Tab 키)로 변경합니다.

타임라인에서 현재 프레임이 "1"로 돼 있는지 확인하고, 추가한 "root" 본을 선택합니다. 3D 뷰포트 헤더에 있는 **[포즈]**에서
[애니메이션] → **[키 프레임을 삽입]**(I 키)을 선택하고, **키 프레임 메뉴를 삽입**에서 **[위치]**를 선택합니다.

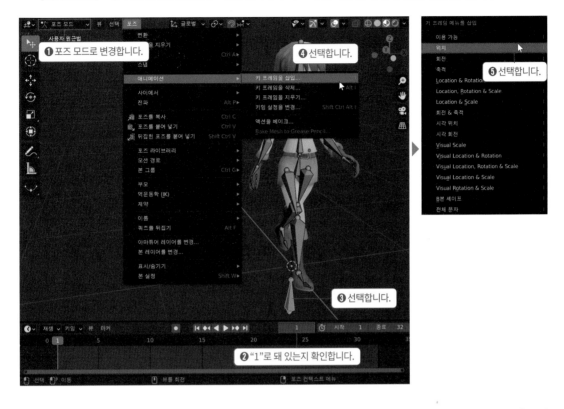

07 현재 프레임을 "125"로 변경하고, 추가한 "root" 본을 Y축(초록색 선)을 따라 이동시킵니다. 이때 이동 거리는 일단 대충 정해
도 상관 없습니다.

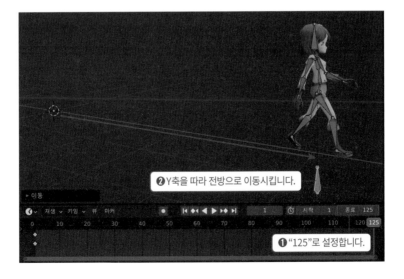

08 3D 뷰포트 헤더에 있는 [포즈]에서 [애니메이션] → [키 프레임을 삽입] (Ⅰ 키)을 선택하고, 키 프레임 메뉴를 삽입에서 [위치]를 선택합니다.

09 이동 속도가 일정하지 않으므로 그래프 에디터에서 추가적인 편집을 합니다.

추가한 "root" 본을 선택한 상태로 3D 뷰포트 헤더에 있는 [에디터 유형] 메뉴에서 [그래프 에디터]를 선택해 화면을 변경합니다.

10 왼쪽의 삼각형을 마우스 왼쪽 버튼으로 클릭해 모든 채널을 표시합니다. [Z 위치 (root)]를 마우스 왼쪽 버튼으로 클릭하면 오른쪽의 커브에서 변화가 설정된 커브가 선택됩니다.

그래프 에디터 헤더의 [키]에서 [보간 모드](Ｔ 키) → [선형]을 선택해 커브 형태를 변경합니다. 이렇게 하면 이동 속도가 일정해집니다.

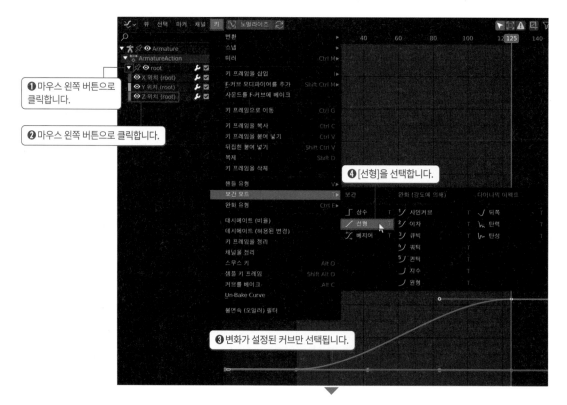

⑤ 커브의 형태가 변합니다.

11 타임라인 헤더에 있는 ▶(Space 키)를 마우스 왼쪽 버튼으로 클릭해 애니메이션을 재생하고 모션과 이동 속도를 확인합니다. "125" 프레임에 있는 "root" 본의 위치를 이동해 속도를 조정합니다.

이때 타임라인 헤더에 있는 ⬤를 마우스 왼쪽 버튼으로 클릭해 활성화(파란색)하면 편집할 때 자동으로 키 프레임이 삽입되므로 편리합니다. 편집을 완료했다면 다시 ⬤를 마우스 왼쪽 버튼으로 클릭해 비활성화합니다.

마우스 왼쪽 버튼으로 클릭해 활성화하면 편집할 때 자동으로 키 프레임이 삽입됩니다.

125프레임에 있는 "root" 본의 위치를 이동해 속도를 조정합니다.

완성된 예제

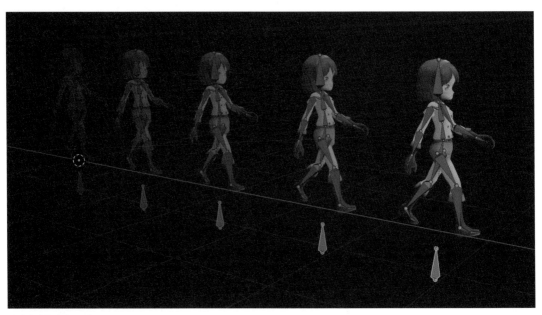

완성된 샘플 파일(SECTION7-3-5.blend)

7.4 애니메이션 내보내기

마무리로 지금까지 만든 애니메이션을 동영상으로 내보내겠습니다. 파일 형식 등 내보내기에 필요한 설정
이외에도 연속 이미지로 내보내기, 내보내기한 연속 이미지를 동영상으로 변환하는 방법 등을 소개합니다.

내보내기 설정

내보내기 크기와 시간 등의 설정

프로퍼티 왼쪽에 있는 ▣를 마우스 왼쪽 버튼으로 클릭하면 표시
되는 **크기** 패널에서는 정적 렌더링과 마찬가지로 내보낼 동영상
의 크기를 설정할 수 있습니다.

해상도 X는 너비, **해상도 Y**는 높이 픽셀 수를 나타냅니다.

[**측면(Aspect)**]은 픽셀의 비율을 나타냅니다. 4 : 3의 이미지를
늘려서 16 : 9로 맞추는 경우 등에 사용합니다. 비율을 변경하면
1 : 1이었던 정사각형의 픽셀들이 직사각형 형태의 픽셀로 바뀝
니다.

추가로 동영상의 경우, 동영상 프레임 수, 프레임 속도 등 시간(길
이)과 관련된 설정을 해야 합니다.

[**프레임 시작**]으로 동영상을 내보낼 범위의 시작 프레임, [**종료**]
로 동영상을 내보낼 범위의 끝 프레임을 설정합니다.

[**단계**]로 내보낼 때에 프레임 간격을 설정합니다. "1"로 지정하
면 모든 프레임을 내보내며, "2"로 지정하면 한 프레임씩 건너 뛰
면서 내보냅니다. 처리 시간이 절반으로 줄지만, 동작이 부드럽지
않아진다는 문제가 있습니다.

[**프레임 속도**]로 동영상의 1초에 포함할 프레임 수를 설정합니다.
클수록 부드러운 동영상이 만들어집니다.

[**시간 재배치**]로 슬로우 모션, 퀵 모션 등 움직임 속도를 조절합니다.

[**오래된**]보다 [**새로운**]의 숫자를 크게 설정하면 슬로우 모션이 됩니다. 반대로 [**새로운**]의 숫자를 크게 설
정하면 퀵 모션이 됩니다.

동영상 저장 경로와 파일 형식 설정하기

프로퍼티 왼쪽에 있는 를 마우스 왼쪽 버튼으로 클릭하면 표시되는 **출력** 패널에서는 동영상의 저장 경로와 파일 형식을 설정합니다.

를 마우스 왼쪽 버튼으로 클릭하면 **블렌더 파일 보기** 대화상자가 나옵니다. 동영상을 저장할 위치를 선택하고, [수락]을 마우스 왼쪽 버튼으로 클릭하면 경로가 지정됩니다.

[파일 형식] 메뉴에서 동영상 파일 형식을 선택합니다. [컬러]의 [BW]는 그레이 스케일, [RGB]는 RGB 컬러를 의미합니다.

선택한 파일의 형식에 따라 **인코딩** 패널이 표시되며, 압축 형식과 음성 형식 등을 추가로 설정할 수 있습니다.

PNG와 JPEG등 이미지 파일 형식을 지정하고, 내보내기를 실행하면 프레임 수와 같은 장의 연속 이미지가 내보내집니다.

이미지 형식으로 내보낸 경우 최종적으로 하나의 동영상 파일로 만드는 공정이 필요하지만, 내보내는 중간에 중단할 수 있다는 장점, 내보내는 중간에 컴퓨터가 절전 모드로 들어가도 이후에 다시 작업을 재개할 수 있다는 장점이 있습니다.

📄 **팁** 주요 동영상 파일 형식

동영상 파일은 기본적으로 비디오 데이터와 오디오 데이터라는 두 종류의 데이터가 결합돼 있으며, 이 두 가지 데이터가 결합된 동영상 파일 자체를 일반적으로 "컨테이너"(상자)라고 부릅니다. 이 컨테이너의 종류가 동영상 파일의 형식이 됩니다.

MPEG

MPEG란 "Moving Picture Exports Group"의 약자로, 대표적으로 "MPEG-1", "MPEG-2", "MPEG-4"라는 3가지 형식이 있습니다. 확장자는 "MPEG-1"과 "MPEG-2"는 ".mpg", "MPEG-4"는 ".mp4"입니다.

"MPEG-1"은 VHS(비디오 테이프 규격)와 같은 성질을 가져서 압축률이 낮으며, 파일 크기도 큽니다. "MPEG-2"는 텔레비전의 디지털 방송과 DVD 비디오 등에 사용되는 형식입니다. "MPEG-4"는 압축률이 높으면서도 화면의 열화(화면이 깨지거나 흐려지는 것)가 낮으며, 스트리밍 재생 등도 지원해서 인터넷에서 가장 널리 사용되는 형식입니다.

QuickTime

애플이 개발한 동영상 파일 형식으로, macOS의 가장 기본적인 동영상 형식입니다. 확장자는 ".mov"입니다.

AVI

AVI는 "Audio Video Interleave"의 약자로 마이크로소프트가 개발한 Windows의 가장 기본적인 동영상 형식입니다. 확장자는 ".avi"입니다.

내보내기 실행

상단 메뉴의 [렌더]에서 [애니메이션을 렌더]를 선택하면 내보내기를 실행할 수 있습니다.

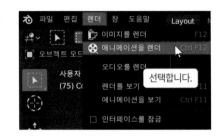

내보내기를 실행하면 화면 오른쪽 아래에 진행 상황이 표시됩니다. 진행 상황 오른쪽에 있는 ✕를 마우스 왼쪽 버튼으로 클릭하면 내보내기를 취소할 수 있습니다.

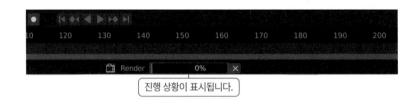

기본적으로 별도의 윈도우가 열리고, 각 프레임의 렌더링 결과가 차례로 출력됩니다.

모든 프레임의 내보내기가 완료되면 **출력** 패널에서 지정했던 저장 경로에 동영상 파일이 만들어집니다. 내보내기가 완료된 이후에는 별도의 윈도우를 닫으면 됩니다.

연속 이미지를 동영상으로 변환하기

프레임 수만큼의 연속 이미지로 내보낸 애니메이션을 하나의 동영상으로 만드는 방법을 살펴봅시다.

이번 절에서는 샘플 데이터의 연속 이미지 "0001.png~0125.png"를 하나의 동영상으로 만들어 캐릭터의 보행 애니메이션을 마무리하겠습니다.

01 3D 뷰포트 헤더에 있는 [에디터 유형] 메뉴에서 [비디오 시퀀서]를 선택합니다.

02 비디오 시퀀서 헤더에 있는 **[추가]**에서 **[이미지/시퀀스]**를 선택하면 **[블렌더 파일 보기]** 대화 상자가 열립니다.

연속 이미지를 모두 선택(A 키)하고, **[이미지 스트립을 추가]**를 마우스 왼쪽 버튼으로 클릭해 읽어 들입니다.

03 프로퍼티 왼쪽에 있는 ■를 마우스 왼쪽 버튼으로 클릭하면 **크기** 패널이 표시됩니다.

내보낼 크기와 프레임 수를 읽어 들인 연속 이미지에 맞춰 설정합니다.

이번 예제에서는 **[해상도]**를 **[X : 1920px, Y : 1080px]**로 설정하고, 최종 프레임이 되는 **[종료]**를 "125"로 설정합니다.

04 **출력** 패널에서 저장 경로와 파일 형식을 설정합니다. 이번 예제에서는 **[파일 형식]**을 **[FFmpeg Video]**로 설정하고, **[RGB]** 컬러를 사용하겠습니다.

[파일 형식]을 설정하면 **인코딩** 패널이 표시됩니다. **[컨테이너]**를 **[MPEG-4]**, **[비디오 코덱]**을 **[H.264]**로 설정합니다.

❶ 마우스 왼쪽 버튼으로 클릭합니다.

❷ 저장 경로를 설정합니다.

❸ [FFmpeg Video]로 설정합니다.

❹ [RGB]를 활성화합니다.

❺ [MPEG-4]로 설정합니다.

❻ [H.264]로 설정합니다.

05 상단 메뉴의 [렌더]에서 [애니메이션을 렌더]를 선택하면 별도의 윈도
우가 열리며, 동영상 내보내기가 시작됩니다.

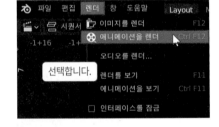

06 내보내기가 완료되면 **출력** 패널에서 지정한 저장 경로에 동영상이 생성
됩니다.

저장된 파일

완성된 샘플 파일(SECTION7 -4.mp4)

Preview

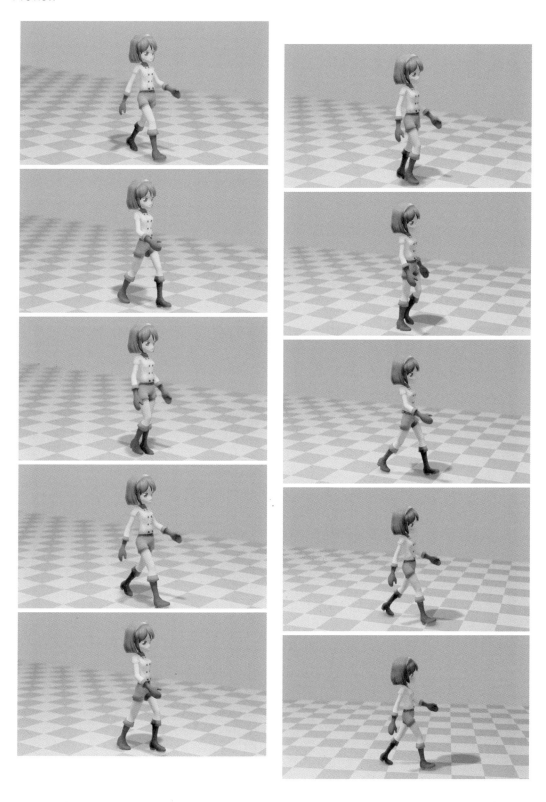

08

그 밖의 기능

지금까지 3DCG 소프트웨어의 관점에서 블렌더의 기능을 살펴봤습니다. 하지만 블렌더는 지금까지 살펴본 기능 이외도 다양한 CG 소프트웨어의 기능을 갖추고 있습니다. 이번 장에서는 창작 욕구를 불태울 수 있는 매력적이고 뛰어난 몇 가지 기능들을 소개하겠습니다.

8.1 그리스 펜슬

블렌더 2.8에서 업그레이드된 그리스 펜슬(Grease Pencil)은 과거에는 단순한 메모를 위한 기능이었지만, 현재는 페인트 소프트웨어처럼 그림을 그리거나 고품질의 2D 애니메이션을 제작할 수 있게 됐습니다.

물론 과거에도 어떻게든 노력하면 애니메이션을 만들 수 있었지만, 블렌더 2.8에서는 변환 등의 편집도 편리 해졌으며, 모디파이어를 설정해 사용할 수 있게 됨으로써 애니메이션을 훨씬 쉽게 만들 수 있습니다.

기본 조작

2D Animation 워크스페이스

블렌더의 기본 워크스페이스인 **Layout**에서도 그리스 펜슬을 사용할 수 있지만, 그리스 펜슬을 사용할 수 있는 최적의 워크스페이스인 **2D Animation**이 있습니다.

블렌더를 시작한 직후에 화면 중앙에 나오는 화면에서 **새로운 파일**에 있는 [**2D Animation**]을 선택하면 그리스 펜슬에 적합한 화면 구성으로 파일을 열 수 있습니다.

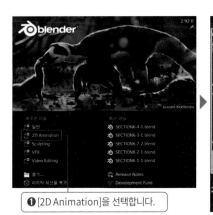

❶ [2D Animation]을 선택합니다.

❷ 파일을 엽니다.

스플래쉬 화면을 닫은 경우에는 화면 왼쪽 위에 있는 블렌더 로고 를 마우스 왼쪽 버튼으로 클릭한 다음 풀 다운 메뉴에서 [스플래쉬 화면]을 선택하면 다시 스플래쉬 스크린을 열 수 있습니다.

추가로 상단 메뉴의 [파일]에서 [새로운] → [2D Animation]을 선택하면 파일을 열 수 있습니다.

일반적인 파일에서도 화면 상단에 있는 탭 오른쪽의 █를 마우스 왼쪽 버튼으로 클릭한 다음 풀 다운 메뉴에서 [2D Animation] → [2D Animation]을 선택해 워크스페이스를 변경할 수도 있습니다. 하지만 이렇게 하면 스플래쉬 스크린에서 시작할 때와 다르게 그리스 펜슬 객체를 추가하고, 배경색을 설정하는 등 그리스 펜슬과 관련된 기본적인 준비를 추가로 해야 합니다.

아웃라이너를 보면 알 수 있는 것처럼 그리스 펜슬(GPencil)은 메쉬 등과 마찬가지로 객체로서 다뤄집니다. 따라서 오브젝트 모드에서 3D 뷰포트 헤더에 있는 [추가] → [그리스 펜슬]로 그리스 펜슬을 추가할 수 있습니다.

[빈]은 빈 그리스 펜슬입니다. [스트로크]는 이미 간단한 선이 하나 그려져 있는 그리스 펜슬입니다. [원숭이]는 원숭이의 머리 부분이 그려진 그리스 펜슬입니다.

그리스 펜슬도 객체로 다뤄집니다.

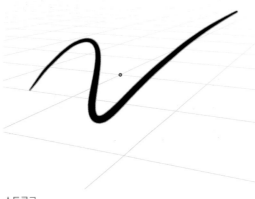

스트로크   원숭이

페인트를 할 때는 [오브젝트 모드]에서 [그리기]로 변경해야 합니다.

스플래쉬 화면에서 [2D Animation]을 선택했다면 기본적으로 [그리기]로 열립니다.
3D 뷰포트에서 마우스 왼쪽 버튼을 드래그하면 페인트 할 수 있습니다.

시점

기본적으로 배치된 카메라는 정면을 향해 수평으로 배치돼 있으며, 기본적으로 이러한 카메라 시점에서 페인트하는 것을 추천합니다.

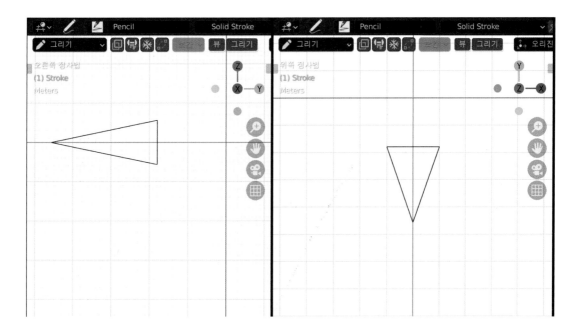

시점을 변경해서 페인트 할 수도 있지만, 기본적으로 페인트는 정면과 수평한 평면 위에 그려지므로 이후에 정면에서 봤을 때 삐뚤게 그려지는 문제가 발생합니다.

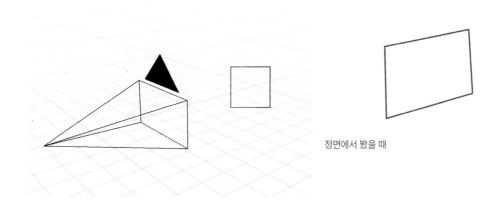

정면에서 봤을 때

3차원 작품을 만드는 등 다양한 시점에서 페인트하는 경우에는 3D 뷰포트 헤더 중앙에 있는 [**드로잉 평면**] 메뉴에서 기본적으로 설정된 [**전면**]을 [**뷰**]로 변경해 작업합니다.

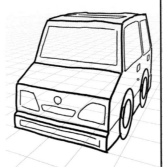

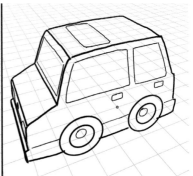

이외에도 [**측면**] 또는 [**상단**]에서 봤을 때 평면적으로 그려지게 설정할 수도 있습니다.

[**커서**]는 3D 커서의 각도를 기준으로 평면으로 그려집니다. 3D 커서의 각도는 사이드바(N 키)의 [**뷰**] 탭을 마우스 왼쪽 버튼으로 클릭하면 표시되는 **3D 커서** 패널에서 확인하고 변경할 수 있습니다.

추가로 [**2D Animation**] 워크스페이스는 기본적으로 3D 커서가 표시되지 않습니다.

3D 뷰포트 헤더에 있는 [**뷰포트 오버레이**] 메뉴에서 [**3D 커서**]를 보이거나 숨기게 만들 수 있습니다.

페인트되는 깊이의 위치는 기본적으로 [**오리진**](원점)으로 설정돼 있습니다. 3D 뷰포트 헤더에 있는 [**스트로크 배치**] 메뉴에서 변경할 수 있습니다.

[**오리진**] 이외에도 [**3D 커서**], [**표면**], [**스트로크**]를 선택할 수 있습니다.

▲ 카메라 시점에서 그린 도형

기본적으로 원점 깊이에 그려집니다. ▶

[표면]은 배치된 객체의 페이스에 따라 페인트 할 수 있는 배치 형태입니다. [오프셋]은 페이스와의 간격을 의미합니다.

[스크로크]는 이미 페인트된 다른 스트로크에 맞춰 페인트 할 수 있는 배치 형태입니다.

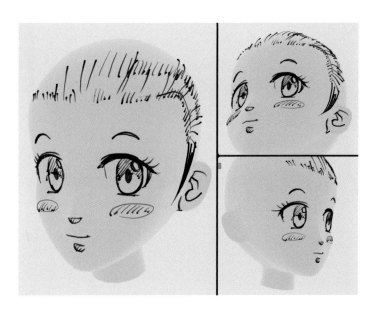

매테리얼

그리스 펜슬도 메쉬와 마찬가지로 오브젝트로 다뤄지므로 매테리얼을 설정할 수 있습니다.

프로퍼티 왼쪽에 있는 ▣를 마우스 왼쪽 버튼으로 클릭하면 현재 설정된 매테리얼이 표시됩니다.

기본적으로 몇 개의 매테리얼이 제공됩니다. 기본적으로 제공되는 매테리얼은 추가한 그리스 펜슬 오브젝트([빈], [스트로크], [원숭이])에 따라 다릅니다.

생성과 제거

새로운 매테리얼을 만들 때는 일단 오른쪽에 있는 ▣를 마우스 왼쪽 버튼으로 클릭해 매테리얼 슬롯을 추가하고, 아래에 표시되는 [새로운]을 마우스 왼쪽 버튼으로 클릭합니다.

생성한 머리티얼의 이름을 변경할 때는 대상 매테리얼을 선택한 상태에서 아래에 표시되는 매테리얼 이름을 마우스 왼쪽 버튼으로 클릭하거나, 매테리얼 슬롯을 마우스 왼쪽 버튼으로 더블 클릭한 뒤에 변경합니다.

매테리얼을 제거할 때는 대상 매테리얼을 선택하고, ⊠를 마우스 왼쪽 버튼으로 클릭합니다. 매테리얼 슬롯별로 제거할 때는 ▬를 마우스 왼쪽 버튼으로 클릭합니다.

매테리얼 슬롯별로 제거할 경우에 마우스 왼쪽 버튼으로 클릭합니다.

대상 매테리얼을 선택하고 마우스 왼쪽 버튼으로 클릭합니다.

매테리얼 설정

매테리얼별로 락을 걸거나 비표시 할 수 있습니다. 각 항목의 아이콘을 마우스 왼쪽 버튼으로 클릭해 활성화하거나 비활성화합니다.

편집 잠금/해제

표시/숨기기

어니언 스킨(465페이지 참고)
표시/숨기기

선과 칠하기 색 설정 등은 **표면** 패널에서 합니다.

[**스트로크**]에 체크하면 페인트한 부분에 선이 그려집니다.

[**모드 유형**]으로 선의 형태를 선택합니다.

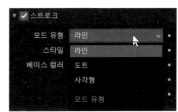

라인   도트   사각형

[**스타일**]의 [**스트로크 스타일**] 메뉴에서는 지정한 색이 그려지는 [**솔리드**], 지정한 이미지가 그려지는 [**텍스처**]를 선택할 수 있습니다.

텍스처로 사용할 이미지는 🖿를 마우스 왼쪽 버튼으로 클릭한 뒤 선택하면 됩니다.

텍스처로 사용한 이미지

솔리드　　　　　　　　　　　　　　　텍스처

[**채우기**]에 체크해 활성화하면 페인트한 부분 안쪽에 색을 칠할 수 있습니다.

[**스타일**]의 [**채우기 스타일**] 메뉴로 칠하는 방법을 선택합니다.

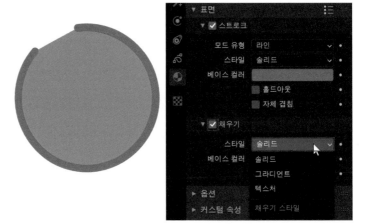

텍스처로 사용한 이미지

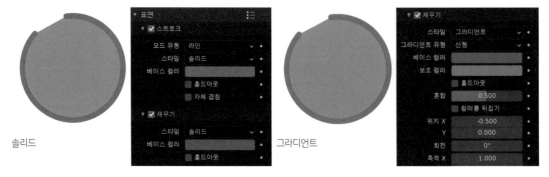

솔리드　　　　　　　　　　　　　　　그라디언트

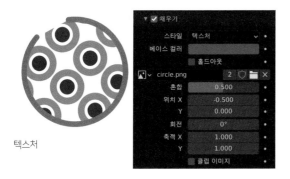

텍스처

툴

3D 뷰포트 왼쪽에 있는 툴바에는 그리스 펜슬에서 사용할 수 있는 툴이 배치돼 있습니다.

[그리기]는 매테리얼의 표면 [스트로크]를 활성화한 경우, 마우스 왼쪽 버튼으로 드래그하면 페인트한 부분에 선이 그려집니다. 매테리얼의 표면 [채우기]를 활성화한 경우, 마우스 왼쪽 버튼으로 드래그하면 페인트한 부분의 안쪽에 색을 칠할 수 있습니다.

[채우기]는 매테리얼의 표면 [스트로크]를 활성화한 경우, 마우스 왼쪽 버튼으로 클릭하면 지정한 영역의 테두리 선을 칠합니다. 매테리얼의 표면 [채우기]를 활성화한 경우, 마우스 왼쪽 버튼으로 클릭하면 지정한 영역의 안쪽을 칠합니다. 이때 영역이란 선으로 감싸진 영역 또는 어떤 색이 칠해진 부분을 의미합니다.

[지우기]는 지정한 부분의 페인트를 제거합니다.

[커터]는 마우스 왼쪽 버튼으로 드래그해 감싼 부분에서 선이 교차된 부분의 밖을 제거합니다.

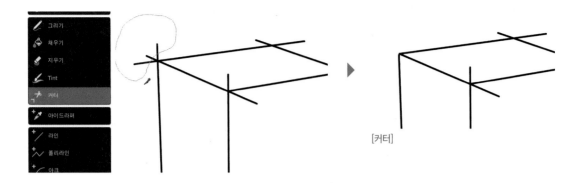

[커터]

각각의 도구로 기본적인 도형을 그릴 수 있습니다. 일부 도형은 마우스 왼쪽 버튼으로 드래그해 도형을 만든 뒤에, 포인트를 마우스 왼쪽 버튼으로 드래그해 형태를 조정할 수 있습니다. 편집을 완료했다면 Enter 키를 누릅니다.

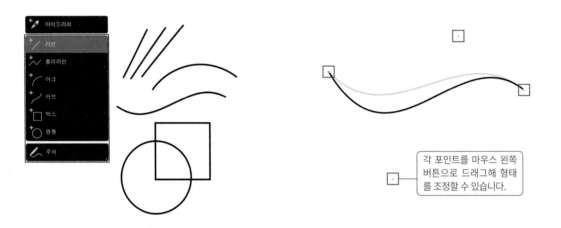

각 포인트를 마우스 왼쪽 버튼으로 드래그해 형태를 조정할 수 있습니다.

브러시

선을 그릴 때 다양한 종류의 브러시 형태를 변경할 수도 있습니다.

프로퍼티 왼쪽에 있는 ⚙️를 마우스 왼쪽 버튼으로 클릭하면 **브러시** 패널과 **브러시 설정** 패널이 표시됩니다.

브러시 패널의 썸네일을 마우스 왼쪽 버튼으로 클릭하면 브러시의 형태를 변경할 수 있습니다.

브러시 설정 패널에서 브러시를 설정할 수 있으며, [**반경**]으로 브러시의 두께, [**강도**]로 브러시의 밀도를 설정할 수 있습니다.

마우스 왼쪽 버튼으로 클릭해 브러시 패널을 표시합니다.

브러시의 형태를 변경할 수 있습니다.

브러시의 두께를 설정할 수 있습니다.

브러시의 밀도를 설정할 수 있습니다.

[반경], **[강도]**는 기본적으로 태블릿의 필압을 감지해 필압에 따라 선의 두께와 밀도에 변화가 발생합니다. ✎를 마우스 왼쪽 버튼으로 클릭해 필압을 활성화하거나 비활성화 할 수 있습니다.

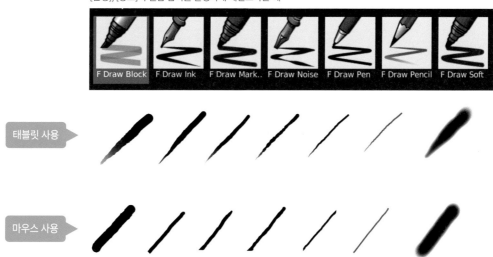

[반경], [강도]의 필압 감지를 활성화해 페인트하는 예

추가로 **브러시 설정** 패널의 조작은 사이드바(N 키) → **[도구]** 또는 3D 뷰포트 헤더에서도 할 수 있습니다.

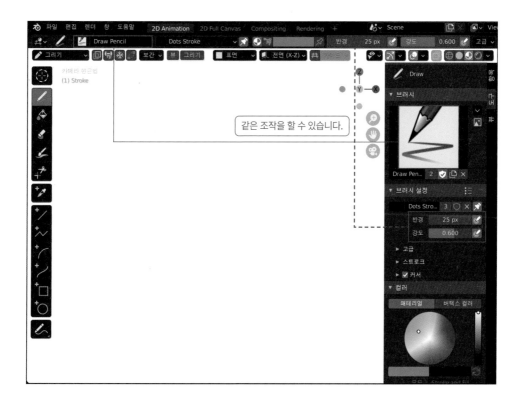

레이어

페인트 소프트웨어에 있는 레이어 기능도 제공됩니다.

프로퍼티 왼쪽에 있는 ▨를 마우스 왼쪽 버튼으로 클릭하면 **레이어** 패널이 표시됩니다.

마우스 왼쪽 버튼으로 클릭해 레이어 패널을 표시합니다.

신규 작성 / 제거

신규 레이어를 작성할 때는 오른쪽에 있는 ➕를 마우스 왼쪽 버튼으로 클릭합니다.

레이어의 이름을 변경할 때는 대상 레이어를 마우스 왼쪽 버튼으로 더블 클릭하고, 새로운 이름을 입력합니다.

레이어를 제거할 때는 대상 레이어를 선택하고, ➖를 마우스 왼쪽 버튼으로 클릭합니다.

마우스 왼쪽 버튼으로 더블 클릭하면 이름을 변경할 수 있습니다.

신규 레이어를 작성합니다.
레이어를 제거합니다.

레이어 설정

레이어별로 잠금과 표시(또는 숨김) 등의 설정을 할 수 있습니다.

각 항목의 아이콘을 마우스 왼쪽 버튼으로 클릭하면 활성화하거나 비활성화 할 수 있습니다.

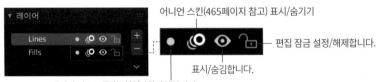

어니언 스킨(465페이지 참고) 표시/숨기기

편집 잠금 설정/해제합니다.

표시/숨김합니다.

레이어 마스크를 활성화/비활성화합니다.

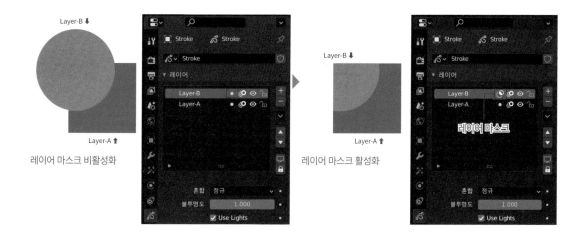

레이어 마스크 비활성화　　　　　　　　　　　레이어 마스크 활성화

레이어 혼합

[혼합]으로 선택한 레이어와 다른 레이어가 중첩되는 부분을 혼합할 수 있습니다.

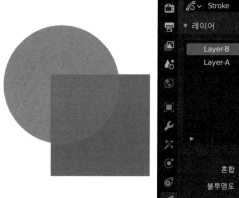

[불투명도]로 레이어의 불투명도를 설정할 수 있습니다.

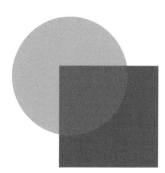

에디트 모드

메쉬와 마찬가지로 그리스 펜슬도 에디트 모드에서 형태 등
을 편집합니다.

에디트 모드에서는 선이 점과 점들이 연결된 스트로크로서
표현됩니다.

선택 모드

3D 뷰포트 헤더에 있는 [선택 모드 변경] 버튼을 마우스 왼쪽 버튼으로 클릭하
면 선택 모드를 변경할 수 있습니다.

왼쪽부터 🔘는 포인트만, 🔘는 연결된 모든 포인트와 스트로크, 🔘는 다른 스트로크와 교차하는 부분까지
의 포인트와 스트로크를 선택합니다. 마우스 왼쪽 버튼으로 클릭해 선택하며, Shift 키를 누르면서 선택하
면 여러 개를 한꺼번에 선택할 수 있습니다.

편집

제거

특정 부분을 선택하고, 3D 뷰포트 헤더에 있는 [스트로크] → [제거](X 키)에서 항목을 선택하면 제거됩
니다.

제거/회전/크기 변경

3D 뷰포트 헤더에 있는 [그리스 펜슬] → [변환]에
서 [이동](G 키), [회전](R 키), [축적](S 키)으
로 이동, 회전, 축적(확대/축소) 할 수 있습니다.

3D 뷰포트 헤더에 있는 ■를 활성화하면 비례 편집
(109페이지 참고)을 사용할 수 있습니다.

스무스

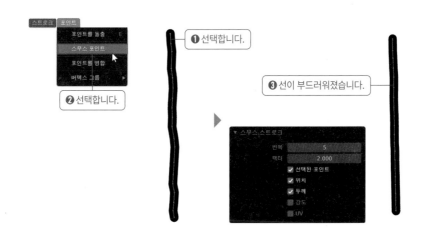

섭디비전/단순화

원하는 부분을 선택하고, 3D 뷰포트 헤더에 있는 [스트로크] → [섭디비젼] 또
는 [단순화]를 선택하면 스트로크를 이루는 포인트의 수를 늘리거나 줄일 수 있
습니다.

[단순화]는 연결된 모든 포인트와 스트로크에 적용됩니다.

닫기

3D 뷰포트 헤더에 있는 [스트로크] → [닫기](F 키)를 선택하면 선택하고 있는 선의 시작점과 끝점이 연결됩니다.

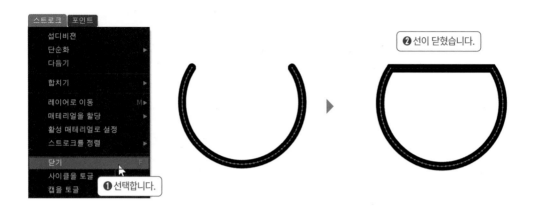

레이어 이동

선을 선택하고, 3D 뷰포트 헤더에 있는 [스트로크] → [레이어로 이동](M 키)을 누른 뒤, 원하는 레이어를 선택하면 선택한 레이어로 선을 이동할 수 있습니다.

[새로운 레이어]를 선택하면 새로운 레이어가 만들어지고, 해당 레이어로 이동합니다.

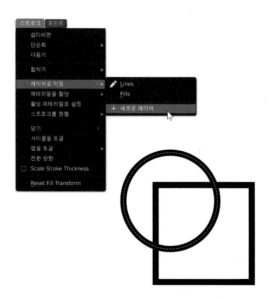

이외에도 메쉬 편집(84페이지 참고)처럼 [복제](Shift + D 키), [분할](V 키) 등을 할 수도 있습니다.

도구

3D 뷰포트 왼쪽의 툴바에는 그리스 펜슬 전용으로 준비된 도구들이 있습니다.

돌출

선택한 포인트에서 스트로크를 늘립니다. ⊕ 아이콘을 마우스 왼쪽 버튼으로 드래그하면 선 방향으로 스트로크가 만들어집니다.

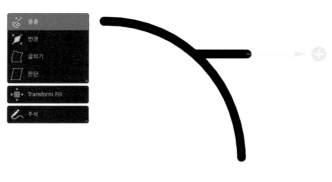

드래그 중에 X, Y, Z 키를 누르면 각각의 좌표축 방향으로 제한을 걸 수 있습니다. 한 번 누르면 **글로벌 좌표**, 두 번 누르면 **로컬 좌표**, 세 번 누르면 제한이 사라집니다.

또한 ⊕ 아이콘 외부, 흰색 원 안 쪽을 마우스 왼쪽 버튼으로 드래그하면 제한 없이 원하는 방향으로 스트로크를 돌출할 수 있습니다.

반경

선택한 포인트 부분의 두께를 변경합니다. 마우스 왼쪽 버튼으로 드래그해 크기를 조정합니다.

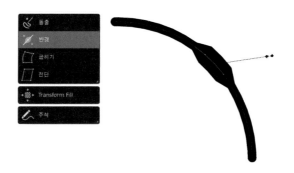

굽히기

선택한 포인트 부분을 3D 커서를 기준점으로 굽힙니다. 마우스 왼쪽 버튼으로 드래그해 형태를 변형합니다. 드래그를 시작하는 위치에 따라 형태가 달라집니다.

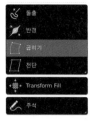

[2D Animation] 워크스페이스는 기본적으로 3D 커서가 숨겨져 있습니다. 3D 뷰포트 헤더에 있는 [뷰포트 오버레이] 메뉴에서 [3D 커서]에 체크해 활성화하면 3D 커서가 표시됩니다.

추가로 툴바의 [커서]를 선택하고, 씬의 원하는 부분을 마우스 왼쪽 버튼으로 클릭하면 해당 위치로 3D 커서가 이동합니다.

전단

선택한 포인트 부분을 기울여 변형합니다. 마우스 왼쪽 버튼을 드래그해 변형 정도를 조정합니다.

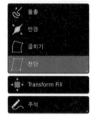

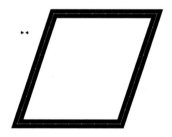

드래스 중에 X , Y 키를 누르면 각각의 좌표축 방향으로 제한을 걸 수 있습니다.

모디파이어

메쉬와 마찬가지로 그리스 펜슬도 모디파이어를 설정할 수 있습니다.

설정 방법도 메쉬와 같습니다. 프로퍼티의 🔧를 마우스 왼쪽 버튼으로 클릭해 **모디파이어** 설정 화면으로 변경합니다. 이어서 [모디파이어를 추가] 메뉴에서 원하는 모디파이어를 선택합니다. 하나의 오브젝트에 여러 모디파이어를 설정할 수 있습니다.

순서 변경은 각각의 모디파이어 오른쪽 위에 있는 ▼을 드래그
해 합니다. 에디트 모드에서 표시/숨김 변경하고 싶을 때는 ■,
뷰포트의 표시/숨김을 변경하고 싶을 때는 ■, 렌더링할 때 각
모디파이어의 표시/숨김을 변경하고 싶다면 ◎을 누릅니다.

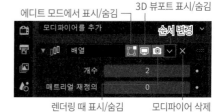

에디트 모드에서 표시/숨김   3D 뷰포트 표시/숨김

렌더링 때 표시/숨김   모디파이어 삭제

모디파이어의 오른쪽 위에 있는 ✕를 마우스 왼쪽 버튼으로 클
릭하면 모디파이어를 삭제할 수 있습니다.

그리스 펜슬에 적용할 수 있는 주요 모디파이어

빌드

그리스 펜슬을 애니메이션으로 서서히 생성하고 싶을 때 사용합니
다. [시작 지연]에 설정된 키 프레임부터 애니메이션이 시작되며,
[프레임]에 지정한 키 프레임만큼 애니메이션이 진행됩니다.

❓ **주의**

그리스 펜슬은 오브젝트 추가와 편집을 할 때 현재 프레임에 자동으로 키 프레임이
생성되므로 이를 함께 확인해주세요.

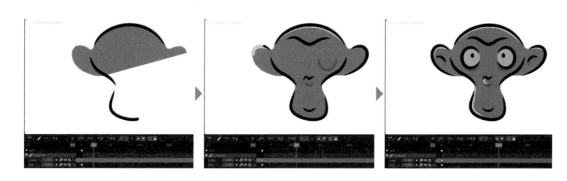

단순화(Simplify)

그리스 펜슬의 포인트를 줄여
단순화합니다.

[모드]로 단순화 방식을 선택
합니다. 방식에 따라서 [반복]
또는 [팩터]로 추가적인 설정
을 합니다. 숫자가 클수록 단
순해집니다.

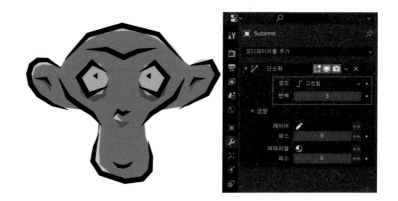

노이즈(Noise)

그리스 펜슬에 노이즈를 추가합니다.

[노이즈 축적]으로 노이즈 양을 설정합니다. 기본적으로 [랜덤화]가 활성화 돼 있어서 애니메이션할 때 랜덤하게 노이즈가 움직입니다. [단계]로 애니메이션 때 노이즈 발생 간격을 설정합니다.

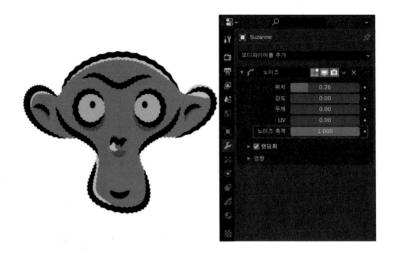

스무스(Smooth)

그리스 펜슬의 스트로크를 부드럽게 변형합니다.

[팩터]로 스무스 양을 설정합니다. [반복]으로 스무스 적용 횟수를 지정합니다.

두께(Thickness)

그리스 펜슬의 선을 두껍게 변경합니다.

[**두께 팩터**]로 선의 두께를 설정합니다.

[Uniform Thickness]에 체크해 활성화하면 값이 일정하게 바뀌어서 모든 선이 동일한 두께를 갖습니다.

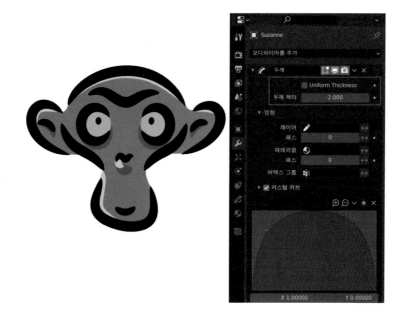

색조/채도(Hue/Saturation)

그리스 펜슬 선과 칠한 부분의 색을 변경합니다. 색조(H), 채도(S), 값(V: 명도)을 변경할 수 있습니다.

[**모드**]로 설정할 부분을 선택할 수 있습니다.

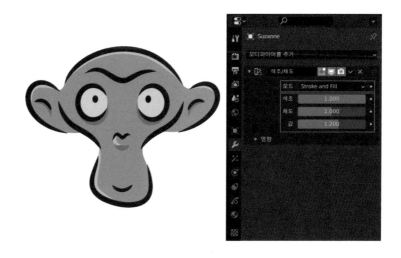

이펙트

그리스 펜슬에는 이펙트를 설정할 수 있습니다.

프로퍼티 ▦를 마우스 왼쪽 버튼으로 클릭해 **이펙트** 설정 화면으로 변경합니다. **[이펙트를 추가]** 메뉴에서 원하는 이펙트를 선택합니다.

하나의 오브젝트에 여러 이펙트를 설정할 수 있습니다.

순서 변경은 각각의 이펙트 오른쪽 위에 있는 ⌄를 드래그해 합니다.

렌더링할 때 각 이펙트의 표시/숨김을 변경하고 싶다면 각 이펙트 오른쪽 위에 있는 ⊡를 누릅니다. 3D 뷰포트의 표시/숨김을 변경하고 싶을 때는 ⊡를 누릅니다.

이펙트의 오른쪽 위에 있는 ✕를 마우스 왼쪽 버튼으로 클릭하면 이펙트를 삭제할 수 있습니다.

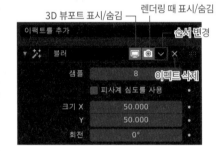

3D 뷰포트 표시/숨김

렌더링 때 표시/숨김

순서 변경

이펙트 삭제

그리스 펜슬에 적용할 수 있는 주요 이펙트

블러(Blur)

[크기 X]와 [Y]로 가로, 세로 방향 흐림 정도를 설정합니다.

[샘플]로 흐리기의 부드러운 정도(질)를 설정합니다. 숫자가 클수록 부드러워집니다.

19개의 실전 예제를 따라하며 배우는 나의 첫 블렌더

컬러라이즈(Colorize)

[모드]에서 [세피아] 등의 색감을 선택
하면 이를 적용하는 이펙트입니다. 여러
프리셋이 준비돼 있으므로 이를 활용할
수 있습니다.

픽셀레이트(Pixelate)

[크기 X]와 [Y]에 지정한 크기로 모자이
크 처리합니다.

추가적인 설정 등에 따라 도트 이펙트
등으로도 사용할 수 있습니다.

가장자리(Rim)

[오프셋 X]와 [Y]로 지정한 위치의 페
인트 부분 가장자리에 색을 추가합니다.
하이라이트와 그림자 등을 표현할 때 사
용합니다.

애니메이션

키 프레임 애니메이션

그리스 펜슬도 키 프레임을 삽입해 애니메이션을 만들 수 있습니다.

화면 아래의 **도프 시트**를 보면 알 수 있듯이 기본적으로는 현재 프레임이 "1" 프레임이며, 이미 키 프레임이 삽입돼 있습니다.

페인트 등의 조작을 하면 자동으로 해당 조작이 키 프레임에 덮어 쓰여집니다.

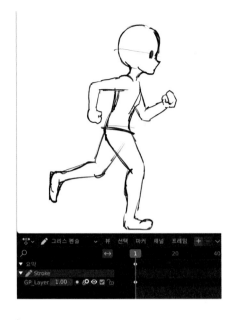

현재 프레임 앞에 이어서 새로 페인트하면 이전 페인트가 삭제되며, 새로 페인트한 키 프레임이 삽입됩니다.

이러한 조작을 반복하면 그리스 펜슬로 애니메이션을 만들 수 있습니다.

다만 그리스 펜슬로 페인트한 오브젝트는 메쉬 오브젝트의 키 프레임 애니메이션과 달리 프레임 사이가 보간되지 않습니다. 키프레임에 삽입한 페인트가 순차적으로 표시될 뿐입니다.

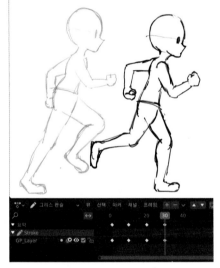

프레임을 변경해서 페인트할 때 이전 이미지를 삭제하지 않고 남겨 두고 싶다면 3D 뷰포트 헤더에 있는 ❋를 활성화(파란색) 상태로 변경합니다.

프레임을 변경해서 페인트를 할 때 삭제되는 그림은 같은 레이어의 이미지뿐입니다. 다른 레이어의 이미지는 삭제되지 않습니다(레이어와 관련된 내용은 452페이지를 참고해주세요).

에디트 모드에서 프레임을 변경하고, 이미지를 이동, 회전, 확대/축소하면 이미지가 삭제되지 않고, 자동으로 편집한 내용이 키프레임으로 삽입됩니다.

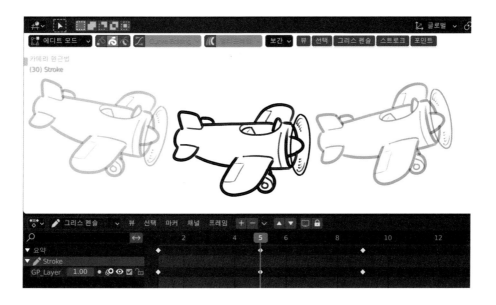

어니언 스키닝

기본적으로 어니언 스킨이 활성화 돼 있어서 이전 키 프레임의 형태가 표시됩니다. 따라서 이전 키 프레임과 이후 키 프레임의 형태를 참고하면서 페인트 할 수 있습니다.

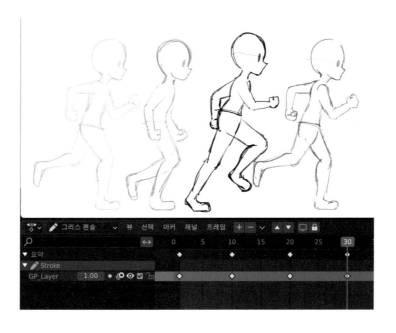

프로퍼티 왼쪽에 있는 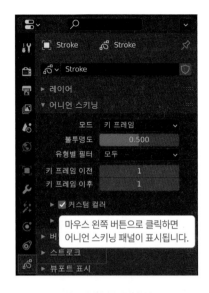를 마우스 왼쪽 버튼으로 클릭하면 표시되는 **어니언 스키닝** 패널에서는 어니언 스킨과 관련된 설정을 할 수 있습니다.

[모드]는 기본적으로 [키 프레임]으로 돼 있어서 지정한 앞뒤 키 프레임 수만큼 형태가 표시됩니다.

[모드]를 [프레임]으로 변경하면 키 프레임의 유무와 상관없이 앞 뒤 프레임 수만큼 어니언 스킨이 표시됩니다.

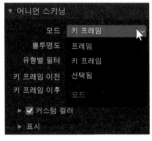

[모드]를 [선택됨]으로 변경하면 도프 시트에서 선택한 키 프레임 형태가 표시됩니다.

모드: 키 프레임

모드: 프레임

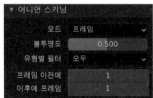

레이어 패널의 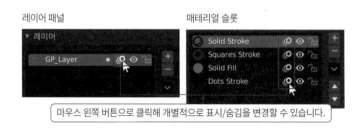 또는 매테리얼 슬롯의 를 마우스 왼쪽 버튼으로 클릭하면 각각 개별적으로 어니언 스킨의 표시/숨김 상태를 변경할 수 있습니다.

레이어 패널

매테리얼 슬롯

마우스 왼쪽 버튼으로 클릭해 개별적으로 표시/숨김을 변경할 수 있습니다.

아마튜어 애니메이션

메쉬 오브젝트와 마찬가지로 그리스 펜슬도 아마추어와 연결해 이동하거나 변형하면 키 프레임과 키 프레임 사이가 자동으로 보간돼 부드러운 애니메이션을 만들 수 있습니다.

아마튜어 연결과 관련된 자세한 내용은 341페이지를 참고해 주세요.

01 그리스 펜슬의 형태에 맞춰서 아마튜어를 추가합니다.

오브젝트 모드의 3D 뷰포트 헤더에 있는 **[추가]**(Shift + A 키)에서 **[아마튜어]**를 선택해 씬에 본을 추가합니다.

02 추가한 본을 선택한 상태에서 에디트 모드로 변경하고, **[이동]**과 **[돌출]**(E 키)을 사용해 그리스 펜슬의 형태에 맞춰 본을 만듭니다.

아마튜어 작성과 관련된 내용은 327페이지를 참고해 주세요.

03 오브젝트 모드에서 그리스 펜슬, 아마튜어 순서로 모두 선택합니다. 이어서 3D 뷰포트 헤더에 있는 [오브젝트]에서 [부모] → [자동 웨이트와 함께](Ctrl + P 키)를 선택합니다.

04 그리스 펜슬을 선택하고, 웨이트 페인트 모드로 변경합니다. 이어서 프로퍼티 왼쪽에 있는 ■를 마우스 왼쪽 버튼으로 클릭해 **버텍스 그룹** 패널을 표시합니다.

버텍스 그룹 패널에서 각 본의 이름(버텍스 그룹 이름)을 선택하고, 연동할 부분을 페인트합니다.

05 프로퍼티 왼쪽에 있는 를 마우스 왼쪽 버튼으로 클릭하면 표시되는 **브러시** 패널에서 브러시를 설정할 수 있습니다.

마우스 왼쪽 버튼으로 클릭하면 표시되는 브러시 패널에서 브러시를 설정합니다.

06 관절을 모두 추가했다면 아마튜어를 선택하고 포즈 모드로 변경합니다.

각 본을 조작해서 모션을 설정합니다.

포즈 모드로 변경합니다.

07 도프시트 헤더에 있는 **[모드]** 메뉴에서 **[액션 에디터]**를 선택합니다. 모든 본을 선택하고, 3D 뷰포트 헤더에 있는 **[포즈]**에 서 **[애니메이션] → [키 프레임을 삽입]**(I 키)을 선택한 다음, **키 프레임 메뉴를 삽입**에서 편집 내용에 맞는 항목을 선 택합니다.

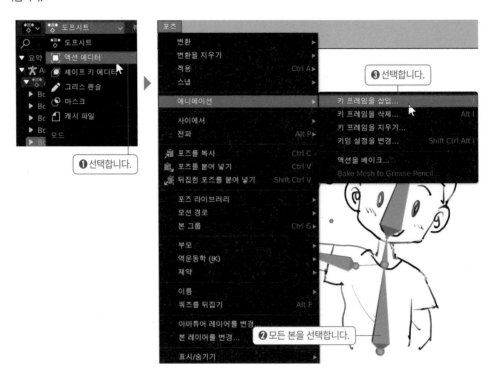

08 마찬가지의 조작으로 프레임마다 키프레임을 삽입하면 애니메이션이 만들어집니다.

아마튜어로 애니메이션을 할 수 있으므로 키프 레임과 키프레임 사이가 부드러운 애니메이션 으로 만들어집니다.

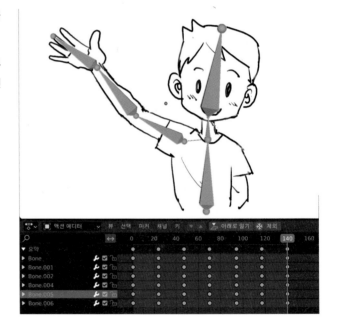

완성된 샘플 파일(SECTION8-1-1.blend)

8.2 스컬프트

스컬프트는 모델링 방법 중 하나입니다. 스컬프트는 객체를 마우스로 당기거나 밀어 넣어서 지점토를 사용해 조각하는 것처럼 편집을 진행합니다.

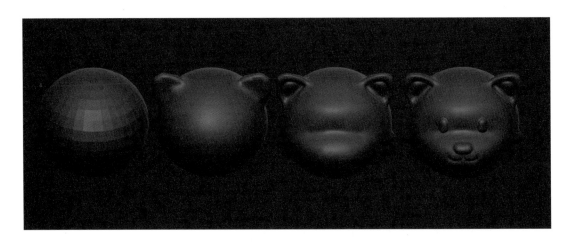

블렌더는 최근 스컬프트와 관련된 기능을 굉장히 빠른 속도로 업데이트하고 있습니다. 다양한 브러쉬가 추가되었으며, 리토폴로지 작업도 편해졌습니다. 새로운 버전에서는 계속 브러쉬가 추가되고 있는데, 이 책에서는 과거부터 있던, 많이 사용되는 브러쉬만 설명하겠습니다.

스컬프트로 모델링하기

스컬프트는 인간과 같은 유기적인 형상을 제작하는데 최적화된 모델링 방법입니다. 펜 태블릿 등을 활용하면 훨씬 더 직관적으로 편집 작업을 진행할 수 있습니다.

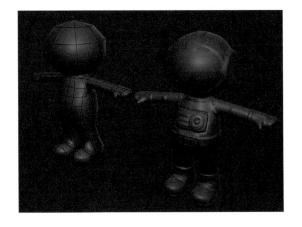

일반적으로 베이스로 사용할 형태를 메쉬 모델링으로 간단하게 만들고, 세부적인 부분을 스컬프트로 편집해 형태를 만들어 나갑니다. 물론 큐브 또는 구체 등을 베이스로 사용해서 메쉬 모델링을 하지 않고 스컬프트만으로 형태를 만들어 나가는 형태로도 많이 사용합니다.

기본 설정

Sculpting 워크스페이스

기본적인 [Layout] 워크스페이스에서도 스컬프트를 사용할 수 있지만, 스컬프트에 최적화된 워크스페이스인 [Sculpting]이 제공됩니다. 화면 상단에 있는 [Sculpting] 탭을 마우스 왼쪽 버튼으로 클릭하면 스컬프트를 사용할 수 있는 최적화된 화면 구성으로 변합니다.

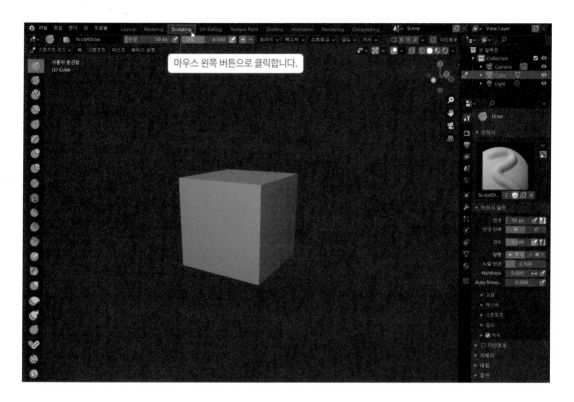

기본적으로 배치된 큐브 이외의 오브젝트를 베이스 형태로 사용하고 싶다면 오브젝트 모드에서 오브젝트를 추가하고, 3D 뷰포트 헤더에 있는 모드 변경 메뉴에서 [스컬프트 모드]를 선택해 스컬프트를 진행할 수 있습니다.

오브젝트를 마우스 왼쪽 버튼으로 드래그하면 곧바로 편집됩니다.

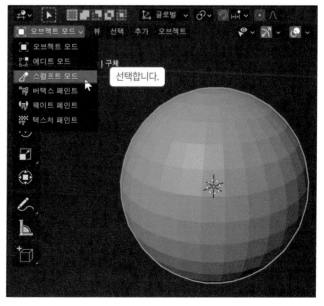

스컬프트를 할 때 베이스 형태를 만드는 간단한 방법을 두 가지 소개하겠습니다. 복잡한 편집이 필요 없고, 모티프에 따라서 이동, 회전, 확대/축소 등의 간단한 조작만으로 간단한 베이스 형태를 만들 수 있습니다.

이어서 여러 개의 오브젝트를 결합(Ctrl + J 키)하고, "리메셔"의 [복셀](492페이지 참고)을 설정하면 오브젝트가 겹치는 부분을 결합할 수 있습니다.

두 번째 방법은 "스킨(Skin)" 모디파이어로 모델링하는 것입니다. 버텍스와 에지로 메쉬에 "스킨(Skin)" 모디파이어를 적용하면 두께가 있는 메쉬를 생성할 수 있습니다. 생성된 메쉬도 버텍스별로 크기를 변경(Ctrl + A 키)할 수 있으므로 스컬프트의 베이스 메쉬를 만드는데 충분히 활용할 수 있습니다.

메쉬 분할 방법

디폴트로 배치된 큐브를 마우스 왼쪽 버튼으로 드래그해 스컬프트 해보면 알 수 있는 것처럼 이런 큐브는 스컬프트에 적합하지 않습니다. 스컬프트로 만들어지는 굴곡의 디테일은 메쉬의 분할 수에 따라 달라지므로 어느 정도 메쉬를 분할해야 합니다. 메쉬를 분할하는 두 가지 방법을 소개하겠습니다.

멀티리솔루션(Multries) 모디파이어

스컬프트 기능에 특화된 모디파이어로, 편집하면서 분할 수를 변경할 수 있습니다.

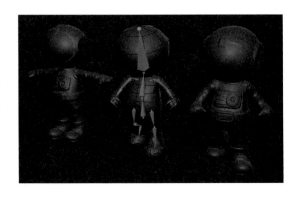

모디파이어를 적용하지 않은 상태에서도 스컬프트 할 수 있으므로 편집 모드에서도 편집할 수 있습니다.

애니메이션에 활용하고자 포즈를 변경하는 경우에 적합한 분할 방법입니다.

❓ **주의**

모디파이어를 적용하면 모디파이어의 효과가 실제로 적용돼 버리므로 원래 상태로 돌아올 수 없게 됩니다.

프로퍼티 왼쪽에 있는 🔧를 마우스 왼쪽 버튼으로 클릭해 **모디파이어** 설정 화면으로 변경합니다. **[모디파이어를 추가]** 메뉴에서 **[멀티리솔루션]**을 선택합니다.

Multries 패널의 **[섭디비젼]**을 마우스 왼쪽 버튼으로 클릭하면 클릭한 수만큼 분할 레벨이 오릅니다.

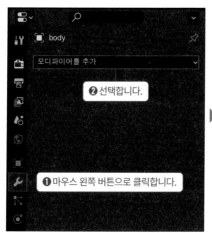

[Unsubdivide]로 초기 상태로 돌아올 수 있으며, **[Delete Higher]**로 현재 섭디비젼 레벨보다 높은 섭디비젼 레벨 부분을 제거할 수 있습니다.

[섭디비젼] 버튼을 누르면 분할되는 면이 부드럽게 나옵니다.

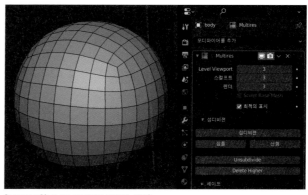

[섭디비젼](큐브에 멀티리솔루션을 설정)

[심플]과 **[선형]**은 기존의 형태를 유지하면서 면을 분할합니다. 보간 방법이 약간 다르지만, 결과가 거의 비슷합니다.

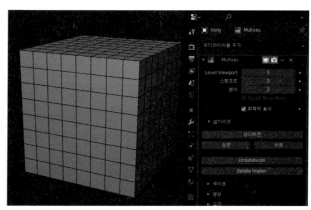

[심플]과 [선형](큐브에 멀티리솔루션을 설정)

다인토포(다이나믹 토폴로지)

다인토포(Dynatopo)를 활성화하면 베이스 오브젝트의 메쉬 분할 수와 관계없이 브러시로 그은 부분이 분할됩니다. 이외의 부분은 딱히 분할할 이유가 없으므로 분할되지 않습니다.

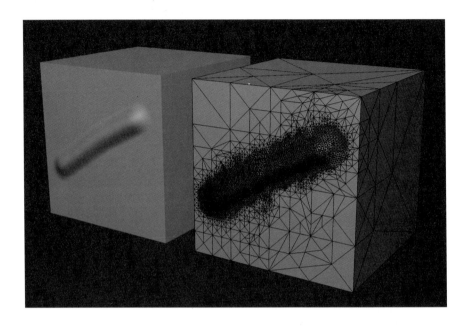

설정은 프로퍼티의 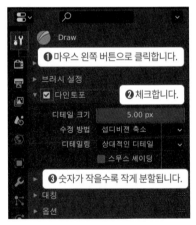 를 마우스 왼쪽 버튼으로 클릭하고, **[다인토포]** 패널에 체크해 활성화(Ctrl + D 키)할 수 있습니다. **[디테일 크기]**의 숫자가 작을수록 보다 작게 분할됩니다.

[수정 방법]의 **[섭디비젼 축소]**는 **[디테일 크기]**에 지정한 크기에 맞춰서 메쉬를 분할하는 방법입니다(원래 메쉬가 더 크다면 세분화, 원래 메쉬가 더 작다면 결합하게 됩니다).

반면 **[섭디비젼 에지]**는 메쉬를 섭디비젼만 하고, 결합하지는 않습니다. **[축소 에지]**는 반대로 에지를 섭디비젼 하지 않고, 결합하기만 합니다.

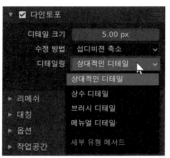

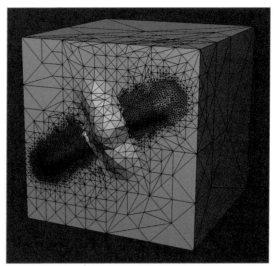

큐브 또는 구체 등의 프리미티브 오브젝트를 베이스로 스컬프트 할 때는 [다인토포]를 활성화하면 경고가 표시됩니다.

이는 프리미티프 오브젝트에는 기본적으로 UV 맵이 설정돼 있기 때문입니다. [다인토포]를 사용하면 이전에 있던 UV 맵 설정이 삭제됩니다.

프로퍼티 왼쪽에 있는 ▽를 마우스 왼쪽 버튼으로 클릭하면 UV 맵 패널이 표시됩니다. ━를 마우스 왼쪽 버튼으로 클릭하면 UV 맵과 관련된 정보를 제거할 수 있습니다.

이외에도 아마튜어와 관련된 속성들도 함께 삭제해야 합니다.

추가로 셰이프 키는 경고를 따로 띄우지 않지만, 더 이상 기능하지 않게 되므로 주의해야 합니다.

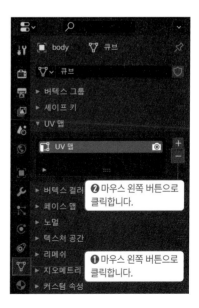

매트캡

매트캡(MatCap: Material Capture)이란 제작하고 있는 모델에 간단하게 설정할 수 있는 매테리얼을 의미합니다. 이를 활용하면 굴곡을 더 쉽게 인식할 수 있고, 완성 상태에 가까운 상태에서 모델링 등의 편집을 진행할 수 있습니다.

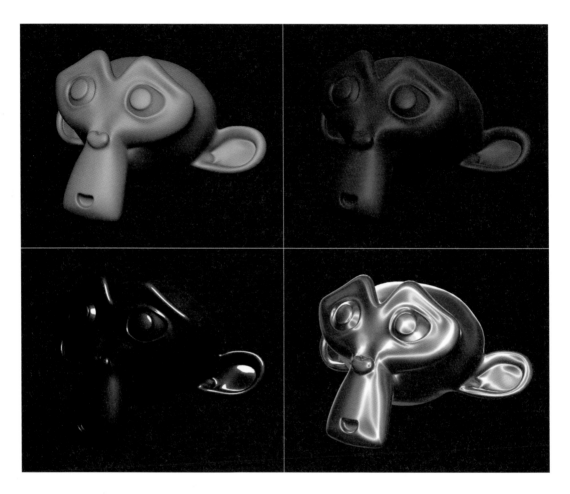

[Sculpting] 워크스페이스는 디폴트로 셰이딩이 [**솔리드**](오브젝트의 페이스를 출력하며, 그림자가 표시되는 상태)로 설정돼 있습니다.

이러한 솔리드가 선택된 상태에서 3D 뷰포트 헤더에 있는 [Shading] 변경 버튼의 오른쪽에 있는 ■를 마우스 왼쪽 버튼으로 클릭하면 **뷰포트 셰이딩** 메뉴가 표시됩니다.

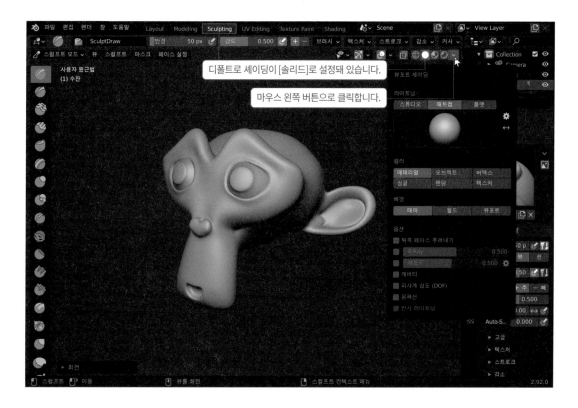

[Sculpting] 워크스페이스는 디폴트로 **라이트닝**의 [매트캡]이 설정돼 있으며, 현재 매트캡의 섬네일이 표기돼 있습니다.

섬네일을 마우스 왼쪽 버튼으로 클릭하면 설정할 수 있는 다양한 매트캡이 표시됩니다. 원하는 매트캡을 마우스 왼쪽 버튼으로 클릭해 선택하면 매트캡을 변경할 수 있습니다.

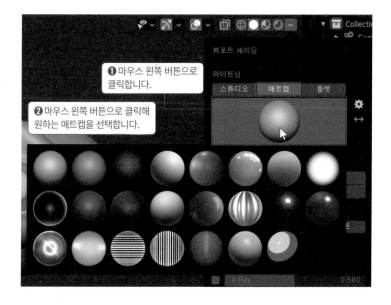

편집

브러시

편집에 필요한 브러시가 다양하게 준비돼 있습니다. 툴바(T 키)에서 브러시의 종류를 변경할 수 있습니다.

프로퍼티 왼쪽에 있는 ▦를 마우스 왼쪽 버튼으로 클릭하면 **브러시** 패널이 표시됩니다. 툴바에서 선택한 브러시는 **브러시** 패널에 썸네일이 표시되며, 어떤 형태로 어떤 효과가 적용되는지를 간단하게 확인할 수 있습니다.

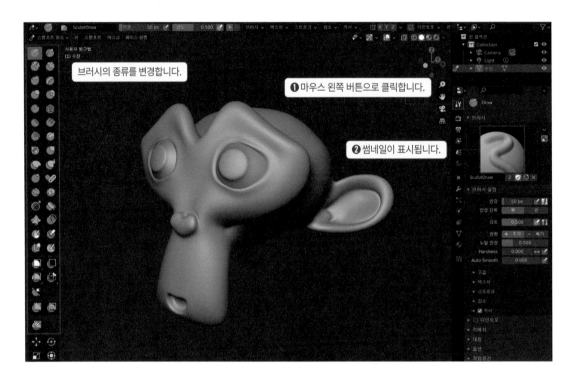

[반경]으로 브러시의 두께(영향 범위)를 설정합니다. [강도]로 효과의 강도(영향력)를 설정합니다. 각각의 오른쪽에 있는 ✏는 펜 타블렛을 사용할 때의 필압 감지 활성화 버튼입니다.

[방향: + 추가]로 추가, [방향: - 감소]로 감소하는 형태로 조작합니다. Ctrl 키를 누르면서 편집하면 이 설정이 반대로 적용됩니다.

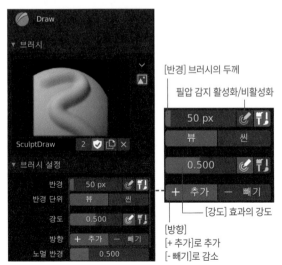

[반경] 브러시의 두께

필압 감지 활성화/비활성화

[강도] 효과의 강도

[방향]
[+ 추가]로 추가
[- 빼기]로 감소

19개의 실전 예제를 따라하며 배우는 **나의 첫 블렌더**

마우스 포인터를 오브젝트 위에 올리면 이중으로 원이 표시됩니다. 바깥쪽에 있는 원이 브러시의 크기, 안쪽에 있는 원이 브러시의 강도를 나타냅니다.

이 원은 법선 방향과 수직으로 표시됩니다.

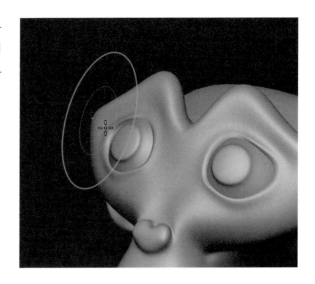

오브젝트의 표면에 작은 굴곡이 많은 경우 이에 따라 원의 각도도 함께 변합니다.

[노멀 반경]의 숫자를 크게 만들면 각도 감지 범위가 넓어져서 작은 울퉁불퉁함이 있는 경우에도 원의 각도가 크게 변하지 않습니다.

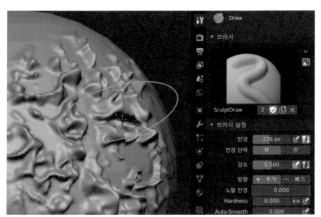

노멀 반경이 "0.000"일 때

노멀 반경이 "1.000"일 때

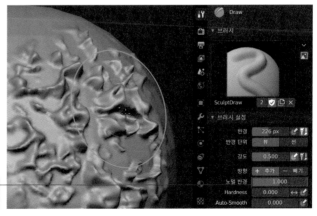

숫자가 클수록 감지 범위가 넓어집니다.

주요 브러시

툴바의 윗부분부터 아이콘이 파란색인 브러시는 표면에 굴곡을 만들 때 사용합니다.

붉은색 브러시는 표면을 부드럽게 만들 때 사용합니다.

노란색 브러시는 메쉬를 이동할 때 사용합니다.

흰색 브러시는 마스크 편집 등을 하는 보조 기능입니다.

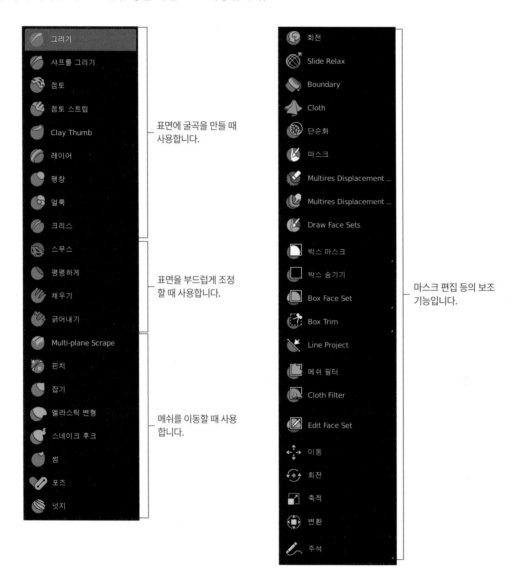

샤프를 그리기 브러시

그리기 브러시와 비슷하지만, 보다 날카로운 굴곡을 생성합니다.

또한 **그리기** 브러시와 다르게 다인토포가 기능하지 않습니다.

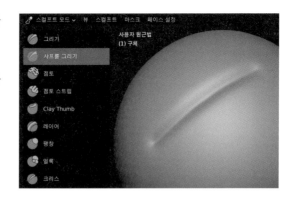

점토 스트립 브러시

점토 브러시로 생성되는 형태가 구체인 것과 달리, **점토 스트립 브러시**는 사각형 형태의 띠 모양으로 굴곡을 생성합니다.

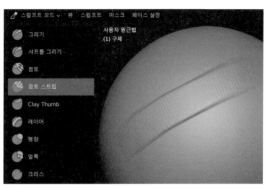

크리스

효과 범위의 버텍스를 모으면서 날카로운 굴곡을 생성합니다.

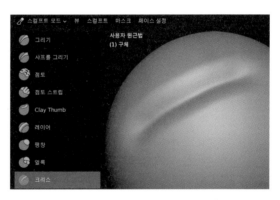

스무스

편집으로 만들어지는 불필요한 굴곡을 부드럽게 조정합니다.

스무스 이외의 브러시를 선택하고 있는 경우에도 Shift 키를 누르기만 하면 **스무스** 브러시가 동작합니다.

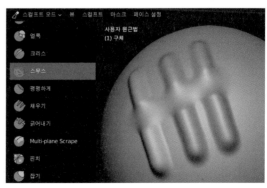

스네이크 후크

잡기 브러시와 달리 당기는 방향을 원하는 대로 계속 변경할 수 있습니다.

또한 **잡기** 브러시는 다인토포가 기능하지 않지만, **스네이크 후크** 브러시는 다인토포가 기능합니다.

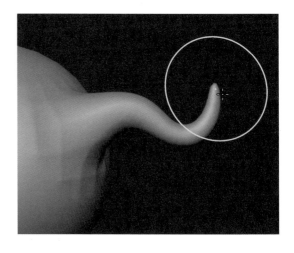

포즈

관절과 같은 메쉬를 접을 때 사용합니다. 변형의 중심은 브러시의 크기로 정해지지만, **[포즈 오리진 오프셋]**을 조정해도 변경할 수 있습니다.

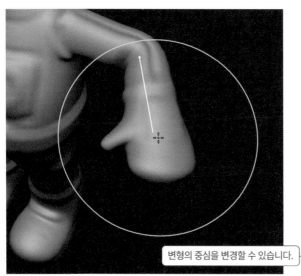

변형의 중심을 변경할 수 있습니다.

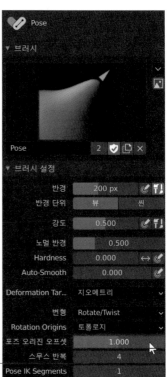

마스크

마우스 왼쪽 버튼으로 드래그하면 칠한 부분이 검
은색으로 마스크되는 기능입니다. 마스크를 적용
한 부분은 편집되지 않습니다.

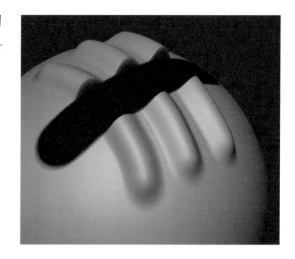

메쉬 필터

메쉬를 법선 방향으로 변경합니다.

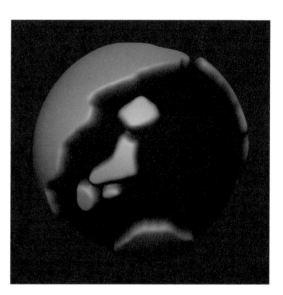

마스크

마스크와 **박스 마스크**로 검은색으로 칠해진 부분은 마스크로 기능해
서 편집이 비활성화됩니다.

3D 뷰포트 헤더에 있는 **마스크**에서 **[마스크를 반전]**(Ctrl + I 키)
과 **[마스크를 지우기]**(Alt + M 키), 경계를 흐리게 하는 **[스무스 마
스크]** 등을 사용해 마스크에 여러 기능을 적용할 수 있습니다.

마스크 브러시를 선택한 상태에서 프로퍼티 왼쪽에 있는 🔽를 마우스 왼쪽 버튼으로 클릭하면 **브러시** 패널이 표시됩니다.

[고급] 옵션의 [Auto-Masking: 토폴로지] 항목을 사용하면 연결된 메쉬만 마스크 할 수도 있습니다.

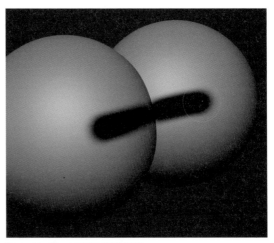
[Auto-Masking: 토폴로지] 비활성화

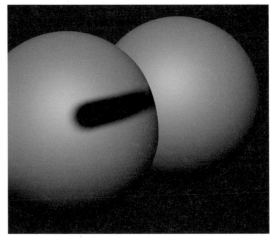
[Auto-Masking: 토폴로지] 활성화

텍스처

읽어 들인 이미지를 브러시로 사용할 수도 있습니다.

이미지를 읽어 들일 때는 프로퍼티 왼쪽에 있는 ▦를 마우스 왼쪽 버튼으로 클릭하고, [새로운]을 마우스 왼쪽 버튼으로 클릭합니다.

[유형]이 [이미지 또는 무비]인지 확인하고, **이미지** 패널의 [설정]에 있는 [열기]를 마우스 왼쪽 버튼으로 클릭합니다. [블렌더 파일 보기] 대화 상자가 나오면 이미지를 선택하고 [이미지를 열기]를 마우스 왼쪽 버튼으로 클릭합니다.

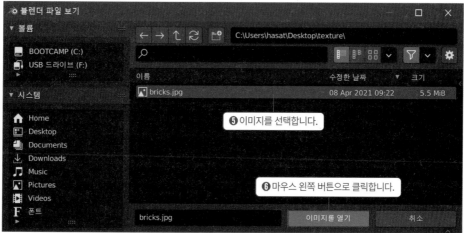

[유형]은 이미지 이외에도 블렌더가 제공하는 다양한 구름, 대리석, 나무 등의 텍스처를 지정할 수 있습니다.

브러시를 선택한 상태에서 프로퍼티 왼쪽에 있는 ⊠를 마우스 왼쪽 버튼으로 클릭하고, **텍스처** 패널을 표시합니다.

문양 부분을 마우스 왼쪽 버튼으로 클릭하면 읽어 들일 수 있는 이미지가 표시됩니다. 마우스 왼쪽 버튼으로 클릭해 선택하면 브러시의 형태를 읽어 들인 이미지로 변경할 수 있습니다(상황에 따라 이미 설정된 경우도 있습니다).

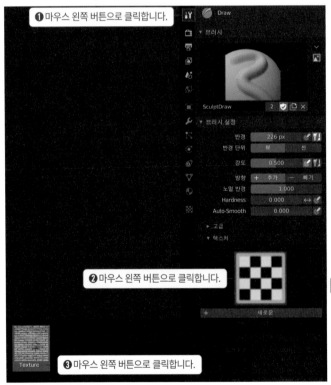

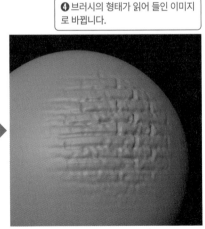

❹ 브러시의 형태가 읽어 들인 이미지로 바뀝니다.

텍스처 패널에서는 텍스처의 각도, 크기 등을 변경할 수 있습니다.

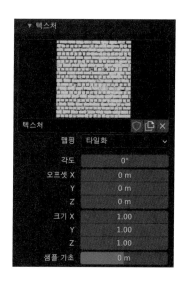

감소

프로퍼티 왼쪽에 있는 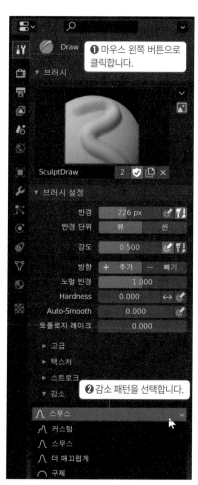를 마우스 왼쪽 버튼으로 클릭하면 표시되는 **감소** 패널에서는 브러시 중심부터 경계까지 적용할 효과의 크기를 변경할 수 있습니다.

기본적으로 여러 가지 감소 패턴이 제공되며, [커스텀]을 선택하면 커브를 사용해 감소 패턴을 직접 만들 수도 있습니다.

세로축이 효과의 크기(영향력)이고, 가로축의 왼쪽이 브러시의 중심, 오른쪽이 브러시의 바깥쪽입니다.

대칭

프로퍼티 왼쪽에 있는 🔧를 마우스 왼쪽 버튼으로 클릭하면 표시되는 **대칭** 패널을 보면 기본적으로 [미러]의 "X"가 활성화 돼 있습니다. 그래서 오브젝트의 왼쪽 또는 오른쪽 부분 중 한쪽만 편집해도 반대쪽이 함께 편집되는 것입니다. 활성화되는 부분을 마우스 왼쪽 버튼으로 클릭하면 비활성화 할 수 있습니다.

기본적으로는 [패더]가 활성화돼 있어서 대칭의 경계를 넘는 부분을 편집할 때에 중첩이 발생하는 부분의 효과가 약해집니다.

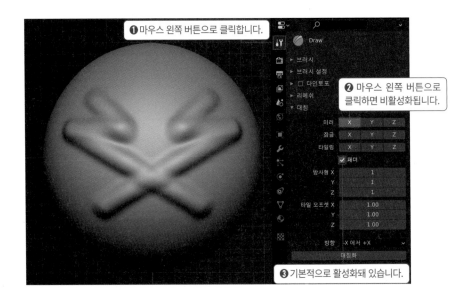

[잠금]은 해당 로컬 좌표의 축 방향의 편집을 비활성화합니다.

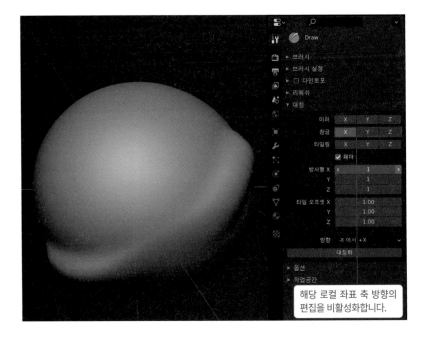

[타일링]은 해당 로컬 좌표 축 방향으로 **[타일 오프셋]**으로 지정한 간격별로 한꺼번에 편집됩니다.

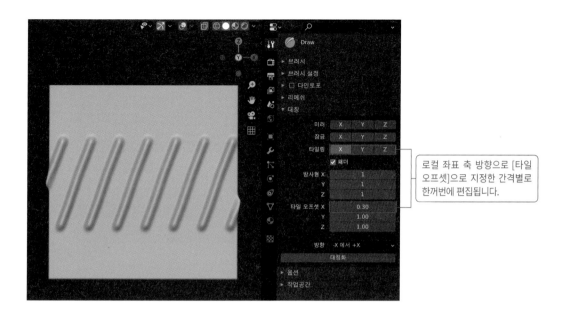

로컬 좌표 축 방향으로 [타일 오프셋]으로 지정한 간격별로 한꺼번에 편집됩니다.

[방사]는 해당 로컬 좌표 축 방향에 지정한 숫자만큼 방사형으로 한꺼번에 편집됩니다.

지정한 숫자만큼 방사형으로 한꺼번에 편집됩니다.

리토폴로지

스컬프트를 사용해 만든 굉장히 미세하게 분할된 메
쉬는 UV 전개와 에디트 모드에서의 변형 등이 어렵
고, 파일의 내용도 굉장히 크다는 단점이 있습니다.

그래서 이러한 하이폴리곤 객체를 로우폴리곤으로
만들어서 활용하는 경우가 많습니다.

이와 같이 메쉬를 재구축하는 작업을 **리토폴로지**라
고 부릅니다.

자동 리토폴로지

오브젝트 모드에서 프로퍼티 왼쪽에 있는 ▽를 마우스 왼쪽 버튼으로 클릭하면 **리메쉬** 패널이 표시됩니다.

[**모드**]의 [**복셀**]은 페이스의 크기를 가능한 한 균등하게 해서 메쉬를 재구축합니다. 형태의 재현도가 낮지
만 빠른 속도로 처리된다는 특징이 있습니다. [**복셀 크기**]로 생성되는 면의 크기를 지정합니다. [**복셀 리메
쉬**]를 마우스 왼쪽 버튼으로 클릭하면 실행됩니다. 스컬프트 편집 중에도 메쉬를 조정하거나, 메쉬의 교차
부분을 결합할 때 사용합니다.

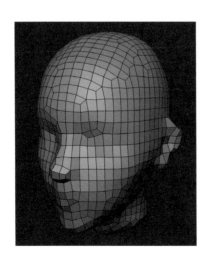

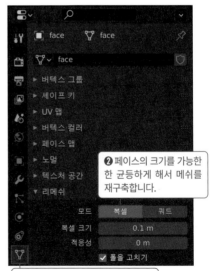

❷ 페이스의 크기를 가능한
한 균등하게 해서 메쉬를
재구축합니다.

❶ 마우스 왼쪽 버튼으로 클릭합니다.

반면 [쿼드]는 굴곡 등의 형태를 살리면서 메쉬를 재구축합니다. 처리 속도가 느리지만, 형태의 재현도가 높다는 특징이 있습니다.

[쿼드플로우 리메쉬]를 마우스 왼쪽 버튼으로 클릭하면 [쿼드플로우 리메쉬] 메뉴가 표시됩니다.

[모드]에서 재구축 기준을 선택합니다. [페이스]는 지정한 페이스 수에 맞춰 재구축합니다. [비율]은 현재 페이스 수를 기준으로 재구축합니다. [에지 길이]는 재구축으로 생성되는 메쉬의 에지 길이를 지정하고, 이를 기반으로 재구축합니다.

[OK]를 마우스 왼쪽 버튼으로 클릭하면 실행됩니다.

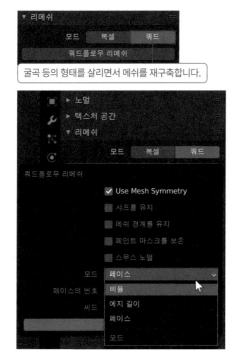

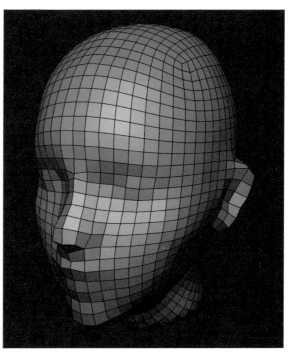

멀티리솔루션 등의 모디파이어가 적용된 상태라면 이를 [적용]하고 나서 리메쉬 해야 합니다.

참고로 스컬프트 모드에서 프로퍼티 왼쪽에 있는 ⚙를 마우스 왼쪽 버튼으로 클릭하면 표시되는 리메쉬 패널 또는 3D 뷰포트 헤더에 있는 [리메쉬]에서는 [복셀]만 선택할 수 있으며, [쿼드]는 설정할 수 없습니다.

수동 리토폴로지

자동으로는 원하는 토폴로지를 구현하는데 한계가 있습니다. 원하는 토폴로지를 표현하려면 수동으로 리토 폴로지 해야 합니다.

스냅 기능과 **폴리 빌드** 도구를 사용하면 간단하게 리토폴로지 할 수 있습니다.

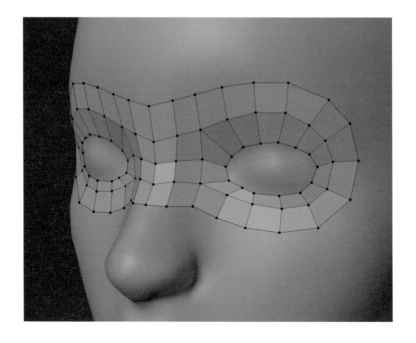

01 오브젝트 모드의 3D 뷰포트 헤더에 있는 **[추가]**(Shift
+ A 키)에서 **[메쉬]** → **[평면]**을 선택합니다.

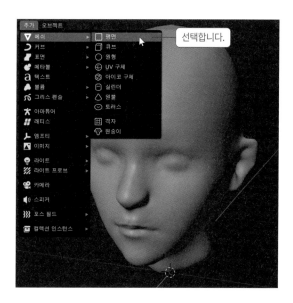

02 에디트 모드(Tab 키)로 변경하고, 3D 뷰포트 헤더에 있는 를 마우스 왼쪽
버튼으로 클릭해 활성화하고, **[Snap To]** 메뉴에서 **[페이스]**를 선택합니다.

03 메쉬가 겹치는 부분 때문에 편집이 힘들므로 프로퍼티 왼쪽에 있는 ■를 마우스 왼쪽 버튼으로 클릭하면 표시되는 **뷰포트 표
시** 패널에서 **[앞에 표시]**를 활성화합니다.

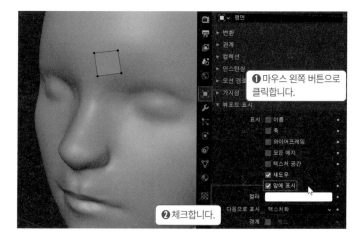

04 툴바(T 키)의 **[폴리 빌드]** 도구를 선택합니다. 마우스 포인터를 메쉬에 가깝게 가져가면 에지가 파란색으로 표시됩니다.

이 상태에서 마우스 왼쪽 버튼으로 클릭하거나 마우스 왼쪽 버튼으로 드래그하면 페이스가 추가됩니다.

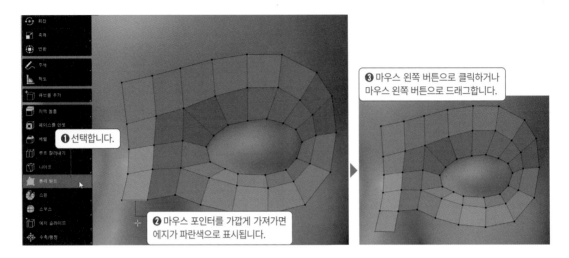

❸ 마우스 왼쪽 버튼으로 클릭하거나
마우스 왼쪽 버튼으로 드래그합니다.

❶ 선택합니다.

❷ 마우스 포인터를 가깝게 가져가면
에지가 파란색으로 표시됩니다.

05 정점을 마우스 왼쪽 버튼으로 드래그하면 이동할 수 있습니다.

Ctrl 키를 누르면서 마우스 왼쪽 버튼으로 클릭하거나 마우스 왼쪽 버튼으로 드래그하면 삼각형 페이스가 추가됩니다.

마찬가지의 조작을 반복하면 2개의 삼각형이 사각형으로 변경됩니다.

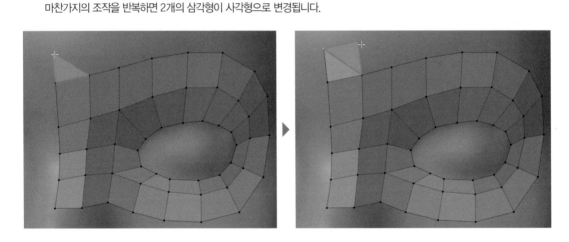

06 Shift 키를 누르면서 마우스 포인터를 메쉬에 가깝게 가져가면
붉은색으로 표시됩니다.

이 상태에서 마우스 왼쪽 버튼으로 클릭하면 페이스 또는 버텍
스를 제거할 수 있습니다.

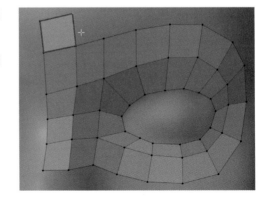

버텍스 페인트

스컬프트하면서 많이 세분화 된 메쉬는 UV 전개가 굉장히 힘듭니다. 그래서 텍스처로 문양을 넣는 작업들이 힘듭니다. 대신 스컬프트로 많이 세분화한 메쉬는 버텍스 페인트를 활용합니다.

버텍스 페인트는 이름 그대로 버텍스에 페인트하므로 많이 세분화된 메쉬일수록 더 잘 칠해집니다.

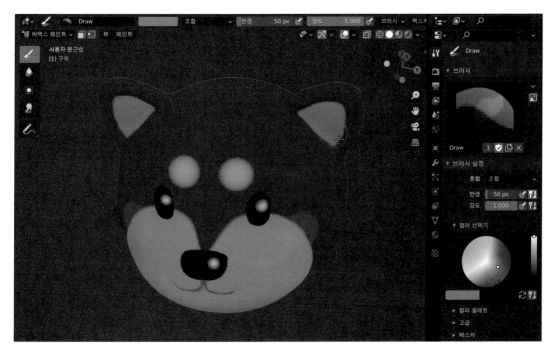

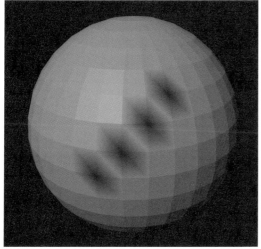

로우 폴리곤의 경우

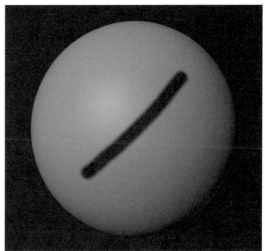

하이 폴리곤의 경우

멀티리솔루션(Multries)처럼 메쉬를 분할하는 모디파이어가 설정된 경우 [**적용**]합니다. 적용하지 않은 상태에서 버텍스 페인트를 하면 모디파이어 설정 전의 분할 수로 페인트됩니다.

오브젝트를 선택하고, 3D 뷰포트 헤더에 있는 모드 변경 메뉴에서 [**버텍스 페인트**]를 선택하면 버텍스 페인트를 할 수 있습니다.

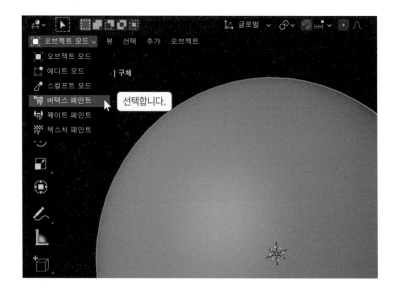

브러시 종류

3D 뷰포트 툴바(T 키)에서 각 브러시를 마우스 왼쪽 버튼으로 클릭하면 브러시를 변경할 수 있습니다.

그리기

마우스 왼쪽 버튼으로 드래그한 부분에 선을 칠합니다.

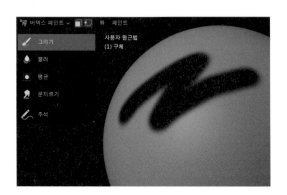

블러

마우스 왼쪽 버튼으로 드래그한 부분의 색 경계를 흐리게
만듭니다.

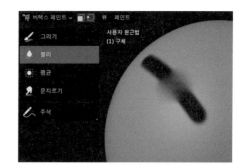

평균

브러시로 드래그한 부분의 색을 혼합합니다.

문지르기

마우스 왼쪽 버튼으로 드래그한 부분의 색을 문지릅니다.

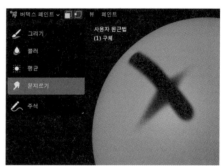

브러시 설정

프로퍼티 왼쪽에 있는 ■를 마우스 왼쪽 버튼으로 클릭하면 **브러시** 패널이 표시됩니다.

[**반경**]으로 브러시의 두께, [**강도**]로 브러시의 밀도(영향력)를 설정합니다. [**혼합**]으로 기존에 있던 색과의
혼합 방식을 선택할 수 있습니다. [**컬러 선택기**]에서 칠할 색과 명도를 설정합니다.

이외에도 **텍스처**, **감소**, **대칭**은 스컬프트와 동일합니다.

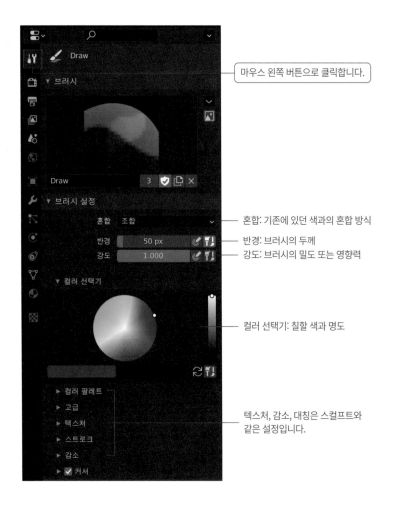

마우스 왼쪽 버튼으로 클릭합니다.

혼합: 기존에 있던 색과의 혼합 방식

반경: 브러시의 두께
강도: 브러시의 밀도 또는 영향력

컬러 선택기: 칠할 색과 명도

텍스처, 감소, 대칭은 스컬프트와
같은 설정입니다.

매테리얼 설정

버텍스 페인트에서는 칠한 문양이 표시되지만, 오브젝트 모드
로 돌아오면 칠한 문양이 표시되지 않습니다. 따라서 이 상태
에서는 렌더링을 해도 버텍스 페인트 했던 것이 반영되지 않습
니다.

렌더링 때 반영되게 하려면 매테리얼을 설정해야 합니다.

프로퍼티 왼쪽에 있는 ▼를 마우스 왼쪽 버튼으로 클릭하면 나
오는 **버텍스 컬러** 패널에는 버텍스 페인트 했던 정보가 저장돼
있습니다.

기본적으로 "Col"이라는 이름이 붙어 있으며, 이를 매테리얼로
읽어 들여서 버텍스 페인트 모드 이외에서도 버텍스 페인트 했
던 내용이 표시되게 할 수 있습니다.

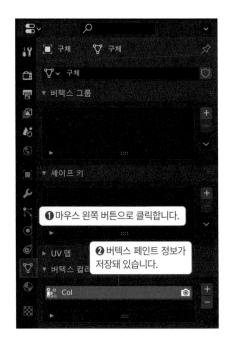

❶마우스 왼쪽 버튼으로 클릭합니다.

❷버텍스 페인트 정보가
저장돼 있습니다.

01 오브젝트 모드에서 오브젝트를 선택하고, 프로퍼티 왼쪽에 있는 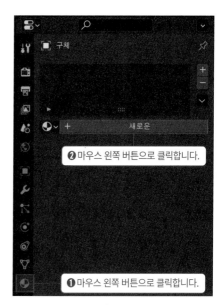를 마우스 왼쪽 버튼으로 클릭합니다.

[새로운]을 마우스 왼쪽 버튼으로 클릭해 매테리얼을 생성합니다.

02 탑바에 있는 **[Shading]** 탭을 마우스 왼쪽 버튼으로 클릭해 워크스페이스를 변경합니다. 셰이더 에디터의 헤더에 있는 **[추가]**에서 **[입력]** → **[버텍스 컬러]**를 선택해 **버텍스 컬러** 노드를 추가합니다.

03 **버텍스 컬러** 노드의 출력 소켓에 있는 **[컬러]**와 셰이더 에디터의 입력 소켓에 있는 **[베이스 컬러]**를 연결합니다.

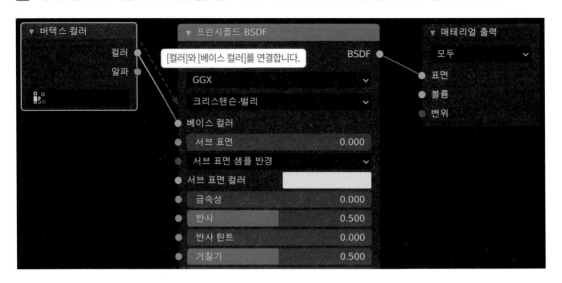

04 **버텍스 컬러** 노드의 를 마우스 왼쪽 버튼으로 클릭하고, "Col"을 지정합니다.

이렇게 하면 버텍스 페인트가 렌더링에 반영됩니다.

자주 사용하는 단축키[5]

macOS의 단축키

macOS에서는 Ctrl 키를 control 키(일부 기능은 command 키), Alt 키는 option 키를 이용합니다.

Ctrl 키 → control 키(일부 기능은 command 키를 사용)

Alt 키 → options 키

기본 조작

조작 내용	단축키
새 파일	Ctrl + N
블렌더 파일 열기	Ctrl + O
저장	Ctrl + S
다른 이름으로 저장	Shift + Ctrl + S
블렌더 종료	Ctrl + Q
실행 취소	Ctrl + Z
다시 실행	Shift + Ctrl + Z
이미지를 렌더	F12
렌더한 이미지 저장	Alt + S

뷰포트 조작

조작 내용	단축키
원근법/정사법	텐키 5
뷰포트 변경(앞쪽)	텐키 1
뷰포트 변경(오른쪽)	텐키 3
뷰포트 변경(위쪽)	텐키 7
뷰포트 변경(뒤쪽)	Ctrl + 텐키 1
뷰포트 변경(왼쪽)	Ctrl + 텐키 3
뷰포트 변경(아래쪽)	Ctrl + 텐키 7

5　옮긴이: 블렌더의 한국어 메뉴 번역이 약간 이상하므로 일반적인 3DCG 프로그램의 용어로 변경해서 단축키를 정리했습니다(예: 선택한 프레임 → 선택한 객체로 이동, 연결된 선택 연결됨 → 연결된 메쉬 선택, 키 프레임 메뉴를 삽입 → 키 프레임 삽입).

조작 내용	단축키
뷰포트 변경(카메라)	텐키 0
뷰포트 변경(선택한 객체로 이동)	텐키 .
시점을 아래로 15도 회전	텐키 2
시점을 왼쪽으로 15도 회전	텐키 4
시점을 오른쪽으로 15도 회전	텐키 6
시점을 위쪽으로 15도 회전	텐키 8
뷰 파이 메뉴	` [6]

화면 조작

조작 내용	단축키
워크스페이스(작업 공간) 변경	Ctrl + ↑ / Ctrl + ↓
오브젝트 모드와 에디트 모드 변경	Tab
쿼드 뷰 토글	Ctrl + Alt + Q
영역 최대화 토글	Ctrl + Space
툴바	T
사이드바	N
3D 커서를 오리진으로 이동	Shift + C
셰이딩 파이 메뉴	Z
모드 파이 메뉴	Ctrl + Tab

선택

조작 내용	단축키
모두 선택	A
선택 해제	Alt + A
박스 선택	B
원형 선택	C
선택 반전	Ctrl + I

---

6 옮긴이: 숫자 1의 왼쪽에 있는 키입니다.

조작 내용	단축키
"선택" 도구 변경	W
버텍스 선택	1
에지 선택	2
페이스 선택	3
연결된 메쉬 선택	Ctrl + L

객체 편집 관련

조작 내용	단축키
객체 추가	Shift + A
객체 제거	X
객체 비표시	H
객체 표시(비표시한 것을 다시 표시)	Alt + H
이동	G
회전	E
확대축소	S
복제	Shift + D
연결된 복제	Alt + D
미러(반전)	Ctrl + M
오브젝트 결합	Ctrl + J
편집 내용 적용	Ctrl + A
이동 초기화	Alt + G
회전 초기화	Alt + R
확대축소 초기화	Alt + S
컬렉션으로 이동	M
컬렉션에 연결	Shift + M
컬렉션에서 제거	Ctrl + Alt + G
오리엔테이션 파이 메뉴(좌표 시스템 변경)	,
피벗 포인트 파이 메뉴	.

메쉬 편집 관련

조작 내용	단축키
수축/팽창	Alt + S
돌출	E
루프 잘라내기	Ctrl + R
나이프	K
베벨	Ctrl + B
페이스를 인셋	I
오브젝트 분리	P
메쉬 분리	Y
메쉬 결합	Alt + M
추출	V
버텍스를 기반으로 새로운 에지/페이스	F
버텍스 경로를 연결(버텍스 결합)	J
삼각 분할	Ctrl + T
사각 병합	Alt + J
채우기	Alt + F
외부 노멀 재계산	Shift + N
내부 노멀 재계산	Shift + Ctrl + N
비례 편집	O
스냅 파이 메뉴	Shift + S
비례 편집 감소 파이 메뉴	Shift + O

아마튜어, 애니메이션 관련

조작 내용	단축키
부모	Ctrl + P
부모 지우기	Alt + P
포즈 복사	Ctrl + C
포즈 붙여넣기	Ctrl + V
포즈를 반전해서 붙여넣기	Shift + Ctrl + V

19개의 실전 예제를 따라하며 배우는 **나의 첫 블렌더**

조작 내용	단축키
애니메이션 재생/일시정지	Space
애니메이션 역재생	Shift + Ctrl + Space
프레임 하나 이동	↓ ←/→ ↓
전후에 있는 키 프레임으로 이동	↓ ↑/↓ ↓
키 프레임 삽입	I
애니메이션 렌더	Ctrl + F12

ㅅ — ㅇ